第一本
中文釋論

正法一意

四部彙編

藏中對照
專業佛典

༄། །དམ་ཆོས་དགོངས་པ་གཅིག་པའི་ཆོས་སྐོར་ཕྱོགས་བསྒྲིགས།

直貢覺巴・吉天頌恭／宣講

編校／第三世巴麥欽哲仁波切

敬安・仁欽強秋／彙編

佐欽堪布・昆桑巴滇
釋論

主譯／洛本・噶才尼瑪

—目次—

直貢澈贊法王

H.H Drikung Chetsang

འབྲི་གུང་༸སྐྱབས་མགོན་ཆེ་ཚང་།

༄༅། །འདས་པའི་ལོ་བཅུ་ཕྲག་ནང་འབྲི་གུང་བཀའ་བརྒྱུད་ཀྱི་མཁན་ཆེན་ཉི་མ་རྒྱལ་མཚན་མཆོག་གིས་དབུ་ཁྲིད་པའི་འོག །དབྱར་ཀ་སློབ་གྲྭའི་གུང་སེང་སྐབས་སུ་འཛར་མན་དང་། དགུན་ཁ་བྱང་ཆུབ་གླིང་དུ་བི་ཀྲ་མ་ཤྲཱི་ལའི་སྒྲ་སྦྱོར་ཚོགས་པས། འབྲི་གུང་༸སྐྱབས་པ་ཡབ་སྲས་ཀྱི་ཆོས་སྐོར་རབ་དང་རིམ་པ་བསྒྱུར་བའི་ནང་། འདི་ལས་《དམ་ཆོས་དགོངས་པ་གཅིག་པའི་ཆོས་སྐོར་ཕྱོགས་བསྒྲིགས།》ཞེས་པ་རྩ་གཞུང་༸སྐྱབས་པ་འཇིག་རྟེན་གསུམ་མགོན་གྱི་གསུང་དང་། ཕོག་དབུབ་སྤྱན་སྔ་རིན་ཆེན་བྱང་ཆུབ་ཀྱི་གསུང་། འགྲེལ་པ་ཆོས་རྗེ་རྫ་དཔལ་སྤྲུལ་རིན་པོ་ཆེའི་ཞལ་སློབ་རྫོགས་ཆེན་མཁན་པོ་ཀུན་བཟང་དཔལ་ལྡན་མཆོག་གི་གསུང་བཅས། དབྱིན་ཇིའི་སྐད་ཡིག་དང་། འཇར་མན་གྱི་སྐད་ཡིག །ཨུ་རུ་སུའི་སྐད་ཡིག་རྒྱ་ཡིག་བཅས་སུ་བསྒྱུར་ནས་པར་སྐྲུན་བྱུང་བར་བགྲོས་བདེ་ལེགས་ཀྱི་འཚམས་འདྲི་ཞུ་རྒྱུ་དང་།

བོད་ཡིག་བྱང་མ་ཕྱི་རྒྱལ་བ་རྣམས་ཀྱིས་སོ་སོའི་སྐད་ཡིག་ཏུ་མ་བསྒྱུར་གོང་། མཁན་ཆེན་ཉི་མ་རྒྱལ་མཚན་མཆོག་ནས་གོ་བདེའི་བཤད་ཁྲིད་གསུང་ཆོས་ཀྱི་བར་དུ་མཛད་དེ། ཕྱི་དྲ་བསྒྱུར་བར་བྱེད་པ་དེས། འགྱུར་ཚད་ལྡན་དུ་གྱུར་པར་གདོན་མི་ཟ་ལ། དེ་བཞིན་བི་ཀྲ་མ་ཤྲཱི་ལའི་སྒྲ་སྦྱོར་ཚོགས་པ་ཁྱུན་མོང་ནས་རང་བསྟན་རང་གཅེས་ཀྱིས་ལྷག་བསམ་རྣམ་དག་དང་། ཚོགས་བསགས་གཏོང་འཕོད་ཅན་གྱི་རྒྱུ་སྦྱོར་བ་མགར་ཆེན་ཐེབས་རྩ་ལྷན་ཁང་དབུ་ལས་ཡོང་ནས། ཕྱུགས་འགན་ཆེ་བཞེད་ཡོད་བཞིན་པར་སྐབས་བསྟུན་རྗེས་སུ་ཡི་རང་ཞུ་རྒྱུ་དང་འབྲེལ། དེ་མཚོན་ཆོས་བྱེད་རྣམས་པའང་ཟབ་ཆོས་འདི་དག་བརྒྱུད། ཐོས་བསམ་སྒོམ་གསུམ་གྱིས་ལམ་ནས་འདི་ཕྱིའི་འདུན་མ་བསམ་དོན་ཆོས་བཞིན་དུ་གྲུབ་པའི་སྨོན་འདུན་གྱིས་མཚམས་སྦྱར་ཏེ།

༸རྒྱལ་བ་འབྲི་གུང་པའི་མཚན་གྱི་བྱིན་གྱིས་བརླབས་པ་དཀོན་མཆོག་བསྟན་འཛིན་ཀུན་བཟང་འཕྲིན་ལས་ལྷུན་གྲུབ་ཀྱིས། རབ་བྱུང་བཅུ་བདུན་པ་ལྕགས་གླང་ཟླ་བཞི་པའི་ཚེས་༡༠ སྤྱི་ལོ་ 2021 ཟླ་བ་ 05 ཚེས་ 21 ཉིན་ཐེ་པེ་ནས།།

4 F-3,NO.329,ZHONGXIAO EAST ROAD SECTION 4, DA-AN DISTRICT,106 TAIPEI CITY,TAIWAN.

D.K.INSTITUTE P.O.KULHAN SAHASTRADHARA ROAD 248013 DEHRA DUN UK INDIA

PHYANG MONASTERY,PHYANG,LEH,194101 LADAKH, J & K INDIA

直貢澈贊法王 序

過去的數十年中，在直貢噶舉派堪千尼瑪蔣稱的帶領下，比扎瑪西拉翻譯組，在佛學院放暑假時於德國、在放寒假時於印度強久林，持續進行著直貢覺巴父子法類的翻譯工作。這次出版的《正法一意四部彙編》，主要收錄覺巴吉天頌恭的不共法語《一意金剛語》、其心子敬安．仁欽強秋的《一意綱要》，以及法王巴楚仁波切的親傳弟子——佐欽堪布昆桑巴滇所著的《一意釋論》。翻譯小組將以上論典翻譯為英語、德語、俄羅斯語以及漢語共四種語言，並付印出版。對此我表示衷心的祝賀和致謝。

在這些教法尚未被精通藏語文的外國弟子翻譯成其他語言之前，由堪千尼瑪蔣稱為了保證翻譯的品質和準確，於每日上午先以易於了解的方式進行講解，當日下午才進行翻譯，因此我相信此翻譯作品必定達到了極高的水準。此外，對於比扎瑪西拉翻譯小組發自內心的對於弘揚直貢噶舉不共教法的清淨意樂，和長期以來贊助此翻譯工作的噶千基金會，表示衷心的致謝和隨喜。最後，我祝願一切修行者都能夠依靠著此等甚深教法，透過聞思修而成辦今生以及來世的一切願望。

為「尊勝直貢巴」名號所加持者
第37任直貢法王昆秋滇津昆桑欽列倫珠
於藏曆第十七勝生，鐵牛年四月十日
即公元2021年5月21日書於臺北

ཐོག་མའི་གསལ་བཤད།

འབྲི་གུང་ཚོགས་ཆོས་ཆེན་མོ་ལས།[1] སྤྱིར་ཆོས་རྗེའི་གྲུབ་པའི་མཐའ་རྣམས་གོ་དགོས་ཏེ་ལུས་དང་འདྲ་བ་ཡིན། གྲུབ་པའི་མཐའ་རྣམས་མ་གོ་ན་གཞན་རྣམས་ནི་བར་དོའི་ཤེས་པ་དང་འདྲ་སྟེ་ལུས་མེད་པས་དོན་བྱེད་མི་ནུས།

གྲུབ་མཐའ་རྣམས་མ་གོ་མ་བཟུང་བར་ཡར་བཀག་ཀྱིན་བཞག་ན་ནུབ་ནས་འགྲོ། ནུབ་ན་ནི་ཆོས་ཀྱི་རྗེ་བྱུང་བ་ལ་དོན་མེད་པར་འོང་བས་ཐམས་ཅད་ཀྱིས་ནན་ཆགས་བྱ། ཞེས་གསུངས་པ་ལྟར།

སྤྱིར་རྒྱལ་བའི་བསྟན་པ་རིན་པོ་ཆེ་དང་། བྱེ་བྲག་ཏུ་འཇིག་རྟེན་གསུམ་གྱི་མགོན་པོ་འབྲི་གུང་པའི་རྗེས་སུ་ཞུགས་ཤིང་། དམ་པའི་ཆོས་ལ་ཚུལ་བཞིན་འཇུག་འདོད་པ་དག་གིས་དམ་ཆོས་དགོངས་པ་གཅིག་པའི་གཞུང་འདི་ལ་རབ་བསྒོམས་ནས་རྟོགས་པ་ཐོབ་པ། འབྲིང་བསམ་ནས་སྦྱོང་བ་སྐྱེས་པ། ཐ་མར་ཡང་ཐོས་ནས་གོ་བ་རྙེད་པ་ཞིག་བྱ་དགོས་པ་ལས། གང་ཡིན་འདི་ཡིན་མེད་པར་མིང་གི་འབྲི་གུང་པ་ཞིག་དང་།

ལྟར་སྣང་གི་ཆོས་པ་ཞིག་ཏུ་གྱུར་ན་མི་རུང་བས། ཉེན་ཁ་དེ་དག་འགོག་པའི་ཆེད་ཆོས་འདི་ལ་འཆད་ཉན་དང་བསྒོམ་སྒྲུབ་ནི་ཤིན་ཏུ་གལ་ཆེ་བ་ལགས། དེས་ན་འདས་པའི་ལོ་ངོ་གསུམ་གྱི་རིང་མཁར་ཆེན་ཐེབས་རྩས་རྒྱ་སྦྱོར་གནང་ཞིང་། བི་ཀྲ་མ་ལ་ཤྲཱི་ལའི་སྒྲ་བསྒྱུར་ཚོགས་པས་འཆད་ཉན་གྱིས་འཇར་མན་དང་། དབྱིན་ཇི། ཨུ་རུ་སུ། དེ་བཞིན་རྒྱ་ཡིག་བཅས་སྐད་རིགས་བཞིའི་ཐོག

༧སྐྱབས་པ་འཇིག་རྟེན་གསུམ་གྱི་མགོན་པོའི་ཐུན་མོང་མ་ཡིན་པའི་ཁྱད་ཆོས་དགོངས་པ་གཅིག་པའི་གཞུང་གི་ཁོག་དབུབ་དང་། ཁྱད་ཆོས་དགོངས་པ་གཅིག་པ་ལྷན་ཐབས་དང་བཅས་པའི་རྩ་བ་ཚིག་བཅད་མ། དེ་བཞིན་འགྲེལ་བ་བཅས་ཆོས་ཚན་བཞི་ཙམ་བསྒྱུར་ཞུས་བྱས།

དེ་ཡང་ཁོག་དབུབ་རྒྱས་བསྡུས་འགའ་ཞིག་ཡོད་པ་ལས་འདིར་འབྲི་གུང་ཆོས་མཛོད་དུ་བཞུགས་པའི་སྨན་ཞྭ་རིན་ཆེན་བྱང་ཆུབ་ཀྱིས་མཛད་པ་དེ་ཉིད་སོར་བཞག་ཐོག དེར་དངོས་སུ་མ་བསྟན་པ་ལུས་རྣམ་པར་བཞག་པས་ཁོག་དབུབ་པ་གདུགས་སྐྱི་ལྟ་བུའི་ཚུལ་དུ་བསྟན་པའི་དོན་ཚན་བརྒྱད་པོ་དེ་ཉིད་དགོངས་གཅིག་ལ་འཇུག་པར་མེད་དུ་མི་རུང་བ་ལྟ་བུ་འདུག་པས། ཁོག་དབུབ་རྒྱས་པའི་དོན་གཞིར་བཞག་གིས་བསྡུས་པའི་སྒོ་ནས་ཁོ་བོས་ཁ་སྐོང་ལྟ་བུར་བཀོད།

1 ༢༠༠༧ལོར་རྒྱ་གར་ནས་པར་བསྐྲུན་བྱས་པའི་དེབ་ཐེང་༤པའི་ཤོག་གྲངས་༡༦༧ཡིག་ཐེང་༢༡ ༼བསྟན་དགོངས་ཚོགས་སྒྲིག༽

堪布尼瑪蔣稱 前言

《直貢大法會》中說：「總的來說，應當善加了知法王的諸宗義，因為其如同身體一般。若不知宗義，其他內容則猶如中陰的心識般，不能產生作用。對於諸宗義不聽聞、不憶持而束之高閣的話，它就會消失。如果消失的話，法王降臨世間就成了無意義之事。所以大眾當精進努力。」[1]

對於整體佛法大寶、特別是三界怙主直貢巴的追隨者們，若欲如理地入於正法之門，則於此《正法一意》，上根者應觀修而獲得證悟，中根者應思維而生起覺受，下根者也應聽聞而獲得理解，不能成為一個不明就理、徒有其名的直貢巴，不能作個虛有其表的修行人。

為了避免這些危險，對此法的講授、聽聞及修持極為重要。因此，在過去的三年（2017-2019）中，由噶千基金會出資，比扎瑪拉西拉[2]翻譯小組翻譯，以德語、英語、俄語、漢語等四種語言，翻譯校訂了覺巴吉天頌恭的不共教法《正法一意》之《一意綱要》、《一意根本頌》、《一意根本頌補遺》、《一意釋論》四部著作。

在《一意綱要》的不同廣略版本之中，這裡收錄的是《直貢法藏》中敬安・仁欽強秋所著之《綱要》。《綱要》將根本文之整體，前所未有地以如傘頂般之方式從八個方面加以宣說，故為學習《一意》時所不可或缺之論典。在參考廣本《綱要》的基礎上，我以簡略的方式做了補充。

1 2017年在印度出版的《吉天頌恭文集》第四冊，167頁21行，《教義和一意匯集》。

2 བི་ཀྲ་མ་ལ་ཤཱི་ལ། 比扎瑪拉西拉寺（梵：Vikrama śīla vihara，超戒寺、戒香寺），係由印度波羅王朝第四代國王達摩波羅（766-829）所創建的著名寺院和密教學術中心，據說建築規模勝過笈多王朝的國家寺院那爛陀。阿底峽尊者（1034-1038）曾住持此寺。1203年被穆斯林所毀。

གཞན་ཡང་ཆོས་འཁོར་ཚོམས་ལ་ཁོག་དབུབ་ཀྱི་མ་དཔེར་རྫོར་གསུང་ཞེར་དྲུག་ལས་མེད། འོན་ཀྱང་ཚོམས་ཀྱི་འགོ་དང་།འོག་ཏུ་ཚོམས་འདིར་རྫོར་གསུང་ཞེར་བདུན་ཡོད་པར་གསུངས་ཞིང་། འགྲེལ་བ་རིན་བྱང་མར། ཐུགས་མཚན་ཉིད་གང་མེད་ཀྱང་སངས་མི་རྒྱ་བར་གསུངས་པའི་རྫོར་གསུང་འདི་ཉིད་བཀོད་འདུག་པས་དེ་ཉིད་ཁ་སྐོང་ཞུས།

དེ་བཞིན་དགོངས་གཅིག་གི་འགྲེལ་བ་རྒྱས་བསྡུས་ཁག་མང་པོ་བཞུགས་པའི་ནང་ནས། འདིར་དེང་གི་དུས་སུ་མི་རྣམས་ལས་བྲེལ་གྱིས་རྐྱེན་པས་རྒྱས་འགྲེལ་ཁག་ལ་མཇལ་ཁོམ་མེད་པ་སོགས་ཀྱི་དབང་གིས།

རྒྱས་བསྡུས་འཚམས་ཤིང་ཚིག་དོན་གང་ཅིར་གོ་བདེ་བ་བཅས་ཀྱི་ཁྱད་ཆོས་དང་ལྡན་པ། རྫོགས་ཆེན་མཁན་པོ་ཀུན་དཔལ་གྱིས་མཛད་པའི་དགོངས་གཅིག་གསལ་བྱེད་ལུང་རིགས་སྙིང་པོའི་གཏེར་དེ་ཉིད་ཡིན།འགྲེལ་བ་འདི་ཉིད་ཀྱི་མཇུག་ཏུ།[1] མ་ཕྱི་འདི་ཉིད་ཡོངས་འཛིན་རིན་པོ་ཆེ་ཐུབ་བསྟན་ཕུན་ཚོགས་ཀྱི་ཕྱག་དཔེའི་ཁྲོད་མ་གཏོགས་བོད་དུ་མི་འདུག དེ་ཡང་དུས་དབང་གིས་རྐྱེན་དུ་སོང་བས་དག་པོ་མི་འདུག་པས། ཕྱིས་འཛིན་རྣམས་ཀྱིས་འདི་ལ་དཔྱད་པ་བཀའ་དྲིན་བསྐྱང་བར་ཞུ། ཞེས་འཁོད་པ་ལྟར། གང་ཐུབ་དག་བཅོས་བྱས་ཤིང་། ལྷག་པར་ལུང་ཁུངས་རྣམས་བཙལ་འཚོལ་གྱིས་ད་ཡོད་སྡེ་དགེའི་བཀའ་བསྟན་སོགས་སུ་ཡོད་པ་ཇི་བཞིན་བཀོད།

དེ་བཞིན་གོང་གི་འགྲེལ་བ་དེར་རྫོར་གསུང་བརྒྱ་དང་ལྔ་བཅུ་མ་གཏོགས་ལྷན་ཐབས་རྣམས་ལ་འགྲེལ་བ་མི་འདུག་ཀྱང་། ཁོག་དབུབ་ལ་འཇུག་བདེ་བ་དང་གཞུང་ཆ་ཚང་བའི་ཆེད་ཁྱད་ཆོས་བརྒྱ་དང་ལྔ་བཅུ་དང་། ལྷན་ཐབས་གཉིས་ཀའི་རྩ་བ་ཚིག་བཅད་བསྒྱུར་ཞུས་བྱས་ཤིང་དེ་གཉིས་ཀྱི་མ་དཔེ་འབྲི་གུང་ཆོས་སྤྱོད་རབ་གསལ་དུ་བཞུགས་པ་ལྟར་བཀོད་པ་ལགས་སོ།

།དེ་ལྟར་དཔེ་བསྒྱུར་འདི་ཉིད་ལ་ཚིག་དོན་གང་ཅིར་བསྒྱུར་ཞུས་ཡང་ཞུས་ཀྱིས་གཏན་ལ་ཕབས་ཀྱང་། ད་དུང་ནོར་འཁྲུལ་གྱི་རིགས་ཡོད་ཚེ་གཟིགས་པ་པོ་རྣམས་ཀྱིས་ལེགས་བཅོས་ཀྱི་དགོངས་ཚུལ་ཅི་ནས་ཀྱང་གནང་བར་ཞུ་རྒྱུ་དང་།

འདི་ལྟར་བསྒྱུར་ཞུས་བྱས་པར་རྣམ་དཀར་དགེ་ཚོགས་ཀྱི་ཕུང་པོ་གང་ཇི་སྙེད་མཆིས་པ་དེ་ཐམས་ཅད་རང་གཞན་རྣམས་ཕན་བདེ་བསྒྲུབས་པའི་ལམ་ཚུལ་བཞིན་ངེས་པ་དང་། དེ་ལ་བརྟེན་ནས་རྒྱལ་བའི་དགོངས་པ་རྫོགས་པའི་རྒྱུ་རུ་འགྱུར་བར་སྨོན་པའི་མཚམས་སྦྱོར་དང་བཅས།

མཁན་པོ་ཉི་མ་རྒྱལ་མཚན་གྱིས་འཛམ་མན་མི་ལའི་སྒྲུབ་ཕྱེར། མངོན་རྟོགས་པར་བྱང་ཆུབ་པའི་ཟླ་བའི་ཚེས་ཉེར་ལྔར། རྫོགས་པའི་སངས་རྒྱས་མགོན་པོ་འབྲི་གུང་པ་ཞི་བར་གཤེགས་ནས་ལོ་ངོ་བརྒྱད་བརྒྱ་གཉིས(27-06-2019) འཁོར་བའི་ཉིན་དགོངས་རྫོགས་མཆོད་སྤྲིན་དུ་ཕུལ།

1 ༢༠༠༧ལོར་རྒྱ་གར་ནས་པར་བསྐྲུན་བྱས་པའི་དེབ་ཐེང་༧པའི་ཤོག་གྲངས་༣༠༨ཡིག་ཐེང་༡༣༼བསྟན་དགོངས་ཕྱོགས་སྒྲིག༽

另外，在《綱要》原本的〈法輪品〉中，只有二十六金剛句。但是在前後文中都提到本品有二十七金剛句。於是，將《仁強瑪》註解本中所包含的「顯密缺一不得成正覺」作為補充添入。

雖然《一意》有眾多廣略釋論，然而今時人們極為忙碌，或無暇閱讀廣本。考慮到如是等原因，寧瑪派佐千堪布昆桑巴滇所著的《一意釋論·闡明一意教理精華藏》，具有廣略合宜、詞義顯明之特點，故最為適合。此論之末尾寫到：「此母本是永珍[1]仁波切土登彭措之書庫中所存，西藏除此本外再未見到其他。又因時局變遷之緣故，部分文字已不甚清楚，望後來大德詳加抉擇，感恩。」[2]因此，我們已盡力對原本做了校，並詳細查找所引用經文之來源，依德格版《甘珠爾》和《丹珠爾》標註出處。

雖然此釋論只有對一百五十金剛句的註解，並沒有對補遺的註解。但是為了便於理解《綱要》及令根本文完畢的緣故，對一百五十金剛句和補遺二者都做了翻譯與校訂。這兩部經典的正本收錄在《直貢法行極顯》當中。

此次所翻譯的內容，雖已再三修訂校潤詞義，但是若有疏漏錯謬，希望讀者們不吝賜教。願以此譯校的一切善業資糧，迴向一切眾生如法成辦自他利樂，並成為諸佛意趣圓滿之因。

堪布尼瑪蔣稱，於圓滿佛陀怙主直貢巴圓寂802週年成佛月二十五日(2019年6月27日)，於德國密勒日巴閉關中心敬獻供養雲。

1 意譯為太師，活佛之老師也。

2 2007年在印度出版的《吉天頌恭文集》第七冊，308頁13行，《教義和一意彙集》。

《正法一意》導讀

總集深觀、廣行與實修加持三傳承

《正法一意》的傳承，總集源自文殊、龍樹的深觀派，彌勒、無著的廣行派，與釋迦佛現報身金剛總持相，親傳帝洛巴、那洛巴、瑪爾巴、密勒日巴的實修加持派三法流。

密勒日巴的如日心子——岡波巴，外現比丘相，內具菩提心，密修無上密法，將上述顯密三法流合一，開創達波噶舉派。他的無量弟子中，最殊勝的是眾生怙主帕摩竹巴（帕竹・多傑嘉波，ཕག་མོ་གྲུ་པ་རྡོ་རྗེ་རྒྱལ་པོ་，1110-1170）。帕摩竹巴從薩迦派繼承了《道果》傳承，從岡波巴繼承了源自阿底峽的噶當、密勒日巴的噶舉傳承，非常重視三士道與密續的不二結合。彼最殊勝弟子是覺巴・吉天頌恭（སྐྱོབ་པ་འཇིག་རྟེན་གསུམ་མགོན་，1143-1217）。

噶舉祖師中十地菩薩頗多，然而吉天頌恭為印度喀什彌爾班智達夏加師利所指認的龍樹化身，故特受讚譽。第一世噶瑪巴・杜松虔巴（དུས་གསུམ་མཁྱེན་པ་，1110-1193）初遇吉天頌恭時，親見彼與近侍二弟子現為釋迦牟尼佛及其二脇侍（舍利弗與優婆離），故心生確信。

吉天頌恭出生為凡夫，漸次拜師修學，後於耶瓊洞窟七年苦行，淨障、積資，修持密法圓滿，根本與後得位無二，於三十五歲時成就無上正等正覺。此後利益無數人與非人，形成十五萬人之大僧團。弟子中了悟心性、證悟初地至十地者極多。四十年間主要教授《大手印五具》。

《正法一意》的編纂成書

直貢覺巴・吉天頌恭在教證二法上的涵養深厚、廣博，見解獨特、精闢，為人們所景仰推崇。然而《正法一意》並非吉天頌恭本人親自撰述，而是在他圓寂後，由最重要心子之一的敬安・謝拉炯內編纂其教言而成。

敬安・謝拉炯內（ཤེས་རབ་འབྱུང་གནས་，慧源，1187-1241），又稱直貢林巴，

出身自直貢居惹家族中名為「霧綽」的一支，算是吉天頌恭的侄兒，父母皆為瑜珈修士。十七歲時，在吉天頌恭親傳弟子—吉祥涅普瓦大師座前出家為僧。二十一歲時，前往衛藏依止吉天頌恭十一年。因智慧與修行出眾，得以隨侍吉天頌恭，被稱為「敬安」，意即近侍之意。常利用侍師之時，將顯密教法疑難之處，詳細詢問解惑，加以思維、修持，證得大手印一味瑜伽的成就。吉天頌恭曾多次說：「我把直貢交給你，希望你成為直貢法座持有者。」但他沒有接受。

上師圓寂後，謝拉炯內前往岡底斯聖山禪修十多年，得到大手印無修瑜珈成就。此後曾短暫主持岡波巴的達拉岡波寺。繼而又在各地隱居修行，時常與噶當等派的學者交流。因為他對吉天頌恭的教法全然無惑的了解，所以當被問及吉天頌恭的見解時，皆能對答如流，講述其中的密意。

謝拉炯內有感於自己有生之年，雖可如實、無誤地對答，教授上師的不共意趣；但為自己百年後法教的延續，遂著手編纂吉天頌恭殊勝教法，以利益更多有情。在圓滿闡述上師意趣、興揚正法、令有情依之獲證菩提，這三種清淨發心的攝持下，在洛紮卡久的山上，執筆將上師吉天頌恭為除去弟子對於三藏四續疑惑的私下開示，以問答的形式編纂成《正法一意》。並在瑪爾巴的家鄉卓沃隆、達拉岡波等地講說，將上師的法教發揚光大。

吉天頌恭所處時代，西藏各地上師輩出，對於佛法的見解頗有出入，各成一派。吉天頌恭以其殊勝證悟，無誤地指出三藏四續所攝一切法蘊，皆為修行者須實修之法，無一法應捨棄。《正法一意》是吉天頌恭畢生修證的核心思想，文雖精要，義理深廣。以釋迦牟尼佛的教理為依據，根本上師帕摩竹巴的教言作為莊嚴，字裡行間加入了諸多成就祖師的心髓訣竅。其經典依據主要為《寶性論》、《大寶積經》、《妙法蓮花經》等佛語。

《正法一意》的共與不共意義

《正法一意》的立名主要是依其所詮內容而安立。總的來說，諸佛教法雖似有殊異，然究竟則三世一切諸佛同一意趣、所宣諸法皆同一義，無二無別，故名「一意」。佛陀在《月燈三昧經》卷三云：「諸法但說一，所謂法無相，是智者所說，如實而了知……以一知一切，以一切知一。」又云：「一切諸法同一義，以修空故如實知，彼無種種別異相，於此一義已修學。」

如是，三世諸佛唯一意趣，是本論名為《一意》的共通意義，復可從基、道、果、功德四方面加以說明：

初，於「基」是三世諸佛之母：一切諸佛皆緣諸法實相而生，所緣般若波羅蜜多相同，若識此同一意趣，能出生三世一切諸佛。

二，於「道」是成佛之唯一道路：三世諸佛皆經歷同一般若波羅密多之修道，故說同一意趣。

三，於「果」喻如同船眾人目標一致：三世諸佛所欲成就正等覺佛果皆同，故說同一意趣。

四，於「功德」指三時一切佛皆依般若般羅蜜多，而令如所有智、盡所有智得以現前，故說同一意趣。

若從特別而言，釋迦牟尼佛依眾生根器的差異，三轉法輪所傳授的八萬四千法門，均可歸納於顯密二法門之中；顯密二法融合成凡夫於成佛道的上修持次第，只需進入一門，最終皆可證得佛果，了悟萬法一味，即為「一意」。如《妙法蓮華經》卷3云：「諸佛之法，常以一味，令諸世間，普得具足，漸次修行，皆得道果。」 因此，名為「一意」之不共意義，是指顯密全圓之修道次第，三世諸佛唯一成佛之道。

《正法一意》的內容與學修

《正法一意》的根本頌僅有150金剛句，加上46句遺補。因為吉天頌恭所講授正法稀有、殊勝，遠離造作、臆測，如金剛般不可損毀，具足以下無誤的四量，故稱為「金剛句」。

一，聖言量：所說無不符合佛陀十二分教。

二，師訣量：依師所說之訣竅，其理路是無可議論的合理理量。

三，瑜伽現量：所說皆是大修士吉天頌恭自身修持親證的經驗。

四，緣起量：所說都有實際發生的事蹟、符合緣起規律。

《正法一意》確立三世諸佛唯一旨趣，廣釋輪迴、涅槃一切法，細述其分際，然二者本質上皆無自相、唯心所顯，而心之自性即是大手印。故由最初第一金剛偈「佛所言教唯法之本性」，衍生後續諸偈，從各面向加以闡述，最後亦回歸此偈。第一句金剛語是餘句之主幹，餘者是詳釋第一金剛句之支分。如是，本論分為七品，從共通之空性——無生大手印，開演不共之因果緣起。其中，第四品菩提心戒攝要，可歸於《大手印五具》第一菩提心的部分。第五品密咒乘攝要，屬於《大手印五具》的第二本尊觀修。第六品見修行攝要，屬於《大手印五具》的第三——四身上師相應法。第一品法輪攝要與第二品普利緣起攝要，主述三轉法輪關鍵要點，屬於《大手印五具》的第四大手印觀修。第七品佛果攝要，屬於《大手印五具》的第五迴向。

《正法一意》在聞思修學的方式上也極為活潑，不一定要依照前述的順序，而與其他論典有所不同。敬安・謝拉炯內認為，修學次序應依學習者的程度而定。一般初學者可以依這七品的順序，先了解三轉法輪與十二因緣，再學習三戒與見修行等，次第地學習修持。稍有基礎者則可由第六品的見修行開始著手。例如，第八世噶瑪巴對《一意》的疏釋即是由第六品開始。

《正法一意》的影響力

由於兼具以上各種特性，《正法一意》在藏傳佛教各派受到廣泛重視。其中，第十一任直貢法王・卻吉嘉波（ཆོས་ཀྱི་རྒྱལ་པོ་，1335-1407），於1373

年，在直貢替寺為初到衛藏的宗喀巴，傳授了直貢傳規的《大發心法》(菩薩戒)、《正法一意》、《大手印五具》、《那洛六法》等法要。後來，宗喀巴將他得自丹薩替(帕摩竹巴)、直貢梯(吉天頌恭)的《那洛六法》傳承，撰寫了一部名為《具三信念》的釋論，並在書中盛讚直貢噶舉傳承。這些噶舉傳統的學習，對宗喀巴關於金剛乘奧義的理解、修持和闡釋，具有深遠的意義。

第十一任直貢法王・卻吉嘉波的另一位弟子，第五世噶瑪巴・德新協巴（ཀརྨ་པ་དེ་བཞིན་གཤེགས་པ་，1384-1415），將《一意》的講釋傳承，經歷代噶瑪巴師徒，傳至第四世夏瑪巴・卻扎益西（ཆོས་གྲགས་ཡེ་ཤེས་，1453-1524），與第八世噶瑪巴・米覺多傑(མི་བསྐྱོད་རྡོ་རྗེ་1507-1554)。前者曾著作名為《明瞭一意》的釋論。第八世噶瑪巴更盛讚《一意》是「達波噶舉的大宗見」，並寫下《一意》最廣大的疏釋。

寧瑪派佐欽寺堪布昆桑巴登（མཁན་པོ་ཀུན་བཟང་དཔལ་ལྡན་，1862-1943），是札巴楚與米滂仁波切的弟子與傳記作者，從第一世蔣揚欽哲旺波與第五世佐欽仁波切受法，成為《龍欽寧體》的傳承持有者。被堪布拿瓊指派為噶陀寺佛學院的第一任堪布。昆努仁波切・滇津蔣稱與培巴朱古都是他的弟子。他的《一意》釋論，反覆引用龍欽巴的大圓滿見地，與吉天頌恭的大手印相互佐證，是會通寧瑪與噶舉的重要著作。

值此《正法一意》八百年來第一本中文釋論出版之際，因果清居士勸請書寫方便讀者了解何為《一意》、其重要性、特色、獨特性之短文。為巴麥欽哲之名義所加持者——黃英傑博士，援筆立就於南屏淨慈寺。時為2022年6月21日藏曆殊勝月夏至吉日，願一切吉祥！

第三世巴麥欽哲仁波切 中文版序

《正法一意》是怙主吉天頌恭的證悟心語。證悟者的言教，往往能擺脫概念的桎梏、直抵究竟之源，想要掌握怙主的奧妙之語實非易事。特別是《正法一意》的義理思想表述方式與一般論書的體裁截然不同，莫說研讀不易，翻譯校訂等的工作更是艱難，除了反覆考校的繁複細膩，還要深入通透的理解，才能正確掌握譯文的信、雅、達，這更得仰賴對此寶典的聞思功夫了。

《正法一意》的影響力並不侷限於直貢噶舉教內，事實上，藏傳佛教各派都十分重視《正法一意》。博學多聞的朗欽加布仁波切（1939-2017）曾經對我提到：寧瑪派龍欽巴（1308-1364）、薩迦派達倉譯師．協饒仁欽（慧寶，1405-?）、夏迦秋登（釋迦勝，1428-1507）等皆對《正法一意》寫有釋論。

特別是第八世大寶法王・米覺多傑（不動金剛，1507- 1554），將《正法一意》舉為達波噶舉之大宗見，並為其寫下該書最廣大的疏釋。噶瑪恰美仁波切（1613-1678）傳記中，載有他從第十世噶瑪巴確映多傑（法界金剛，1604~1674）聽受《一意》的紀錄。過去我亦曾請求噶瑪噶舉派的翻譯組織，將此珍貴論典早日譯出，並承諾必要的支助，可惜沒有結果。

時值今日《正法一意四部彙編》即將面世，自宗珍貴寶典正式付梓，我很欣喜且榮幸能參與其中略盡棉力。由於第三十七任直貢法王・赤列倫珠（事業任運，1946-　）的舉薦，2019年5月23日，當時在噶舉佛學院的洛本尼瑪跟我聯繫，他是《正法一意四部彙編》的中文翻譯，他邀請我協助本書中文版的校對與潤飾，我便責無旁貸地接下了這個法王指示的艱難任務。

個人與《一意》的淵源可溯自1995年，當時我出版第十六任直貢法王・貢噶仁欽（聞喜寶，1475-1527）的《大手印五支圓滿道》。該書中，我翻譯了直貢澈贊法王所寫的英譯本序（1984年），便對《一意》與其各種釋論有扼要的描述，這是《一意》在中文世界最初的登場。

2002年2月24-25日，我與第十二世努巴仁波切在現在的三摩地苑關房，合譯並校對了《一意》與《大乘法教心要》的根本頌，成為現在這個譯本的基本參考資料。2003年12月25日，在中華佛研所同學的請求下，我也提供了這些根本頌的中譯，供她們研讀使用。

傳承方面，我個人在2000年底北印度強久林的蛇年大法會中，從法尊東滇仁波切領受《正法一意》直貢噶舉派歷代法王諸釋論的完整口傳。2001年1月19至2月4日，兩周的時間內從堪千昆秋嘉稱（1946-　）完整聽受了第24任直貢法王卻吉札巴（法稱，1595-1659）的《一意》疏釋《解除無明暗昧明燈》，並寫下四萬多字的筆記。同年3月2日，得到第一世竹旺仁波切・昆秋諾布（1921-2007）賜予《密勒日巴歌集》與《一意》法稱各疏釋的經典加持。2003、2004年，再度從堪千昆秋嘉稱與第九世東滇仁波切，聽受了《一意》的幾個金剛偈講釋。2018年7月22日，得到法尊東滇仁波切給予他的《正法一意》註解口傳。

此後多年間，我悉心收集了各大堪布、仁波切在世界各地，針對《正法一意》翻譯、講授的中英藏文語音與文字資料，並協助進行了部分校對，因種類繁雜於此暫不贅述。

2019年6月起，洛本・噶才尼瑪將《一意》各品漸次譯出後，我與欽哲光明壇城翻譯小組成員便逐一教對、修潤，為求慎重，疑難處並與堪千昆秋蔣稱溝通請益，充分討論、釐清譯文詞句、文意、義理上的各種問題。

譯校大致底定後，為求慎重，2021年11月，我特別請前噶舉佛學院院長——堪布昆秋札西（1963-　），為欽哲光明壇城翻譯小組各國成員，講授這次翻譯的寧瑪堪布昆巴《一意》釋論，與第二十八任直貢法王・滇津卻吉尼瑪（持教法日，1755-1792）將原散文體之補充改寫成詩偈子式的補編《四十金剛句》。此後，聽受了堪千昆秋蔣稱長達一個月對敬安・強秋仁欽《正法一意之佈局要義・摩尼寶光》與《正法一意廣釋・寶藏論》的廣釋。緊接著，又得到堪布燃卓（1977-　）講解敬安・多傑謝拉（1187-1241

）的《正法一意釋・多協瑪》。

現在呈現在讀者面前的《正法一意四部彙編》中文版，在我手上已歷經五次校對，務求排除基本錯謬，而能臻於詳實精確。然而如前所說，《正法一意》是證悟心語，非我等凡夫所能究竟通達。若有任何訛謬，尚祈諸佛見諒，亦請十方博學善士慈悲指正。最後以此寶書出版之功德，祝願一切有緣讀者，皆得傳承師長攝受、開示此甚深法要，進而生信、入道、開慧!

三界怙主本智舞，大寶法教遍十方，
遠離世間之無明，得到究竟佛智慧。

2022年5月11日藏曆蓮師吉日
為巴麥欽哲名義所加持者
金剛上師黃英傑博士敬筆

ལོ་རྒྱུས་བའི་པར་བསྐྲུན་གསལ་བཤད།

དེ་ཡང་ཐོག་མར་པར་བསྐྲུན་གསལ་བཤད་ཚུལ་དུ་ཚིག་འགའ་ཞིག་ཞུས་ན་དྲན་སོང་། གུས་པ་ནི་བོད་ལྷ་ས་མལ་གྲོ་གུང་དཀར་དུ་སྐྱེས་ཤིང་། ཆུང་དུས་ནས་སློབ་གྲྭ་ཆུང་བ་དང་འབྲིང་བ། འབྲིང་རིམ་ཆ་ཚང་མཐར་ཕྱིན་ནས། ཕྱིས་སུ་འབྲི་གུང་ཀ་ཚལ་དགོན་དུ་ཆོས་བཞུགས་བྱས་ནས། ལོ་དྲུག་ཙམ་ཆོ་ག་ཕྱག་ལེན་སོགས་ལ་སྦྱང་། སྤྱི་ལོ་༢༠༠༨ལོར་རྒྱ་གར་དུ་འབྱོར་ནས་བཟུང་། དཔལ་བཀའ་བརྒྱུད་ནང་བསྟན་མཐོ་སློབ་ཁང་དུ་ནང་དོན་རིག་པ་གཙོ་བོར་གྱུར་བའི་གཞུང་ལུགས་ཁག་ལ་ལོ་དགུའི་རིང་ཐོས་བསམ་བྱས། མཐར་༢༠༡༧ལོར་བསླབ་པ་ཡོངས་སུ་མཐར་ཕྱིན་པའི་དུས་སུ། བདག་གི་དགེ་བའི་བཤེས་གཉེན་མཁན་ཆེན་ཉི་མ་རྒྱལ་མཚན་མཆོག་གི་ཐུགས་བསྐྱེད་ཆེན་པོས་རང་ཉིད་ལ་བསྐུལ་མ་དང་རྒྱབ་སྐྱོར་ཆེན་པོས་བི་ཀྲ་མ་ཤྲཱི་ལའི་སྒྲ་བསྒྱུར་ཚོགས་པར་ཡིག་བསྒྱུར་གྱི་ལས་ཀའི་གོ་སྐབས་བཟང་པོ་འདི་འདྲ་ཞིག་ལམ་སྟོན་བཀའ་དྲིན་མཛད་མེད་བསྐྱང་བྱུང་ལ། དེ་བཞིན་དུ་མགར་ཆེན་ཐེབས་རྒྱས་རྒྱ་སྤྱོར་ཡོངས་སུ་གནང་ནས། འཇར་མེན་ནི་མི་ལ་རབས་པའི་ཆོས་ཚོགས་སུ་ལོ་རེར་ཟླ་བ་གཉིས་དང་ཕྱེད་ཀར་མཁན་ཆེན་མཆོག་གིས་༧སྐྱོབ་པ་འཇིག་རྟེན་གསུམ་གྱི་མགོན་པོའི་ཐུན་མོང་མ་ཡིན་པའི་ཁྱད་ཆོས་དགོངས་པ་གཅིག་པའི་གཞུང་གི་ཁྲིད་དབུབ་དང་། ཁྱད་ཆོས་དགོངས་པ་གཅིག་པའི་ལྷན་ཐབས་དང་བཅས་པའི་རྩ་བ་ཚིག་བཅད་མ། དེའི་འགྲེལ་བ་མཁན་པོ་ཀུན་དཔལ་གྱི་མཛད་པ་བཅས་ཆོས་ཚན་བཞི། འཆད་ཁྲིད་གནང་པ་བཞིན།

ད་ཐེངས་དམ་ཆོས་དགོངས་པ་གཅིག་པའི་གཞུང་ཆ་ཚང་ཞིག་རྒྱ་ཡིག་ཐོག་ཡིག་བསྒྱུར་གང་ཐུབ་བྱས་པའི་ཁུལ་ཡིན། ཡིག་བསྒྱུར་བརྒྱུད་རིམ་ནང་དུ་ལོ་རྒྱ་བ་ཐུ་མ་འགའ་ཤས་ཀྱིས་དགོངས་ཅིག་རྩ་བ་བསྒྱུར་བ་གཉིས་གསུམ་ཞིག་གུས་པར་གྲོགས་པོ་འགའ་ཤས་བརྒྱུད་ནས་ཐོབ་བྱུང་། དེ་རྣམས་ལ་གཞི་བཅོལ་ནས་གང་ཐུབ་དགོངས་གཅིག་རྩ་བ་གཅིག་གྱུར་ཡོངས་རྒྱུར་འབད་པ་ཞུས་པ་ཡིན། ལོ་ཟླ་གསུམ་གྱི་ཡིག་བསྒྱུར་ལས་ཀའི་ཐོག་ཐེངས་དང་པོའི་ཞུ་དག་པ་བདག་གི་གྲོགས་པོ་ཐེའི་ཝན་ཡིག་བསྒྱུར་བ།(ཧྥུའུ་ཕང་ཐན།)ཐུབ་བསྟན་ཉི་མས་རོགས་རམ་ཚད་ལས་འདས་པ་གནང་བྱུང་བས་ཁོང་ལ་དམིགས་གསལ་བཀའ་དྲིན་ཆེ་ཞུ་རྒྱུ་དང་། དེ་ནས་གུས་པས་བསྒྱུར་ཞུས་བྱས་པའི་དགོངས་གཅིག་དག་འབྲི་གུང་༧སྐྱབས་མགོན་འཕྲིན་ལས་ལྷུན་གྲུབ་མཆོག་ལ་སྙན་འབུལ་ཞུ་སྐབས།༧སྐྱབས་མགོན་རིན་པོ་མཆོག་གིས་ཞུ་དག་མཐའ་མ་དེ་དཔལ་མེའི་མཁྱེན་བརྩེ་དགོན་མཆོག་བསྟན་འཛིན་འགྲོ་འདུལ་གླིང་པ་རིན་པོ་མཆོག་དང་འབྲེལ་བ་ཞུས་ཏེ། ཁོང་གི་གནང་ཐུབ་ན་དགེ་མཚན་ཆེ་བར་གསུངས་པ་བཞིན། མཁན་ཆེན་མཆོག་དང་ཤན་རོན་རྣམ་པའི་རོགས་སྐྱོར་འོག་རིན་པོ་ཆེ་མཆོག་དང་འབྲེལ་བ་ཞུ་སྐབས། རིན་པོ་ཆེ་མཆོག་ནས་ཀྱང་ཐུགས་བརྩེ་བ་ཆེན་པོས་དཀའ་ངལ་ལ་མ་འཛེམས་པར་ཞུ་དག་མཐའ་མའི་ཐུགས་འགན་བཞེས་ནས་ཞུ་དག་ཆ་ཚང་མཛད་པར་བཀའ་དྲིན་ཆེ་ཞུ། ད་དུང་ཐེངས་འདིའི་ཡིག་བསྒྱུར་ལས་ཀར་ཕྱོགས་ཡོངས་ནས་མཐུན་རྐྱེན་སྦྱར་མཁན་སྦྱིན་བདག་དང་། ལས་སྣེ་ཡོངས་ལ་དེ་བས་བཀའ་དྲིན་ཆེ་ཞུ་རྒྱུ་ཡིན།

譯者前言

首先，出版之前想說幾句話。

我是在西藏拉薩墨竹工卡出生的，幼時小學、中學、高中畢業，後來在直貢嘎則寺裡出家，約六年時間，學習了直貢的儀軌等等。西元2008年到了印度，一直在吉祥噶舉佛教高等學院裡，主要學習佛學諸明等等理論，聞思歷經九年，2017年圓滿畢業。那時我的老師善知識堪千尼瑪蔣稱的大慈悲故，給我鼓勵並大力支援下，在「比扎瑪西拉超戒寺翻譯組」安排了翻譯的工作，感恩此善機緣。還有「噶千基金會」集出資金，在德國密勒日巴佛學會，每年有兩個月半的時間，堪千很慈悲地教導開示尊貴的覺巴吉天頌恭的不共殊勝法《一意正文綱要》和殊勝法《一意補遺》，《一意根本頌》，及其註釋——堪布昆巴的《一意釋論》四種，這次所積極翻譯的妙法一意的正文，全部是譯漢。在諸家翻譯裡，以前有些譯者翻譯過的一意根本頌兩三種，有朋友轉寄給我，做為依據，因為我希望一意根本頌翻譯統一。

在這三年的翻譯工作之中，第一次的譯校，是我好朋友臺灣翻譯者土登尼瑪（胡方天），他的無量協助，所以這次特別感謝。後來我翻譯的一意諸譯文，呈閱尊貴的直貢法王赤列倫珠時，法王仁波切說，這次翻譯的最後譯校，由第三世巴麥欽哲・昆秋滇津卓都林巴仁波切校對的話善兆佳，所以在堪千與謝容說明下，聯繫仁波切，他也很慈悲，不辭辛勞，負責完成終校，非常感謝。還有這次翻譯工作上，十方順緣協助的功德主和工作人員們，非常感謝大家。

དམིགས་གསལ་ཞུ་རྒྱུར།

མཁན་པོ་ཀུན་དཔལ་འགྲེལ་བར་དགོངས་གཅིག་རྩ་བ་མཉམ་དུ་མེད་སྐབས། ལས་དང་པོ་བ་རྣམས་ཧྥག་ཙམ་གཟིགས་དཀའ་བར་བརྟེན། རྒྱ་ཡིག་ནང་དུ་འགྲེལ་བའི་སྟེང་དུ་དགོངས་གཅིག་རྩ་བ་སྦྱར་ཡོད། དེ་ནས་གཞུང་འདི་ནང་དུ་ཡོད་པའི་མི་སྣ་ཁག་དང་། ལུང་ཁག་སྡེབ་སོ་སོར་བྱས་ནས་ཕྱོགས་བསྒྲིགས་བྱས་ནས་འོག་ཏུ་སྦྱར་ཡོད།

མཐའ་དོན་དུ། རང་ཉིད་ཡིག་བསྒྱུར་གྱི་ལས་ཀ་ཡང་ཐེངས་དང་པོ་ཡིན་སྐབས། ནོར་འཁྲུལ་དང་ཆད་ལྷག་མི་ཉུང་བ་ཡོད་ངེས་པས་དེ་དོན་ཕྱིན་ཆད་གློག་པ་པོ་ཡོངས་ཀྱིས་བཀའ་སློབ་ལམ་སྟོན་ཡོངས་བའི་རེ་འདུན་ཞུ་རྒྱུ་དང་།

སྐར་ཡང་བདག་གི་ལས་ཀར་རྒྱབ་སྐྱོར་སྒོ་གང་ནས་གནང་མཁན་ཡོངས་ལ་ཐུགས་རྗེ་ཆེ་ཞུ་རྒྱུ་ཡིན། དུས་གསུམ་གྱི་དགེ་བའི་རྩ་བ་ཇི་སྙེད་ཡོད་པ་རྣམས་མ་རྒན་སེམས་ཅན་ཐམས་ཅད་རྣམ་མཁྱེན་གྱི་གོ་འཕང་ཐོབ་པའི་སླད་དུ་བསྔོའོ།། དགེའོ།། དགེའོ།། དགེའོ།། །།

ཡིག་བསྒྱུར་བ། ཀ་ཚལ་ཉི་མས།

སྤྱི་ལོ་༢༠༢༠ ལོའི་ཟླ་བ་༡༠འི་ཚེས་༡༥ཉིན།

特別想說是：堪布．昆桑巴滇的《一意釋論》裡沒有合刊《一意》根本頌，第一次看《一意》的會有點困難，所以這次中文《一意釋論》裡，加上《一意》根本頌，還有正文裡的人物和教義，各個在後面註釋輯入。

最後，我這次翻譯工作，也是第一次，所以多少會有錯誤和疏漏，希望讀者們給我多多指教。還有，對於工作上幫助和支援我的人，說聲感謝大家。三時所有諸善根，迴向一切如母眾生，得成遍智之果位。善哉，善哉，善哉。

翻譯者：噶才尼瑪

公元2020年10月15日

正法一意

དམ་ཆོས་དགོངས་པ་གཅིག་པའི་ཕོག་དབུབ་བསྡུས་དོན་ནོར་བུའི་འོད་ཟེར་ཞེས་བྱ་བ་བཞུགས་སོ།།

མཛད་པ་པོ། ། སྤྱན་སྔ་རིན་ཆེན་བྱང་ཆུབ།

ཨོཾ་སྭ་སྟི།

དུས་གསུམ་རྒྱལ་བ་མ་ལུས་གཅིག་པའི་སྐུ། །མཁའ་མཉམ་འགྲོ་བ་མ་ལུས་འདྲེན་པའི་དཔལ།

།འགྲོ་བའི་མགོན་པོ་ཆོས་རྗེ་ཡབ་སྲས་ལ། །གུས་པས་བཏུད་ནས་དེ་ཡི་གསུངས་དོན་བྲི། །

དེ་ཡང་རྗེ་འགྲོ་བའི་མགོན་པོ་འབྲི་གུང་པ་དེ་ཉིད། དབྱེ་ཆུང་རྡོ་རྗེའི་བསྒོམ་ཕུག་ཏུ། ཐུགས་འོད་གསལ་གཉུག་མ་མངོན་དུ་མཛད་ཅིང་། ཏིང་ངེ་འཛིན་གྱི་སྒོ་མཐའ་ཡས་པ་ཐམས་ཅད་མངོན་དུ་གྱུར་ནས། རྡོ་རྗེ་འཆང་ཆེན་པོ་མངོན་དུ་གྱུར་ཏེ། འབྲི་གུང་བྱང་ཆུབ་ཀྱི་གླིང་དུ་ཕྱག་ཕེབས་ནས། དཀྱུང་ལོ་དུ་མའི་བར་དུ་གདུལ་བྱ་ལས་ཅན་དཔག་ཏུ་མེད་པ་སྨིན་ཅིང་གྲོལ་བར་མཛད་དེ། མཐར་ཆོས་ཀྱི་དབྱིངས་སུ་གཤེགས་པའི་ཚུལ་དུ་ཡང་། ཉིད་ཞལ་བཞུགས་པ་དང་ཁྱད་པར་མེད་པའི་སྤྲུལ་སྐུ་ཡི་གེའི་གཟུགས་དཔག་ཏུ་མེད་པ་བཞུགས་སུ་སྣང་ངོ་། །དེ་ཐམས་ཅད་ཀྱི་དོན་རྗེ་འབྲི་གུང་གླིང་པས་ཐུགས་སུ་ཆུད་ནས། རྒྱལ་བ་ཐམས་ཅད་ཀྱི་དགོངས་པ་གཅིག་པ་ཞེས་བྱ་བ་འདི་མཛད།

དེ་ཉིད་སྟོན་པར་འདོད་པས་འདི་ལྟར་བརྗོད་པར་བྱའོ། །མ་ནམ་མཁའ་དང་མཉམ་པའི་སེམས་ཅན་ཐམས་ཅད་བདེ་བ་དང་ལྡན། སྡུག་བསྔལ་ཐམས་ཅད་དང་བྲལ། སྒྱུར་དུ་བླ་ན་མེད་པ་ཡང་དག་པར་རྫོགས་པའི་བྱང་ཆུབ་རིན་པོ་ཆེ་ཐོབ་པར་བྱའོ།

དེའི་ཆེད་དུ་དམ་པའི་ཆོས་རིན་པོ་ཆེ་གསན་ལ་ཉམས་སུ་བླང་སྙམ་པའི་ཐུགས་བསྐྱེད་མཛད་ནས།

ཐུགས་མ་ཡེངས་པའི་ངང་ནས་གསན་པར་ཞུ་འཚལ། དེ་ཡང་གསན་རྒྱུའི་ཆོས་དེ་གང་ཡིན་སྙམ་ན།

《正法一意》之綱要總義·摩尼寶光

敬安·仁欽強秋／著

願吉祥！

三世諸佛無餘總集身，等空眾生無餘勝導師，

眾生怙主法王父子尊，敬禮而書彼之語意釋。

至尊眾生怙主直貢巴，在耶瓊多傑（小耶金剛）[1]閉關洞中，現見心之光明本來面目，現證一切無量三摩地門，成就大金剛持果後，來到直貢強久林（菩提洲），在多年之中成熟解脫無量具緣眾生，最後逝往法界，留下與本人在世無二之無量教言文字化身。

至尊直貢林巴（敬安·謝拉迴內）將其完全了悟，而後著作了名為《正法一意》之論典。

欲宣說此法者，應先如是言：願等虛空之一切如母有情眾生具足安樂，離一切苦，速得證無上清淨圓滿之菩提大寶，為此之故聽聞並實修聖法大寶。當如是發心而無有放逸的聽聞教法。

所聽聞之教法為何？

聽聞教法是正法一意。

---

1 耶瓊閉關洞中的耶是藏文裡有（དབྱི། ཨི།）兩種寫法。

དམ་ཆོས་དགོངས་པ་གཅིག་པ་འདི་ཉིད་ཡིན་ཏེ། དེ་ཡང་རེ་ཞིག་སྟོང་གསུམ་མི་མཇེད་འཇིག་རྟེན་གྱི་ཁམས། ལྷོ་ཕྱོགས་འཛམ་བུའི་གླིང་། བྱང་ཕྱོགས་ཁ་བ་ཅན་གྱི་ལྗོངས། རི་བོ་གངས་ཅན་གྱི་རྒྱུད། གནོད་སྦྱིན་དཔལ་གྱི་འབྲི་ཁུང་མ་ཧཱ་ཧཱ་ཧོ་རྗེའི་གདན་གཉིས་པ། འབྲི་གུང་བྱང་ཆུབ་ཀྱི་གླིང་དུ། འཇིག་རྟེན་གསུམ་གྱི་མགོན་པོ་ཆོས་ཀྱི་རྗེ་རིན་པོ་ཆེ་ཐུབ་པ་གཉིས་པ་དེ་ཉིད་ཕྱག་ཕེབས་ནས། དགུང་ལོ་སུམ་ཅུ་སོ་ལྔ་ནས་བདུན་ཅུ་དོན་ལྔའི་བར་དུ། ཚོགས་པ་རྒྱ་མཚོ་ལྟ་བུ་ཙམ་ཞིག་བསྐྱངས་ནས། གདུལ་བྱ་ལས་ཅན་དཔག་ཏུ་མེད་པ་སྨིན་ཅིང་གྲོལ་བར་མཛད།

དེའི་ནང་ནས་ཀུང་སྨྲན་སྤྱ་འབྲི་གུང་གླིང་པ་དེ་ཉིད་ཀྱིས་དགུང་ལོ་བཅུ་གཅིག་གི་རིང་ལ། གཟིམས་གཡོག་པ་མཛད་པ་ལས།

ཚོགས་ཆོས་སུ་གསུང་བ་དང་། ཁྲིད་ཆོས་སུ་གསུང་བ་དང་། དཔག་ཆོས་སུ་གསུང་བ་དང་། །ཞུ་ཆོས་སུ་གསུང་བ་དང་། ལས་ཆོས་སུ་གསུངས་པ་དང་། རི་ཆོས་སུ་གསུང་པ་དང་། གེགས་སེལ་བོགས་འདོན་ལ་སོགས་པ་མཐའ་མེད་ཅིག་གསུངས་པ་ཐམས་ཅད། སྙན་གྱིས་གསན། ཐུགས་སུ་ཆུད་ནས།

རྒྱལ་བ་ཐམས་ཅད་ཀྱི་དགོངས་པ་གཅིག་པ་ཞེས་བྱ་བ་དེ་ལ་ཡང་གཞུང་ཕྱག་རྒྱ་ཆེན་པོ་ལྟ་ལྟན། མན་ངག་སྒོམ་གསུམ་གནད་གཅིག ཉམས་ལེན་ཟབ་པའི་ཕྱག་རྒྱ་རྣམ་པ་བཞིར་བསྡུས་ནས་གསུངས་པ་ཡིན་ཏེ།[1]

དེ་ཡང་བཤད་པའི་ཚུལ་ལུགས་ལ། གདུལ་བྱའི་ཁྱད་པར་གྱིས་སྒྲོར་བཤད་ལུགས་མི་འདྲ་བ་དཔག་ཏུ་མེད་པ་ཅིག་མཛད་ཀྱང་། ད་རེས་འདིར་རྗེས་མགོའི་ཡན་ལག་ལྔས་འཆད་པ་གདའ་སྟེ། རྟེན་གྱི་གང་ཟག་གང་གིས་མཛད་པ་དང་གཅིག། ཕྱོགས་བར་གཏོགས་པ་དང་གཉིས། མཚན་ཅི་ལ་གསོལ་བ་དང་གསུམ། དགོས་ཆེད་གང་གི་དོན་དུ་མཛད་པ་དང་བཞི། དབུ་ནས་ཞབས་སུ་དོན་རྣམ་པ་དུས་བསྟན་པ་དང་ལྔས་འཆད་པ་ཡིན་ཏེ།

དེ་ལ་དང་པོ་རྟེན་གྱི་གང་ཟག་ནི་རྗེ་འགྲོ་བའི་མགོན་པོ་འབྲི་གུང་གླིང་པ་བསྟན་བཙོས་རྩོམ་པ་པོ་མཚན་ཉིད་ལྔ་དང་ལྡན་པ་དེས་མཛད།[2]

ཕྱོགས་གར་གཏོགས་ན་སྡེ་སྣོད་རིན་པོ་གསུམ་གར་གཏོགས། མཚན་ཅི་ལ་གསོལ་ན། བརྗོད་བྱ་ལ་གསོལ་ཏེ། ཁྱད་པར་དུ་འཕགས་པའི་ཆོས་ཞེས་བྱ་བའམ། དགོངས་པ་གཅིག་པ་ཞེས་བྱ་བ།

དགོས་ཆེད་གང་གིས་དོན་དུ་མཛད་ན། སྤྱིར་བླ་མ་དམ་པ་རྣམས་ཀྱི་ཐུགས་དགོངས་རྫོགས་པ། སངས་རྒྱས་ཀྱི་བསྟན་པ་དར་ཞིང་རྒྱས་པ། ནམ་མཁའ་དང་མཉམ་པའི་སེམས་ཅན་ཐམས་ཅད་བླ་ན་མེད་པའི་བྱང་ཆུབ་རིན་པོ་ཆེ་ཐོབ་པར་བྱ་བའི་ཆེད་དང་ཁྱད་པར་དུ་འཇིག་རྟེན་མགོན་པོའི་ཆོས་མཛོད་དར་ཞིང་རྒྱས་པར་བྱ་བའི་ཆེད་དུ་མཛད་དོ།

---

1 ༢༠༡༧ལོར་རྒྱ་གར་ནས་པར་བསྐྲུན་བྱས་པའི་འཇིག་རྟེན་གསུམ་མགོན་པོ་བཀའ་འབུམ་དེབ་ཕྲེང་༤པའི་ཤོག་གྲངས་༧༠ཡིག་ཕྲེང་༡༢ལ། ཡང་ན། ༢༠༡༧ལོར་རྒྱ་གར་ནས་པར་བསྐྲུན་བྱས་པའི་འཇིག་རྟེན་གསུམ་མགོན་པོ་བཀའ་འབུམ་དེབ་ཕྲེང་༩པའི་ཤོག་གྲངས་༡༡༠ཡིག་ཕྲེང་༡༨ལ། ཕྱག་རྒྱ་བཞི་ནི། ལས་ཀྱི་ཕྱག་རྒྱ། དམ་ཚིག་གི་ཕྱག་རྒྱ། ཆོས་ཀྱི་ཕྱག་རྒྱ། ཕྱག་རྒྱ་ཆེན་པོ་བཅས་སོ།

2 དགོངས་གཅིག་འགྲེལ་ཆེན་སྣང་མཛད་ཡེ་ཤེས་སྒྲོན་མེའི་པར་ཆ། ཤོག་གྲངས་༢༩༠ཡིག་ཕྲེང་༡༡། པར་བསྐྲུན་༢༠༠༧ལོར་ཕྱ་ར་ཎ་སིར་བཀའ་བརྒྱུད་ཉམས་གསོ་ཚོགས་པས། སྨྲན་སྤྱ་རྡོ་རྗེ་ཤེས་རབ། མཚན་ཉིད་ལྔ་ནི། ཆོས་ཀྱི་གནད་ལུགས་མཁྱེན་པ། གསུང་རབ་ཐ་དག་ལ་རང་དབང་ཐོབ་པ། ལྷ་དང་བླ་མའི་སྣང་བ་ཐོབ་པ། སྙིང་རྗེ་ཆེན་པོ་ལྡན་པ། བརྒྱུད་པའི་གདམས་ངག་ལྡན་པ་བཅས་སོ། རྒྱས་པ་གཟིགས་འདོད་ན། ཤོག་དབུགས་རྒྱས་པའི་ནང་དུ་ཡོད།

於此三千娑婆世界之南贍部洲，北部雪域羣山之中，秀堆吉祥直貢地，第二摩揭陀金剛座直貢強久林處，三界怙主吉天頌恭法王仁波切第二能仁親臨此地，於三十五到七十五歲之間，庇佑如海之徒眾，成熟解脫無量具緣眾生。弟子之中，以敬安・直貢林巴為上首，他在擔任吉天頌恭侍者的十一年當中，廣大的聽聞了上師吉天頌恭公開的大眾傳法、私下的不共教授、檢試證悟、答疑、事業法開示、山間閉關法教授，以及驅魔、增長等等無量的教法。對於此等教法，皆耳聞、意會之後，將《大手印五具》、三戒要義一如之口訣、實修甚深四印[1]總攝而宣說了此《一切諸佛同一心意》。

關於說法的方式，根據化機的差別，有眾多不同的說法方式，此處依「著論五本」之原則而述：作者為誰；歸為何類；以何者立標題；造論目的為何；全文內容。

作者是具足造論者五種性相[2]之至尊眾生怙主直貢林巴。

若問歸為何類？經、律、論三者皆是。

以何者立標題？以所詮立標題，即所謂「殊勝之法」或「一意」。

造論之目的為何？總體來說，是為了圓滿諸殊勝上師的心意、為了佛陀聖教廣弘興盛、為了等虛空有情眾生得到無上菩提妙寶之緣故。特別是為了吉天頌恭的教法廣弘興盛。

---

1 四印：業印，三昧耶印，法印和大手印。（出自2017年印度出版的《吉天頌恭文集》第6冊第79頁12行，或2017年印度出版的《吉天頌恭文集》第四冊第110頁18行。）

2 五性相是：了悟諸法實相、於一切經教得自在、於本尊和上師的明相得勝解、具足大悲、具足傳承之口訣。詳情請看本廣本《綱要》。（出自《一意廣釋．顯明智燈》，敬安．多傑謝拉著，第240頁11行，2009年瓦拉納西噶舉振興會出版。）

三，宣說要義、口訣、實修與果位猶如垂帷流蘇

一，總結此等殊勝法義

二，實修之要點

三，相違與關聯之要點

四，殊勝功德

三，結語

一，此《一意》法之分類方式

二，若了悟此等意趣，則可謂為吉天頌恭的上首心子

三，若有謬誤祈請寬恕

四，符合本來意趣部分的善根，迴向給圓滿菩提

།དབུ་ནས་ཞབས་སུ་དོན་རྣམ་པ་དུས་སྟོན་ན། དང་པོ་འཆད་པ་སྐད་ཀྱི་དོན་དང་། བར་དུ་འཆད་པ་གཞུང་གི་དོན་དང་། ཐ་མར་འཆད་པ་འཇུག་གི་དོན་དང་གསུམ་གྱིས་སྟོན་པ་ཡིན་ཏེ།

ཐོག་མར་སྐད་ཀྱི་དོན་ལ་ཡང་། མཆོད་པར་བརྗོད་པ་དང་། ཐེ་བར་དམ་བཅའ་བ་གཉིས་ཀྱི་སྟོན་པ་ལས།

དང་པོ། དེ་ལ་མཆོད་པར་བརྗོད་པའི་དགོས་པ་གང་ཡིན་སྙམ་ན། སྤྱི་དང་བྱེ་བྲག་ཡིན་ཏེ། སྤྱི་ནི་རང་ཉིད་ཀྱི་རྒྱུད་ལ་བསོད་ནམས་ཀྱི་ཚོགས་རྫོགས་པ་དང་། བྱེ་བྲག་བསྟན་བཅོས་མཛད་པ་ལ་བར་ཆད་མེད་ཅིང་། ཅི་ལྟར་བཞེད་པ་བཞིན་ཐུགས་དགོངས་མཐར་ཕྱིན་པའི་དགོས་པ་ཡོད་པའོ།

།དེའི་དོན་བསྡུས་པ་ཕྱག་འཚལ་ཞིང་མཆོད་པར་བརྗོད་པ་གང་ཡིན་ན། རྗེ་འགྲོ་བའི་མགོན་པོ་རིན་པོ་ཆེ་འབྲི་གུང་པ་ལ་རྟེན་གྱི་གང་ཟག་གང་གིས། ཚུལ་ལམ་ཐབས་ཅི་ལྟར་བརྗོད་ན།

རྟེན་གྱི་གང་ཟག་འབྲི་གུང་སྐྱིང་པས། ལུས་གུས་པས་ཕྱག་དང་ལྡང་བ། ངག་གུས་པས་བསྟོད་པ་དང་ཞེ་ས། ཡིད་གུས་པས་སྐྱོན་མི་རྟོག་ཅིང་ཡོན་ཏན་ལ་ལྟ་བའི་སྒོ་ནས།

མཆོད་ཅིང་བརྗོད་པའི་ཚིག་དེ་དག་གི་དོན་ནི། སེམས་ཉིད་འགྱུར་མེད་ཅེས་པ་ནི། སེམས་ཉིད་གཉུག་མ་མངོན་དུ་གྱུར་ནས། དུས་གསུམ་མཉམ་པ་ཉིད་དུ་ཐུགས་སུ་ཆུད་ནས་འགྱུར་བ་མེད་པའི། སྒྲིབ་བྲལ་ཅེས་པས་དུག་གསུམ་མམ། སྒྲིབ་པ་གསུམ་གྱི་དྲི་མ་དང་བྲལ་བའོ།

།ནམ་མཁའ་ལ་ཅེས་པ་ནི། ཐུགས་འོད་གསལ་ནམ་མཁའི་དཀྱིལ་ལྟར་གྱུར་པས་ཅི་ལྟ་བ་མཁྱེན་པའི་ཡེ་ཤེས་སོ།

།མཁྱེན་རབ་ཡེ་ཤེས་རྒྱས་པའི་འོད་ཟེར་གྱིས། །ཞེས་པ་ནི། ཅི་སྙེད་པ་མཁྱེན་པའི་ཡེ་ཤེས་རྒྱས་པས་ཤེས་བྱའི་དཀྱིལ་འཁོར་མ་ལུས་པ་ཐམས་ཅད་མ་འདྲེས་པ་ཡོངས་སུ་རྫོགས་པར་ལམ་མེར་མཁྱེན་པའོ།

།མཁྱེན་པའི་ཡེ་ཤེས་གཉིས་པོ་དེས་འཁོར་འདས་ཀྱི་ཆོས་ཐམས་ཅད་ལ། མི་མཁྱེན་པའམ། ཐུགས་སུ་མ་ཆུད་པའམ། མངོན་པར་རྫོགས་པར་སངས་མ་རྒྱས་པ་གང་ཡང་མེད་པས་ན་ཡེ་ཤེས་ཀྱི་འོད་ཟེར་རྒྱས་པའོ།

།ཐེག་གསུམ་བློ་གྲོས་མུན་ནག་འཐིབས་པོ་སེལ། །ཞེས་པས་ནི། མཁྱེན་པ་གཉིས་ཀྱི་ཡེ་ཤེས་ཀྱི་ཐུགས་རྗེའི་འོད་ཟེར་གྱིས། ཐེག་པ་གསུམ་གྱི་ཆོས་ཀྱི་འཁོར་ལོས་ཐེག་པ་གསུམ་གྱི་རིགས་ཅན་གྱི་བློ་གྲོས་ཀྱིས་ཁ་ཕྱེས་ཏེ། མ་རིག་པའི་མུན་པ་མུན་ནག་འཐིབས་པོ་སེལ་བར་མཛད་པའོ།

།ཀུན་ཏུ་སྣང་མཛད་ཅེས་པས། སེམས་ཅན་གྱི་མ་རིག་པའི་མུན་པ་བསལ་ནས། མཁྱེན་པའི་ཡེ་ཤེས་ཀུན་ཏུ་སྣང་བར་མཛད་པའོ།

།བླ་མ་ནི་རྗེ་འགྲོ་བའི་མགོན་པོ་འབྲི་གུང་པ་ལ། སྨྱན་སྔ་འབྲི་གུང་སྐྱིང་པས་ལུས་ངག་ཡིད་གསུམ་གུས་པས་ཕྱག་འཚལ་ཞིང་མཆོད་པར་བརྗོད་པའོ།

全文宣說內容為何？分三：前言、正文、結語。

初者前言，分二：供讚、立誓造論。

第一，供讚。

若問為何供讚？

答曰：一般來說，是為了令自心續圓滿福德資糧；個別來說，是為了著述本文時無有障礙、能順利圓滿之故。

若問：具足此義的頂禮與供養為何？何人供讚至尊怙主仁波切直貢巴？以怎樣的方式供讚？

答曰：供讚者為直貢林巴。供讚的方式為身恭敬地頂禮和肅立，語恭敬地讚頌與敬語，意恭敬地不分別上師之過患而觀其功德。

供讚文字的意義乃[1]：

「心性不變」，謂本來心性現前，了悟三時平等性無有變異。

「離障」故，離於三毒或三障之垢染。

「虛空」，謂心之光明猶如虛空，即如所有智。

「勝妙智慧圓滿之光明」者，是圓滿證悟盡所有智，是故對於所知萬法之壇城皆無餘無淆圓滿清晰了知。

如所有智與盡所有智二智，對於輪涅一切萬法無有不知、無有不曉，無有不圓滿現證成佛，故智慧光明圓滿。

「消除三乘心智之黑闇」，謂佛以二智之慈悲光明三轉法輪，開啟三乘種姓化機之智慧，消除彼等無明之黑闇。

「光明普照」，謂消除眾生的無明黑闇之後，遍知之本智光明普照。

「上師」者，是至尊眾生怙主直貢巴。對於上師，敬安・直貢林巴以身語意三門恭敬地頂禮與供讚。

---

1 供讚偈中譯：「心性不變離障虛空中，勝妙智慧圓滿之光明，消除三乘心智之黑闇，光明普照上師足前禮。」

།ཆོས་དེ་ལྟ་བུ་མཐའ་ཡས་པ་འཇིག་རྟེན་མགོན་པོ་ཉིད་ཀྱི་མངོན་སུམ་དུ་ཐུགས་སུ་ཆུད་པར་མཛད་པའི་བཞེད་ལུགས་དཔག་ཏུ་མེད་པ་ཡོད་པས། རྒྱ་མཚོ་ལྟ་བུ་ལས་ཅེས་པ་ནི་ཆོས་ཀྱི་ཆེ་བའོ།

།རྗེ་འབྲི་གུང་སྒླིང་པ་ཉིད་ཀྱི་ཁེངས་པ་སྤྱུང་བའི་གསུང་ནི་དམན་པའི་ཅེས་པ་སྟེ། ཆོས་དེ་ཙམ་དཔག་ཏུ་མེད་པ་གཞན་ཀྱང་མི་བརྗོད་པའི་གཟུངས་མ་ཐོབ་པས། དེ་ཐམས་ཅད་བདག་གིས་བློ་གྲོས་ཀྱིས་ཆུབ་པར་མ་ནུས་པས། བློ་གྲོས་ཤིན་ཏུ་དམན་ཅེས་པའོ།

།བྲི་བར་དམ་བཅས་པ་ནི་རང་བློས་ཅུང་ཟད་ཟིན་པ་བྲི་ཅེས་པས། དེ་ཉིད་ཀྱི་ཐུགས་ལ་ལམ་མེ་ས་ལེ་མ་བསྙེལ་བར་ཐུགས་ནས་སྣང་བ་དེ་དག་འདིར་ཡི་གེའི་རིས་སུ་བྲི་བར་བྱའོ། །ཅེས་པས་དམ་བཅས་པ་སྟེ། དེས་འབྲི་བར་དམ་བཅས་པ་སོང་། །གོང་མ་མཆོད་པར་བརྗོད་པ་དང་གཉིས་པོ་དེ་དྲིལ་བས་གླད་ཀྱི་དོན་སོང་ནས།

གཉིས་པ་གཞུང་གི་དོན་སྟོན་པར་བྱེད་པ་ལ། མདོར་བསྟན་ཏེ་ལུས་རྣམ་པར་བཞག་པས་ཁོག་དབུབ་པ་གདུགས་སྤྱི་ལྟ་བུའི་ཚུལ་ཏུ་བསྟན་པ་དང་གཅིག །བྱེ་བྲག་སོ་སོར་ཕྱེ་བ་ཡན་ལག་རྒྱས་པར་བཤད་པ་རྒྱན་ཀྱི་ཚུལ་དུ་བསྟན་པ་དང་གཉིས། དོན་བསྡུས་པའི་ཚིགས་བཅད་ཀྱི་གདམས་ངག་ཉམས་ལེན་འབྲས་བུ་དང་བཅས་པ་ཤམ་བུའི་ཚུལ་དུ་བསྟན་པ་དང་གསུམ་གྱི་སྟོན་པ་ཡིན་ཏེ།

ཐོག་མར་མདོར་བསྟན་ཏེ་ལུས་རྣམ་པར་བཞག་པས་ཁོག་དབུབ་པ་གདུགས་སྤྱི་ལྟ་བུའི་ཚུལ་དུ་བསྟན་པ་ལ་ཡང་། ༡༽ དབྱེ་བསྡུ་ལྡན་ཐབས་ཀྱི་འདེབ་ཚུལ། ༢༽ ཡིན་མིན་གྲུབ་མཐའི་འགལ་སྤོང་། ༣༽ ཆོམས་བདུན་གོ་རིམ་གྱི་རྣམ་དབྱེ། ༤༽ ཆོས་ལྔར་ཐམས་ཅད་འདུས་ཚུལ། ༥༽ དགོངས་པ་གཅིག་ཚུལ་གྱི་སྒྲ་བཤད། ༦༽ གཞི་ལམ་འབྲས་བུའི་སྦྱོར་སོ། ༧༽ དེ་དག་སྤྱིའི་དོན་བསྡུས། ༨༽ ཆོས་བདག་གང་ཟག་གི་རྣམ་ཐར་དང་བརྒྱུད་ཀྱིས་སྟོན་པ་ཡིན་ཏེ། གཞུང་དུ་གསལ།

第二，立誓造論[1]。

「無餘諸佛密意如是般」，謂如同十方三世一切諸佛之心意般、無比上師至尊眾生怙主直貢巴所了悟的法。

所了悟的法乃極為殊勝，是因為超過於大多數行者之所悟，故為不共之法。

對如是無邊之教法，吉天頌恭悉皆了悟，具足無量見解，故謂「廣博如海」。

「劣慧」是至尊直貢林巴的自謙詞，謂雖然聽聞了無量之法，但因為未得不忘總持，不能通達彼一切法，所以智慧極為微淺。

立誓者，即「僅憑自力而略書」，自己之心中雖不能清晰明白憶持，但依自心中所現而盡力書為文字。此立誓造論，與前面的供讚二者，即是前言。

第二，宣說正文。分三：一，總說整體綱要猶如傘頂；二，個別廣詳宣說猶如傘骨；三，宣說要義、口訣、實修與果位猶如垂帷流蘇。

第一，總說整體綱要猶如傘頂。分八：一，《補編》的配合方式；二，迴遮是否為宗義之相違；三，七品之差別；四，一切攝集於五法之內；五，解釋《一意》之詞義；六，宣說基道果；七，收攝總義；八，《一意》法主的傳記講說。以此八支而宣說。

1 立誓造論偈中譯：「無餘諸佛密意如是般，無比上師通達所悟法，無邊難思廣博如巨海，劣慧僅憑自力而略書。」

དང་པོ། སྤྱིར་ཁྱད་ཆོས་རྣམས་བསྔོམས་པས། རྡོ་རྗེའི་གསུང་ཉིས་བརྒྱ་ལྷག་ཙམ་ཡོད་པ་ལས། རྩ་བའི་གཞུང་ལ་རྡོར་གསུང་བརྒྱ་དང་ལྔ་བཅུ་དང་། གཞན་ལྔ་བཅུ་ལྷག་ཙམ་ལྷན་ཐབས་བྱས་ནས་བཤད་དགོས་པ་དང་།

དང་པོ་ཆོས་འཁོར་གནད་བསྡུས་ཀྱི་ཚོམས་ལ་རྩ་ཚིག་སུམ་ཅུ་དང་ལྷན་ཐབས་བཅུ་དྲུག་ཡོད་པར་གསུངས་ཀྱང་ད་ལྟ་དངོས་སུ་བཅོ་ལྔ་ཡོད། དེ་ཡང་སྦྱོར་ཚུལ་ཅུང་ཟད་མི་འདྲ་བ་འགའ་འདུག་ཀྱང་ཐོག་དབུབ་རྒྱས་པ་ལྟར་དུ་བྱས་ནས་བཀོད་པ་ནི།

རྡོར་གསུང་དང་པོ། ཆོས་ཀུན་གཤིས་སམ་བབས་ཀྱི་གནས་ལུགས་བསྟན། ཞེས་བྱ་བ་འདི། སྤྱིར་གཞུང་འདིའི་དོན་མཐའ་དག་ཕྱོགས་གཅིག་བསྔོམས་པའི་ཐོག་དབུབ་བམ་ལུས་རྣམ་པར་གཞག་པ་ཡིན་ཀྱང་། བྱེ་བྲག་ཆོས་འཁོར་གནད་བསྡུས་ཀྱི་རྩ་ཚིག་གི་དབང་དུ་བྱས་ན། དེ་ལ་ལྷན་ཐབས། 1 ཕྱོགས་དུས་རྒྱལ་བ་ཀུན་གྱི་བསྟན་པ་གཅིག ཅེས་པ་དང་། 2 ཐེག་དང་གྲུབ་མཐའ་ཐམས་ཅད་རྟེན་འབྲེལ་ཡིན། བྱ་བ་འདི་གཉིས་སྦྱར།

རྡོར་གསུང་གཉིས་པ། ཆོས་ཕུང་བརྒྱད་ཁྲི་སངས་རྒྱས་བསྒྲུབ་པར་གཅིག ཅེས་པར་ལྷན་ཐབས། 3 ཆོས་ཕུང་བརྒྱད་ཁྲི་ཉོན་མོངས་གཉེན་པོར་གསུངས། ཞེས་པ་འདི་སྦྱར།

རྡོར་གསུང་གསུམ་པ། སྡེ་སྣོད་རྒྱུད་སྡེ་ལམ་གྱི་རིམ་པ་ཡིན། ཞེས་པར་ལྷན་ཐབས། 4 རེ་རེ་ལ་ཡང་གསུང་རབ་བཅུ་གཉིས་ཚང་། ཞེས་དང་། 5 དེ་བཞིན་སྡེ་སྣོད་གཅིག་ལའང་གསུམ་ཀ་འདུས། ཞེས་པ་འདི་གཉིས་སྦྱར།

རྡོར་གསུང་བཞི་པ། ཆོས་འཁོར་རྣམ་གསུམ་འཁོར་གྱི་རྟོགས་པའི་ཁྱད། ཅེས་པར་ལྷན་ཐབས། 6 འཁོར་འདས་ཐམས་ཅད་ཕུན་ཚོགས་ལྔ་ཡིས་བསྡུས། ཞེས་པ་འདི་སྦྱར།

རྡོར་གསུང་བཅུ་གཅིག སེམས་ཙམ་སྟོན་པའི་བཀའ་ཉིད་དབུ་མར་སྟོན། །ཞེས་པར་ལྷན་ཐབས། 7 ཐུན་མོང་ཐུན་མོང་མ་ཡིན་མངོན་པའི་སྡེ། །ཞེས་པ་འདི་སྦྱར།

རྡོར་གསུང་བཅུ་དགུ། མུ་སྟེགས་པ་ལ་དགེ་བའི་བསླབ་བྱ་མང་། ཞེས་པར་ལྷན་ཐབས། 8 མུ་སྟེགས་པོན་གྱིས་བདེན་པ་མཐོང་སྐབས་མེད། །ཅེས་དང་། 9 ཐར་པ་ཆ་མཐུན་འགའ་ཞིག་ཡོད་ཀྱང་རུང་། །ཞེས་པ་འདི་གཉིས་སྦྱར།

རྡོར་གསུང་ཉི་ཤུ་པ། ཕྱི་ནང་ཁྱད་པར་སྐྱབས་འགྲོས་འབྱེད་པ་སྟེ། །ཞེས་པར་ལྷན་ཐབས། 10 སྡོམ་དང་སྙིང་རྗེ་ཕྱི་རོལ་པ་ལའང་ཡོད། །ཞེས་པ་འདི་སྦྱར།

རྡོར་གསུང་ཉེར་གཉིས་པ། མདོ་དང་སྔགས་ཀྱི་ཁྱད་པར་དབང་ཡིན་ཏེ། །ཞེས་པར་ལྷན་ཐབས། 11 མཚན་ཉིད་ཐེག་པས་ཚེ་གཅིག་གིས་སངས་རྒྱ། །ཞེས་པ་འདི་སྦྱར།

རྡོར་གསུང་ཉེར་གསུམ་པ། དེ་གཉིས་གང་མེད་ཀྱང་རྫོགས་བྱང་མི་ཐོབ་ཅེང་། །ཞེས་པར་ལྷན་ཐབས། 12 ཆོས་དང་ཉམས་ལེན་འགྲོས་ཀྱིས་སངས་རྒྱས་གཅིག །ཞེས་པ་འདི་སྦྱར།

第一，《補編》的配合方式。

殊勝教法共計：金剛語二百有餘，其中包含根本文一百五十金剛語，另有五十多句為補編。

第一品〈總攝法輪要義品〉中，據說有根本文三十金剛句和補編十六句，但現存只有十五句補編。另外，雖然有一些不同的排列方式，但若依廣本《綱要》般排列則為：

第一金剛句是「佛所言教唯法之本性」。總的來說，此句乃總攝全文意趣之總綱，但就〈法輪要義品〉的根本句而言，此句與《補編》之中的「1十方三世諸佛同一教」以及「2一切諸乘宗派皆緣起」二句相配合。

第二金剛句是「八萬法蘊同一成佛義」。此句配《補編》中「3 八萬法門為治煩惱說」。

第三金剛句是「三藏密續乃修道次第」。此句配《補編》中「4 每一部中皆具十二部」以及「5如是一教藏中攝三藏」二句。

第四金剛句是「三轉法輪弟子根基別」。此句配《補編》中「6 一切輪涅五圓滿所攝」。

第十一金剛句是「唯識教法示離邊中觀」。此句配《補編》中「7 許有共與不共之論藏」。

第十九金剛句是「即使外道亦多有修善」。此句配《補編》中「8 外道苯教無有見諦時」以及「9 彼等或略有順解脫分」二句。

第二十金剛語是「內道外道差別在皈依」。此句配《補編》中「10 外道亦有戒律及悲心」。

第二十二金剛句是「顯與密之差別在灌頂」。此句配《補編》中「11 因乘也有一生證佛果」。

第二十三金剛句是「彼二缺一不得圓滿覺」。此句配《補編》中「12 法與修行有別佛無異」。

རྩོར་གསུང་ཉེར་བཞི་པ། སྡོམ་གསུམ་མི་དགེ་བཅུ་སྤོང་གནད་གཅིག་ལ། །ཞེས་པར་ལྷན་ཐབས། 13 སྡོམ་གསུམ་གོང་ནས་གོང་དུ་དོག་ཏུ་འགྲོ། །བྱ་བ་འདི་སྐར།

རྩོར་གསུང་ཉེར་བདུན་པ། བྱང་ཕྱོགས་སོ་བདུན་བདེ་གཤེགས་སྙིང་པོར་ཡོད། །ཅེས་པར་ལྷན་ཐབས། 14 མཐར་ཕྱུག་ས་རྩུན་ཚོགས་ལམ་ངོ་བོས་བགྲོད། །བྱ་བ་འདི་སྐར།

རྩོར་གསུང་སུམ་ཅུ་པ། ཉན་རང་ཞོག་སྲེད་ཅན་ཡང་རྣམ་མཁྱེན་འགྱུར། །ཞེས་པར་ལྷན་ཐབས། 15 རྒྱུ་དང་ལྡན་ཕྱིར་ཉན་རང་སངས་རྒྱས་འགྱུར། །བྱ་བ་འདི་སྐར་རོ། །

རྟེན་འབྲེལ་གནད་བསྡུས་ཀྱི་ཚོམས་ལ་རྩ་ཚིག་བཅོ་ལྔ་དང་ལྷན་ཐབས་གཅིག་ཡོད། རྩོར་གསུང་བཞི་པ། འཁོར་བའི་རྒྱ་མཚོར་ལུས་ཉིད་འཁོར་བར་བཞེད། །ཅེས་པར་ལྷན་ཐབས། 16 སྐྱེས་དང་བྲལ་ཕྱིར་འཁོར་བ་མཐའ་མེད་བཞེད། །བྱ་བ་འདི་སྐར་རོ། །

འདུལ་བ་སོ་སོར་ཐར་པའི་གནད་བསྡུས་ཚོམས་ལ་རྩོར་གསུང་ཉི་ཤུ་དང་ལྷན་ཐབས་གསུམ་ཡོད། རྩོར་གསུང་དང་པོ། དམ་ཆོས་འདུལ་བ་ཐེག་པ་ཐུན་མོང་སྟེ། །ཞེས་པར་ལྷན་ཐབས། 17 ཆོས་ཀུན་སོ་ཐར་སྡོམ་གསུམ་རེ་རེར་འདུ། །བྱ་བ་འདི་སྐར།

རྩོར་གསུང་བཅུ་གཅིག་པ། བཅས་དང་རང་བཞིན་ཁ་ན་མ་ཐོ་གཅིག །ཞེས་པར་ལྷན་ཐབས། 18 སྡེ་པ་ཀུན་གྱི་རྩ་བ་ལུང་སྡེ་བཞི། །བྱ་བ་འདི་སྐར།

རྩོར་གསུང་བཅུ་གསུམ་པ། བཀག་པ་ཡི་བཀག་གནང་བ་ཡི་གནང་ལ། །ཞེས་པར་ལྷན་ཐབས། 19 རྨི་ལམ་དུ་ནི་ཉམས་ཀྱང་ཉེས་པ་འབྱུང་། །བྱ་བ་འདི་སྐར་རོ། །

第二十四金剛句是「三戒要義皆是斷十惡」。此句配《補編》中「13三種戒律愈上愈嚴謹」。

第二十七金剛句是「如來藏具三十七道品」。此句配《補編》中「14以資糧道行至究竟地」。

第三十金剛句是「二乘一闡提亦終成佛」。此句配《補編》中「15具足因故二乘亦成佛」。

在**第二品〈總攝緣起要義品〉**中，有根本文十五金剛句和補編一句。

第四金剛句是「承許輪迴大海身流轉」。此句配《補編》中「16離戲論故輪迴無有邊」。

在**第三品〈總攝別解脫要義品〉**中，有根本文二十金剛句和補編三句。

第一金剛句是「正法毘奈耶為共通乘」。此句配《補編》中「17三戒含攝一切諸法義」。

第十一金剛句是「遮戒性戒體性乃為一」。此句配《補編》中「18四分律是各部戒根本」。

第十三金剛句是「遮者本遮開許亦本開」。此句配《補編》中「19睡夢當中衰損亦成過」。

བྱང་སེམས་གནད་བསྡུས་ཀྱི་ཚོམས་ལ་རྫོར་གསུང་ཉེར་བཞི་དང་ལྷན་ཐབས་བཞི་ཡོད། རྫོར་གསུང་བཞི་པ། ཅི་རིགས་ཀྱིས་ཀྱང་འཇུག་པའི་སྨོམ་པར་འགྱུར། །ཞེས་པར་ལྷན་ཐབས། 20 དག་པའི་ས་ཐོབ་ངན་འགྲོར་སོང་བའང་ཡོད། །ཅེས་དང་། 21 རྒྱུ་སྦྱིད་གྱུར་ན་ས་བཅུ་པ་ཡང་ལྟུང་། །བྱ་བ་འདི་གཉིས་སྦྱར།

རྫོར་གསུང་བརྒྱད་པ། རང་གཞན་བརྗེ་བ་ཉེས་པར་འགྱུར་སྐབས་ཡོད། །ཞེས་པར་ལྷན་ཐབས། 22 ཉམས་ལེན་རྨད་བྱུང་རྒྱལ་འབྱོར་ནང་གི་ཚོགས། །བྱ་བ་འདི་སྦྱར།

རྫོར་གསུང་བཅོ་བརྒྱད་པ། རྟོགས་པ་གཅིག་གིས་ས་ལམ་མ་ལུས་བགྲོད། །ཅེས་པར་ལྷན་ཐབས། 23 ཉིང་འཛིན་མཐའ་དག་རྫོ་རྗེ་ལྟ་བུ་སྟེ། །ཞེས་པ་འདི་སྦྱར་རོ།།

གསང་སྔགས་རིག་འཛིན་སྡོམ་པའི་གནད་བསྡུས་ཀྱི་ཚོམས་ལ་རྫོར་གསུང་ཉེར་བརྒྱད་དང་ལྷན་ཐབས་བཅུ་བདུན་ཡོད། རྫོར་གསུང་དང་པོ། གསང་སྔགས་བསྟན་པ་གཞན་ལའང་འབྱུང་བ་ཡོད། །ཅེས་པར་ལྷན་ཐབས། 24 སྡེ་སྣོད་གསུམ་མམ་དེ་ཡི་སྙིང་པོ་སྔགས། །ཞེས་པ་འདི་སྦྱར།

རྫོར་གསུང་གཉིས་པ། དབང་དོན་རྒྱུད་ལ་སྨིན་ན་ཐོབ་པ་བཞེད། །ཅེས་པར་ལྷན་ཐབས། 25 རྟོགས་ཀྱང་བརྒྱུད་པ་ཟབ་ཕྱིར་ཚིག་དགོས། །བྱ་བ་འདི་སྦྱར།

རྫོར་གསུང་གསུམ་པ། ལྷ་ནི་ཕྱོགས་གཅིག་པས་ཀྱང་དབང་བསྐུར་འགྲོ། །ཞེས་པར་ལྷན་ཐབས། 26 ལྷ་གཅིག་གིས་ཀྱང་ཕྲིན་ལས་ཐམས་ཅད་འགྲུབ། །ཅེས་དང་། 27 ལྷ་ཀུན་མཚན་ནི་ལྷག་པའི་ལྷ་ཡིས་བཟུང་། །བྱ་བ་འདི་གཉིས་སྦྱར།

རྫོར་གསུང་བཞི་པ། དཔེ་དོན་མ་སྨིན་རྟོགས་པ་ཁོང་མི་ཆུད། །ཞེས་པར་ལྷན་ཐབས། 28 དུས་བཞིར་རྩ་བའི་དམ་ཚིག་གནང་སྐབས་མེད། །བྱ་བ་འདི་སྦྱར།

རྫོར་གསུང་ལྔ་པ། བསྐྱེད་པའི་རིམ་པ་གདོད་ནས་ཡོངས་སུ་གྲུབ། །ཅེས་པར་ལྷན་ཐབས། 29 ལྷ་ལ་གཅིག་ཅར་འཇུག་པ་ཟབ་མོའི་གནད། །ཅེས་དང་།30 རྟེན་འབྲེལ་ཚོགས་ལས་གྲུབ་པར་ཤེས་པ་དགོས། །ཞེས་དང་། 31 ཐ་མལ་ལུས་སུ་བརྟགས་ཕྱིར་དཀའ་ཐུབ་སྨད། །བྱ་བ་འདི་གསུམ་སྦྱར།

རྫོར་གསུང་དགུ་པ། དབང་པོ་རབ་ལ་ཚིག་རྒྱས་པ་དགོས། །ཞེས་པར་ལྷན་ཐབས། 32 ངྲང་ངེས་མེད་པར་ཚིག་རྒྱས་པ་དགོས། །ཞེས་དང་། 33 དེ་ཡིས་འདུལ་ན་བསྡུས་པ་ཡང་ནི་བཞེད། །ཅེས་དང་། 34 བསྲུང་བའི་འཁོར་ལོ་རྨད་བྱུང་བྱང་ཆུབ་སེམས། །བྱ་བ་འདི་གསུམ་སྦྱར།

第四品〈總攝菩提心要義品〉中，有根本文二十四金剛句和補編四句。

第四金剛句是「任何善行皆成行心戒」。此句配《補編》中「20登清淨地亦有墮惡道」以及「21新造惡因十地亦下墮」二句。

第八金剛句是「有時自他相換亦成罪」。此句配《補編》中「22殊勝修持瑜伽內薈供」。

第十八金剛句是「以一證悟通透諸道地」。此句配《補編》中「23一切禪定皆金剛喻定」。

第五品〈總攝密咒要義品〉，有二十八金剛句和補編七句。

第一金剛句是「他佛亦有密乘之教法」。此句配《補編》中「24三藏教法精華乃密乘」。

第二金剛句是「了知灌頂意義方得灌」。此句配《補編》中「25雖悟傳承深故需儀軌」。

第三金剛句是「雖唯單一本尊亦成灌」。此句配《補編》中「26一尊能成一切諸事業」以及「27特選本尊具足一切尊」二句。

第四金剛句是「未生證悟則不明喻義」。此句配《補編》中「28四時根本誓言無開許」。

第五金剛句是「生起次第本即圓成實」。此句配《補編》中「29剎那生起本尊是深要」、「30緣起會聚本尊方成就」以及「31執凡庸身故不應苦行」三句。

第九金剛句是「利根應修廣詳之儀軌」。此句配《補編》中「32了義不了義皆須依廣軌」、「33若已調柔簡軌亦可行」以及「34菩提心乃最勝之護輪」三句。

རྫོར་གསུང་བཅོ་ལྔ་པ། དེ་མེད་རྩ་རླུང་གདམས་པས་འཚང་མི་རྒྱ། །ཞེས་པར་ལྡན་ཐབས། 35 རྩ་རླུང་གདམས་པ་འདུལ་བ་ལྷག་པར་ཆེ། །བྱ་བ་དང་། 36 བྱིན་མཐུས་ཀུན་གཞི་དུས་གཞན་དུ་ཡང་མཐོང་། །བྱ་བ་འདི་གཉིས་སྦྱར།

རྫོར་གསུང་ཉེར་གཅིག་པ། གསང་སྔགས་ལ་ནི་ཚུལ་ཁྲིམས་མེད་ཀ་མེད། །ཞེས་པར་ལྡན་ཐབས། 38 རྡོ་རྗེ་ཐེག་པའི་ལམ་རིམ་བསླབ་པ་གསུམ། །ཞེས་དང་། 39 ཕ་རོལ་ཕྱིན་དྲུག་ནི་ཐེག་པ་གསུམ་གའི་ལམ། །བྱ་བ་འདི་གཉིས་སྦྱར།

རྫོར་གསུང་ཉེར་ལྔ་པ། ཉོན་མོངས་དག་འབྲས་བདེ་བར་གཤེགས་པ་ཉིད། །ཅེས་པར་ལྡན་ཐབས། 37 རྩ་རླུང་ཐིག་ལེ་སྙིགས་མ་དྭངས་བཅས་ཟབ། །བྱ་བ་འདི་སྦྱར།

རྫོར་གསུང་ཉེར་བརྒྱད་པ། སློབ་དཔོན་རྒྱུད་ཚོད་མཐོ་ན་སྒྱུར་དུ་འདྲེན། །བྱ་བར་ལྡན་ཐབས། 40 དཔོན་སློབ་ཕན་ཚུན་དམ་ཚིག་མཉམ་པར་གཅིག །

ལྔ་སྒོམ་སྦྱོད་པའི་གནད་བསྡུས་ཀྱི་ཚོམས་ལ་རྫོར་གསུང་ཉི་ཤུ་དང་ལྡན་ཐབས་ལྔ་ཡོད། རྫོར་གསུང་བཅུ་བཞི་པ། ཕྱག་ཆེན་ཡོན་ཏན་ཀུན་གྱི་བདག་ཉིད་དེ། །ཞེས་པར་ལྡན་ཐབས། 41 དགེ་བའི་ངོ་བོས་ཕྱག་ཆེན་སྒྲིབ་མི་སྲིད། །བྱ་བ་འདི་སྦྱར།

རྫོར་གསུང་བཅུ་དྲུག་པ། རྒྱུ་ནི་མ་བསྒྲུབས་ཡོན་ཏན་འབྱུང་མི་སྲིད། །ཅེས་པར་ལྡན་ཐབས། 42 བྲལ་བའི་འབྲས་བུ་ཐམས་ཅད་རྒྱུ་དང་བཅས། །བྱ་བ་འདི་སྦྱར།

རྫོར་གསུང་བཅུ་བདུན་པ། སྟོང་ཉིད་རྟོགས་ན་རྒྱུ་འབྲས་ཉིད་དུ་ཤར། །ཞེས་པར་ལྡན་ཐབས། 43 ནམ་མཁའ་གཉིས་འདྲེས་ཉན་ཐོས་ཀྱི་མངོན་རྟོགས། །བྱ་བ་འདི་སྦྱར།

རྫོར་གསུང་བཅོ་བརྒྱད་པ། རྟོགས་ལྡན་ལ་ཡང་ཐབས་ལམ་ལྷག་པར་དགོས། །ཞེས་པར་ལྡན་ཐབས། 44 རླུང་མི་འཛིན་པ་ལྷུག་པར་འཇོག་པ་ཟབ། །ཅེས་དང་། 45 རྣམ་ཤེས་ཟླ་མ་འོད་གསལ་འཛོ་བ་མཆོག །བྱ་བ་འདི་གཉིས་སྦྱར་རོ། །

འབྲས་བུ་སངས་རྒྱས་སའི་གནད་བསྡུས་ཀྱི་ཚོམས་ལ་རྫོར་གསུང་བཅོ་ལྔ་དང་ལྡན་ཐབས་གཅིག་ཡོད། རྫོར་གསུང་བདུན་པ། མཐར་ཐུག་སངས་རྒྱས་ས་ནའང་ཐུགས་བསྐྱེད་ཡོད། །ཅེས་པར་ལྡན་ཐབས། 46 བྱང་ཆུབ་སེམས་ཀྱི་རང་གཟུགས་སངས་རྒྱས་ཡིན། །བྱ་བ་འདི་སྦྱར་རོ།

།དེ་ལྟར་རྩ་བ་ཚིག་གཅད་མའི་ཚོམས་དང་པོར་ལྡན་ཐབས་བཅོ་ལྔ། གཉིས་པར་གཅིག གསུམ་པར་གསུམ། བཞི་པར་བཞི། ལྔ་པར་བཅུ་བདུན། དྲུག་པར་ལྔ། བདུན་པར་གཅིག། མདོར་ན་རྫོར་གསུང་སོ་བཞིར་ལྡན་ཐབས་ཞེ་དྲུག་སྦྱར་རོ། །དེ་རྣམས་ནི་དབྱེ་བསྡུ་ལྡན་ཐབས་ཀྱི་འདེབ་ཚུལ་ཡིན་ནོ། །

第十五金剛句是「無彼修持氣脈難成佛」。此句配《補編》中「35修練氣脈尤須重戒律」以及「36以加持力他時亦見性」二句。

第二十一金剛句是「修持密乘戒律不可缺」。此句配《補編》中「38金剛乘亦修持三學處」以及「39六波羅密乃三乘共道」二句。

第二十五金剛句是「煩惱清淨之果即善逝」。此句配《補編》中「37不淨脈氣明點乃深要」。

第二十八金剛句是「上師心量高超速得度」。此句配《補編》中「40師徒彼此誓言皆等同」。

第六品〈總攝見修行要義品〉，有二十金剛句和補編五句。

第十四金剛句是「大手印即一切功德體」。此句配《補編》中「41善業體性不遮大手印」。

第十六金剛句是「若不修因功德無能生」。此句配《補編》中「42一切離戲果都有其因」。

第十七金剛句是「若悟空性更慎明因果」。此句配《補編》中「43二虛空合是聲聞現觀」。

第十八金剛句是「雖具證悟更須方便道」。此句配《補編》中「44不持風息鬆坦住為深」以及「45最勝遷識心師光明合」二句。

第七品〈總攝果位要義品〉，有十五金剛句和補編一句。

第七金剛句是「究竟佛地中亦有發心」。此句配《補編》中「46菩提心之自相即佛陀」。

如是，根本頌的第一品有十五句補編，第二品有一句補編，第三品有三句補編，第四品有四句補編，第五品有十七句補編，第六品有五句補編，第七品有一句補編。共計三十四句金剛句對應有四十六句補編。此即是《補編》的配合方式。

གཉིས་པ། གཞུང་འདི་ཉིད་གྲུབ་མཐའ་ཡིན་ནམ་མིན་ཞེ་ན། གྲུབ་མཐའ་ཡིན་པའི་དབང་དུ་བྱས་ཀྱང་རུང་སྟེ།

ཚོགས་ཆོས་ཆེན་མོ་ལས།[1] དགེ་བ་མི་དགེ་བར་བསྒྱུར་དུ་མི་བཏུབ། མི་དགེ་བ་དགེ་བར་བསྒྱུར་དུ་མི་བཏུབ་སྟེ་གཞིས་ཡིན། གཞིས་ཀྱི་གོ་བ་གང་ཡིན་སྙམ་ན་བསྒྱུར་དུ་མི་བཏུབ་པ་ཡིན་ཏེ། དཔེར་ན་ནམ་མཁའ་དངོས་པོར་གང་གིས་ཀྱང་བསྒྱུར་བར་མི་ནུས་པའམ། འབྱུང་བ་བཞི་པོའི་མཚན་ཉིད་དེ་ལས་བསྒྱུར་དུ་མི་ནུས་པ་དང་འདྲ། འདི་འཇིག་རྟེན་མགོན་པོ་རིན་པོ་ཆེའི་གྲུབ་མཐའ་ཆེན་མོ་ཡིན་གསུངས་པ་དང་།

ཕག་དབུབ་ཆེན་མོར།[2] ང་འབུམ་གྲུབ་མཐའ་བཏགས་པས་རྗེས་སུ་འབྲང་བའི་སློབ་མ་རྣམས་ཆོས་འཛིན་བདེ་བ་ཡིན་བྱ་བ་དང་། ཉམས་སུ་སྦྱོང་བས་འདི་ལ་ངེས་ཤེས་སྐྱེས།[3] །རྗེས་སུ་འབྲངས་པས་གྲུབ་པའི་མཐའ་འདི་འཛིན། །བྱ་བ་དང་། འདི་ནི་འདི་ལྟར་བཞེད་དོ་བྱ་བ་དང་། འདི་རྣམས་ནི་གྲུབ་མཐའ་ཆེན་མོར་གྲགས་པ་ཡིན་ཏེ། བྱ་བ་ལ་སོགས་པ་རྣམས་ཀྱི་ངོས་ནས་འདི་གྲུབ་མཐར་བྱས་ཀྱང་འགལ་བ་མེད། ཅེས་གསུངས་སོ། །

གྲུབ་མཐའ་མ་ཡིན་པའི་དབང་དུ་བྱས་ན། འཇིག་རྟེན་མགོན་པོས་ཕག་གྲུའི་བསྟོད་པ་ལས།[4] གྲུབ་མཐའ་བློ་ཡི་མདུད་པ་ལ། །སངས་རྒྱས་དགོངས་པར་འཁྲུལ་བ་རྣམས། །དེ་ཉིད་རྟོགས་པར་གྱུར་ནས་ཀྱང་། །དྲན་འཛིན་རང་སར་དག་མཛད་གསོལ། །ཞེས་དང་།

གཞུང་ལས། གྲུབ་མཐའ་འཛིན་པ་ཐམས་ཅད་རང་རྒྱུད་པ། །ཞེས་པ་དང་། ཇི་སྐྱེད་གྲུབ་པས་དོན་དམ་བདེན་པ་བསྒྲིབས། །གསུངས་པ་ལྟར་རང་རྒྱུད་ཐ་མལ་དུ་ལྷག་ནས་ཆོས་ཀྱི་ཚིག་མཐོན་པོ་བཤད་པ་རྒྱུད་དང་ཆོས་མ་འདྲེས་པ། དཔེར་ན་རྒྱལ་པོའི་མཛོད་ཀྱི་གཉེར་པ་ལྟ་བུ་ཆོས་ཐམས་ཅད་བཀྲང་བར་བྱེད་པ་ནི་ཆོས་གནད་དུ་མ་སོང་བར་བློས་བྱས་སུ་འགྱུར་བས་དེ་ལྟ་བུའི་གྲུབ་མཐའ་ནི་མ་ཡིན་ནོ། །དེས་ན་གྲུབ་མཐའ་ཡིན་མིན་གང་ལྟར་བྱས་ཀྱང་འགལ་བ་མེད་པ་ཡིན་ནོ། །དེ་དག་ནི་ཡིན་མིན་གྲུབ་མཐའི་འགལ་སྤོང་ཡིན་ནོ། །

གསུམ་པ། ཁྱད་པར་གྱི་ཆོས་བརྒྱ་དང་ལྔ་བཅུ་པོ་འདི་ཚོམས་བདུན་དུ་ཤིང་མོ་ལུག་གི་(1235)ལོའི་དགུན་སྨད་དུ་མཛད་དོ། །འོ་ན་ཚོམས་བདུན་གྱི་གོ་རིམ་ལ་འགྲེལ་བ་ཁག་མི་འདྲ་བ་འགའ་འདུག་པ་དེ་ཅི་ཡིན་སྙམ་ན། ཕག་དབུབ་ཆེན་མོ་ལས།[5] གོ་རིམ་གང་ལྟར་བྱས་ཀྱང་འགལ་བ་མེད། འོན་ཀྱང་སྡོམ་པ་གསུམ་གྱི་ཚོམས་འདི་གོ་རིམ་ངེས་པ་ཅན་ཡིན། དེ་མིན་པ་ཁྱད་མེད་དེ་ཅེས་དང་། རིམ་པ་འཇོག་ཚུལ་མི་འདྲ་བ་ལྔ་ཙམ་གསུངས་སྟེ།

---

1 ༢༠༡༧ལོར་རྒྱ་གར་ནས་པར་བསྐྲུན་གནང་བའི་སྐྱོབ་པ་འཇིག་རྟེན་གསུམ་མགོན་གྱི་བཀའ་འབུམ་དེབ་ཕྲེང་བཞི་པ། ཤོག་གྲངས་༡༨༨ཡིག་ཕྱེད་༢

2 པར་བསྐྲུན་༢༠༠༩ལོར་པ་ར་ན་སི་བཀའ་བརྒྱུད་ཉམས་གསོ་ཚོགས་པས། དགོངས་གཅིག་འགྲེལ་ཆེན་སྣང་མཛད་ཡེ་ཤེས་སྒྲོན་མེའི་སྟོད་ཆ། ཤོག་གྲངས་༢༦༡ཡིག་ཕྱེད་༥སྤྱན་སྔ་རྡོ་རྗེ་ཤེས་རབ།

3 ༢༠༡༧ལོར་རྒྱ་གར་ནས་པར་བསྐྲུན་གནང་བའི་སྐྱོབ་པའི་བཀའ་འབུམ་དེབ་གཟུགས་དེབ་དང་པོའི་ཤོག་གྲངས་༢༨༩ཀྱི་ཡིག་ཕྱེད་༧ནང་དུ་ཚིག་ཆ་དེ་གཉིས་གསལ།

4 ༢༠༡༧ལོར་རྒྱ་གར་ནས་པར་བསྐྲུན་གནང་བའི་སྐྱོབ་པ་འཇིག་རྟེན་གསུམ་མགོན་གྱི་བཀའ་འབུམ་དེབ་ཕྲེང་དང་པོ། ཕག་མོ་གྲུའི་བསྟོད་པ་ལས། ཤོག་གྲངས་༩ཡིག་ཕྱེད་༦

5 པར་བསྐྲུན་༢༠༠༩ལོར་པ་ར་ན་སི་བཀའ་བརྒྱུད་ཉམས་གསོ་ཚོགས་པས། དགོངས་གཅིག་འགྲེལ་ཆེན་སྣང་མཛད་ཡེ་ཤེས་སྒྲོན་མེའི་སྟོད་ཆ། ཤོག་གྲངས་༢༣༥ཡིག་ཕྱེད་༩སྤྱན་སྔ་རྡོ་རྗེ་ཤེས་རབ།

第二，若問此論是否為宗義？

若說是宗義亦可，如同《法會開示錄》[1]裡說：「善不能轉為不善，不善不能轉為善，因為本性如是故。若問何謂本性？不能轉變者是也。例如，虛空無論如何也不能轉為物質，四大的性相亦無法轉變一樣。此為吉天頌恭仁波切之大宗義。」

又說：「如《大綱要》[2]中云『我們安立宗義，是為了追隨的徒眾們容易持法』、『起覺受故於此生定解，追隨者當持此宗義』[3]、『如此般而承許』、『此等名為大宗義也』……是故稱為宗義並無違。」

若說不是宗義亦可，吉天頌恭的《帕摩竹巴讚》[4]中說：「教派宗義起心結，錯會佛陀意趣眾，願皆通達真如理，憶持自淨方寸地。」

如《正法一意》中云：「一切宗派執取皆自續」以及「一切宗義皆障勝義諦」。將自續視為凡庸而講說高深的法語，實際上法未入心；猶如國王庫房的管家一般，清點一切教法而並未通達法要，僅為心的造作。若就如此的「宗義」而言，則不是宗義。

因此，無論說是或不是宗義，都無有相違。以上即迴遮是否為宗義之相違。

第三，七品之差別。

殊勝正法之一百五十句共計七品，乃於木羊年（1235年）之冬末所作。若問：「對於七品的順序，為何有不同的解釋？」《大綱要》[5]云：「無論何種順序亦無相違，但是關於三戒的三品必須要按照戒律的順序，其他幾品的順序如何排列都無差別。」今略說五種不同之順序：

---

1 2017年在印度出版的《吉天頌恭文集》第四冊，第166頁第8行。

2 瓦拉那西噶舉振興會2009年出版之敬安．多傑謝拉所造《一意廣釋．顯明智燈》上冊，第241頁第5行。

3 2017年在印度出版的《吉天頌恭文集》第一冊，第269頁第7行。

4 2017年在印度出版的《吉天頌恭文集》第一冊，《帕摩竹巴讚》第9頁第4行。

5 瓦拉那西噶舉振興會2009年出版之敬安．多傑謝拉所造《一意廣釋．顯明智燈》上冊，第235頁第9行。

1 དེ་ཡང་ཐོག་མར་ཆོས་ཉམས་སུ་ལེན་པ་ལ། ལྟ་སྒོམ་སྤྱོད་གསུམ་རྣམ་པར་དག་པ་ཞིག་དགོས་པས་དེ་བསྟན་ནས། དེ་འོག་ཉམས་སུ་ལེན་རྒྱུ་སྡོམ་གསུམ་ཡིན་པས་དེ་རིམ་པ་བཞིན་བསྟན། སྡོམ་གསུམ་ཡང་ཆོས་འཁོར་གྱི་རིམ་པ་ལས་བྱུང་བས་ཆོས་འཁོར་བསྟན། དེའི་བརྗོད་བྱ་རྟེན་འབྲེལ་དུ་གནས་པས་རྟེན་འབྲེལ་བསྟན། དེ་ཐུགས་སུ་ཆུད་པ་སངས་རྒྱས་ཉག་གཅིག་ཡིན་པས་སངས་རྒྱས་བསྟན།

2 ཡང་ན་སྤངས་རྟོགས་ཀྱི་ཡོན་ཏན་མཐར་ཕྱིན་པའི་སངས་རྒྱས་འཇིག་རྟེན་དུ་བྱོན་ཏོ་ཞེས་སངས་རྒྱས་བསྟན། དེས་ཆོས་ཀྱི་འཁོར་ལོ་རིམ་པ་གསུམ་གསུངས་སོ་ཞེས་ཆོས་འཁོར་བསྟན། དེ་ཉམས་ལེན་དུ་དྲིལ་ན་སྡོམ་གསུམ་ཡིན་ནོ་ཞེས་སྡོམ་གསུམ་བསྟན། དེ་རྟེན་འབྲེལ་དུ་གནས་སོ་ཞེས་རྟེན་འབྲེལ་བསྟན། དེ་ལྟ་སྤྱོད་སྒོམ་གསུམ་རྣམ་དག་ལ་བརྟེན་ནས་མངོན་དུ་འགྱུར་རོ་ཞེས་ལྟ་སྒོམ་སྤྱོད་པ་བསྟན

3 ཡང་ན་ཆོས་ཐམས་ཅད་ཀྱི་རང་བཞིན་རྒྱུ་འབྲས་ཀྱི་རྟེན་འབྲེལ་དང་མཐའ་བརྒྱད་དང་བྲལ་བའི་རྟེན་འབྲེལ་དུ་གནས་སོ་ཞེས་རྟེན་འབྲེལ་བསྟན། དེ་སངས་རྒྱས་འཇིག་རྟེན་དུ་བྱོན་ནས་མཁྱེན་ནོ་ཞེས་སངས་རྒྱས་བསྟན། དེས་མཁྱེན་པ་ལྟར་གསུངས་སོ་ཞེས་ཆོས་འཁོར་བསྟན། སངས་རྒྱས་ཀྱི་ཆོས་དེས་ལྟ་སྒོམ་སྤྱོད་གསུམ་རྣམ་པར་དག་པ་ཞིག་བསྟན་ཏོ་ཞེས་ལྟ་སྒོམ་སྤྱོད་པ་བསྟན། དེ་གསུམ་སྡོམ་པ་རིན་པོ་ཆེ་གསུམ་གྱི་ཉམས་སུ་ལེན་དགོས་པས་སྡོམ་གསུམ་བསྟན།

4 ཡང་ན་ཕྱིར་ཁམས་གསུམ་འཁོར་བ་སྟོང་བར་བྱེད་པ་སྡོམ་གསུམ་ཉམས་སུ་ལེན་དགོས་པས་ན་དེ་གསུམ་བསྟན། དེ་དག་ལྟ་སྒོམ་སྤྱོད་གསུམ་རྣམ་པར་དག་པས་ཉམས་སུ་ལེན་དགོས་པས་ལྟ་སྒོམ་སྤྱོད་གསུམ་བསྟན། དེས་རྟེན་འབྲེལ་མངོན་དུ་འགྱུར་བས་རྟེན་འབྲེལ་བསྟན། རྟེན་འབྲེལ་མངོན་དུ་གྱུར་པ་སངས་རྒྱས་ཡིན་པས་འབྲས་བུ་བསྟན། སངས་རྒྱས་པ་ལ་བརྟེན་ནས་ཆོས་ཀྱི་འཁོར་ལོ་འབྱུང་བས་ཆོས་འཁོར་བསྟན།

5 ཡང་ན་བདག་ཅག་གི་སྟོན་པ་འཇིག་རྟེན་དུ་བྱོན་ནས་ཆོས་འཁོར་བསྐོར། དེའི་ཚུལ་འདི་ལྟ་བུ་ཡིན་ཞེས་ཐོག་མར་ཆོས་འཁོར་ཚོམས། ཆོས་འཁོར་གྱི་དོན་བསྡུས་ན་རྟེན་འབྲེལ་ཡིན་པས་རྟེན་འབྲེལ་གྱི་ཚོམས། རྟེན་འབྲེལ་གྱི་དོན་ཉམས་ལེན་བསྡུས་ན་སྡོམ་གསུམ་ཡིན་པས་དེ་གསུམ་གྱི་ཚོམས། གསུམ་པོ་དེ་ལྟ་སྒོམ་སྤྱོད་གསུམ་རྣམ་པར་དག་པའི་ཚུལ་གྱིས་ཉམས་སུ་ལེན་དགོས་པས་ལྟ་སྒོམ་སྤྱོད་པའི་ཚོམས། ཉམས་སུ་བླངས་པས་འབྲས་བུ་མཐར་ཐུག་སངས་རྒྱས་ཐོབ་པ་ཡིན་པས་སངས་རྒྱས་ཀྱི་ཚོམས་དེ་བཤད་ཀྱང་ཆོག་པ་ཡིན་ལ། དེས་ན་དགོངས་འགྲེལ་རྣམས་སུ་གོ་རིམ་འཆད་ཚུལ་མི་འདྲ་བ་བྱུང་བ་ཡང་རྒྱུ་མཚན་དེ་དག་གི་དབང་གིས་ཡིན་ནོ། །དེ་དག་ནི་ཚོམས་བདུན་གོ་རིམ་གྱི་རྣམ་དབྱེ་ཡིན་ནོ།།

第一種：首先，為了修持正法，需要樹立清淨無誤之見、修、行，所以先宣說見修行要義（第一品）。其後所應實修者乃三戒，所以次第宣說三戒（第二、三、四品）。三戒亦是從法輪之次第而出生，所以宣說法輪（第五品）。而彼之所詮在於緣起，所以宣說緣起（第六品）。了悟緣起者唯有佛陀，所以宣說佛果（第七品）。

第二種：斷證功德究竟圓滿之佛陀降臨世間，所以宣說佛果（第一品）。佛陀三轉法輪，所以宣說法輪（第二品）。所轉法輪結合於實修即是三戒，故宣說三戒（第三、四、五品）。三戒在於緣起，所以開示緣起（第六品）。了悟緣起須依於清淨之見修行方能現前，所以宣說見修行（第七品）。

第三種：一切法之自性皆住於因果之緣起與離八邊之緣起之中，所以宣說緣起（第一品）。緣起乃是佛陀降臨於世而了知，故宣說佛果（第二品）。佛陀宣說所了悟之法，所以宣說法輪（第三品）。佛法之內容乃開闡清淨之見修行，所以宣說見修行（第四品）。此三者須依於修持三戒大寶，所以宣說三戒（第五、六、七品）。

第四種：一般來說，為了脫離三界輪迴，須修持三戒，所以宣說三戒（第一、二、三品）。三戒須藉由清淨的見修行而修持，所以宣說見修行（第四品）。進而通達緣起，所以宣說緣起（第五品）。通達緣起者乃佛陀，所以宣說佛果（第六品）。依佛陀而有法輪，所以宣說法輪（第七品）。

第五種：我等之導師佛陀降臨後轉動法輪，為說明其法輪為何，所以宣說法輪（第一品）。法輪的要義是緣起，所以宣說緣起（第二品）。緣起修持之要義即是三戒，所以宣說三戒（第三、四、五品）。彼三戒須以清淨見修行的方式修習，所以宣說見修行（第六品）。修持之究竟果位乃佛地，所以宣說佛果（第七品）。

以上即是《正法一意》諸註解中對於七品之解說順序不同的原因。

བཞི་པ། དགོངས་པ་གཅིག་པའི་གཞུང་འདིས་གེགས་དང་གོལ་ས་མེད་པར་འབྲས་བུ་མཐར་ཕྱུག་པ་སངས་རྒྱས་ཀྱི་སར་སླེབས་པའི་ཐབས་ཚང་ལ་མ་ནོར་བ། ཆོས་ཕུང་བརྒྱད་ཁྲི་སངས་རྒྱས་སྒྲུབ་པར་གཅིག །ཅེས་པ་ལྟར།

སྡེ་སྣོད་གསུམ་དང་རྒྱུད་སྡེ་བཞིས་བསྡུས་པའི་ཆོས་ཕུང་མཐའ་དག་དོར་རྒྱུ་གཅིག་ཀྱང་མེད་པར་གང་ཟག་གཅིག་གིས་ཉམས་སུ་བླངས་དགོས་པ་འབབ་ཞིག་ཏུ་བསྟན་པ་ཡིན་ལ། དེ་ཐམས་ཅད་ཀྱང་ལམ་ཟབ་མོ་ཕྱག་རྒྱ་ཆེན་པོ་ལྔ་ལྡན་དུ་འདུ་བ་ཡིན་ཏེ། རྗེ་བཙུན་མི་ལས་ཉ་མ་ལེགས་སེ་འབུམ་ལ། སེམས་ཅན་རྣམས་ལ་སྙིང་རྗེ་སྒོམས། །རང་ལུས་ཐུགས་རྗེ་ཆེན་པོར་སྒོམས། །སྤྱི་བོར་རྩ་བའི་བླ་མ་སྒོམས། །སྟོང་པ་ཉིད་ལ་སྒོམ་ཡུན་སྲིངས། །རྗེས་ལ་བསྔོ་བའི་རྒྱ་ཡིས་ཐོབ། །དེ་གོ་བར་གྱིས་ལ་ལྷ་ཆོས་མཛོད། །ཅེས་དང་། [1]

འཇིག་རྟེན་མགོན་པོས། ཆོས་ཀྱི་ཕུང་པོ་བརྒྱད་ཁྲི་དང་། །བཞི་སྟོང་གསུངས་པ་མ་ལུས་ཀུན། །ཆོས་རྗེ་བླ་མ་རིན་ཆེན་གྱིས། །བྱང་ཆུབ་སེམས་དང་ཡི་དམ་ལྷ། །བླ་མ་མཆོག་དང་ཕྱག་རྒྱ་ཆེ། །བསྔོ་བའི་རྒྱ་དང་ལྔར་བསྡུས་ནས། །ཞེས་གསུངས་པ་ལྟར་རོ། [2]

།དེ་ལྟར་ན་གཞུང་འདིས་ཀྱང་དེ་ལྔ་པོ་ན་བསྟན་པ་ཡིན་ཏེ། བསླབ་པ་བྱང་སེམས་ཚོམས་ཀྱིས་བྱང་ཆུབ་ཀྱི་སེམས་བསྟན། གསང་སྔགས་ཚོམས་ཀྱིས་ཡི་དམ་གྱི་ལྷ་བསྟན། ལྟ་སྒྱིད་སྒོམ་པའི་ཚོམས་ཀྱིས་བླ་མའི་རྣལ་འབྱོར་བསྟན། ཆོས་འཁོར་དང་རྟེན་འབྲེལ་ཚོམས་གཉིས་ཀྱིས་ཕྱག་ཆེན་བསྟན། སངས་རྒྱས་ཀྱི་སའི་ཚོམས་ཀྱིས་བསྔོ་བ་བསྟན། སོ་ཐར་ཚོམས་ཀྱིས་སྤྱིར་ཐམས་ཅད་དང་ཁྱད་པར་དུ་བྱང་ཆུབ་སེམས་དང་ཡི་དམ་ལྷའི་གེགས་སེལ་དང་རོགས་འདོན་བསྟན་པ་ཡིན་ནོ།

།དེས་ན་གཞུང་འདི་ཉིད་སློབ་ཚན་ཙམ་དུ་བཟུང་ན་དེ་ཙམ་གྱིས་ཕན་པར་དཀའ་སྟེ། ཆོས་རྗེའི་ཞལ་ནས། ཆོས་བྱར་མེད་ཀྱི་ཁ་ཏ་ཡང་རྫུན་པོར་གདའ། །ཞེས་གསུངས་པའི་ཕྱིར་རོ། །དེས་ན་སེམས་དོན་སྒོམ་པའི་མན་ངག་ཏུ་ངེས་པའི་ཐོག་ནས། འཇིག་རྟེན་མགོན་པོ་ཡབ་སྲས་ལ་མོས་གུས་དྲག་པོས་གསོལ་བ་འདེབས་ཀྱིན་ཞུགས་ན་གོང་མའི་རྗེས་ཤུལ་ཟིན་ལ་དཀའ་མོ་རང་ཡོད་ཚོད་མི་འདུག

དེ་ལྟར་ཡང་འབྲི་གུང་གླིང་པས། བཞེད་པ་འདི་དག་གི་ཕྱག་རྒྱས་ཐེབས་ཤིང་འཁྲིག་ཚུད་པ་ལ། ཐུབ་པའི་བཀའ་མཐའ་དག་གི་དགོངས་པ་དང་མཐུན་པར་རང་ཉིད་ཀྱི་རྒྱུད་ཐོག་ཏུ་སྦྱོར་ཤེས་ཤིང་གོ་བར་གྱུར་པ་དེ་དག་ནི། ཕ་མཉམ་པ་མེད་པའི་མགོན་པོ་འབྲི་གུང་པ་དེའི་ཐུགས་ལས་སྐྱེས་པའི་སྲས། ཆོས་ཀྱི་བགོ་སྐལ་ལ་ལོངས་སྤྱོད་པ་བསམ་གྱིས་མི་ཁྱབ་ཅིང་རྨད་དུ་བྱུང་བའོ། །ཞེས་གསུངས་སོ། །དེ་དག་ནི་ཆོས་ལུར་ཐམས་ཅད་འདུས་ཚུལ་ཡིན་ནོ། །[3]

1 མཆོ་སྔོན་མི་རིགས་དཔེ་བསྐྲུན་ཁང་། (མི་ལ་རས་པའི་རྣམ་མགུར།) ཤོག་གྲངས་༦༡༢ཡིག་ཕྲེང་༡༡

2 ༢༠༡༦ལོར་རྒྱ་གར་ནས་པར་བསྐྲུན་གནང་བའི་སྐྱོབ་པ་འཇིག་རྟེན་གསུམ་མགོན་གྱི་བཀའ་འབུམ་དེབ་ཕྲེང་དང་པོ། ཤོག་གྲངས་༡༣༥ཡིག་ཕྲེང་༢

3 པར་བསྐྲུན་༢༠༠༩ལོར་པ་ར་ན་སིར་བཀའ་བརྒྱུད་ཉམས་གསོ་ཚོགས་པས། དགོངས་གཅིག་འགྲེལ་ཆེན་སྣང་མཛད་ཡེ་ཤེས་སྒྲོན་མེའི་སྟོད་ཆ། ཤོག་གྲངས་༢༡༦ཡིག་ཕྲེང་༦སྨན་ལྷ་རྡོ་རྗེ་ཤེས་རབ།

第四，一切攝集於五法之內。

此《正法一意》中圓滿具備了無有障礙與錯誤地到達究竟佛果的方法，如金剛句所云般：「八萬法蘊同一成佛義」。

三藏四續所攝一切法蘊，皆為修行者須實修之法，無一法應捨棄。彼等又悉攝集於《大手印五具》之中。如至尊密勒日巴對女弟子來賽朋所說：「對於眾生修慈悲，自身觀修觀世音，頂觀根本上師尊，長時修習於空性，後以迴向做封印，如是了知修聖法。」[1]

亦如吉天頌恭所說：「法王大寶上師云，佛說八萬四千法，一切法蘊無遺餘，攝於菩提心、本尊，殊勝上師、大手印，迴向封印五者中。」[2]

是故，本文亦宣說此五者。〈菩提心要義品〉宣說菩提心，〈密咒要義品〉宣說本尊，〈見修行要義品〉宣說上師瑜伽，〈法輪要義品〉和〈緣起要義品〉宣說大手印，〈果位要義品〉宣說迴向，〈別解脫要義品〉總體上宣說一切、特別上宣說關於菩提心和本尊的除障以及其效力。

因此，若僅將此論作為是知識性的課程，則難獲得大利益。怙主說：「心中無法口中說法是虛妄的。」因此，心中牢記觀修口訣之後，若能對於吉天頌恭父子虔誠祈請，則承襲先輩之足跡又何難之有。

又，直貢林巴云：「能夠值遇此等合於一切佛語意趣的大手印教法，並於自心續中獲得領悟者，就是無比怙主直貢巴的心子，能夠受用無上法宴，實屬不可思議之稀有也。[3]」

---

1 青海民族出版社，《密勒日巴道歌》第712頁11行。

2 2017年在印度出版的《吉天頌恭文集》第一冊，134頁2行。

3 瓦拉那西噶舉振興會2009年出版之敬安．多傑謝拉所造《一意廣釋．顯明智燈》上冊，217頁11行。

ལྔ་པ། ཅིའི་ཕྱིར་དགོངས་པ་གཅིག་པ་ཞེས་བྱ་སྙམ་ན། དེ་ལ་སྤྱིའི་དགོངས་པ་གཅིག་པ། ཁྱད་པར་གྱི་དགོངས་པ་གཅིག་པའོ།

།དང་པོ་ནི། ཤོག་དབུབ་ཆེན་མོ་ལས། དཔེར་ན་འཛམ་བུའི་གླིང་དུ་ཆུ་བོ་ཆེན་པོ་བཞི་ཆུ་གཡོག་ལྔ་བརྒྱའི་ཚོགས་དང་བཅས་པ་དང་། ཆུ་ཕྲན་དང་།[1] ལྟེང་ཀ་དང་། ལྱུ་མ་དང་། འབབ་ཆུ་ལ་སོགས་པ་ཆུ་རིགས་མི་གཅིག་པ་རྣམས། ཁ་དོག་དང་དྲི་སོ་སོ། བྱེད་ལས་སོ་སོ། ནུས་པ་ཐ་དད། རྒྱ་མཚོ་ཆེན་པོར་ཕྱིན་པའི་དུས་སུ། ཐམས་ཅད་ལན་ཚྭའི་རོར་གཅིག་པ་བཞིན་དུ།

སེམས་ཅན་གྱི་ཁམས་དང་དབང་པོ་དང་མོས་པ་ཐ་དད་པ་ལ་དགོངས་ནས་ཆོས་ཀྱི་ཕུང་པོ་བརྒྱད་ཁྲི་བཞི་སྟོང་སྡེ་སྣོད་གསུམ་དང་རྒྱུད་སྡེ་བཞི་གསུང་རབ་ཡན་ལག་བཅུ་གཉིས་ཐེག་པ་ལམ་གྱི་འཇུག་སྒོ་ཐ་དད་པ་གསུངས་པ་ཐམས་ཅད་མཐར་ཐུག་ཚུལ་གཅིག་པའི་སྐྱེ་མེད་ཕྱག་རྒྱ་ཆེན་པོའི་དོན་ཆོས་ཉིད་ཀྱི་རྒྱ་མཚོ་ཆེན་པོར་མི་འདུ་བ་མེད་པས་དེས་ན་དགོངས་པ་གཅིག་པ་ཞེས་དང་།[2]

ཞྭ་དམར་ཆོས་ཀྱི་གྲགས་པས། དུས་གསུམ་རྒྱལ་བའི་ཚོགས་ཀྱི་དམ་ཆོས་དང་། བསྟན་པའི་བབས་རྣམས་མཐུན་ཏེ་མི་འགལ་བའི། དགོངས་པ་གསལ་བ་ཉིད་དུ་སྟོན་པས་ན། དགོངས་གཅིག་ཅེས་བྱའི་མཚན་ཡང་ཡོངས་སུ་གྲགས། ཞེས་གསུངས་པ་ལྟར།[3]

དུས་གསུམ་གྱི་རྒྱལ་བ་ཐམས་ཅད་ལྷ་དང་མི་སོགས་ཀྱི་སྐད་ཐ་དད་པ། ཚིག་རྒྱས་བསྡུས་སོགས་གང་གི་སྒོ་ནས་ཆོས་བསྟན་ཀྱང་གཞིས་སྐྱེ་བ་མེད་པ་དགོངས་པའི་མཐིལ་དུ་བཞུང་ནས་གསུངས་པ་ལ་ཁྱད་པར་མེད་པས་ན་དགོངས་པ་གཅིག་ཅེས་བྱའོ། །

1 རྒྱ་གར་གྱི་ཆུ་བོ་ཆེན་པོ་བཞི་ནི། གངྒཱ། པཀྵུ། སི་ཏཱ། སིནྡྷུ།

2 པར་བསྐྲུན་༢༠༠༤ལོར་པ་ར་ནཱ་སིར་བཀའ་བརྒྱུད་ཉམས་གསོ་ཚོགས་པས། དགོངས་གཅིག་འགྲེལ་ཆེན་སྣང་མཛོད་ཡེ་ཤེས་སྒྲོན་མེའི་སྟོད་ཆ། ཤོག་གྲངས་༢༥༧ཡིག་ཕྲེང་༡༦སྤྱན་སྔ་རྡོ་རྗེ་ཤེས་རབ།

3 དགོངས་གཅིག་དཀའ་འགྲེལ། ༢༠༠༧ལོར་རྒྱ་གར་ནས་པར་བསྐྲུན་བྱས་པའི་དེབ་ཕྲེང་ལྔ་པའི་ཤོག་གྲངས་༡༨༨ཡིག་ཕྲེང་༤

第五，解釋一意之詞義。

為何稱為「一意」？於此分為：共通之一意；與不共之一意。

第一，共通之一意。

《大綱要》中說：「如同瞻部洲的四大河[1]、五百江、小河、水塘、泉水、瀑布等諸水流，其色味力用各不相同，然彼等流入大海之時，皆成同一鹽味；如是般，依據眾生之根器與希求之不同，佛陀宣說了八萬四千法蘊、三藏、四續、十二分教等等諸乘之法門，彼等一切於究竟上皆無不含攝於無生大手印法性大海之中，因此稱為『一意』。[2]」

如同夏瑪巴・卻吉札巴所說：「無違三世諸佛之，正法以及諸傳承，開演意趣極顯明，是故『一意』名遠揚。[3]」

三世一切諸佛雖然以天界、人間等等不同語言，以詞句廣略之方式說法，然皆唯一宣說無生實相，於掌心中執此意趣無有差別，故稱為「一意」。

1　印度境內四大河：恆河，縛芻河，徙多河和信度河。

2　瓦拉那西噶舉振興會2009年出版之敬安・多傑謝拉所造《一意廣釋・顯明智燈》上冊，257頁14行。

3　2017年在印度出版的《吉天頌恭文集》第五冊，《一意難釋》，188頁第6行。

གཉིས་པ་ཁྱད་པར་གྱི་དགོངས་པ་གཅིག་པ་ནི། ཁོག་དབུབ་ཆེན་མོ་ལས། ཐ་མ་དེ་ལ་ཁ་ཚར་ཞིག་འདེབས་དགོས་པ་ཡིན་ཏེ། དེ་གང་ཡིན་ན་རྗེ་མཉམ་མེད་ཀྱི་བཞེད་པ་ཕྱག་རྒྱ་ཆེན་པོ་སྟོང་ཉིད་རྒྱུ་འབྲས་ཡིན་ནོ། །ཞེས་དང་།[1]

སྐྱེ་མེད་ཁོ་ན་བསྒོམ་པས་མི་ཆོག་སྟེ། ཡུན་རིང་པོ་འཁོར་བར་འཁྱམས་པའི་འཁྲུལ་པ་སྦྱོང་བ་ལ། ཐབས་མཁས་པ་དང་ཤེས་རབ་ཟབ་མོ་སྦྱོར་དགོས་པས། སྦྱོམ་པ་གསུམ་ལ་སོགས་པ་ཐབས་མཁས་པའི་སྒོ་མཐའ་ཡས་པ་སྟོན་པ་ཤིན་ཏུ་གལ་ཆེའོ། །ཞེས་གསུངས་པ་ལྟར།[2]

སངས་རྒྱས་ཐམས་ཅད་ཀྱིས་སྟོང་ཉིད་ཁོ་ན་གསུངས་ཤིང་། བསྒོམ་བྱ་ཡང་དེ་ཁོ་ན་ཡིན་ནོ་སྙམ་ན་བདུད་ཀྱི་ལས་ཡིན་པར་གསུངས་ཏེ།

དེ་ལྟར་ཡང་མ་དྲོས་པས་ཞུས་པའི་མདོ་ལས། གཞན་ཡང་གཉིས་ཏེ། གཉིས་གང་ཞེ་ན། ཐབས་དང་བྲལ་བའི་ཤེས་རབ་དང་། ཤེས་རབ་དང་བྲལ་བའི་ཐབས་ཏེ་གཉིས་པོ་དེ་དག་གོ །དེ་ལ་ཐབས་དང་བྲལ་བའི་ཤེས་རབ་ནི་འདི་ལྟ་སྟེ། སེམས་ཅན་ཐམས་ཅད་ལ་མི་ལྟ་ཞིང་འདུས་མ་བྱས་པའི་ཆོས་ལ་རྟོག་པའོ། །ཤེས་རབ་དང་བྲལ་བའི་ཐབས་ནི་འདི་ལྟ་སྟེ། དམིགས་པར་ལྟ་བར་ལྷུང་བའི་བསྡུ་བའི་དངོས་པོ་བཞིའོ། །གཉིས་པོ་དེ་དག་ནི་བདུད་ཀྱི་ལས་ཏེ། དེ་དག་བྱང་ཆུབ་སེམས་དཔས་ཡོངས་སུ་སྤང་བར་བྱའོ། །ཞེས་གསུངས་པའི་ཕྱིར་རོ།[3]

།དེས་ན་སངས་རྒྱས་ཐམས་ཅད་གཤིས་སྐྱེ་མེད་ཁོ་ན་བསྟན་པ་མ་ཡིན་པར་རྒྱུ་འབྲས་བསླུ་བ་མེད་པ་ཐབས་ཀྱི་ཆོས་བསྟན་པ་ལའང་དགོངས་པ་གཅིག་པ་ཉིད་དུ་བསྒྲུབས་པས་ན་དགོངས་པ་གཅིག་པ་ཞེས་བྱའོ། །དེ་དག་ནི་དགོངས་པ་གཅིག་ཚུལ་གྱི་སྒྲ་བཤད་ཡིན་ནོ། །

དྲུག་པ། གཞུང་ལས། གཞི་ལམ་འབྲས་བུར་ཚོགས་གཉིས་ཟུང་དུ་འཇུག །ཅེས་གསུངས་པ་ལྟར།

དང་པོ་གཞི་ནི། སེམས་ཀྱི་རང་བཞིན་བདེ་བར་གཤེགས་པའི་སྙིང་པོ་གདོད་ནས་སངས་རྒྱས་ཀྱི་ངོ་བོར་བཞུགས་པ་དེ་ཉིད་སྤྲོས་པ་བཀག་ཙམ་གྱི་སྟོང་པ་དང་། སྐྱེ་མེད་ཙམ་མ་ཡིན་པར།

རྒྱུད་བླ་མ་ལས། རྣམ་དབྱེ་བཅས་པའི་མཚན་ཉིད་ཅན། །གློ་བུར་དག་གིས་ཁམས་སྟོང་གི །རྣམ་དབྱེ་མེད་པའི་མཚན་ཉིད་ཅན། །བླ་མེད་ཆོས་ཀྱིས་སྟོང་མ་ཡིན། །ཞེས་གསུངས་པ་ལྟར།[4]

1 པར་བསྐྲུན་༢༠༠(ཞོར་ཕྲ་ར་ནུ་སིར་བཀའ་བརྒྱུད་ཉམས་གསོ་ཚོགས་པས། དགོངས་གཅིག་འགྲེལ་ཆེན་སྣང་མཛད་ཡེ་ཤེས་སྒྲོན་མེའི་སྟོད་ཆ། ཤོག་གྲངས་༢༨༠ཡིག་ཕྲེང་༧སྒྲུན་ཐུ་རྡོ་རྗེ་ཤེས་རབ།

2 པར་བསྐྲུན་༢༠༠(ཞོར་ཕྲ་ར་ནུ་སིར་བཀའ་བརྒྱུད་ཉམས་གསོ་ཚོགས་པས། དགོངས་གཅིག་འགྲེལ་ཆེན་སྣང་མཛད་ཡེ་ཤེས་སྒྲོན་མེའི་སྟོད་ཆ། ཤོག་གྲངས་༢༧༧ཡིག་ཕྲེང་༨སྒྲུན་ཐུ་རྡོ་རྗེ་ཤེས་རབ།

3 དགེ་སྡེ་བཀའ་འགྱུར། པོད་༥༨ ཤོག་གྲངས་༢༢༠རྒྱབ་ཤོག་ཡིག་ཕྲེང་༢ འཕགས་པ་བློའི་རྒྱལ་པོ་མ་དྲོས་པས་ཞུས་པ་ཞེས་བྱ་བ་ཐེག་པ་ཆེན་པོའི་མདོ།

4 སྡེ་དགེ་བསྟན་འགྱུར། རྒྱུད་བླ་མའི་ལེའུ་དང་པོའི། ཤོག་གྲངས་༦༧རྒྱབ་ཤོག་ཡིག་ཕྲེང་༥

第二，不共之一意。

《大綱要》中云：「在前述的內容之上，另有補充——即是無比怙主所說之大手印空性與因果。[1]」

以及「欲斷除長時流轉輪迴之迷惑，僅修無生猶為不足，復須結合善巧方便和甚深智慧。因此，宣說三律儀等無量方便法門極為重要。[2]」

經云：「若認為一切佛陀唯說空性，所修亦唯有空性的話，是為魔業。」

復次，《聖無熱龍王所問大乘經》中云：「復有二事，謂離於方便之智慧，與離於智慧之方便。離於方便之智慧，即不見一切眾生而思維無為之法。離於智慧之方便，即墮於所緣觀境之四攝事也。此二種皆是魔業，是故菩薩皆應斷除。[3]」

因此，諸佛並非僅僅宣說本性無生，也有說因果無欺的方便之法。此意趣相同故，稱為「一意」。

第六，宣說基道果。

如《一意》中說：「基道果皆二資糧雙運。」

第一，基位。

心的自性如來藏，本來即存在為佛性，並不僅僅是遮止戲論的空性與無生，

如同寶性論云：「具可分別之性相，諸客塵之界空寂，具無分別之性相，無上之法並非空。[4]」

---

1 瓦拉那西噶舉振興會2009年出版之敬安．多傑謝拉所造《一意廣釋．顯明智燈》上冊，260頁第7行。

2 瓦拉那西噶舉振興會2009年出版之敬安．多傑謝拉所造《一意廣釋．顯明智燈》上冊，217頁第9行。

3 《聖無熱龍王所問大乘經》。德格版《丹珠爾》第58函，230B頁第2行。

4 德格版《丹珠爾》，123卷61B頁5行。《寶性論》第一品。索達吉堪布譯本：「具有別法相，界性客塵空，具無別法相，無上法不空。」

འབྲལ་རྡུང་གི་དྲི་མ་གཉིས་ལ་མེད་པས་ན་ངོ་བོ་སྟོང་ཞིང་། བྲལ་བའི་འབྲས་བུ་ཐམས་ཅད་ཡེ་ནས་འདུ་འབྲལ་མེད་པས་ན་རང་བཞིན་གསལ་བ་སྟེ། དེ་ལྟ་བུའི་གསལ་སྟོང་ཟུང་དུ་འཇུག་པ་ནི་གཞི་སྟེ།

ཁོག་དབུབ་ཆེན་མོར། གཞི་ནི་རང་བཞིན་གྱིས་རྣམ་པར་དག་པའི་ཁམས་སངས་རྒྱས་ཀྱི་སའི་ཡོན་ཏན་ཇི་སྙེད་པ་ཐམས་ཅད་དང་གདོད་མ་ནས་དབྱེར་མེད་དུ་གནས་པའོ། །ཞེས་གསུངས།[1]

གཉིས་པ་ལམ་ནི། གཞི་ཡི་གནས་ཚུལ་ལེགས་པར་གཏན་ལ་ཕབ་ནས་དེའི་ཀློང་ནས་ཤར་བའི་ཀུན་རྫོབ་བྱང་ཆུབ་སེམས་ཀྱི་ཉམས་ལེན་ཐབས་ཀྱི་ཆ་དང་། དོན་དམ་བྱང་ཆུབ་སེམས་ཀྱི་ཉམས་ལེན་ཤེས་རབ་ཀྱི་ཆ་སྟེ་དེ་གཉིས་ཟུང་དུ་འཇུག་པར་མོས་པ་དང་། སྒོན་ལམ། མངོན་སུམ་དུ་ཉམས་སུ་ལེན་པ་དག་ནི་ལམ་མོ།

།དེ་ལྟར་ཡང་ཁོག་དབུབ་ཆེན་མོ་ལས། ལམ་ནི་ཐབས་མཁས་པའི་སྒོ་མཐའ་ཡས་པ་དང་། ཤེས་རབ་ཟབ་མོའི་རྟོགས་པ་དབྱེར་མེད་དུ་ཉམས་སུ་ལེན་པའོ། །ཞེས་གསུངས།[2]

གསུམ་པ་འབྲས་བུ་ནི། དེ་ལྟར་གཞི་ལ་བཞུགས་པ་དེ་ཉིད་ལམ་གྱིས་མངོན་དུ་བྱས་ནས་མཐར་ཕྱིན་པས་འབྲས་བུ་སངས་རྒྱས་པ་ཞེས་ཐ་སྙད་བཏགས་ཏེ། དེའང་ལམ་ཀུན་རྫོབ་བྱང་ཆུབ་སེམས་བསྒོམས་པས་གཞིའི་གསལ་བ་ཡོན་ཏན་གྱི་ཆ་མངོན་དུ་བྱས་པ་ལ་འབྲས་བུ་གཟུགས་སྐུ་དང་། ལམ་དོན་དམ་བྱང་ཆུབ་སེམས་བསྒོམས་པས་གཞིའི་སྟོང་པ་དབྱིངས་ཀྱི་ཆ་མངོན་དུ་བྱས་པ་ལ་འབྲས་བུ་ཆོས་ཀྱི་སྐུ་ཞེས་བྱ་སྟེ།

གཞུང་ལས། བྱང་ཆུབ་སེམས་ཀྱི་རང་གཟུགས་སངས་རྒྱས་ཡིན། །ཞེས་དང་། ཁོག་དབུབ་ཆེན་མོ་ལས། འབྲས་བུ་ནི་ཆོས་སྐུ་མི་ཟད་པ་རྒྱན་གྱི་འཁོར་ལོ་དང་དབྱེ་བ་མེད་པ་འཁོར་བ་མ་སྟོང་གྱི་བར་དུ་མཚན་ཉིད་བཞི་དང་ལྡན་པ་འབྱུང་ངོ་། །ཞེས་གསུངས་པ་ལྟར་རོ། །[3]

དེ་ལྟར་གཞི་ལམ་འབྲས་གསུམ་པོ་ཡང་སེམས་ཅན་དང་། བྱང་ཆུབ་སེམས་དཔའ། སངས་རྒྱས་ཀྱི་གནས་སྐབས་སྟེ་གསུམ་ལ་ཕྱེས་པ་ཙམ་ལས་དོན་དུ་དབྱེར་མེད་པ་ཡིན་ཏེ།

ཚོགས་ཆོས་རིན་མགོན་མ་ལས། དེ་ལ་ཁམས་ཞེས་བྱ་བའམ།[4] དེ་བཞིན་གཤེགས་པའི་སྙིང་པོ་ཞེས་བྱ་བའམ། གཞིའམ། གདོད་ནས་སེམས་ཅན་ཐམས་ཅད་རྫོགས་པའི་བྱང་ཆུབ་ཏུ་སངས་རྒྱས་པའི་གཤིས་དེ་ལས་མི་འདའ་བས། གཞིའང་དེ་ཉིད། ལམ་ཡང་དེ་ཉིད།[5] འབྲས་བུ་ཡང་དེ་ཉིད་ཡིན། ཞེས་དང་།

1 པར་བསྐྲུན་༢༠༠ལོར་པ་ར་ན་སིར་བཀའ་བརྒྱུད་ཉམས་གསོ་ཚོགས་པས། དགོངས་གཅིག་འགྲེལ་ཆེན་སྣང་མཛད་ཡེ་ཤེས་སྒྲོན་མེའི་སྟོད་ཆ། ཤོག་གྲངས་༢༥༧ཡིག་ཕྲེང་༡༥སྤྱན་སྔ་རྡོ་རྗེ་ཤེས་རབ།

2 པར་བསྐྲུན་༢༠༠ལོར་པ་ར་ན་སིར་བཀའ་བརྒྱུད་ཉམས་གསོ་ཚོགས་པས། དགོངས་གཅིག་འགྲེལ་ཆེན་སྣང་མཛད་ཡེ་ཤེས་སྒྲོན་མེའི་སྟོད་ཆ། ཤོག་གྲངས་༢༧༦ཡིག་ཕྲེང་༡༦སྤྱན་སྔ་རྡོ་རྗེ་ཤེས་རབ།

3 པར་བསྐྲུན་༢༠༠ལོར་པ་ར་ན་སིར་བཀའ་བརྒྱུད་ཉམས་གསོ་ཚོགས་པས། དགོངས་གཅིག་འགྲེལ་ཆེན་སྣང་མཛད་ཡེ་ཤེས་སྒྲོན་མེའི་སྟོད་ཆ། ཤོག་གྲངས་༢༧༦ཡིག་ཕྲེང་༡༨སྤྱན་སྔ་རྡོ་རྗེ་ཤེས་རབ།

4 ཁམས་ཞེས་པ་ནི་སངས་རྒྱས་ཀྱི་གོ་འཕང་ཐོབ་བྱེད་ཀྱི་ནུས་པར་གོ་དགོས།

5 ༢༠༡༦ལོར་རྒྱ་གར་ནས་པར་བསྐྲུན་གནང་བའི་སྐྱོབ་པ་འཇིག་རྟེན་གསུམ་མགོན་གྱི་བཀའ་འབུམ་དེབ་ཕྲེང་བཞི་པ། ཤོག་གྲངས་༢༣༧ཡིག་ཕྲེང་༢

能離的客塵於本性上無有，因而體性空；離繫之一切果德，本無有離合，因而自性明。這樣的明空雙運，即是「基」。

《大綱要》中說：「基位乃是自性清淨界，佛地的一切功德本來無別而安住。[1]」

第二，道位。

抉擇基位之實相以後，從基界中顯現之世俗菩提心之修持乃是方便分，勝義菩提心之修持乃是智慧分。對於方便智慧二者之雙運，產生意樂、發願、乃至實際修持，是為「道」。

復次，《大綱要》中說：「無量的善巧方便與甚深智慧之證悟，此二者無有分別之實踐，即是道。[2]」

第三，果位。

在如此般基位之基礎上，透過道的修持而現證究竟者，即名之曰「佛陀」。復次，依靠修習世俗菩提心而令基位之明相功德分現前，成就色身果；依靠修習勝義菩提心而令基位之空性法界分現前，成就法身果。

《一意補編》中說：「菩提心之自身即佛陀。」以及《大綱要》中說：「果位乃是與法身無盡莊嚴輪無有分別、輪迴未空之際所出生之四性相具足者。[3]」

《法會開示錄・仁貢瑪》中說：「此即稱為界[4]、如來藏、基。一切眾生本初以來皆不離圓滿佛性，是故此即是基、道、果。[5]」

---

1 瓦拉那西噶舉振興會2009年出版之敬安・多傑謝拉所造《一意廣釋・顯明智燈》上冊，261頁16行。

2 瓦拉那西噶舉振興會2009年出版之敬安・多傑謝拉所造《一意廣釋・顯明智燈》上冊，217頁17行。

3 瓦拉那西噶舉振興會2009年出版之敬安・多傑謝拉所造《一意廣釋・顯明智燈》上冊，217頁18行。

4 所謂「界」這裡指的是能夠證得佛果的能力。

5 2017年在印度出版的《吉天頌恭文集》第四冊，231頁2行。

ཕོག་དབུབ་ཆེན་མོར། གཞི་ལམ་འབྲས་བུ་ཐམས་ཅད་དུ་གདོད་མ་ནས་གཉིས་སུ་མེད་པར་ཟུང་དུ་འབྲེལ་བ་དེ་མངོན་དུ་གྱུར་པས་སྟོང་ཉིད་དང་རྒྱུ་འབྲས་དབྱེར་མེད་པ་མཉམ་རྗེས་གཉིས་སུ་མེད་པའི་དུས་དེ། འབྲས་བུའི་ཟུང་འཇུག་གམ། མི་སློབ་པའི་ཟུང་འཇུག་ཅེས་བྱ། ཞེས་གསུངས་པའི་ཕྱིར་རོ། །དེ་དག་ནི་གཞི་ལམ་འབྲས་བུའི་སྦྱོར་སོ་ཡིན་ནོ། །[1]

བདུན་པ། དེ་ལྟར་རྒྱལ་བ་ཐམས་ཅད་ཀྱི་དགོངས་པ་གཅིག་ཏུ་བསྟན་པའི་གཞུང་འདི། ཁྱད་པར་དུ་འཕགས་པའི་ཆོས་ཡིན་པའི་དོན་ནི། སངས་རྒྱས་ཀྱིས་མ་མཁྱེན་མ་གསུངས་པ། ཀླུ་སྒྲུབ་ཡབ་སྲས་ཀྱིས་མ་བཀྲལ་བ། ཉིལ་ནྲ་སོགས་ཀྱིས་མ་རྟོགས་པ་ཞིག་མ་ཡིན་པར། དེ་དག་གིས་མཁྱེན་ཅིང་བསྟན་པའི་དོན་ལ།

འཕགས་ཡུལ་གྱི་གྲུབ་ཐོབ་འགའ་ཞིག་གི་སྤྱོད་པ་དང་། པཎྜི་ཏ་འགའ་ཞིག་གི་བཤད་ལུགས། བོད་ཀྱི་ཆོས་ལུགས་འགའ་ཞིག་ལས་ཁྱད་པར་དུ་འཕགས་པའི་ཆོས་ཡིན་ཞེས་པའི་དོན་ནོ།

།དེ་བཞིན་རྡོར་གསུང་རེ་རེ་ལ་ཡང་སྤྱི་བཞེད་མདོར་བསྡུས་པ་དང་། བྱེ་བྲག་གི་བཞེད་པ་རྒྱས་པའི་སློ་ནས་བཀྲལ་ཞིང་། དེ་ཡང་རྡོ་རྗེའི་གསུང་རེ་རེ་བཞིན་བདེ་བར་གཤེགས་པའི་ལུང་ཚད་མ། བླ་མ་བརྒྱུད་པའི་མན་ངག་ཚད་མ། རྣལ་འབྱོར་པའི་ཉམས་མྱོང་ཚད་མ། གྲགས་པའི་ལོ་རྒྱུས་ཚད་མ་སྟེ་ཚད་མ་བཞིས་ལེགས་པར་གཏན་ལ་ཕབས་པ་ཤ་སྟག་ཡིན་པས། རྡོར་གསུང་རེ་རེ་ཡང་བཀའ་ཡི་དགོངས་པ་གཏན་ལ་འབེབས་པར་བྱེད་པ་ལ་བླ་ན་མེད་པ་ཡིན་ཏེ།

ཚོགས་ཆོས་ཀ་ལོ་མར། མཁས་པ་རྣམས་ལ་ལུང་དང་རིགས་པ་གཉིས་ཀྱི་སྒོ་བར་ནས་སྟོན་པའི་ཆོས་ཤིག་འོང་བ་ཡིན། དེ་ཡང་ཕལ་ཆེར་སངས་རྒྱས་ཀྱི་བཀའ་རྒྱ་མཚོ་ལྟ་བུའི་ཕྱོགས་གཅིག་ལ་མཚོན་ན་རིགས་པའི་གཏན་ཚིག་གིས་གཏན་ལ་འབེབས་པ་ཡིན་ནོ། །

རྣལ་འབྱོར་པ་རྣམས་ལ་ནི་རང་གི་ནང་དུ་ཉམས་སུ་མྱོང་བ་རེ་རེ་སྐྱེ། དེ་ལ་འཁྲུལ་པ་མེད་པའི་ངེས་ཤེས་ཐོབ་པས་འཕྲུག་མེད་པའི་བཞག་ས་རེ་འོང་བ་ཡིན་པས། དེ་ཡང་སངས་རྒྱས་ཀྱི་གསུང་བླ་མའི་མན་ངག་ལ་བརྟེན་པ་ཡིན།

དེ་ལ་མ་བསམ་པ་རྣམས་ཀྱི་ལུང་རིགས་ཕྱོགས་གཅིག་པ་དེས་ཀྱང་ཐུབ་པའི་དགོངས་པ་མཐའ་ཡས་པ་ཐམས་ཅད་རྟོགས་པར་མི་འགྱུར་ཞེས་དང་།[2]

གཞན་ཡང་། འཇིག་རྟེན་མགོན་པོ་རིན་ཆེན་གྱིས།[3] ལུང་དང་རིགས་པ་མན་ངག་དང་། །ཉམས་སུ་མྱོང་བའི་ཚད་མ་བཞིས། །སྣང་སྲིད་འཁོར་འདས་ཆོས་རྣམས་ཀུན། །གདུལ་བྱ་སྐལ་ལྡན་ཐམས་ཅད་ལ། །ངོ་སྤྲོད་མཛད་ཅིང་གསུངས་པ་ཡི། །ཞེས་སོགས་གསུངས་སོ།[4] །དེ་དག་ནི་སྤྱིའི་དོན་བསྡུས་ཡིན་ནོ། །

1 པར་བསྐྲུན་༢༠༠༧ལོར་ཝཱ་ར་ཎ་སིར་བཀའ་བརྒྱུད་ཉམས་གསོ་ཚོགས་པས། དགོངས་གཅིག་འགྲེལ་ཆེན་སྣང་མཛད་ཡེ་ཤེས་སྒྲོན་མེའི་སྙིང་ཀ། ཤོག་གྲངས་༢༤༢ཡིག་ཕྲེང་༡༢སྒྲུན་སྤྲ་རྡོ་རྗེ་ཤེས་རབ།

2 ༢༠༡༧ལོར་རྒྱ་གར་ནས་པར་བསྐྲུན་གནང་བའི་སྐྱོབ་པ་འཇིག་རྟེན་གསུམ་མགོན་གྱི་བཀའ་འབུམ་དེབ་ཕྲེང་ལྔ་པ། ཤོག་གྲངས་༢༩༩ཡིག་ཕྲེང་༥

3 འཇིག་རྟེན་མགོན་པོ་རིན་ཆེན་ནི། རྗེ་ཕག་མོ་གྲུ་པ་རིན་པོ་ཆེ་ལ་གོ་དགོས།

4 ༢༠༡༧ལོར་རྒྱ་གར་ནས་པར་བསྐྲུན་གནང་བའི་སྐྱོབ་པ་འཇིག་རྟེན་གསུམ་མགོན་གྱི་བཀའ་འབུམ་དེབ་ཕྲེང་དང་པོ། ཤོག་གྲངས་༢༣༧ཡིག་ཕྲེང་༢

《大綱要》中說：「於一切基道果中，從本初以來即無二雙運，空性與因果無有分別，根本位與後得位無二無別。現證此義之時，即稱為果位之雙運，或無學之雙運。[1]」

第七，彼等之攝義。

如是宣說一切諸佛同一意趣之此論，說其是超勝之法，所指的並非是有佛所未知、未說，並非是龍樹父子和無著父子所未闡示，並非是帝洛巴、那洛巴所未證。相反，確實是他們所了知並且所宣說的。

所謂的超勝，是說比起聖域印度的某些成就者的覺受、某些班智達的說法，以及西藏某些教法要更為殊勝的意思。

每句金剛語，皆有一般之總說與廣詳之別釋。每個金剛語皆具足佛的聖言正量、傳承祖師的口訣正量、瑜伽士的覺受正量與共許的歷史正量。每個金剛語皆以這四量而建立，因此每一句都是佛法意趣的無上真義。

《馬年法會開示錄》中說：「博學者們以經教與正理二者為準繩而說法。大多是依於佛語大海之一處而以正理加以抉擇。

瑜伽行者，各自內心有經驗覺受生起，對覺受產生無誤確信而到達了無錯亂的地步。這些也是依靠著佛語以及上師的口訣。

沒有考慮到這點的人，僅以片面的經教和道理，不能完全瞭解佛陀的無盡意。[2]」

另外，世間怙主仁波切[3]說：「教言、道理與口訣，以及覺受此四量，萬有輪涅一切法，應對一切具緣眾，賜予指認及宣說。[4]」

---

1 瓦拉那西噶舉振興會2009年出版之敬安．多傑謝拉所造《一意廣釋．顯明智燈》上冊，262頁12行。

2 2017年在印度出版的《吉天頌恭文集》第五冊，244頁第5行。

3 這裡是指至尊帕摩竹巴。

4 2017年在印度出版的《吉天頌恭文集》第五冊，第239頁第2行。

བརྒྱད་པ་ནི། སྤྱན་སྔ་འབྲི་གུང་གླིང་པས་མཛད་པའི་ཆོས་རྗེའི་རྣམ་ཐར་རྡོ་རྗེ་རིན་པོ་ཆེ་འབར་བ་དང་།[1] རྒྱལ་དབང་རིན་ཆེན་ཕུན་ཚོགས་ཀྱིས་མཛད་པའི་སྤྱན་སྔ་འབྲི་གུང་གླིང་པའི[2]་རྣམ་ཐར་སྙན་པའི་འབྲུག་སྒྲ་སོགས་ལས་གསུངས་པ་ནི་ཆོས་ཀྱི་བདག་པོའི་རྣམ་ཐར་ཡིན་ནོ། །རྒྱས་པར་ནི་དེ་དག་ཏུ་ལྟ་བར་བྱའོ། །

བྱེ་བྲག་སོ་སོར་ཕྱེ་བ་ཡན་ལག་རྒྱས་པར་བཤད་པ་རྟེན་ཀྱི་ཚུལ་དུ་བསྟན་པ་ལ་ཡང་། གདན་བསྡུས་ཀྱི་ཚོམས་བདུན་ཙམ་གྱིས་འཆད་པ་ཡིན་ཏེ།

ཐོག་མར་ཁྱད་པར་ལྷ་སྤྱོད་སྒོམ་པའི་གདན་བསྡུས་ཀྱི་ཚོམས་དང་གཅིག འདུལ་བ་སོ་སོར་ཐར་པའི་གདན་བསྡུས་ཀྱི་ཚོམས་དང་གཉིས། བསླབ་པ་བྱང་སེམས་ཀྱི་གདན་བསྡུས་ཀྱི་ཚོམས་དང་གསུམ། གསང་སྔགས་རིག་འཛིན་སྡོམ་པའི་གདན་བསྡུས་ཀྱི་ཚོམས་དང་བཞི། ཆོས་ཀྱི་འཁོར་ལོ་སྤྱིའི་གདན་བསྡུས་ཀྱི་ཚོམས་དང་ལྔ། ཀུན་ལ་ཕན་པ་རྟེན་འབྲེལ་གདན་བསྡུས་ཀྱི་ཚོམས་དང་དྲུག །འབྲས་བུ་མཐར་ཐུག་སངས་རྒྱས་སའི་གདན་བསྡུས་ཀྱི་ཚོམས་དང་བདུན་ཡིན་པས།

---

1 པར་བསྐྲུན་༢༠༠༧ལོར་པུ་ར་ནུ་སིར་བཀའ་བརྒྱུད་ཉམས་གསོ་ཚོགས་པས། དགོངས་གཅིག་འགྲེལ་ཆེན་སྣང་མཛད་ཡེ་ཤེས་སྒྲོན་མེའི་སྟོད་ཆ། ཤོག་གྲངས་༡ སྤྱན་སྔ་རྡོ་རྗེ་ཤེས་རབ།

2 པར་བསྐྲུན་༢༠༠༧ལོར་པུ་ར་ནུ་སིར་བཀའ་བརྒྱུད་ཉམས་གསོ་ཚོགས་པས། དགོངས་གཅིག་འགྲེལ་ཆེན་སྣང་མཛད་ཡེ་ཤེས་སྒྲོན་མེའི་སྟོད་ཆ། ཤོག་གྲངས་༡༦༡ སྤྱན་སྔ་རྡོ་རྗེ་ཤེས་རབ།

第八，法主之傳記。

敬安・直貢林巴所著的法王之傳記《金剛寶焰》[1]，以及嘉旺仁欽彭措所著的敬安・直貢林巴之傳記《悅耳龍鳴》[2]等之中皆有宣說法主之傳記。廣詳內容請閱彼等。

第二，如傘骨般的方式進行廣詳別說，亦即是以攝要七品之方式而解說。

第一為〈總攝殊勝見修行之要義品〉，第二為〈總攝別解脫戒要義品〉，第三為〈總攝菩提心戒要義品〉，第四為〈總攝密乘戒要義品〉，第五為〈總攝法輪要義品〉，第六〈總攝普利緣起要義品〉，第七為〈總攝佛果要義品〉。

1 瓦拉那西噶舉振興會2009年出版之敬安・多傑謝拉所造《一意廣釋・顯明智燈》上冊，第1頁。

2 瓦拉那西噶舉振興會2009年出版之敬安・多傑謝拉所造《一意廣釋・顯明智燈》上冊，第161頁。

༄ ཐོག་མར་ལྟ་སྤྱོད་སྒོམ་པའི་གནད་བསྡུས་ཀྱི་ཚོམས་སྐབས་སུ་བབས་པས། འདི་ལ་རྩ་བའི་ཚིག་ནི་ཤུ་ཙམ་གྱིས་འཆད་པར་གདའ་སྟེ།

སུའི་ཆོས་ལ་ཡང་མ་སྨད། གང་ལ་ཡང་མ་སྨད་པས་ཆོས་ལ་བརྟེན་པའི་གཡང་ས་མེད། སུའི་ཆོས་ཀྱི་རྗེས་སུ་ཡང་མི་འབྲང་ས། གང་གི་རྗེས་སུ་ཡང་མ་འབྲང་པས། ལོག་པར་ཞུགས་པའི་ཉེས་པ་མི་འབྱུང་། སངས་རྒྱས་ཀྱི་ཆོས་གང་ཡང་རྗེས་སུ་འབྲང་ས། གཅིག་ཀྱང་བཞག་ཏུ་མེད་པར་མི་འགལ་བར་ཉམས་སུ་སྤྱོང་ན་ཕ་ཆོས་ཡིན། ནང་འགལ་སྤོང་ལེན་གཉིས་སུ་སོང་ན་བོད་རྒན་སྤྱི་པའི་ཆོས་ཡིན་ཅེས་པ་དང་།

ལབརྒྱུད་པ་ནས་བརྒྱུད་པའི་ཆོས་ཟབ་ཅིང་ངོ་མཚར་ཅེས་པ་དང་།

ལདེ་ལྟར་ཟབ་པའི་ཆོས་བརྒྱུད་པ་ལས་བརྒྱུད་པ་དེ་ནི་འཁོར་འདས་ཀྱི་ཆོས་ཐམས་ཅད་རང་གི་སེམས་ཡིན་ཅེས་པ་དང་།

ལཐམས་ཅད་བསམ་པ་སྐད་ཅིག་མའི་རང་གཟུགས་ཡིན་ཅེས་པ་དང་།

ལགཞིས་ལ་མི་གནས་ན་བལྟས་པས་མི་འགྱུར་བ་ཡིན་ཅེས་པ་དང་།

ལམཚན་ཉིད་དང་མི་ལྡན་པའི་བླ་མས་ཡོན་ཏན་བསྐྱེད་པར་མི་ནུས་ཅེས་པ་དང་།

ལརྟོགས་པ་སྐྱེ་བའི་ཐབས་མོས་གུས་ཁོ་ནར་ངེས་པ་ཡིན་ཅེས་པ་དང་།

ལལྟ་བ་རྟོགས་པ་ཡིན་ཅེས་པ་དང་།

ལགོང་དུ་བསྟན་པའི་རྟོགས་པ་དེ་ཡང་ཆེན་པོ་གསུམ་གྱིས་མ་རེག་པའི་རྟོགས་པ་ཡིན་ཅེས་པ་དང་།

ལཐོས་བསམ་སྒོམ་གསུམ་གྱི་སྟོང་ཉིད་ཤོར་གོལ་ཡིན་ཅེས་པ་དང་།

ལརྟོགས་པ་གོམ་པར་བྱེད་པ་སྒོམ་པ་ཡིན་ཅེས་པ་དང་།

ལསྤྱོད་པ་བླང་དོར་དང་བྲལ་བ་ཚུལ་ཁྲིམས་རིན་པོ་ཆེ་ཡིན་ཅེས་པ་དང་།

ལལྟ་སྒོམ་སྤྱོད་གསུམ་གཅིག་པ་ཡིན་ཅེས་པ་དང་།

ལཚུལ་ཁྲིམས་དང་ཕྱག་རྒྱ་ཆེན་པོ་གཅིག་པ་མགོན་པོའི་ཁྱད་ཆོས་བླ་ན་མེད་པ་ཡིན་གསུངས་པ་དང་།

ལམཉམ་བཞག་ལ་ཡོན་ཏན་ཐམས་ཅད་འབྱུང་བ་ཡིན་ཅེས་པ་དང་།

ལརྒྱུ་མ་སྒྲུབ་ན་མི་འབྱུང་བ་ཡིན་ཅེས་པ་དང་།

ལཕྱག་རྒྱ་ཆེན་པོ་ཡོན་ཏན་གྱི་བདག་ཉིད་ཡིན་ཅེས་པ་དང་།

ལསྟོང་ཉིད་རྟོགས་ན་སྟོང་ཉིད་རྒྱུ་འབྲས་སུ་འཆར་གསུངས་པ་དང་།

ལཚུལ་ཁྲིམས་ལ་གཅེས་སྤྲས་སུ་བྱེད་པ་རིགས་སྤྱོད་ཁྱད་པར་དུ་འཕགས་ཞེས་པ་དང་།

ལཧྲུ་སུ་ཀུ་ཆོས་གསུམ་དང་མི་ལྡན་ན་ཞི་བ་ཡིན་ཅེས་པ་དང་།

在〈總攝殊勝見修行之要義品〉中，有二十根本句。

「對誰的法也不輕蔑，是故無有法上之險境；對誰的法也不追隨，是故無有走邪路的過患。追隨於佛陀的一切教法，一個也不捨棄，無有相違的實際修持，這就是父法。自相矛盾而有取捨二邊的，是老一輩藏人一般的教法。」[1]

「傳承之法深奧且稀有。」

「如是所傳承之深法，即輪涅一切法唯是自心。」

「一切皆是自心剎那之體性。」

「本性若無造作亦難成。」

「不具性相之上師，不能生起功德。」

「生證悟的方法，唯敬信也。」

「證悟即見地。」

「前面說的證悟，是『三大』所不能觸及的證悟。」

「聞思修之空性有歧路。」

「串習於所證悟是為修。」

「行為離於取捨為戒律大寶。」

「見修行三者是一。」

「戒律和大手印是一，此是怙主之無上殊勝法。」

「根本定中生一切功德。」

「若不修因功德無能生。」

「大手印即一切功德性。」

「若悟空性則更慎因果。」

「嚴持戒律是最殊勝之行持。」

「布固蘇若不具三法是寂靜。」[2]

1 此處所說乃金剛句「雖具證悟更須方便道」，移來這裡。

2 北美無比直貢噶舉中心出版，《正法一意光明釋》348頁2行，三法是：一，需要明察罪愆的戒律，二，瞭解到需要功德就應觀修。三，無量慈悲的利他者，無論身在何處，誓不捨有情，成辦彼之利益，唯他利益外，應該自己利益於身口意更一絲一毫不念。

འདུལ་བ་སོ་སོར་ཐར་པའི་གཞུང་བསྡུས་ཀྱི་ཚོམས་ཀྱི་སྐབས་སུ་བབས་པས། འདི་ལ་རྩ་བའི་ཚིག་བཅོ་བརྒྱད་ཙམ་གྱིས་སྟོན་པར་གདའ་སྟེ།

འདུལ་བ་ཐེག་པ་ཐུན་མོང་ཡིན་ཅེས་པ་དང་།

ལྷག་པར་ཐེག་པ་ཆེན་པོར་བཞུགས་པར་གསལ་ཅེས་པ་དང་།

ཚུལ་ཁྲིམས་ཐམས་ཅད་མཁྱེན་པའི་ཡེ་ཤེས་ཡིན་ཅེས་པ་དང་།

སྐྱེ་བའི་བར་ཆད་ཐམས་ཅད་འབྲས་བུ་ཐོབ་པའི་བར་ཆད་ཡིན་ཅེས་པ་དང་།

སྡོམ་པའི་ངོ་བོ་རྣམ་པར་རིག་བྱེད་མ་ཡིན་པའི་གཟུགས་ཡིན་ཅེས་པ་དང་།

གཙོ་བོར་ཡིད་ཀྱི་གསུམ་པོ་སྲུང་དགོས་པ་ཡིན་ཅེས་པ་དང་།

སྡོམ་པ་གཏོང་བའི་རྒྱུ་དེ་དག་གིས་མི་གཏོང་བ་ཡོད་ཅེས་པ་དང་།

སྔ་གཅིག་བསྲུང་བའི་འབྲས་བུས་ཀྱང་མྱ་ངན་ལས་འདས་པ་ཡིན་ཅེས་པ་དང་།

བཅས་པ་དང་རང་བཞིན་གྱི་ཁ་ན་མ་ཐོ་བ་གཅིག་པ་ཡིན་ཞེས་པ་དང་།

སྡིག་པ་དང་ལྟུང་བ་ལ་ཐ་དད་མེད་ཅེས་པ་དང་།

བཅས་པ་འགྲོ་བ་སྤྱི་ལ་བཅས་པ་ཡིན་ཅེས་པ་དང་།

འགྲོ་དྲུག་གང་གིས་བསྲུངས་ཀྱང་ཕན་ཡོན་འབྱུང་ཅེས་པ་དང་།

བཀག་པ་ཐམས་ཅད་ཡེ་བཀག །གནང་བ་ཐམས་ཅད་ཡེ་གནང་ཡིན་ཅེས་པ་དང་།

ལྟུང་བ་མཐའ་དག་ལ་འདུ་ཤེས་གཙོ་ཅེས་པ་དང་།

བསྙེན་པ་ལ་ཚོ་ག་ལྷག་པར་དགོས་པ་ཡིན་ཅེས་པ་དང་།

མི་ཤེས་པའི་གཏི་མུག་ལྷག་པར་ཉེས་པ་ཆེ་བ་ཡིན་ཅེས་པ་དང་།

དུད་འགྲོ་གཏི་མུག་ཆེ་བས་དམན་པ་ཡིན་ཅེས་པ་དང་།

ཉམས་པའི་ཉེས་པ་བས་མ་ཐོབ་པའི་ཉེས་པ་ལྗི་བ་ཡིན་ཅེས་པ་དང་།

བཅོ་བརྒྱད་པོ་དེ་དྲིལ་བས་འདུལ་བའོ། །

在〈總攝別解脫戒要義品〉中，有十八根本句：

「戒律是為共通乘。」

「律中明顯敘述大乘法。」

「戒律即是佛陀遍知智。」

「一切生戒之障礙乃是證果的障礙。」

「戒律之體是為極無表色。」

「主要應斷意之三種惡。」

「捨戒了因中也有不捨戒。」

「僅持一戒亦能證涅槃。」

「遮罪性罪乃相同。」

「罪過和犯墮無有差別。」

「為了一切眾生佛制戒。」

「六道何者持戒亦有利益。」

「一切遮止本來即遮止，一切開許本來即開許。」

「一切墮罪以心念為主。」

「律經法教特別需儀軌。」

「無明愚痴罪過更尤甚。」

「畜生愚痴深重故最劣。」

「未受戒者造惡比受戒者之墮罪更重。」

བསླབ་པ་བྱང་ཆུབ་སེམས་ཀྱི་གནད་བསྡུས་ཀྱི་ཚོམས་ཀྱི་སྐབས་སུ་བབས་པས། འདི་ལ་རྩ་བའི་ཚིག་ཞེར་བདུན་ཙམ་གྱིས་འཆད་པར་གདའ་སྟེ།

སྙིང་རྗེ་དང་བྱང་ཆུབ་ཀྱི་སེམས་ཐ་དད་གསུངས་པ་དང་།

བྱང་ཆུབ་སེམས་དཔའི་ཚུལ་ཁྲིམས་ཀྱི་སྡོམ་པ་རྟེན་ཅན་ཡིན་ཅེས་པ་དང་།

བརྗེད་པའི་རྒྱུར་འགྱུར་བ་ལས་བྱང་ཆུབ་ཀྱི་སེམས་ནི་འཚོར་མི་སྲིད་ཅེས་པ་དང་།

སོ་སོའི་སྐྱེ་བོ་ལ་ཡང་འཇུག་པའི་སྡོམ་པ་ཅི་རིགས་པ་སྐྱེ་ཅེས་པ་དང་།

ཅི་རིགས་ཀྱིས་ཀྱང་འཇུག་པའི་སྡོམ་པར་འགྱུར་ཅེས་པ་དང་།

ཉོན་མོངས་པ་ཅན་མ་ཡིན་པའི་ལྟུང་བ་མེད་ཅེས་པ་དང་།

ཉེས་པར་མི་འགྱུར་བའི་མི་དགེ་བ་གནང་བའི་སྐབས་མེད་ཅེས་པ་དང་།

ཐབས་མཁས་པ་ལ་མི་དགེ་བའི་འདྲེས་ཡོད་ན་དེའི་འབྲས་བུ་འབྱུང་ཞེས་པ་དང་།

དུས་ལ་མ་བབ་པར་རང་གཞན་བརྗེས་པས་ཉེས་པར་འགྱུར་བའི་སྐབས་ཡོད་ཅེས་པ་དང་།

ཁར་ཚང་གིས་གནས་སྐབས་སུ་དུས་ལ་མ་བབ་པས་བདག་གཞན་བརྗེས་པས་ཉེས་པར་འགྱུར་བའི་སྐབས་ཡོད་ཅེས་པ་དང་།

ཡུལ་བྱང་ཆུབ་སེམས་དཔའ་ལ་གནོད་པ་བྱས་ནས་བདེ་བར་འབྲེལ་མི་སྲིད་ཅེས་པ་དང་།

དགེ་མི་དགེའི་འབྲས་བུ་སོ་སོར་འབྱུང་ཞེས་པ་དང་།

སྒྲིབ་པ་གསུམ་ཉོན་མོངས་པའི་སྒྲིབ་པར་གཅིག་ཅེས་པ་དང་།

ཆོས་བདག་མེད་པ་ས་བརྒྱད་པར་མངོན་དུ་བྱས་ཏེ་མི་འགལ་ཅེས་པ་དང་།[1]

རྟོགས་པ་གཅིག་གིས་ས་ལམ་མ་ལུས་བགྲོད་པ་ཡིན་ཅེས་པ་དང་།

སའི་ཡོན་ཏན་འབྱུང་བའི་ཚུལ་སུ་དྲུག་ཡིན་ཅེས་པ་དང་།

ས་དྲུག་མན་ཆད་ཉན་རང་དང་མངོན་རྟོགས་ཐུན་མོངས་ཡིན་ཅེས་པ་དང་།

སེམས་ཙམ་ནི་ས་བདུན་གྱི་མངོན་རྟོགས་རིང་དུ་སོང་བ་ཡིན་ཡིན་ཅེས་པ་དང་།

སེམས་ཙམ་སྟོན་པའི་བཀའ་ཉིད་དབུ་མ་སྟོན་པ་ཡིན་ཅེས་པ་དང་།

ཉན་ཐོས་ཀྱིས་ཀྱང་ཕྱོགས་གཅིག་བབས་ཀྱི་གནས་ལུགས་མཐོང་བ་ཡིན་ཡིན་ཅེས་པ་དང་།

བདེན་པ་ནི་གྲུབ་པའི་མཐའ་ཅི་སྙེད་པས་བསྒྲིབ་ཅེས་པ་དང་།

ལོག་པའི་ཀུན་རྫོབ་ཀྱིས་ཀྱང་དོན་བྱེད་ནུས་པ་ཡིན་ཅེས་པ་དང་།

1 ཆོས་ཀྱི་བདག་མེད་མངོན་དུ་བྱེད་ཚུལ་ལ། སློབ་དཔོན་ཟླ་གྲགས་ཀྱིས་ས་བརྒྱད་པར་མངོན་དུ་བྱ་གསུང་པ་དང་། རྗེ་བཙུན་བྱམས་པས། ས་དང་པོ་མངོན་དུ་བྱེད། གསུངས་པ་གཉིས་མི་འགལ་ཏེ། ས་དང་པོར་གསུངས་པ་དེ་དག་པ་ས་གསུམ་གྱི་ས་དང་པོ་ཡིན་པས་ན། དེ་གཉིས་མི་འགལ་ལོ།

在〈總攝菩提心戒要義品〉中，有二十七根本句：

「悲心與菩提心不相同。」
「菩提心戒亦有其基礎。」
「菩提心縱然忘記，亦不可能失去。」
「凡夫眾生亦能生起行菩提心戒。」
「任何善行亦成為行菩提心戒。」
「無有不是煩惱之墮罪。」
「沒有開許『無罪不善』的時候。」
「於善巧方便之中若有摻雜有不善，則有其果報。」
「未到時機而做自他相換亦有可能產生罪過。」
「時機不到，自他相換亦有成為罪過的時候。」
「傷害菩薩不可能成為安樂之緣。」
「善與惡之果報分別生。」
「三種障蓋皆是煩惱障。」
「八地菩薩現證法無我，無相違。」[1]
「以一證悟通透諸道地。」
「登地功德的出生方式有六邊。」
「六地以下之現證共通於聲聞獨覺。」
「唯識乃是七地遠行地之現觀。」
「宣說唯識之佛語即是在宣說中觀。」
「聲聞亦見部分之實相。」
「一切宗義皆障真實諦。」
「顛倒世俗亦能有功用。」

1 對於現證法無我的方式，龍樹菩薩說「八地菩薩現證法無我」，而彌勒菩薩說「初地菩薩現證法無我」，此二者無相違，因為彌勒菩薩所說「初地」是三淨地中的第一個，即第八地。

རྒྱུ་ལམ་འབྲས་བུ་ཐམས་ཅད་དུ་ཚོགས་གཉིས་ཟུང་འཇུག་ཏུ་བསགས་པ་ཡིན་ཅེས་པ་དང་།

མཐོ་དམན་གང་དུ་ཡང་ཞིང་བསྐྱབ་པ་གནད་ཟབ་པ་ཡིན་ཅེས་པ་དང་།

ཆེད་དུ་བདག་ཏུ་བཟུང་ནས་ཚོགས་བསགས་པ་ཐབས་མཁས་པ་ཡིན་ཅེས་པ་དང་།

འཁོར་འདས་ཀྱི་དགེ་བའི་རྩ་བ་ཐམས་ཅད་རྣམ་པ་ཐམས་ཅད་དུ་བསྔོ་བ་ཡིན་ཅེས་པ་དང་།

བླ་མ་དང་སངས་རྒྱས་ལ་ཡང་བསྔོ་བ་དགོས་ཞེས་པ་དང་།

གསང་སྔགས་རིག་པ་འཛིན་པའི་གནད་བསྡུས་ཀྱི་ཚོམས་ཀྱི་སྐབས་སུ་བབ་པས། འདི་ལ་ཡང་རྩ་བའི་ཚིག་ཉེར་བརྒྱད་ཙམ་གྱིས་འཆད་པར་གདའ་སྟེ།

གསང་སྔགས་ནི་བསྟན་པ་གཞན་ལ་ཡང་འབྱུང་བ་ཡིན་གསུངས་པ་དང་།

དབང་གིས་དོན་རྒྱུད་ལ་སྐྱེས་ན་ཐོབ་པ་ཡིན་ཅེས་པ་དང་།

ལྷ་ཕྱོགས་གཅིག་པས་ཀྱང་དབང་བསྐུར་དུ་འགྲོ་བ་ཡིན་ཅེས་པ་དང་།

དཔེ་དོན་རྟོགས་པ་མ་སྐྱེས་ན་དོན་ཁོང་དུ་མི་ཆུད་ཅེས་པ་དང།

རང་བྱུང་རྣམས་ལ་འཇུག་པའི་ཚོ་ག་ལྷག་པར་གལ་ཆེ་ཞེས་པ་དང་།

བསྐྱེད་རིམ་ནི་ཡོངས་སུ་གྲུབ་པ་ཡིན་ཅེས་པ་དང་།

ལྷ་ཐམས་ཅད་མཚན་དཔེའི་ཡོན་ཏན་དང་ལྡན་པ་ཡིན་ཅེས་པ་དང་།

ལྷ་སྒོམ་པ་དང་བྲི་བ་ལ་སོགས་པ་མདོ་རྒྱུད་དུ་གསུངས་པ་ལྟར་བྱེད་དགོས་གསུངས་པ་དང་།

སྒྲུབ་པ་ཐམས་ཅད་བབས་ཀྱི་རྟེན་འབྲེལ་གྱིས་འབྱུང་བ་ཡིན་ཅེས་པ་དང་།

རྡོ་རྗེའི་ལུས་ཀྱི་གནས་ལུགས་ནི་ཟབ་མོ་ཡིན་ཅེས་པ་དང་།

གནས་ལུགས་འགའ་ཞིག་རྡོ་རྗེ་འཆང་གིས་སྦས་པ་ཡིན་ཅེས་པ་དང་།

ལས་དང་རྩོལ་འགའ་ཞིག་ལ་སྨན་གཞུང་ཟབ་ཅེས་པ་དང་།

གཞན་གྱི་ཟབ་པ་མི་ཟབ་ལ་མི་ཟབ་པ་འདིར་ཟབ་པ་ཡིན་ཅེས་པ་དང་།

མི་ཟབ་པའི་གདམས་ངག་མེད་ན་ཟབ་མོ་རྩ་རླུང་གིས་སངས་མི་རྒྱ་ཅེས་པ་དང་།

བཀའ་དང་འགལ་བའི་སྤྱོད་རྟོགས་ཐམས་ཅད་ལོག་རྟོག་ཡིན་ཅེས་པ་དང་།

བཀའི་དགོངས་པ་ཐམས་ཅད་དང་འགལ་མེད་དང་འགྲོ་དགོས་ཞེས་པ་དང་།

「一切基道果中皆雙運積集二資糧。」
「不論高下皆應善擇福德田為要。」
「善用我執而集資是善巧方便。」
「輪涅一切善根皆迴向。」
「於師及佛亦須做迴向。」

在〈總攝密乘持明要義品〉中，有二十八根本句：

「他佛亦說密乘之教法。」
「灌頂之意義於心中生起方為得灌。」
「雖唯部分本尊亦成灌頂。」
「若未生喻義之證悟則不會理解真義。」
「宿慧行者更要需入壇之儀軌。」
「生起次第是圓成實性。」
「一切本尊皆具相好圓滿之功德。」
「觀修和繪畫本尊等等須如經續中所說而做。」
「一切戲論是本然緣起。」
「金剛身之實相乃甚深。」
「對於某些實相，金剛持做了隱藏。」
「某些狀況中，醫藥典籍之意義很深。」
「他者說深奧我說是淺顯，他者說淺顯我說是深奧。」
「若不具備並不深奧的口訣，只修深奧的脈氣也不能成佛。」
「與佛語相違的一切覺受皆是邪分別。」
「應與一切佛語之意趣無相違而行。」

ཡང་སྐབས་འདིར་ཁོང་རྣམ་པས་ཞུས་པས་ལས་ཆོས་ཟབ་མོ་གཅིག་བྱ་ཞེས་པ་དང་།[1]

ཉམས་སུ་བླངས་པའི་སྐྱོན་ཡོན་ནི་གདམས་ངག་ལྟར་མི་འོང་བཀའ་ལྟར་འོང་བ་ཡིན་ཅེས་པ་དང་།

སྐྱོན་མེད་ཀྱི་ཏིང་ངེ་འཛིན་གསུམ་ཁམས་གསུམ་འཁོར་བའི་རྒྱུ་ཡིན་ཅེས་པ་དང་།

སྐུ་གསུམ་རེ་རེ་ཡང་གསུམ་ཀའི་བདག་ཉིད་ཅེས་པ་དང་།

གསང་སྔགས་ལ་ཡང་ཚུལ་ཁྲིམས་མེད་ཀ་མེད་གསུངས་པ་དང་།

འདོད་པས་བར་དུ་གཅོད་པར་གསུངས་པའི་སྙིང་དུ་གཅིག་ཅེས་པ་དང་།

གསང་སྔགས་ཀྱིས་མི་དགེ་བ་དགེ་བར་འགྱུར་བའི་ཐབས་མེད་ཅེས་པ་དང་།

འདུལ་བར་དགེ་བ་དེ་གསང་སྔགས་སུ་དགེ་བ་འདུལ་བར་མི་དགེ་བ་དེ་གསང་སྔགས་སུ་ཡང་མི་དགེ་བར་འགྱུར་ཅེས་པ་དང་།

སྔགས་ཀྱིས་མདོ་བསྟན་པ་ལས་མངོན་སྤྱོད་གནང་བ་མེད་ཅེས་པ་དང་།

རྡོ་རྗེ་དཀྱིལ་བ་ནི་མནར་མེད་པ་ལ་སོགས་པ་ཡིན་ཅེས་པ་དང་།

རྡོ་རྗེ་སློབ་དཔོན་རྒྱུད་ཚོད་མཐོ་ན་དེ་ཉིད་ཀྱིས་འདྲེན་པ་ཡིན་ཅེས་པ་དང་།

ཉོན་མོངས་དག་པའི་འབྲས་བུ་བདེ་གཤེགས་པ་ཡིན་ཅེས་པ་དང་།

ཆོས་ཀྱི་འཁོར་ལོ་གནད་བསྡུས་ཀྱི་ཆོམས་ཀྱི་སྐབས་སུ་བབས་པས། འདི་ལ་རྩ་བའི་ཚིག་ཉེར་བདུན་ཙམ་གྱིས་སྟོན་པར་གདའ་བས། གསན་པར་

ཞུ།

སངས་རྒྱས་ཀྱི་ཆོས་ཐམས་ཅད་བབས་ཀྱི་གནས་ལུགས་བསྟན་པ་ཡིན་ཅེས་པ་དང་།

ཆོས་ཕུང་བརྒྱད་ཁྲི་བཞི་སྟོང་མཐའ་དག་སངས་རྒྱས་བསྒྲུབ་པའི་ཐབས་གཅིག་ཡིན་ཅེས་པ་དང།

སྡེ་སྣོད་གསུམ་རྒྱུད་སྡེ་བཞི་ལམ་རྒྱུད་ལ་སྐྱེ་བའི་རིམ་པ་ཡིན་ཅེས་པ་དང་།

ཆོས་ཀྱི་འཁོར་ལོ་གསུམ་གྱིས་འཁོར་གྱི་རྟོགས་པའི་ཁྱད་པར་བསྟན་པ་ཡིན་ཅེས་པ་དང་།

ཆོས་ཀྱི་འཁོར་ལོ་རེ་རེ་ལ་ཡང་གསུམ་ཀ་ཚང་བ་ཡིན་ཅེས་པ་དང་།

ཆོས་ཀྱི་འཁོར་ལོ་དེ་དག་ཕྱི་མ་ཕྱི་མའི་ས་བོན་སྔ་མ་སྔ་མ་ལ་གནས་པ་ཡིན་ཅེས་པ་དང་།

མདོ་དང་དོན་གྱི་འཁོར་ལོ་གསུམ་དུ་ངེས་པ་ལས་གཞན་གྱིས་མ་ཡིན་ཅེས་པ་དང་།

འདུལ་བ་བདེན་བཞི་ཆོས་ཀྱི་འཁོར་ལོ་ཡིན་ཅེས་པ་དང་།

1 ལས་ཆོས་ཟབ་མོ། དགེ་བའི་ལས་ཅི་བྱས་ཀྱང་དེ་ཆོས་དང་མི་འགལ་དགོས་པ་ནི་ ལས་ཆོས་ཟབ་མོ་ བློ་ལྡོག་རྣམ་བཞིའི་ཉམས་ལེན་གཙོ་བོ་དགོས་པར་གསུངས།།

又此時答弟子所問：「應專一修持甚深業法。」[1]

「實修之過失與功德之差別，不在於合於口訣，而須合於佛語。」

「無誤的三種禪定亦是三界輪迴之因。」

「三身各個皆具三身之自性。」

「密咒修持戒律亦不可缺。」

「貪欲是障礙之說法，顯密相同。」

「密咒無法轉不善成善。」

「戒律中之善法在密乘中也是善法，戒律中之不善在密乘中亦是不善。」

「除了展示密乘威力之外不得行誅法。」

「金剛地獄即是無間地獄等。」

「金剛上師證量高超則可救拔。」

「煩惱清淨之果即善逝。」

在〈總攝法輪要義品〉中，有二十七根本句：

「佛陀所宣說的是萬法之實相。」

「一切八萬四千法門皆是成佛的方便。」

「三藏四續是道於心續中生起的次第。」

「三轉法輪是因應化機之差別而宣說。」

「每一法輪中皆具足三法輪。」

「三轉法輪之前前中有後後之種子。」

「經典與實證決定了法輪有三轉，而不是其他。」

「戒律是四諦法輪。」

---

1 「甚深業法」是：怎樣做善事也不應違佛法，主要是應修持轉心四法。

ལཐེག་པ་སྣ་ཚོགས་སུ་སྟོན་པ་ཉིད་ངེས་དོན་འབའ་ཞིག་ཡིན་ཅེས་པ་དང་།[1]

ལམཐའ་དྲུག་ཏུ་གསུངས་པ་ཐམས་ཅད་ངེས་དོན་འབའ་ཞིག་ཡིན་ཅེས་པ་དང་།

ལརྒྱལ་བའི་དགོངས་པ་རིགས་གཅིག་ཐེག་པ་གཅིག་ཡིན་ཅེས་པ་དང་།

ལལམ་ཐམས་ཅད་ས་བཅུས་བགྲོད་པ་ཡིན་ཅེས་པ་དང་།

ལཤེས་བྱའི་སྒྲིབ་པ་སྔོན་ལ་སྤོང་བ་ཡིན་ཅེས་པ་དང་།[2]

ལཚད་མ་ཐམས་ཅད་མཁྱེན་པའི་ཡེ་ཤེས་ཡིན་ཅེས་པ་དང་།

ལཚད་མའི་འབྲས་བུས་ཆོས་ཉིད་སྟོང་པ་སྟོན་པ་ཡིན་ཅེས་པ་དང་།

ལགྲུབ་མཐའ་འཛིན་པ་ཐམས་ཅད་རང་རྒྱུད་པ་ཡིན་ཅེས་པ་དང་།

ལམུ་སྟེགས་པ་ཡང་གཞིས་ཀྱི་དགེ་བའི་སྒྲུབ་བྱ་མང་པོ་ཡིན་ཅེས་པ་དང་།

ལཕྱི་ནང་གི་ཁྱད་པར་སྐྱབས་སུ་འགྲོ་བ་ཡིན་ཅེས་པ་དང་།

ལཐེག་པ་ཆེ་ཆུང་གི་ཁྱད་པར་སེམས་བསྐྱེད་ཡིན་ཅེས་པ་དང་།

ལཐུགས་མཚན་ཉིད་ཀྱི་ཁྱད་པར་དབང་ཡིན་ཅེས་པ་དང་།

༼ཐུགས་མཚན་ཉིད་གང་མེད་ཀྱང་སངས་མི་རྒྱ་གསུངས་། འདི་ཆད་སོང་བ་ཡིན་ནམ་སྙམ་སྟེ་འགྲེལ་བར་འདི་ཉིད་རྗེར་གསུང་གཅིག་ཏུ་དྲངས་ཤིང་།[3] འོག་ཏུ་གྲངས་བརྩི་བའི་སྐབས་ལ་ཡང་ཉེར་བདུན་དུ་བརྩིས་ནས་བརྒྱ་དང་ལྔ་བཅུ་བགྲང་བས་སོ།༽

ལསྡོམ་པ་གསུམ་སྤང་བྱ་མི་དགེ་བ་སྤོང་བར་གནད་གཅིག་ཅེས་པ་དང་།

ལབདག་པོ་འཛོམས་པའི་བྱེ་བྲག་གིས་སྡོམ་པོ་གསུམ་དུ་ངེས་ཞེས་པ་དང་།

ལཁམས་རང་བཞིན་གྱིས་རྣམ་པར་དག་པ་བྲལ་འབྲས་ཡོན་ཏན་དང་ལྡན་པ་ཡིན་ཅེས་པ་དང་།

ལབྱང་ཆུབ་ཕྱོགས་ཀྱི་ཆོས་སུམ་ཅུ་རྩ་བདུན་བདེ་བར་གཤེགས་པའི་སྙིང་པོར་ཡོད་ཅེས་པ་དང་།

ལཚད་མེད་པ་བཞི་དེ་བཞིན་གཤེགས་པའི་སྙིང་པོ་སངས་རྒྱས་པའི་ངོ་བོ་ཡིན་ཅེས་པ་དང་།

ལལོག་སྲིད་ཅན་དང་ཉན་ཐོས་ཀྱང་མཐར་བྱང་ཆུབ་ཆེན་པོར་འགྱུར་ཅེས་པ་དང་།

---

1 སྡེ་དགེ་བཀའ་འགྱུར། པོད་༤(ཤོག་གྲངས་༡༠(མདུན་ཤོག་ཡིག་ཕྲེང་༢། འཕགས་པ་ལང་ཀར་གཤེགས་པ་རིན་པོ་ཆེའི་མདོ་ལས་སངས་རྒྱས་ཐམས་ཅད་ཀྱི་གསུང་གི་སྙིང་པོ་ཞེས་བྱ་བའི་ལེའུ། ཐེག་པ་སྣ་ཚོགས་ཞེས་པ་ནི། འཁོར་ལོ་མཐའ་མའི་མདོ་སྡེ་ལངྐར་གཤེགས་པའི་མདོ་སོགས་ཀྱིས་ངེས་དོན་ཁོ་ན་བསྟན་པའི་མདོ་ལ་གོ་དགོས།

2 ཤེས་བྱའི་སྒྲིབ་པ་སྔོན་ལ་སྤོང་བ་ཡིན་ཞེས་པ་ནི། ཤེས་བྱའི་སྒྲིབ་པར་གཉེན་པོ་སྔོན་ལ་བསྟེན་ནས་སྤོངས་བ་ཡིན་པའི་དོན་ཡིན།

3 དགོངས་གཅིག་དཀའ་འགྲེལ། ༢༠༠༧ལོར་རྒྱ་གར་ནས་པར་བསྐྲུན་བྱས་པའི་དེབ་ཕྲེང་བཞི་པའི་ཤོག་གྲངས་༢༥༣ཡིག་ཕྲེང་༤

「雜乘所說乃了義法輪。」[1]

「六邊所說一切皆了義。」

「諸佛意趣乃是一種姓、一乘。」

「一切道路必須經十地。」

「亦有最先除斷所知障。」[2]

「因明乃是佛陀遍知智。」

「因明之果示甚深空性。」

「一切宗派執取皆自續。」

「外道亦多有修本性善。」

「內外之道差別在皈依。」

「大小乘之差別在發心。」

「顯密乘之差別是灌頂。」

（「顯密缺一不得成正覺。」）似乎缺少此句，因為在註解[3]中有此金剛語，算上此句本章才有二十七句，共計方有一百五十句。

「三戒所斷之要點相同，即斷除十不善。」

「行者差別而成三律儀。」

「界自性清淨具離繫果德。」

「如來藏具三十七道品。」

「四無量心乃是如來藏、是佛的體性。」

「一闡提與聲聞亦將成就大菩提。」

1 德格版《甘珠爾》，49卷109A頁第2行。《楞伽阿跋多羅寶經》之〈一切佛語心品〉：所謂「雜乘」者，乃是末轉法輪的《楞伽經》等唯宣說了義之經典。

2 即先依止所知障之對治而斷除。

3 《一意難釋》。2017年印度出版的《吉天頌恭文集》第四冊，363頁第4行。

ཀུན་ལ་ཕན་པའི་རྟེན་འབྲེལ་གྱི་གནད་བསྡུས་ཀྱི་ཚོམས་ཀྱི་སྐབས་སུ་བབ་པས། འདི་ལ་རྩ་བའི་ཚིག་བཅོ་ལྔ་ཙམ་གྱིས་འཆད་པར་གདའ་སྟེ།

དགེ་མི་དགེ་གཉིས་སུ་ཐག་བཅད་ནས་ལུང་མ་བསྟན་མེད་གསུངས་པ་དང་།

སེམས་ལས་བྱུང་བ་ལས་ཀྱང་སེམས་འབྱུང་ཅེས་པ་དང་།

རྟོག་གཉིས་ཅིག་ཅར་མི་འཇུག་ཅིང་སེམས་གཉིས་འགྲོགས་པར་མི་སྐྱེ་ཞེས་པ་དང་།

འཁོར་བར་ནི་ལུས་འཁོར་བ་ཡིན་ཅེས་པ་དང་།

རྟེན་འབྲེལ་བཅུ་གཉིས་མ་རིག་པའི་གཡོས་ཡིན་ཅེས་པ་དང་།

རྟེན་འབྲེལ་བཅུ་གཉིས་སྐད་ཅིག་མ་གཅིག་ལ་ཚང་བ་ཡིན་ཅེས་པ་དང་།

སེམས་ཐ་དད་པའི་བབས་ཀྱིས་སྣང་བ་ཡང་ཐ་དད་པ་ཡིན་ཅེས་པ་དང་།

ད་ལྟ་ཉིད་དུ་བསྒྲུབ་པའི་འབྲས་བུ་ལ་ལོངས་སྤྱོད་ཅེས་པ་དང་།

དུས་ཀྱི་འཕེལ་འགྲིབ་ད་ལྟ་ཡང་བྱ་བར་ཡོད་ཅེས་པ་དང་།

ཚེ་འདི་ལ་མཐོང་ཆོས་གཙོ་བོར་བྱུང་ཞེས་པ་དང་།

མི་ཆོས་བཅུ་དྲུག་ལ་སོགས་པ་དང་ལྷ་ཆོས་གཅིག་པ་ཡིན་ཅེས་པ་དང་།

ཕལ་ཆེ་ཆུང་ལས་འབྲས་བུ་ཐོབ་པ་རྒྱུན་མི་ཆད་པར་གསུངས་པ་དང་།

སངས་རྒྱས་མང་པོ་ཞིང་གཅིག་ཏུ་རྒྱུན་མི་འཆད་པར་འབྱུང་ཞེས་པ་དང་།

ལྷག་པ་ཤེས་རབ་ཀྱི་བསླབ་པ་སྔོན་དུ་འགྲོ་བ་འང་ཡོད་ཅེས་པ་དང་།

ལམ་རིམ་པ་ཐམས་ཅད་ཐུན་གཅིག་གི་ནང་དུ་ཉམས་སུ་བླངས་གསུངས་པ་དང་རྩ་ཚིག་བཅོ་ལྔ་པོ་དེ་དྲིལ་བས་ཀུན་ལ་ཕན་པ་སོང་།

在〈總攝普利緣起要義品〉中，有十五根本句：

「除了善、不善二者以外沒有無記業。」

「心所也能產生心。」

「不能同時進入二念，也不能相伴生起二心。」

「輪迴是身在流轉。」

「十二因緣是無明所引發。」

「十二因緣於一剎那中俱全。」

「心相異故顯現亦差別。」

「當下即受所作之果報。」

「時之增減現在即造作。」

「業果以此生現報為主。」

「十六人法等與佛法之要義相同。」

「證果者或多或少，但無有間斷。」

「眾多佛陀亦能於一剎土中連續出現。」

「亦有先入增上慧學者」

「一切道次第於一座中修。」

འབྲས་བུ་མཐར་ཐུག་སངས་རྒྱས་ཀྱི་སའི་གནད་བསྡུས་ཀྱི་ཚོམས་ལ་བབ་པ་འདི་ལ་རྩ་བའི་ཚིག་བཅོ་ལྔ་ཙམ་གྱིས་སྟོན་པར་གསུངས་སྟེ།

ལའབྲས་བུ་སངས་རྒྱས་ཀྱི་ས་ན་བདེན་པ་གཉིས་སུ་མེད་གསུངས་པ་དང་།

ལསངས་རྒྱས་སྦྱུ་མའི་ཆོས་ལས་ཡང་དག་པར་འདས་ཅེས་པ་དང་།

ལསངས་རྒྱས་དུས་རྟག་ཏུ་ཚོད་མར་བཞུགས་ཞེས་པ་དང་།

ལའབྲས་བུ་སངས་རྒྱས་ཀྱི་ས་ན་ཡེ་ཤེས་ཡོད་མེད་གཉིས་སུ་མེད་ཅེས་པ་དང་།

ལབྲལ་བའི་འབྲས་བུ་ཡེ་ཤེས་ཀྱི་ཐུགས་ཅན་ཡིན་ཅེས་པ་དང་།

ལཆོས་སྐུ་ནི་ཡོན་ཏན་འཕྲིན་ལས་ཅན་ཡིན་ཅེས་པ་དང་།

ལསངས་རྒྱས་ཀྱི་ས་ན་ཐུགས་བསྐྱེད་ཡོད་པ་ཡིན་ཅེས་པ་དང་།

ལདེ་བཞིན་གཤེགས་པའི་ཐུགས་གཅིག་བུ་ཡང་རྟག་ཆད་ཀྱི་ལྟ་བ་ཅན་དུ་འབྱུང་གསུངས་པ་དང་།

ལཤེས་བྱ་ལ་སྲིད་ཚོད་ཀྱིས་སངས་རྒྱས་ཀྱི་བྱ་བ་བྱེད་ཅེས་པ་དང་།

ལཆོས་ཀྱི་དབྱིངས་ཐམས་ཅད་དུ་སངས་མ་རྒྱས་ན་སངས་རྒྱས་སུ་མི་འགྲོ་ཅེས་པ་དང་།

ལསངས་རྒྱས་ཀྱི་སྤྲུལ་པ་མཐའ་དག་ཀྱང་རྒྱུ་ལ་བརྟེན་ནས་འབྱུང་བས་རང་རྒྱུད་པ་ཡིན་ཅེས་པ་དང་།

ལསངས་རྒྱས་རྟེན་འབྲེལ་གྱི་སྐུ་ཡིན་ཞེས་པ་དང་།

ལསངས་རྒྱས་ཀྱི་སྐུ་གསུམ་ནི་བྱང་ཆུབ་ཀྱི་སེམས་རྣམ་པ་གསུམ་ལས་བྱུང་ཞེས་པ་དང་།

ལསྐུ་རྣམ་པ་གསུམ་ཐ་དད་པར་བཞུགས་པ་མ་ཡིན་ཅེས་པ་དང་།

ལསངས་རྒྱས་གནས་ཤིག་ཏུ་རིས་ཆད་ཀྱི་རྣམ་པར་བཞུགས་པ་མ་ཡིན་ཅེས་པ་དང་།

རྩ་བའི་ཚིག་བཅོ་ལྔ་པོ་དེ་དྲིལ་བས་འབྲས་བུ་མཐར་ཐུག་པ་སངས་རྒྱས་ཀྱི་སའི་གནད་བསྡུས་ཀྱི་ཚོམས་སོང་བ་ལགས།

གནད་བསྡུས་ཀྱི་ཚོམས་བདུན་པོ་དེ་ཡང་། དང་པོ་ལ་རྩ་བའི་ཚིག་ཉི་ཤུ། གཉིས་པ་ལ་རྩ་བའི་ཚིག་བཅོ་བརྒྱད་དང་སུམ་ཅུ་སོ་བརྒྱད། གསུམ་པ་ལ་ཉེར་བདུན་དང་དྲུག་ཅུ་རྩ་ལྔ། བཞི་པ་ལ་ཉེར་བརྒྱད་དང་དགུ་བཅུ་གོ་གསུམ། ལྔ་པ་ལ་ཉེར་བདུན་དང་བརྒྱ་དང་ཉི་ཤུ། དྲུག་པ་ལ་བཅོ་ལྔ་དང་བརྒྱ་དང་སུམ་ཅུ་སོ་ལྔ། བདུན་པ་ལ་རྩ་བའི་ཚིག་བཅོ་ལྔ་དང་བཅས་རྩ་བའི་ཚིག་བརྒྱ་དང་ལྔ་བཅུ་པོ་དེས། བྱེ་བྲག་སོ་སོར་ཕྱེས་པ་ཡན་ལག་རྒྱས་པར་བཤད་པ་རྟེན་ཀྱི་ཚུལ་དུ་སྟོན་པ་དེ་སོང་ནས།

在〈總攝究竟佛果要義品〉中，有十五根本句：

「於佛境地無有二諦差別。」

「佛陀真實超越如幻諸法。」

「佛陀恆時住於正量中。」

「佛果地之智慧離於有無二邊。」

「離繫縛之果是具有智慧之心。」

「法身具足功德與事業。」

「佛地亦有發菩提心。」

「如來之一心亦能入於常斷之見中。」

「佛行事業遍一切所知法。」

「若未於一切法界中覺悟，則未至佛位。」

「佛陀的一切幻化皆依因而生，所以是自續。」

「佛陀是緣起之身。」

「佛陀三身是三種菩提心所生。」

「三身並非相異而存在。」

「佛陀不是安住於與眾生斷絕法緣處。」

以上七品，第一品有二十根本句，第二品有十八根本句，第三品有二十七根本句，第四品有二十八根本句，第五品有二十七根本句，第六品有十五根本句，第七品有十五根本句，共計一百五十句。

གསུམ་པ་དོན་བསྡུས་པའི་ཚིག་གནད་ཀྱི་མན་ངག་ཉམས་ལེན་འབྲས་བུ་དང་བཅས་པ་ཤམ་བུའི་ཚུལ་དུ་བསྟན་པ་ལ་ཡང་།   ཁྱད་ཆོས་ཐམས་ཅད་ཀྱི་དོན་གང་དུ་འདུས་པ་དང་། དོན་དེ་ཉམས་ལེན་གྱི་གནད་གང་དུ་འདུས་པ་དང་། འགལ་འབྲེལ་གྱི་གནད་བསྟན་པ་དང་། ཁྱད་པར་ཡོན་ཏན་གྱི་འབྱུང་ཚུལ་བསྟན་པ་དང་བཞི་ཙམ་གྱིས་སྟོན་པ་ཡིན་ཏེ།

དེ་ལ་དང་པོ་ཁྱད་ཆོས་ཐམས་ཅད་ཀྱི་དོན་གང་དུ་འདུས་ན།   སངས་རྒྱས་ཀྱིས་ཆོས་ཐམས་ཅད་བབས་ཀྱི་གནས་ལུགས་བསྟན་པ་ཡིན་ཅེས་པ་དང་།

ཆོས་ཀྱི་སྒོ་བརྒྱད་ཁྲི་བཞི་སྟོང་ཐམས་ཅད་སངས་རྒྱས་སྒྲུབ་པའི་ཐབས་སུ་གཅིག་ཡིན་ཅེས་པ་དང་།

ཐེག་པ་ཐམས་ཅད་རིགས་གཅིག་ཐེག་པ་གཅིག་ཅེས་པ་དང་།

སྡོམ་པ་གསུམ་སྤང་བྱ་མི་དགེ་བ་བཅུ་སྤོང་བའི་སྡོམ་པར་གནད་གཅིག་ཅེས་པ་ལ་སོགས་པ་ཡིན་ལ།

ཁྱད་པར་དུ་ སྤྱིར་དམ་པའི་ཆོས་མཐའ་དག་ཕྱོགས་གཅིག་ཏུ་རྡོ་རྗེའི་གསུང་གཅིག་གིས་བསྡོམ་པ་ནི།   སངས་རྒྱས་ཐམས་ཅད་ཀྱིས་ཆོས་ཐམས་ཅད་གཤིས་སམ་བབས་ཀྱི་གནས་ལུགས་བསྟན་པ་ཡིན་བྱ་བ་འདིར་ཁྱད་ཆོས་འདི་ཡི་དོན་ཐམས་ཅད་དེར་འདུས་སོ། །

གཉིས་པ་དོན་དེའི་ཉམས་ལེན་གྱི་གནད་སྡོམ་པ་གསུམ་གནད་གཅིག་པར་འདུས་སྟེ། སྤང་བྱ་མི་དགེ་བ་མཐའ་དག་སྤོང་བ་དང་། བསྒྲུབ་བྱ་དགེ་བ་མཐའ་དག་བསྒྲུབ་པར་གཅིག་པ་དང་། དེ་ལྟར་ན་ཁྱད་ཆོས་འདི་ཡི་ཉམས་ལེན་གྱི་གནད་མ་ལུས་པ་ཐམས་ཅད་སྡོམ་པ་གསུམ་དུ་འདུས་སོ། །

གསུམ་པ་འགལ་འབྲེལ་གྱི་གནད་ཐམས་ཅད་ཡེ་བཀག་ཡེ་གནང་དུ་འདུས་ཏེ།

དེ་ཡང་སྟོན་པ་དེ་བཞིན་གཤེགས་པས་རྒྱུ་སོ་སོར་ངེས་པ་ལས་འབྲས་བུ་སོ་སོར་ངེས་ཅན་དུ་འབྱུང་བར་གསུང་སྟེ།   རྒྱུ་ས་བོན་དུག་ལ་འབྲས་བུ་དུག་འབྱུང་བ་དང་། རྒྱུ་ས་བོན་སྨན་ལ་འབྲས་བུ་སྨན་འབྱུང་བ། རྒྱུ་ས་བོན་ནས་ལ་འབྲས་བུ་ནས་འབྱུང་བ་ལྟར།

རྒྱུ་ས་བོན་དགེ་བ་ལས་འབྲས་བུ་བདེ་ལེགས་འབྱུང་བ་དང་། རྒྱུ་ས་བོན་མི་དགེ་བ་ལས་འབྲས་བུ་སྡུག་བསྔལ་འབྱུང་བར་ཐུགས་སུ་ཆུད་པས། འདི་ལ་གནས་དང་གནས་མ་ཡིན་པ་མཁྱེན་པའི་ཡེ་ཤེས་ཟེར་ཏེ།

རྒྱུ་མི་དགེ་བ་ལས་འབྲས་བུ་སྡུག་བསྔལ་འབྱུང་བ་གནས་ཡིན་པས།   མི་དགེ་བ་དགེ་བར་འགྱུར་བའི་གནས་མེད།   དགེ་བ་མི་དགེ་བ་འགྱུར་བའི་གནས་མེད་པས།

མཁྱེན་པའི་ཡེ་ཤེས་འདིས་སྟོན་པའི་བསྟན་པ་ལ་ཕྱག་རྒྱས་མ་ཐེབ་པ་མེད་པས་ན་སྡེ་སྣོད་གསུམ་དང་རྒྱུད་སྡེ་བཞི་སྟེ།   ཆོས་ཀྱི་ཕུང་པོ་བརྒྱད་ཁྲི་བཞི་སྟོང་ཐམས་ཅད་གཏན་ལ་ཕབ་པ་ཡིན་པས། དེ་ལྟར་ན་འགལ་འབྲེལ་ཐམས་ཅད་ཡེ་བཀག་ཡེ་གནང་དུ་འདུས་པའོ། །

第三，如垂帷流蘇的方式，宣說要義、口訣、實修與果位。分四：一、總結此等殊勝法義；二、實修之要點；三、相違與關聯之要點；四、殊勝功德。

第一，此等殊勝法總攝於何義？

即是「佛陀所宣說的是萬法之實相」、「一切八萬四千法門皆是成佛的方便」、「一切乘皆是一種姓、一乘」以及「三戒所斷之要點相同，即斷除十不善」等等。特別是「佛陀所宣說的是萬法之本性或實相」，此句將一切聖法無餘總攝，此《正法一意》亦無餘總攝於此句當中。

第二，實修此義的要點，悉皆總攝於三戒之中。

即斷除一切不善，成辦一切善。

第三，相違與關聯之一切要點，在「本遮本開」中總攝。

導師如來說：「從各個決定之因中，生出各個決定之果。」如同毒的種子出生毒之果、藥的種子出生藥之果、青稞的種子出生青稞之果一般，善因的種子中出生安樂之果，不善因的種子中出生痛苦之果。此等了悟，即稱作「知處非處智力」。

不善因中出生痛苦之果，這是「處」。不善轉為善、善轉為不善，這是「非處」。

此遍知之智慧，完全印契一切佛陀之教法，即三藏四續、八萬四千法門。如是，一切相違與關聯皆總攝於「本遮本開」之中。

བཞི་པ་ཁྱད་པར་ཡོན་ཏན་གྱི་འབྱུང་ཚུལ་ནི། སྟོང་ཉིད་རྒྱུ་འབྲས་སུ་འབྱུང་བར་གསུང་སྟེ། སྔོན་པས་བསྟན་པའི་ལམ་ཐམས་ཅད་འདུག་པ་ཆད་པའི་སྟོང་ཉིད་སྐྱེ་མེད་དུ་སྐྱེལ་བར་ཐམས་ཅད་བློ་མཐུན་ཡང་། འཇིག་རྟེན་མགོན་པོའི་དགོངས་པ་གཞན་དང་ཐུན་མོང་མ་ཡིན་པའི་ཆོས་སྟོང་ཉིད་རྒྱུ་འབྲས་ཡིན་ཏེ། རྒྱུ་འབྲས་ཀྱི་རྟེན་ཅིང་འབྲེལ་བར་འབྱུང་བའི་གཤིས།

རྒྱུ་དེ་སོང་བ་ལ་འབྲས་བུ་འདི་འབྱུང་བ་ནི། ཆོས་རྣམས་ཐམས་ཅད་རྒྱུ་ལས་བྱུང་། །དེ་རྒྱུ་དེ་བཞིན་གཤེགས་པས་གསུངས། །ཞེས་གསུངས་པས།[1]

རྒྱུ་རྐྱེན་དེ་ཉིད་ཀྱི་རྟེན་འབྲེལ་དེ་ཉིད་སྤྲོས་བྲལ་དུ་གནས་པས། གང་ཞིག་རྐྱེན་ལས་སྐྱེས་པ་དེ་མ་སྐྱེས།[2] །ཞེས་པ་ལ་གས་པས། གཞི་ལམ་མཉམ་རྗེས་གཉིས་སུ་འབྱུང་བའི་དུས་དང་། ཆོས་ཐམས་ཅད་མཉམ་པ་ཉིད་དུ་གྱུར་པས་མཉམ་རྗེས་གཉིས་སུ་མེད་པའི་དུས་ཡིན་ནོ།

།མཐར་མཁྱེན་པའི་ཡེ་ཤེས་གཉིས་དབྱེར་མེད་ཐུགས་སུ་ཆུད་པའི་དུས་སུ་ཡང་སྟོང་ཉིད་སྤྲོས་བྲལ་གྱི་ངང་ནས་རྒྱུ་འབྲས་སྤྲུ་རིས་སུ་མི་དོར་བར་འབྱུང་བ་འདི་ལ་སྟོང་ཉིད་རྒྱུ་འབྲས་སུ་འཆར་བ་ཟེར་བ་ཡིན་ཏེ། བཞི་པོ་འདི་གོ་ན་རྡོ་རྗེའི་གསུང་ཚིག་ཐམས་ཅད་ལ་མི་གོ་བ་མེད་དོ། །

བཞི་པོ་དེ་དག་གིས། དོན་བསྡུས་པའི་ཚིགས་གནད་ཀྱི་མན་ངག་ཉམས་ལེན་འབྲས་བུ་དང་བཅས་པ་ཤམ་བུའི་ཚུལ་དུ་བསྟན་པ་དེ་སོང་ནས།

སྤྱི་དོན་གསུམ་པ་མཇུག་གི་དོན་སྟོན་པར་བྱེད་པ་ལ་ཡང་། ཆོས་འདི་ཡི་དབྱེ་བསྡུ་ཇི་ལྟར་མཛད་པའི་ཚུལ་དང་། དགོངས་པ་འདི་དག་ལ་ཅི་ལྟ་བ་བཞིན་དུ་འཕྲིག་ཚུད་ནས་གོ་ན་འཇིག་རྟེན་མགོན་པོའི་སྲས་ཀྱི་ཐུ་བོ་ཡིན་པ་བསྟན་པ་དང་། ནོར་འཁྲུལ་བཟོད་པར་གསོལ་བ་དང་། མ་ནོར་དགོངས་པ་དང་མཐུན་པའི་དགེ་བའི་རྩ་བ་རྫོགས་པའི་བྱང་ཆུབ་ཏུ་བསྔོ་བ་དང་བཞིས་མཇུག་གི་དོན་སོང་།

དེའི་གོང་དུ་གཞུང་གི་དོན་སོང་། དེའི་གོང་དུ་གླེང་གྱི་དོན་སོང་། གསུམ་པོ་དྲིལ་བས་དབུ་ནས་ཞབས་སུ་དོན་རྣམ་པ་དུས་བསྟན་པ་དེ་སོང་།

དེའི་གོང་དུ་དགོས་ཆེད་གང་གིས་དོན་དུ་མཛད་པ་དེ་སོང་། དེའི་གོང་དུ་མཚན་ཅི་ལ་གསོལ་བ་དེ་སོང་། དེའི་གོང་དུ་རྒྱུད་གཞུང་གང་དུ་བཏུས་ཤིང་ཕྱོགས་གར་གཏོགས་པ་དེ་སོང་། དེའི་གོང་སུས་མཛད་པའི་སློབ་དཔོན་གང་གིས་མཛད་པ་དེ་སོང་། རྗེས་མགོ་ཡན་ལག་ལྔ་པོ་དེ་དྲིལ་བས། དམ་ཆོས་དགོངས་པ་གཅིག་པའི་དོན་བཤད་ཟིན་ཏོ། །

དྲི་མེད་རྣམ་དག་དགེ་བ་རྒྱ་ཆེན་འདིས། །རྒྱལ་བའི་བསྟན་པ་ཡུན་དུ་གནས་པ་དང་།

།འགྲོ་བ་མ་རིག་འཁྲུལ་བ་དག་ནས་ནི། །ཐམས་ཅད་མཁྱེན་པའི་སངས་རྒྱས་ཐོབ་པར་ཤོག །

བཀྲ་ཤིས་པར་གྱུར་ཅིག། །།

---

1 སྡེ་དགེ་བསྟན་འགྱུར། པོད་༧༢ཤོག་གྲངས་༢༩༤མདུན་ཤོག་ཡིག་ཕྲེང་༢། རྡོ་རྗེ་གོས་སྔོན་པོ་ཅན་གྱི་རྒྱ་གཏེར་བཞུགས།

2 སྡེ་དགེ་བཀའ་འགྱུར། པོད་༥༨ཤོག་གྲངས་༢༣༠རྒྱབ་ཤོག་ཡིག་ཕྲེང་།

第四，殊勝功德。

如云：「空性現為因果。」[1]佛陀所宣說之一切道路，皆入於空性無生，為大家所共許。但是吉天頌恭的不共密意乃是，空性即是因果，是因果之緣起性。

如是因緣之緣起性乃為離戲，是故「何者緣生即無生，彼中無有出生性，依因緣者說為空，知空性者不放逸。」[2]因此是基位道根本定與後得位二分而生之時，以及一切法成平等性而根本定與後得位無二之時。

最終，無別了悟二智之時，於空性離戲之境界中，亦纖毫不捨因果，此即謂「空性現為因果」。若能了解此四點，則於一切金剛語無有不解。

第三，結語。分四：此《一意》法之分類方式；若了悟此等意趣，則可謂為吉天頌恭的上首心子；若有謬誤祈請寬恕；符合本來意趣部分的善根，迴向給圓滿菩提。

結語之前宣說了正文，正文之前宣說了前言。此三者將從頭至尾的意趣完全宣說。

前言之前，宣說了造論的目的。這之前宣說了標題。這之前宣說了歸為何類。這之前宣說了作者為誰。以此「著論五本」，將《正法一意》之內義宣說。

以此無垢廣淨善，佛陀教法長久住，
眾生無明惑淨已，願證遍智佛陀果。
吉祥如意。

1 德格版《丹珠爾》，73卷243頁封面2行，《金剛手青衣的水食子》。

2 德格版《丹珠爾》，58卷230頁封底2行，《弘道廣顯三昧經》。

༄༅། །དམ་ཆོས་དགོངས་པ་གཅིག་པའི་གཞུང་རྡོ་རྗེའི་གསུང་བརྒྱ་ལྔ་བཅུ་པ་ཞེས་བྱ་བ།

སྟོབས་བཅུའི་དབང་ཕྱུག་ཤཱཀྱ་སེང་གེ་ལ་ཕྱག་འཚལ་ལོ། །

དྲི་མེད་འོད་གསལ་ཐུགས་ཀྱི་དཀྱིལ་འཁོར་དུ། །
མ་འདྲེས་ཤེས་བྱའི་དངོས་པོ་ཇི་ལྟ་བ། །
ཐམས་ཅད་གཟིགས་པ་ཀུན་མཁྱེན་ཆོས་ཀྱི་རྗེ། །
མཉམ་མེད་འབྲི་གུང་རིན་ཆེན་ཕྱག་འཚལ་ལོ། །
རྒྱལ་བ་མཆོག་གི་ཞལ་ནས་གསུངས་པ་ཡི། །
དམ་ཆོས་ཁྱད་འཕགས་ཐུན་མོངས་མ་ཡིན་པ། །
སྟོན་དུ་མཛད་པའི་བཞེད་ཚུལ་དཔག་མེད་ཀྱང་། །
སྙོངས་པས་དྲན་པ་ཙུང་ཟད་ཙམ་ཞིག་བྲིས། །

《正法一意》根本頌·一百五十金剛句

直貢覺巴·吉天頌恭／宣講
洛·赤列南嘉／編整偈頌

頂禮十力自在釋迦獅子。

無垢光明意之壇城中，無淆所知萬法如實見，
一切所顯遍知法王尊，頂禮無比直貢大珍寶。
最勝之王親口所宣說，超勝稀有不共之聖法，
過去所著見解雖眾多，愚者所憶稍加記於此。

1. ཆོས་ཀུན་གཞིས་སམ་བབས་ཀྱི་གནས་ལུགས་བསྟན།།
2. ཆོས་ཕྱུང་བརྒྱད་ཁྲི་སངས་རྒྱས་སྒྲུབ་པར་གཅིག །
3. སྡེ་སྣོད་རྒྱུད་སྡེ་ལམ་གྱི་རིམ་པ་ཡིན།།
4. ཆོས་འཁོར་རྣམ་གསུམ་འཁོར་གྱི་རྟོགས་པའི་ཁྱད།།
5. འཁོར་ལོ་རེ་རེ་ལ་ཡང་གསུམ་ག་ཚང་།།
6. ཕྱི་མའི་ས་བོན་སྔ་མ་སྔ་མར་གནས།།
7. མདོ་དོན་གནད་ཀྱིས་འཁོར་ལོ་གསུམ་དུ་ངེས།།
8. འདུལ་བའི་སྡེ་སྣོད་བདེན་བཞིའི་ཆོས་འཁོར་ཏེ།།
9. ཐེག་པ་སྣ་ཚོགས་ངེས་དོན་འཁོར་ལོ་ཡིན།།
10. མཐའ་དྲུག་དགོངས་པ་ངེས་དོན་འབའ་ཞིག་བཞེད།།
11. སེམས་ཙམ་བཀའ་ཡིས་མཐའ་བྲལ་དབུ་མ་སྟོན།།
12. ལོག་པའི་ཀུན་རྫོབ་ཀྱིས་ཀྱང་དོན་བྱེད་ནུས།།
13. ཇི་སྙེད་ལམ་རྣམས་ས་བཅུས་བགྲོད་པ་སྟེ།།
14. དེ་ཡང་རིམ་གྱིས་འཇུག་པ་པོ་ནར་ངེས།།
15. ཤེས་བྱའི་སྒྲིབ་པ་ཐོག་མར་སྤོང་བའང་ཡོད།།
16. ཚད་མ་སངས་རྒྱས་མཁྱེན་པའི་ཡེ་ཤེས་ཏེ།།
17. ཚད་མའི་འབྲས་བུས་ཟབ་མོ་སྟོང་ཉིད་སྟོན།།
18. གྲུབ་མཐའ་འཛིན་པ་ཐམས་ཅད་རང་རྒྱུད་པ།།
19. སུ་སྟེགས་པ་ལའང་དགེ་བའི་བསྒྲུབ་བྱ་མང་།།
20. ཕྱི་ནང་ཁྱད་པར་སྐྱབས་འགྲོས་འབྱེད་པ་སྟེ།།
21. ཐེག་པ་ཆེ་ཆུང་ཁྱད་པར་སེམས་བསྐྱེད་ཡིན།།
22. མདོ་དང་སྔགས་ཀྱི་ཁྱད་པར་དབང་ཡིན་ཏེ།།
23. དེ་གཉིས་གང་མེད་རྫོགས་བྱང་ཐོབ་མི་སྲིད།།
24. སྡོམ་གསུམ་མི་དགེ་བཅུ་སྤོང་གནད་གཅིག་ལ།།
25. བདག་པོ་འཛོམས་པས་སྡོམ་པ་གསུམ་དུ་འོང་།།

總攝法輪要義品第一

1. 佛所言教乃萬法實相。
2. 八萬法蘊同一成佛義。
3. 三藏密續乃修道次第。
4. 三轉法輪弟子根基別。
5. 一一法輪皆具三法輪。
6. 後後種子見於前前中。
7. 三轉法輪經義所決定。
8. 律藏即是四諦之法輪。
9. 雜乘所說乃了義法輪。
10. 六邊密意唯一皆了義。
11. 唯識教法示離邊中觀。
12. 顛倒世俗亦能有功用。
13. 一切道法十地皆趨行。
14. 決定須以漸次而趨入。
15. 亦有最初先斷所知障。
16. 因明乃是佛陀遍知智。
17. 因明之果示甚深空性。
18. 一切宗派執取皆自續。
19. 即使外道亦多有修善。
20. 外道內道差別在皈依。
21. 大小乘之差別在發心。
22. 顯與密之差別在灌頂。
23. 彼二缺一不得圓滿覺。
24. 三戒要義皆是斷十惡。
25. 行者差別成三種律儀。

26. རང་བཞིན་རྣམ་དག་བྲལ་འབྲས་ཡོན་ཏན་ལྡན། །

27. བྱང་ཕྱོགས་སོ་བདུན་བདེ་གཤེགས་སྙིང་པོ་ཡོད། །

28. ཚད་མེད་རྣམ་བཞི་སངས་རྒྱས་ངོ་བོ་ཉིད། །

29. ཐེག་པ་ཐམས་ཅད་རིགས་གཅིག་ཐེག་པར་གཅིག །

30. ཉན་རང་ལོག་སྲེག་ཅན་ཡང་རྣམ་མཁྱེན་འགྱུར། །

ཆོས་འཁོར་གནད་བསྡུས་ཀྱི་སྐབས་ཏེ་དང་པོའོ། །

1. དགེ་སྡིག་གཉིས་ལས་ལུང་མ་བསྟན་གཞན་མེད། །

2. རྟོག་གཉིས་ཅིག་ཅར་འཇུག་པ་མི་སྲིད་ལ། །

3. སེམས་བྱུང་ལས་ཀྱང་སེམས་ནི་འབྱུང་བའང་ཡོད། །

4. འཁོར་བའི་རྒྱ་མཚོར་ལུས་ཉིད་འཁོར་བར་བཞེད། །

5. རྟེན་འབྲེལ་བཅུ་གཉིས་མ་རིག་ལོ་ནའི་གཡོས། །

6. བཅུ་གཉིས་དེ་ཡང་སྐད་ཅིག་གཅིག་ལ་ཚང་། །

7. སེམས་ནི་ཐ་དད་དབང་གི་སྣང་བ་ཡང་། །

8. ད་ལྟ་ཉིད་དུ་གང་བསྒྲུབས་འབྲས་བུར་སྨིན། །

9. དུས་ཀྱི་འཕེལ་འགྲིབ་ད་ལྟར་བྱ་ཡོད་ཡིན། །

10. ཚེ་འདི་རང་ལ་མཐོང་ཆོས་གཙོ་བོར་འབྱུང་། །

11. མི་ཆོས་བཅུ་དྲུག་ལྷ་ཆོས་གནད་གཅིག་སྟེ། །

12. གཙོ་ཐལ་ཙམ་ལས་འབྲས་ ཐོབ་རྒྱུན་ཆད་མེད། །

13. ཤེས་རབ་བསླབ་པ་ཐོག་མར་འགྲོ་བའང་ཡོད། །

14. ལམ་རིམ་ཐམས་ཅད་ཐུན་གཅིག་ཉམས་ལེན་དགོས། །

15. ཞིང་གཅིག་ལ་ཡངས་སངས་རྒྱས་གྲངས་མེད་འབྱོན། །

རྟེན་འབྲེལ་གནད་བསྡུས་ཀྱི་སྐབས་ཏེ་གཉིས་པའོ། །

26. 自性清淨具離繫功德。
27. 如來藏具三十七道品。
28. 四無量心是諸佛體性。
29. 一切乘皆一乘一種姓。
30. 二乘一闡提亦終成佛。

總攝普利緣起要義品第二

1. 善惡以外沒有無記業。
2. 同時生起二念不可能。
3. 心所也有產生心之時。
4. 承許輪迴大海身流轉。
5. 十二因緣唯無明引發。
6. 一剎那中具十二因緣。
7. 心相異故顯現亦差別。
8. 當下亦能領受所做果。
9. 時之增減現在正造作。
10. 此生乃以現世報為主。
11. 十六人法佛法要義同。
12. 除多寡外證果無間斷。
13. 亦有先入增上慧學者。
14. 諸道次第須於一座修。
15. 於一剎土亦有無數佛。

1. དམ་ཆོས་འདུལ་བ་ཐེག་པ་ཐུན་མོང་སྟེ།།

2. ལྷག་པར་ཐེག་པ་ཆེན་པོར་གསལ་བཞུགས་ལ།།

3. ཐམས་ཅད་མཁྱེན་པའི་ཡེ་ཤེས་འདི་ཉིད་ཡིན།།

4. བར་ཆད་ལྡན་ལའང་སྒོམ་པ་སྐྱེ་ངེས་ཏེ།།

5. ངོ་བོ་རྣམ་པར་རིག་བྱེད་མིན་པའི་གཟུགས།།

6. ལྟུང་བ་མཐའ་དག་ལ་ནི་འདུ་ཤེས་གསོ།།

7. ཡིད་ཀྱི་རྣམ་གསུམ་གཙོ་བོར་སྲུང་བ་དགོས།།

8. གཏོང་བའི་རྒྱུ་ཡིས་མི་གཏོང་བ་ཡང་ཡོད།།

9. ཕམ་པ་བཞི་ནི་བུ་ལོན་ནོར་ཅན་བཞིན།།

10. སྣ་གཅིག་བསྲུངས་པས་འབྲས་བུ་མྱང་འདས་འཐོབ།།

11. བཅས་དང་རང་བཞིན་ཁ་ན་མ་ཐོ་གཅིག།

12. སྡིག་ལྟུང་ཐ་དད་མེད་ཅིང་གཅིག་པ་ཡིན།།

13. བཀག་པ་ཡེ་བཀག་གནང་བ་ཡེ་གནང་ལ།།

14. ཆོས་ཀྱི་རྒྱལ་པོས་འགྲོ་བ་སྤྱི་ལ་བཅས།།

15. འགྲོ་བ་གང་གིས་འདས་ཀྱང་ཉེས་པ་དང་།།

16. བསྲུངས་པའི་ཕན་ཡོན་ཡང་ནི་ཀུན་ལ་འབྱུང་།།

17. བསྟན་ལ་ཆོ་ག་ལྷག་པར་གལ་ཆེ་ལ།།

18. མི་ཤེས་གཏི་མུག་ཉེས་པ་གཞན་ལས་ལྕི།།

19. དུད་འགྲོ་གཏི་མུག་ཆེ་བས་དམན་པ་ཡིན།།

20. ཉམས་ལས་མ་ཐོབ་ཉེས་པ་ཆེ་བར་བཞེད།

སོ་ཐར་གནད་བསྡུས་ཀྱི་སྐབས་ཏེ་གསུམ་པའོ།།

總攝別解脫戒要義品第三

1. 正法毘奈耶為共通乘。
2. 律中明白宣說大乘法。
3. 戒即佛陀遍知之智慧。
4. 具障礙者亦能得戒律。
5. 戒之體性乃是無表色。
6. 一切墮罪以心念為主。
7. 主要應斷意之三種惡。
8. 捨戒之因亦有不捨戒。
9. 四他勝罪如債財同俱。
10. 僅持一戒亦能得涅槃。
11. 遮戒性戒體性乃為一。
12. 罪過犯墮體性無差別。
13. 遮者本遮開許亦本開。
14. 為利一切眾生佛制戒。
15. 任何眾生違背皆罪過。
16. 何者持戒皆得其利益。
17. 教法之中儀軌極重要。
18. 無明愚痴罪過更為重。
19. 畜生愚癡深重故最劣。
20. 未受戒者若犯罪更重。

1. བྱང་ཆུབ་སེམས་དང་སྙིང་རྗེ་ཐ་དད་ཡིན།།

2. བྱང་ཆུབ་སེམས་དཔའི་སྡོམ་པ་རྟེན་ཅན་བཞེད།།

3. སོ་སོ་སྐྱེ་བོ་ལ་ཡང་འཇུག་སྡོམ་སྐྱེ།།

4. ཅི་རིགས་ཀྱིས་ཀྱང་འཇུག་པའི་སྡོམ་པར་འགྱུར།།

5. ཉོན་མོངས་ཅན་མིན་ལྟུང་བ་མི་སྲིད་ཅིང་།།

6. ཉེས་པར་མི་འགྱུར་མི་དགེ་གནང་བ་མེད།།

7. ཐབས་མཁས་སྤྱོད་ལ་མི་དགེ་ཡོད་མ་ཡིན།།

8. རང་གཞན་བརྗེ་བ་ཉེས་པ་འགྱུར་སྐབས་ཡོད།།

9. སེམས་དཔར་གནོད་བྱས་བདེ་བར་མི་འབྲེལ་ཞིང་།།

10. དགེ་དང་མི་དགེའི་འབྲས་བུ་སོ་སོར་འབྱུང་།།

11. བྱང་ཆུབ་སེམས་ནི་བརྗེད་ལས་འཆོར་མི་སྲིད།།

12. སྒྲིབ་པ་རྣམས་གསུམ་ཉོན་མོངས་སྒྲིབ་པ་གཅིག།

13. རྗེ་སྙེད་གྲུབ་པས་དོན་དམ་བདེན་པ་བསྒྲིབས།།

14. ཉན་ཐོས་ཀྱིས་ཀྱང་གནས་ལུགས་ཕྱོགས་གཅིག་མཐོང་།།

15. ས་དྲུག་མན་ཆད་ཉན་རང་ཐུན་མོང་སྟེ།།

16. སེམས་ཙམ་པ་ནི་ས་བདུན་མངོན་རྟོགས་ཡིན།།

17. ཆོས་ཀྱི་བདག་མེད་ས་བརྒྱད་མངོན་དུ་བྱས།།

18. རྟོགས་པ་གཅིག་གིས་ས་ལམ་མ་ལུས་བགྲོད།།

19. ས་ཐོབ་ཡོན་ཏན་འབྱུང་ཚུལ་སུ་དྲུག་ཡོད།།

20. གཞི་ལམ་འབྲས་བུར་ཚོགས་གཉིས་ཟུང་འཇུག་ནས།།

21. མཐོ་དམན་ཀུན་ཏུ་ཞིང་ནི་གདམས་པ་ཟབ།།

22. བདག་ཏུ་བཟུང་སྟེ་ཚོགས་བསགས་ཐབས་མཁས་བཞེད།།

23. འཁོར་འདས་ཀུན་གྱིས་བསགས་ཡོད་དགེ་བ་བསྔོ།།

24. སངས་རྒྱས་བླ་མ་ལ་ཡང་བསྔོ་བ་དགོས།།

བྱང་སེམས་གནད་བསྡུས་ཀྱི་སྐབས་ཏེ་བཞི་བའོ།།

總攝菩提心戒要義品第四

1. 菩提心與悲心不相同。
2. 菩提心戒也有其所依。
3. 凡夫亦生行菩提心戒。
4. 任何善行皆成行心戒。
5. 無煩惱之墮罪不可能。
6. 惡業之罪佛從未開許。
7. 善巧方便無有不善業。
8. 有時自他相換亦成罪。
9. 損惱菩薩不得安樂果。
10. 善業惡業之果分別生。
11. 菩提心者縱忘亦不失。
12. 三種蓋障皆是煩惱障。
13. 一切宗義皆障勝義諦。
14. 聲聞亦見部分之實相。
15. 六地以下共通於二乘。
16. 唯識宗乃七地之現證。
17. 八地菩薩通達法無我。
18. 以一證悟通透諸道地。
19. 登地功德出生有六邊。
20. 基道果皆二資糧雙運。
21. 選擇勝劣資糧田為要。
22. 我所執著乃積資方便。
23. 輪涅一切善根皆迴向。
24. 於佛及師亦須做迴向。

1. གསང་སྔགས་བསྟན་པ་གཞན་ལའང་འབྱུང་བ་ཡོད། །

2. དབང་དོན་རྒྱུད་ལ་སྨིན་ནས་ཐོབ་པར་བཞེད། །

3. ལྷ་ནི་ཕྱོགས་གཅིག་པས་ཀྱང་དབང་བསྐུར་འགྲོ། །

4. རྟོགས་པ་མ་སྨིན་དཔེ་དོན་ཁོང་མི་ཆུད། །

5. བསྐྱེད་པའི་རིམ་པ་གདོད་ནས་ཡོངས་སུ་གྲུབ། །

6. རང་བྱུང་རྣམས་ལ་འཇུག་པའི་ཚོ་ག་དགོས། །

7. ལྷ་རྣམས་ཐམས་ཅད་མཚན་དཔེའི་ཡོན་ཏན་ལྡན། །

8. མདོ་རྒྱུད་ལས་གསུང་ལྷ་རྣམས་གཙོ་བོར་བྱ། །

9. དབང་པོ་རབ་ལ་ཚོ་ག་རྒྱས་པ་དགོས། །

10. སྤྲོས་པ་ཐམས་ཅད་བབས་ཀྱི་རྟེན་འབྲེལ་ཡིན། །

11. རྡོ་རྗེའི་ལུས་ནི་ཟབ་མོའི་འཁོར་ལོར་བཞེད། །

12. གནས་ལུག་འགའ་ཞིག་རྡོ་རྗེ་འཆང་གིས་སྦས། །

13. ལས་དང་འདུག་ཚུལ་འགའ་ཞིག་སྨན་རྒྱུད་ཟབ། །

14. གཞན་གྱི་མི་ཟབ་པ་རྣམས་འདིར་ཟབ་སྟེ། །

15. དེ་མེད་རྩ་རླུང་གདམས་པས་སངས་མི་རྒྱ། །

16. བཀའ་དང་འགལ་བའི་ཉམས་སྐྱོང་ལོག་རྟོག་ཡིན། །

17. དགོངས་པ་ཐམས་ཅད་འགལ་མེད་ཤེས་པར་དགོས། །

18. གདམས་ངག་ལྟར་མིན་བཀའ་ལྟར་འོང་བར་བཞེད། །

19. སྐྱོན་མེད་ཏིང་འཛིན་ཁམས་གསུམ་འཁོར་བའི་རྒྱུ། །

20. སྐུ་གསུམ་རེ་རེ་ལ་ཡང་གཞན་གཉིས་ཚང་། །

21. གསང་སྔགས་ལ་ནི་ཚུལ་ཁྲིམས་མེད་ཀ་མེད། །

22. འདོད་པས་བར་དུ་གཅོད་པ་མདོ་སྔགས་གཅིག །

23. སྔགས་ཀྱི་མི་དགེ་དགེ་བར་འགྱུར་སྐབས་མེད། །

24. འདུལ་བར་མི་དགེ་སྔགས་སུའང་དགེར་མི་འགྱུར། །

25. ཉོན་མོངས་དག་འབྲས་བདེ་བར་གཤེགས་པ་ཉིད། །

總攝密咒乘要義品第五

1. 他佛亦有密乘之教法。
2. 了知灌頂意義方得灌。
3. 雖唯單一本尊亦成灌。
4. 未生證悟則不明喻義。
5. 生起次第本即圓成實。
6. 自生覺受仍須依儀軌。
7. 本尊皆具相好諸功德。
8. 經續所說本尊為主要。
9. 利根應修廣詳之儀軌。
10. 一切戲論是自性緣起。
11. 金剛身即甚深壇城輪。
12. 某些實相金剛持隱藏。
13. 某些事理醫典義更深。
14. 他說不深我說是深道。
15. 無彼修持氣脈難成佛。
16. 覺受違背佛語即邪念。
17. 應知一切佛意皆無違。
18. 符合佛語方為真口訣。
19. 無誤禪定三界輪迴因。
20. 三身各具三身於其中。
21. 修持密乘戒律不可缺。
22. 貪欲乃是道障顯密同。
23. 密乘不善亦不轉為善。
24. 律中不善密中不成善。
25. 煩惱清淨之果即善逝。

26. མཐུ་བསྟན་ཙམ་ལས་མངོན་སྤྱོད་གནང་བ་མེད།།

27. རྡོ་རྗེ་དཀྱུལ་བ་མཐར་མེད་ལ་སོགས་ཡིན།།

28. སློབ་དཔོན་རྒྱུད་ཚོད་མཐོ་ན་སྒྱུར་དུ་འདྲེན།།

གསང་སྔགས་གནད་བསྡུས་ཀྱི་སྐབས་ཏེ་ལྔ་བའོ།།

1. དམ་པའི་ཆོས་གང་བརྒྱུད་པར་འབྲེལ་པ་ཟབ།།

2. འཁོར་འདས་ཆོས་ཀུན་རང་གི་སེམས་སྣང་ཙམ།།

3. རྒྱུ་འབྲས་སྐད་ཅིག་བསམ་པའི་རང་གཟུགས་ཡིན།།

4. གཤིས་ལ་མི་གནས་བལྟས་པའི་འགྱུར་མི་སྲིད།།

5. མཚན་ཉིད་མི་ལྡན་ཡོན་ཏན་སྐྱེད་མི་ནུས།།

6. རྟོགས་པ་སྐྱེད་ཐབས་མོས་གུས་ཁོ་ནར་ངེས།།

7. ལྟ་བའི་མཆོག་གྱུར་རྟོགས་པ་དང་ལྡན་པ།།

8. ཆེན་པོ་གསུམ་གྱིས་མ་རིག་རྟོགས་པའི་མཆོག།

9. ཐོས་བསམ་སྒོམ་པའི་སྟོང་ཉིད་ཤོལ་གོལ་ཡིན།།

10. རྟོགས་པ་གོམས་པར་བྱེད་པ་སྒོམ་པ་སྟེ།།

11. སྤྱོད་པ་བླང་དོར་བྲལ་བ་ཚུལ་ཁྲིམས་བཞེད།།

12. ལྟ་སྒོམ་སྤྱོད་གསུམ་ཐ་དད་མེད་པར་གཅིག།

13. ཕྱག་ཆེན་ཚུལ་ཁྲིམས་གནད་གཅིག་ཁྱད་པར་ཆོས།།

14. ཕྱག་ཆེན་ཡོན་ཏན་ཀུན་གྱི་བདག་ཉིད་དེ།།

15. མཉམ་པར་བཞག་ལས་ཡོན་ཏན་ཐམས་ཅད་འབྱུང་།།

16. རྒྱུ་ནི་མ་བསྒྲུབས་ཡོན་ཏན་འབྱུང་མི་སྲིད།།

17. སྟོང་ཉིད་རྟོགས་ན་རྒྱུ་འབྲས་ཉིད་དུ་ལྡང་།།

18. རྟོགས་ལྡན་ལ་ཡང་ཐབས་ལམ་ལྷག་པར་དགོས།།

19. རིགས་སྤྱོད་ཁྱད་དུ་འཕགས་པ་ཚུལ་ཁྲིམས་ཡིན།།

20. ཆོས་གསུམ་མི་ལྡན་ཉན་རང་ཁྱད་པར་མེད།།

ལྟ་སྒོམ་སྤྱོད་པ་གནད་བསྡུས་ཀྱི་སྐབས་ཏེ་དྲུག་པའོ།།

26. 除示咒力不得行誅法。
27. 金剛地獄即是阿鼻獄。
28. 上師證量高超速得度。

總攝見修行要義品第六

1. 正法以有傳承為深要。
2. 輪涅諸法唯自心顯現。
3. 因果是剎那思維體性。
4. 本性若無造作亦難成。
5. 不具性相則不生功德。
6. 證悟唯依敬信此一法。
7. 具足證悟乃最勝見地。
8. 三大未能觸及勝證悟。
9. 聞思修之空性有歧路。
10. 熟習所悟乃是真禪修。
11. 行為離於取捨為持戒。
12. 見修行三無別為一體。
13. 大手印與戒律要義一。
14. 大手印即一切功德體。
15. 根本定中一切功德生。
16. 若不修因功德無能生。
17. 若悟空性更慎明因果。
18. 雖具證悟更須方便道。
19. 持守戒律即明覺禁行。
20. 不具三法無異於二乘。

1. སངས་རྒྱས་ས་ན་བདེན་གཉིས་རྣམ་དབྱེར་མེད། |

2. མཁྱེན་པའི་ཡེ་ཤེས་གཉིས་མེད་མཐའ་དང་བྲལ། |

3. སྒྱུ་མ་ལྟ་བུའི་ཆོས་ལས་ཡང་དག་འདས། |

4. སངས་རྒྱས་དུས་རྣམས་རྟག་ཏུ་ཚོད་མར་བཞུགས། |

5. བྲལ་བའི་འབྲས་བུས་ཡེ་ཤེས་ཐུགས་ཅན་བཞེད། |

6. ཆོས་སྐུ་ཡོན་ཏན་མཛད་པ་ཕྲིན་ལས་བཅས། |

7. མཐར་ཐུག་སངས་རྒྱས་ས་ནའང་ཐུགས་བསྐྱེད་ཡོད། |

8. ཐུགས་ནི་རྟག་ཆད་ལྟ་བ་ཚུན་ལའང་འབྱུང་། |

9. ཤེས་བྱ་སྲིད་ཚོད་སངས་རྒྱས་བྱ་བ་བྱེད། |

10. ཆོས་དབྱིངས་ཀུན་ཏུ་འཚང་རྒྱ་དགོས་པར་བཞེད། |

11. རྒྱུ་མེད་སྤྲུལ་པ་མི་སྲིད་རང་རྒྱུད་པ། |

12. སངས་རྒྱས་ཞེས་བྱ་རྟེན་ཅིང་འབྲེལ་འབྱུང་སྐུ། |

13. སྨོན་འཇུག་ལོངས་སྤྲུལ་རྒྱུ་རུ་བཞེད་པའང་ཡོད། |

14. སྐུ་གསུམ་ཐ་དད་མེད་ཅིང་བཞུགས་པ་ཡིན། |

15. སངས་རྒྱས་ཐམས་ཅད་སེམས་ཅན་རྒྱུད་ལ་བཞུགས། |

འབྲས་བུ་གནད་བསྡུས་ཀྱི་སྐབས་ཏེ་བདུན་པའོ། |

總攝果位要義品第七

1. 佛地無有二諦之分別。
2. 佛之智慧無二離諸邊。
3. 真實超越如幻之諸法。
4. 佛陀恆時住於正量中。
5. 承許離繫果為具智慧。
6. 法身功德具足諸事業。
7. 究竟佛地中亦有發心。
8. 常見斷見也有佛之意。
9. 佛行事業遍一切所知。
10. 法界周遍皆圓滿成佛。
11. 無因不得化身皆自續。
12. 佛陀乃是緣起所生身。
13. 願行菩提心乃報化因。
14. 三身無二無別而安住。
15. 一切諸佛安住眾生心。

ཇི་ལྟར་འཇིག་རྟེན་འདི་ན་ཕ་ཡི་བུ། །ཡོངས་སྤྱོད་ཕལ་པའི་འབྱོར་བ་ལྡན་གྱུར་ཀྱང་། །
ཕ་ཡིས་ཁྱད་ནོར་གཞན་ལ་མེད་པ་དག མ་ཐོས་མི་འཛིན་དེ་ནི་སྨད་པ་ལྟར། །
དེ་བཞིན་མཚུངས་མེད་འཇིག་རྟེན་མགོན་པོ་ཡིས། །མངོན་དུ་མཛད་པའི་ཁྱད་པར་ཆོས་འདི་དང་། །
ཐོན་ཆད་མ་གྲགས་ཕྱི་དུས་འཇིག་རྟེན་འདིར། །རྗེས་འབྲང་ཐུས་ཀྱིས་མི་འཛིན་དེ་དང་མཚུངས། །
དེ་ཕྱིར་རིགས་ལྡན་ཕ་ཡི་གདུང་འཚོབ་པ། །རིགས་འཚོལ་གཞན་ལ་སྨོད་པར་མི་བྱེད་ཅིང་། །
གྲགས་ལྡན་དེ་ཡི་བཞེད་པའི་ཐུགས་དགོངས་རྣམས། །ནན་ཏན་ཆེན་པོས་འཛིན་པ་ངོ་མཚར་ཆེ། །
བསྟན་འཛིན་ཆོས་མཛད་སྐྱེས་བུ་དམ་པ་རྣམས། །བུ་སྟོང་ནང་དུ་འཁོར་ལོས་སྒྱུར་རྒྱལ་གྱི། །
མཚན་ལྡན་ཐུས་ནི་ཁྱད་པར་འཕགས་པ་བཞིན། །བསྟན་པའི་སྙོར་ཞུགས་ཀུན་གྱི་ནང་ན་མཛེས། །
ཐུན་མོང་མ་ཡིན་དམ་པའི་སྙིང་པོ་དང་། །རབ་འབྱམས་ཐུབ་པའི་བཀའ་ལ་མ་རྨོངས་པས། །
ཕྱི་རོལ་རྒོལ་བ་ངན་པའི་ལྷ་ཚོགས་ཀྱིས། །གངས་ཅན་སེང་གེ་ལྟ་བུར་ཉམས་ང་མེད། །
རིགས་མཐུན་འཁོར་དང་སྣ་ཚོགས་གདུལ་བྱ་ལ། །མ་འདྲེས་ཆོས་ཀྱི་ཁྱད་པར་ལེགས་བསྟན་པ། །
དམན་དང་མཆོག་གི་བྱེ་བྲག་རབ་ཕྱེ་སྟེ། །སྙན་པའི་སྒྲ་ཆེན་འབྲུག་སྒྲ་ཕྱོགས་བཅུར་སྒྲོགས། །
དེ་ལྟར་ཟབ་ཅིང་རྒྱ་ཆེ་བླ་མེད་པའི། །དགོངས་པ་རྒྱ་མཚོ་ཆེ་ལྟར་ཡངས་པ་ལས། །
སྒྲ་རྩེའི་ཆུ་ཐིགས་ཙམ་ཞིག་སྨྲས་པ་འདི། །བན་ཐོམ་ཤེས་རབ་འབྱུང་གནས་བདག་གིས་བྲིས། །
རྣམ་དག་གང་རི་ལྟར་དཀར་དགེ་བ་འདིས། །རིན་ཆེན་བསྟན་པ་ཕྱོགས་བཅུར་རྒྱས་པ་དང་། །
འཇིག་རྟེན་མི་ཤེས་གཉི་མུག་རྣམ་བྲལ་ཞིང་། །མཐར་ཕྱིན་སངས་རྒྱས་ཡེ་ཤེས་ཐོབ་པར་ཤོག། །

跋：

如同於此世間父之子，雖於財富受用皆富足，
然於他人所無父之寶，不聞不持子必受非議。
如是無匹吉天頌恭之，親自所述不共此妙法，
昔所未聞於未來世中，後學子若不持亦如彼。
是故具足種姓繼承者，勿謗指責他人錯種姓，
聲譽祖師所許諸密意，勤勉受持實為大稀有。
掌教修法殊勝諸士夫，有如轉輪聖王千子中，
具格王子最極超勝般，入於教法門內最美妙。
對於不共殊勝心要法，以及浩瀚佛語不蒙昧，
惡見外道論敵野狐群，猶如雪嶺雄獅無畏懼。
對於同族眷屬及化機，無淆宣說諸法之特點，
殊勝下劣差別明辨已，悅耳妙音如雷遍十方。
如是甚深廣大無上之，密意如同大海極廣闊，
僅為毛尖一滴此宣說，僧人謝拉迴內我今書。
極淨皓如雪山此善業，祈願珍寶法教遍十方，
世間無明愚癡悉遠離，究竟佛果本智願獲證。

為令自他易讀易學之故，對於法王覺巴父子之教法具有信心之昆秋仁欽赤列南嘉以敬安．謝拉炯內原著為藍本，將金剛語編為偈頌體，時為狗年藏曆一月二十三日，寫於康區白日塘之寺院。

དགོངས་གཅིག་ལྷན་ཐབས།

ན་མོ་གུ་རུ། བྱང་ཆུབ་སྙིང་པོ་རྡུ་བྲལ་ཞིང་ཁམས་སུ། །རང་བྱུང་རྒྱལ་བ་ཡང་དག་རྫོགས་སངས་རྒྱས། །
མཚུངས་མེད་ཆོས་ཀྱི་འཁོར་ལོ་རབ་བསྐོར་བ། །ཐུབ་དབང་འབྲི་གུང་རིན་ཆེན་ཕྱག་འཚལ་ལོ། །
དམ་པ་མཆོག་དེའི་ཞལ་གྱི་པདྨ་ནས། །ལེགས་འོང་ཐུན་མོང་མ་ཡིན་རྡོ་རྗེའི་གསུང་། །
ལྷན་ཐབས་བཞི་བཅུའི་རྩ་བ་བདུད་རྩིའི་བཅུད། །འདོད་ལྡན་རྣམས་བདེ་ཡིད་དགའི་དཔལ་དུ་སྦྱིན། །

1. ཕྱོགས་དུས་རྒྱལ་བ་ཀུན་གྱི་བསྟན་པ་གཅིག །
2. ཐེག་དང་གྲུབ་མཐའ་ཐམས་ཅད་རྟེན་འབྲེལ་ཡིན། །
3 ཆོས་ཕུང་བརྒྱད་ཁྲི་ཉོན་མོངས་གཉེན་པོར་གསུངས། །
4. རེ་རེ་ལ་ཡང་གསུང་རབ་བཅུ་གཉིས་ཚང་། །
5. དེ་བཞིན་སྡེ་སྣོད་གཅིག་ལའང་གསུམ་ཀ་འདུས། །
6. འཁོར་འདས་ཐམས་ཅད་ཕུན་ཚོགས་ལྷ་ཡིས་བསྡུས། །
7. ཐུན་མོང་ཐུན་མོང་མ་ཡིན་མངོན་པའི་སྡེ། །
8. སྐུ་སྟེགས་དོན་གྱིས་བདེན་པ་མཐོང་སྐབས་མེད། །
9. ཐར་པ་ཆ་མཐུན་འགའ་ཞིག་ཡོད་ཀྱང་རུང་། །
10. སྡོམ་དང་སྙིང་རྗེ་ཕྱི་རོལ་པ་ལའང་ཡོད། །
11. མཚན་ཉིད་ཐེག་པས་ཚེ་གཅིག་གིས་འཚང་རྒྱ། །
12. ཆོས་དང་ཉམས་ལེན་འགྲོས་ཀྱིས་སངས་རྒྱས་གཅིག །
13. སྡོམ་གསུམ་གོང་ནས་གོང་དུ་དོག་ཏུ་འགྲོ། །
14. མཐར་ཐུག་ས་ཚུན་ཚོགས་ལམ་ངོ་བོས་བགྲོད། །
15. རྒྱུ་དང་ལྡན་ཕྱིར་ཉན་རང་སངས་རྒྱས་འགྱུར། །

《正法一意》補編・四十金剛句

直貢法王・滇津卻吉尼瑪／編整偈頌

南無古汝（頂禮上師）
菩提心要清淨地，自生圓滿之佛陀，
轉動無比勝法輪，頂禮能王直貢寶。
最勝聖者蓮花口，所講不共金剛語，
補編四十甘露句，令諸學人心意滿。

1. 十方三世諸佛同一教。
2. 一切諸乘宗派皆緣起。
3. 八萬法門為治煩惱說。
4. 每一部中皆具十二部 。
5. 如是一教藏中攝三藏。
6. 一切輪涅五圓滿所攝 。
7. 許有共與不共之論藏 。
8. 外道苯教無有見諦時。
9. 彼等或略有順解脫分。
10. 外道亦有戒律及悲心。
11. 因乘也有一生證佛果 。
12. 法與修行有別佛無異。
13. 三種戒律愈上愈嚴謹。
14. 以資糧道行至究竟地 。
15. 具足因故二乘亦成佛 。

16. སྤྲོས་པ་བྲལ་ཕྱིར་འཁོར་བ་མཐའ་མེད་བཞིན། །

17. ཆོས་ཀུན་སོ་ཐར་སྡོམ་གསུམ་རེ་རེར་འདུ། །

18. སྡེ་བ་ཀུན་གྱི་རྩ་བ་ལུང་སྡེ་བཞི། །

19. རྨི་ལམ་དུ་ནི་ཉམས་ཀྱང་ཉེས་པ་འབྱུང་། །

20. དག་པའི་ས་ཐོབ་ངན་འགྲོར་སོང་བའང་ཡོད། །

21. རྒྱུ་སྤྱད་གྱུར་ན་ས་བཅུ་ས་པ་ཡང་ལྟུང་། །

22. ཉམས་ལེན་རྨད་བྱུང་རྣལ་འབྱོར་ནང་གི་ཚོགས། །

23. ཏིང་འཛིན་མཐའ་དག་རྡོ་རྗེ་ལྟ་བུ་སྟེ། །

24. སྡེ་སྣོད་གསུམ་མམ་དེ་ཡི་སྙིང་པོ་སྔགས། །

25. རྟོགས་ཀྱང་བརྒྱུད་པ་ཟབ་ཕྱིར་ཆོ་ག་དགོས། །

26. ལྷ་གཅིག་གིས་ཀྱང་ཕྲིན་ལས་ཐམས་ཅད་འགྲུབ། །

27. ལྷ་ཀུན་མཚན་ནི་ལྷག་པའི་ལྷ་ཡིས་བཟུང་། །

28. དུས་བཞིར་རྩ་བའི་དམ་ཚིག་གནང་སྐབས་མེད། །

29. ལྷ་ལ་ཅིག་ཅར་འཇུག་པ་ཟབ་མོའི་གནད། །

30. རྟེན་འབྲེལ་འཚོགས་ལས་གྲུབ་པར་ཤེས་པ་དགོས། །

31. ཐ་མལ་ལུས་སུ་བཏགས་ཕྱིར་དཀའ་ཐུབ་སྨད། །

32. དྲང་ངེས་མེད་པར་ཆོ་ག་རྒྱས་པར་དགོས། །

33. དེ་ཡིས་འདུལ་ན་བསྡུས་པ་ཡང་ནི་བཞིན། །

34. བསྒྱུང་བའི་འཁོར་ལོ་རྨད་བྱུང་བྱང་ཆུབ་སེམས། །

35. རྩ་རླུང་གདམས་པ་འདུལ་བ་ལྷག་པར་དགོས། །

36. བྱིན་མཐུས་ཀུན་གཞི་དུས་གཞན་དུ་ཡང་མཐོང་། །

37. རྩ་རླུང་ཐིག་ལེ་སྙིགས་མ་དུག་བཅས་ཟབ། །

38. རྡོ་རྗེ་ཐེག་པའི་ལམ་རིམ་བསླབ་པ་གསུམ། །

39. ཕར་ཕྱིན་དྲུག་ནི་ཐེག་པ་གསུམ་གའི་ལམ། །

40. དཔོན་སློབ་ཕན་ཚུན་དམ་ཚིག་མཉམ་པར་གཅིག །

16. 離戲論故輪迴無有邊。

17. 三戒含攝一切諸法義。

18. 四分律是各部戒根本 。

19. 睡夢當中衰損亦成過。

20. 登清淨地亦有墮惡道。

21. 新造惡因十地亦下墮。

22. 殊勝修持瑜伽內薈供 。

23. 一切禪定皆金剛喻定。

24. 三藏教法精華乃密乘。

25. 雖悟傳承深故需儀軌。

26. 一尊能成一切諸事業。

27. 特選本尊具足一切尊。

28. 四時根本誓言無開許。

29. 剎那生起本尊是深要。

30. 緣起會聚本尊方成就。

31. 執凡庸身故不應苦行。

32. 了不了義皆須依廣軌。

33. 若已調柔簡軌亦可行。

34. 菩提心乃最勝之護輪。

35. 修持氣脈尤須重戒律。

36. 以加持力他時亦見性 。

37. 不淨氣脈明點乃深要

38. 金剛乘亦修持三學處。

39. 六波羅密乃三乘共道。

40. 師徒彼此誓言皆等同。

41. དགེ་བའི་ངོ་བོས་ཕྱག་ཆེན་སྒྲིབ་མི་སྲིད།།

42. བྲལ་བའི་འབྲས་བུ་ཐམས་ཅད་རྒྱུ་དང་བཅས།།

43. ནམ་མཁའ་གཉིས་འདྲེས་ཉན་ཐོས་ཀྱི་མངོན་རྟོགས།།

44. རླུང་མི་འཛིན་པ་ལྷུགས་པར་འཇོག་པར་ཟབ།།

45. རྣམ་ཤེས་བླ་མ་འོད་གསལ་འཕོ་བའི་མཆོག།

46. བྱང་ཆུབ་སེམས་ཀྱི་རང་གཟུགས་སངས་རྒྱས་ཡིན།།

དེ་ལྟར་གང་གི་དགོས་པ་ཀུན་གསལ་མཐའ། །དབང་ཐོབ་རྣམས་ཀྱིས་དཔག་པ་སླ་མིན་ཡང་།།
འདབ་ལྡན་མཁའ་ལྡིང་དབང་པོ་སྤྱན་སྔ་བའི། །མཁྱེན་སྤྱོད་གཤོག་ཡངས་རླབས་ཀྱིས་བགྲོད་པ་གང་།།
སྔོན་བྱོན་རྣམས་ཀྱིས་གསལ་བར་བྱས་མོད་ཀྱང་། །བློ་དམན་རྣམས་ལ་ཕན་ཕྱིར་ལྷན་ཐབས་རྣམས།།
ཚིགས་སུ་བཅད་པ་ཡིད་བཞིན་ནོར་བུའི་ཕྲེང་། །དཔྱོད་ལྡན་དགའ་བའི་དོ་ཤལ་འདི་བསྟར་བས།།
ལེགས་བྱས་དགེ་བ་སྟོང་ཕྲག་འབར་བའི་གཟིས། །སྐྱེ་འགྲོའི་སྒྲིབ་མུན་གཅིག་ཅར་དྲུང་ཕྱུང་ནས།།
ལུང་དང་རྟོགས་པའི་ཚོགས་གཉིས་པདྨོའི་ཚལ། །རྒྱས་པའི་བཅུད་ལ་རོལ་པའི་དཔལ་ཐོབ་ཤོག།

ཅེས་པ་འཇིག་རྟེན་གསུམ་གྱི་མགོན་པོ་འབྲི་གུང་པའི་དམ་པའི་ཆོས་དགོངས་པ་གཅིག་པའི་ལྷན་ཐབས་ཚིགས་སུ་བཅད་པ་འདི། སློབ་དཔོན་རྫོགས་ཆེན་ཚང་སོགས་མོས་ལྡན་རྣམས་ཀྱིས་གསོལ་བ་བཏབ་པའི་ངོར་རྗེ་བླ་མ་རཏྣ་ཤྲཱིས་སྦྱལ་བའོ།།

41. 善業體性不遮大手印。
42. 一切離戲果都有其因。
43. 二虛空合是聲聞現觀。
44. 不持風息鬆坦住為深。
45. 最勝遷識心師光明合。
46. 菩提心之自相即佛陀。

吉天頌恭密意如虛空，得自在眾推求亦非易，
敬安直貢林巴金翅鳥，舒展智慧廣翅遊碧空，
往昔大德雖已有註解，為利劣慧做此補充文，
書為偈頌如意珍寶鬘，以此智者所喜之瓔珞，
妙行善業百千威熾光，一時頓消眾生黑暗障，
教證二種資糧蓮花苑，願得享用精華吉祥善。

此三界怙主吉天頌恭《正法一意》之補編根本頌，乃因阿闍黎佐欽巴（敦珠，1734—1788）等具信弟子之勸請，至尊上師達瑪蘇雅（ཧྲུམ་སྤྱལ་，第28任直貢法王、第四世瓊贊法王滇津卻吉尼瑪／持教法日）所造。

༄། །དགོངས་གཅིག་གསལ་བྱེད་ལུང་རིགས་སྙིང་པོའི་གཏེར་ཞེས་བྱ་བ་བཞུགས་སོ།།

༄། །ན་མོ་གུ་རུ་མཉྫུ་ཤྲཱི་ཡེ།

རྒྱལ་བ་རྒྱ་མཚོའི་མཁྱེན་བརྩེ་ནུས་པའི་དཔྱིད།།
ཀུན་མཁྱེན་ཟླ་བའི་ཉི་མར་མགོས་ཕྱག་འཚལ།།
བཀའ་དྲིན་མཉམ་མེད་རྒྱལ་བའི་མཛད་པ་ཅན།།
རྗེ་བཙུན་བླ་མ་སྙིང་གི་པད་མཚོར་རོལ།།

རྒྱལ་བས་ལུང་བསྟན་ངེས་དོན་ཤིང་རྟ་ཆེ།།
ཀླུ་སྒྲུབ་རྣམ་རོལ་འཇིག་རྟེན་གསུམ་གྱི་མགོན།།
མི་འཇིགས་སེང་གེའི་སྒྲ་ཆེན་རབ་སྒྲོགས་པའི།།
རྒྱལ་བ་འབྲི་གུང་པ་དེར་དད་བརྒྱུས་བསྙེན།།

རྒྱལ་བ་ཀུན་གྱིས་བཞེད་པའི་དགོངས་པ་ཀུན།།
མ་ལུས་མི་ལུས་རྟེན་འབྲེལ་ཟབ་མོའི་གཤིས།།
གཅིག་ཏུ་གཞོལ་ཞིང་གཅིག་གིས་ཀུན་གསལ་བར།།
དགོངས་པ་ཇི་བཞིན་རྩུང་ཟད་འདིར་གསལ་བྱ།།

དེ་ལ་འདིར་བཅོམ་ལྡན་འདས་ཐུབ་པའི་དབང་པོས་མདོ་རྒྱུད་དུ་མ་ནས་ལུང་བསྟན་པའི་ཤིང་རྟ་ཆེན་པོ་དཔལ་ལྡན་ནཱ་གཱ་རྫུ་ནའི་རྣམ་པར་འཕྲུལ་པའི་མངའ་བདག་ཏུ་གྱུར་པ་རྒྱལ་བ་གཉིས་པ་ཆོས་རྗེ་འཇིག་རྟེན་གསུམ་གྱི་མགོན་པོའི་ཁྱད་ཆོས་ཐུན་མོང་མ་ཡིན་པའི་དམ་ཆོས་དགོངས་པ་གཅིག་པ་འདི་འཆད་པ་ལ་གསུམ་སྟེ། ཐོག་མར་དགེ་བ་སྔོན་ཀྱི་དོན། བར་དུ་དགེ་བ་གཞུང་གི་དོན། ཐ་མར་དགེ་བ་མཇུག་གི་དོན་ནོ། །དང་པོ་ལ་གསུམ་སྟེ། མཚན་གྱི་དོན། མཆོད་པར་བརྗོད་པ། བརྩམས་པར་དམ་བཅའ་བའོ།།

《正法一意》釋論．闡明一意教理精華藏

佐欽堪布．昆桑巴滇／著

諸佛海會圓滿智悲力，遍智說法大日恭敬禮，
深恩無比具佛事業者，至尊上師心之蓮湖戲。
佛陀授記了義大車乘，龍樹化身三世間怙主，[1]
無畏獅子吼聲大法音，虔誠皈依勝者直貢巴。
一切諸佛共許之密意，甚深緣起法性無遺餘，
融合於一以一顯一切，如其所是宣說此密意。

薄伽梵能仁王於顯密諸經典中授記之大車乘龍樹菩薩的自在化身、第二佛陀法王吉天頌恭所著的不共妙法《正法一意》之釋論，分三：

一、前善前言；二、中善正文；三、後善結語。

1 德格版《甘珠爾》，49卷165頁封底5行，《大乘入楞伽經》。

一，前善前言

　一，釋題

　二，供讚

　三，立誓造論

二，中善正文

　第一品〈總攝法輪要義品〉三十句根本句

　第二品〈總攝普利緣起要義品〉十五句根本句

　第三品〈總攝別解脫戒要義品〉二十句根本句

　第四品〈總攝菩提心戒要義品〉二十四句根本句

　第五品〈總攝密咒乘要義品〉二十八句根本句

〈第六品〈總攝見修行要義品〉二十句根本句

〈第七品〈總攝果位要義品〉十五句根本句

三，後善結語

一，囑咐上首弟子

二，宣說集結者

三，一切善業回向教法與眾生

དང་པོ་ནི། ཚངས་སྤྱོད་ཡོན་ཏན་བཞི་དང་ལྡན་པའི་ཐོག་ཐ་བར་དུ་དགེ་བའི་རང་བཞིན་དམ་པའི་ཆོས་སྡེ་སྣོད་རིན་པོ་ཆེ་གསུམ་མམ་བཞིས་བསྡུས་པ་ཇི་སྙེད་པའི་རྒྱལ་བའི་དགོངས་པ་ཐམས་ཅད་འགལ་མེད་གཅིག་ཏུ་གཞོལ་ཞིང་འབབ་པར་སྟོན་པའི་གཞུང་འདི་ཡང་གང་གིས་རྟོགས་པར་དཀའ་ཞིང་གཉིས་སུ་མི་ཕྱེད་པའི་ཟབ་དོན་ངོ་མཚར་རྨད་དུ་བྱུང་བའི་ཕྱིར་རྡོ་རྗེའི་གསུང་ཞེས་བྱ་༼པ་༽ལ། དེ་ལ་ཚིག་རྐང་གི་གྲངས་ཀྱིས་བརྒྱ་དང་ལྔ་བཅུ་པ་སྟེ་ཞེས་བྱ་བ་ནི་འདིའོ་ཞེས་པའོ། །

གཉིས་པ་ལ་གཉིས་ལས། དང་པོ་ནི། སྟོབས་བཅུའི་དབང་ཕྱུག་ཤཱཀྱ་སེང་གེ་ལ་ཕྱག་འཚལ་ལོ། །

གཉིས་པ་ནི། ཤེས་བྱའི་ཆོས་ཐམས་ཅད་ཀྱི་གནས་ལུགས་དབྱིངས་དང་ཡེ་ཤེས་གཉིས་སུ་མེད་པའི་ངོ་བོ་ཡེ་ནས་དག་ཅིང་གློ་བུར་གྱི་དྲི་མ་མེད་པ་འོད་གསལ་བའི་ཇི་ལྟའི་ཡེ་ཤེས་ཆེན་པོར་མངའ་དབང་འབྱོར་བའི་ཐུགས་ཀྱི་དཀྱིལ་འཁོར་དུ། མ་འདྲེས་པར་ཇི་སྙེད་པའི་ཤེས་བྱའི་དངོས་པོ་རྣམས་ཀྱི་གནས་ཚུལ་ཇི་ལྟ་བ་དེ་ལྟར་ཐམས་ཅད་གཟིགས་པ་ཀུན་མཁྱེན་ཆོས་ཀྱི་རྗེ་བོ་དམ་པ་དུས་གསུམ་རྒྱལ་བ་ཐམས་ཅད་ཀྱི་སྐུ་གསུང་ཐུགས་ཀྱི་ངོ་བོར་གྱུར་པ་འཇིག་རྟེན་གསུམ་གྱི་མགོན་པོ་མཉམ་མེད་འབྲི་གུང་པ་ཡོན་ཏན་ཐམས་ཅད་ཀྱི་འབྱུང་གནས་རིན་པོ་ཆེ་ལ་གུས་པ་ཆེན་པོས་ཕྱག་འཚལ་ལོ། །ཞེས་བཀའ་ཡི་བསྡུས་པ་པོས་མཆོད་པར་བརྗོད་པ་སྟེ། དཔལ་ལྡན་ཀླུའི་དབང་པོས།

བསྟན་བཅོས་རྩོམ་པ་སྟོན་པ་ལ། །

ཕྱག་འཚལ་བྱེད་པ་འབྲས་མེད་མིན། །

སྟོན་པ་དང་ནི་བསྟན་བཅོས་ལ། །

གུས་བསྐྱེད་རྒྱུ་ཕྱིར་གཞན་དུ་མིན། །ཞེས་གསུངས་པ་བཞིན་ནོ། །

第一，前言。分三：一、釋題；二、供讚；三、立誓造論。

第一，釋題。

《正法一意．一百五十金剛句》

具有四梵行[1]功德、初中後善自性之正法，可以歸納為三藏或四藏。能將如是等一切佛陀之密意，無有乖違地融合為一而宣說，故稱為「一意」。又由於其意趣甚深、難以明了，故稱為「金剛句」。《正法一意》共有一百五十句金剛句，故謂「一百五十」。

第二，供讚。分二：

第一、「頂禮十力自在釋迦獅子。」

第二、「無垢光明意之壇城中，無淆所知萬法如實見，
一切所顯遍知法王尊，頂禮無比直貢大珍寶。」

一切所知萬法之實相，乃是法界與本智無二之體性，本來清淨、無有客塵垢染之光明。從尊者吉天頌恭之智慧壇城中，無有混淆、如其所是地照見萬法之實相。對於這位遍智之法王、三世一切諸佛身語意之體性、一切功德之生源摩尼大寶、無比直貢巴三界怙主，以大恭敬心而頂禮。此為結集者之禮讚。

如同吉祥龍王菩薩云：「論典作者於佛陀，供養讚歎非無果，為於佛陀與論典，心生虔信之緣故。」[2]

---

1 《寶性論》中說梵行四功德是：內容合於義理，作用能斷除三世煩惱，旨趣闡揚涅槃寂靜功德，本源出自如來的一切佛經妙語。

2 德格版《丹珠爾》，113卷22頁封底5行，《佛說稻稈經》。

གསུམ་པ་ནི། མཉམ་མེད་རྒྱལ་བ་མཆོག་གི་ཞལ་ནས་གསུངས་པ་ཡི། དམ་ཆོས་ཁྱད་པར་དུ་འཕགས་པའི་གནད་ཐུན་མོང་མ་ཡིན་པ། སྔོན་རོལ་དུ་གསུངས་པར་མཛད་ཅིང་དགོངས་པའི་བཞེད་ཚུལ་བསམ་གྱིས་མི་ཁྱབ་པ་དཔག་ཏུ་མེད་པ་ཞིག་ཡོད་ཀྱང་དེ་དག་གི་དོན་ཟབ་རྟོགས་པ་ལ། བདག་གིས་མགོན་པོ་མཆོག་དེའི་གསུང་གི་བདུད་རྩི་ཐོབ་ལ་མ་ཉམས་པ་དགོངས་པའི་བཞེད་ཚུལ་གྱི་གསུང་ལ་རྨོངས་པས་ཏེ་ཞེས་ཁེངས་པ་སྐྱུངས་ཏེ་འོན་ཀྱང་ངན་པ་ཙུང་ཟད་ཙམ་ཞིག་རྒྱལ་བ་གཉིས་པའི་རིང་ལུགས་མཚུངས་པ་མེད་པ་དར་ཞིང་རྒྱས་པ་དང་། རང་གིས་བརྩོན་པ་མཐར་ཕྱིན་པའི་སྒོ་ནས་ཐྲིས་ཞེས་དམ་བཅས་པ་སྟེ། ཇི་སྐད་དུ།

དམ་པ་མང་པོ་ཁས་འཆེས་མི་བྱེད་ལ། །

གལ་ཏེ་དཀའ་བས་ཁས་ནི་བླངས་གྱུར་ན། །

རྡོ་ལ་རི་མོ་བྲིས་པ་ལྟ་བུར་ནི། །

ཤི་ཡང་གཞན་དུ་བྱེད་པར་མི་འགྱུར་རོ། །ཞེས་པ་ལྟར་རོ། །

བར་དུ་དགེ་བ་གཞུང་དོན་ལ་བདུན་ཏེ། ཆོས་འཁོར་གྱི་གནད་བསྡུས་པ་དང་། ཀུན་ཕན་རྟེན་འབྲེལ་གྱི་གནད་བསྡུས་པ་དང་། འདུལ་བ་སོ་ཐར་གྱི་གནད་བསྡུས་པ་དང་། བྱང་ཆུབ་སེམས་དཔའི་སྡོམ་པའི་གནད་བསྡུས་པ་དང་། གསང་སྔགས་རིག་འཛིན་གྱི་སྡོམ་པའི་གནད་བསྡུས་པ་དང་། ལྟ་སྒོམ་སྤྱོད་གསུམ་གྱི་གནད་བསྡུས་པ་དང་། འབྲས་བུ་སངས་རྒྱས་ཀྱི་གནད་བསྡུས་པའོ། །

第三，立誓造論。

最勝之王親口所宣說，超勝稀有不共之聖法，

過去所著見解雖眾多，愚者所憶稍加記於此。

無比最勝之王親口所宣說之不共殊勝正法，往昔雖有無數不可思議之著作與見解，然而在得到殊勝怙主之法語甘露後，為令無比第二佛陀之傳承興盛增長，以及令自己努力精進之故，愚者我憑記憶將上師之旨意略微書寫。如是立誓造論。如云：「正士不常做承諾，然若親口許諾已，應如石上刻字般，至死亦不移其志。」[1]

第二，中善正文。分七：一、總攝法輪要義品；二、總攝普利緣起要義品；三、總攝別解脫戒要義品；四、總攝菩提心戒要義品；五、總攝密乘戒要義品；六、總攝見修行要義品；七、總攝佛果要義品。

1 德格版《丹珠爾》，203卷203頁封底6行，龍樹菩薩《修身書智慧樹》。

དང་པོ་ནི། (1) ཆོས་འཁོར་གནད་བསྡུས་ཀྱི་ཚོམས།

(1.1) ཆོས་ཀུན་གཤིས་སམ་བབས་ཀྱི་གནས་ལུགས་བསྟན།།

སྐྱབས་བཅུའི་མངའ་བདག་ཐམས་ཅད་མཁྱེན་པ་བཅོམ་ལྡན་འདས་ཀྱིས་འཁོར་འདས་ཀྱི་ཆོས་ཀུན་གྱི་གཤིས་སམ་བབས་ཀྱི་གནས་ལུགས་སྟོང་དང་རྟེན་འབྱུང་གཉིས་སུ་མེད་པའི་དོན་ཟབ་མོ་ཇི་ལྟ་བ་བཞིན་དུ་རང་ཉིད་ཀྱིས་མཁྱེན་ནས་གདུལ་བྱའི་ཁམས་དབང་བསམ་པས་ཇི་ཙམ་བཟོད་པར་རྟེན་འབྲེལ་ཟབ་མོའི་ཆོས་ཀྱི་གནས་ལུགས་དེ་ལྟར་བསྟན་པར་མཛད་དེ།

མ་དྲོས་པའི་ཞུས་པའི་མདོ་ལས།

རྐྱེན་ལས་སྐྱེས་པ་གང་ཡིན་དེ་མ་སྐྱེས། །དེ་ལ་སྐྱེ་བ་ངོ་བོ་ཉིད་ཀྱིས་མེད།།

རྐྱེན་ལ་རག་ལས་གང་ཡིན་སྟོང་པར་གསུངས། །སྟོང་ཉིད་གང་ཤེས་དེ་ནི་བག་ཡོད་པའོ། །ཞེས་དང་།

སློབ་དཔོན་ཀླུ་སྒྲུབ་ཀྱིས།

གང་ཕྱིར་རྟེན་འབྱུང་མ་ཡིན་པའི། །ཆོས་འགའ་ཡོད་པ་མ་ཡིན་པ།།

དེ་ཕྱིར་སྟོང་པ་མ་ཡིན་པའི། །ཆོས་འགའ་ཡོད་པ་མ་ཡིན་ནོ། །ཞེས་དང་།

གང་ལ་སྟོང་པ་ཉིད་རུང་བ། །དེ་ལ་ཐམས་ཅད་རུང་བར་འགྱུར།།

གང་ལ་སྟོང་ཉིད་མི་རུང་བ། །དེ་ལ་ཐམས་ཅད་རུང་མི་འགྱུར། །ཞེས་སོ།།

དེ་ལྟ་བུའི་རྟེན་ཅིང་འབྲེལ་འབྱུང་ཟབ་མོ་འདི་ནི་རྒྱལ་བ་རྣམས་ཀྱི་གསུང་གི་མཛོད་ཀྱི་གཅེས་པ་སྟེ།

བཤེས་སྤྲིང་ལས།

རྟེན་ཅིང་འབྲེལ་བར་འབྱུང་འདི་རྒྱལ་བ་ཡི།།

གསུང་གི་མཛོད་ཀྱི་གཅེས་པ་ཟབ་མོ་སྟེ།།

གང་གིས་འདི་ནི་ཡང་དག་མཐོང་བ་དེས།།

སངས་རྒྱས་དེ་ཉིད་རིག་པས་རྣམ་མཆོག་མཐོང་། །ཞེས་སོ།།

རིམ་པར་སྟོན་ཚུལ་ཡང་། མདོ་ལས།

བརྡ་སྤྲོད་པ་དག་ཇི་ལྟ་བུ། །ཡི་གེའི་ཕྱི་མོའང་ཀློག་འཇུག་ལྟར།།

དེ་བཞིན་སངས་རྒྱས་གདུལ་བྱ་ལ། །ཇི་ཙམ་བཟོད་པའི་ཆོས་སྟོན་ཏོ། །ཞེས་གསུངས་པ་བཞིན་ནོ།།

ཚུལ་འདིས་བསྟན་བཅོས་འདིའི་ལུས་རྣམ་པར་བཞག་པས་སྤྱི་ཆིངས་ཁོག་ཕུབ་ཀྱང་བསྟན་ཏོ།

第一品 總攝法輪要義品

1 佛所言教乃萬法實相。

十力自在之遍知佛陀，了知輪涅諸法之實相是空性與緣起無二，並因應弟子的根基與希求，宣說此緣起深法。《無熱惱龍王請問經》中云：「若為緣生則無生，彼無出生之自性，凡依緣者皆空性，知空性則不放逸。」[1]龍樹菩薩《中論》中云：「未曾有一法，不從因緣生，是故一切法，無不是空者。」[2]以及「以有空義故，一切法得成，若無空義者，一切則不成。」[3]如此甚深緣起法，乃一切佛法之精華。《親友書》云：「佛法精華乃緣起，彌足珍貴最甚深，何者若能真見此，已睹真如佛法身。」至於漸次宣說之方式，則如經典中說：「如學聲明文法時，先學基礎字母般，如是佛陀於眾生，宣說堪受之法教。」[4]以此一句即總攝全論，並闡明總綱。

---

1 德格版《丹珠爾》，58卷230頁封底2行，《弘道廣顯三昧經》。

2 德格版《丹珠爾》，96卷15頁封面6行，龍樹菩薩《根本中觀頌般若》。

3 德格版《丹珠爾》，96卷15頁封面4行，龍樹菩薩《根本中觀頌般若》。

4 德格版《丹珠爾》，172卷121頁封底5行，《寶行王正論》。

(1.2) ཆོས་ཕུང་བརྒྱད་ཁྲི་སངས་རྒྱས་སྒྲུབ་པར་གཅིག །

དཔེར་ན་ཞིང་མཁན་གྱི་ལག་ཆ་དང་། ནད་གསོའི་སྨན་ལྟར་ཉེ་བར་མཁོ་བ་རྣམས་དེ་དང་དེའི་བསྒྲུབ་བྱའི་དོན་དེ་ཉིད་བསྒྲུབ་པ་བཞིན་དུ་སེམས་ཅན་གྱི་ཁམས་ཀྱི་ཉོན་མོངས་བརྒྱད་ཁྲི་བཞི་སྟོང་གི་གཉེན་པོ་ཆོས་ཕུང་བརྒྱད་ཁྲི་བཞི་སྟོང་གསུངས་པ་ཡང་སངས་རྒྱས་སྒྲུབ་པར་བྱེད་པའི་ཐབས་སུ་གཞོལ་ཞིང་འབབ་པར་གཅིག་པས་ཀུན་ཀྱང་ཉམས་སུ་བླང་བྱ་ཁོ་ན་ཡིན་ཏེ། མཉམ་མེད་རྗེ་པོས།

ཆོས་ཀྱི་ཕུང་པོ་བརྒྱད་ཁྲི་དང་། །

བཞི་སྟོང་གསུངས་པ་ཐམས་ཅད་ནི། །

ཆོས་ཉིད་འདི་ལ་གཞོལ་ཞིང་འབབ། །ཅེས་གསུངས་པ་བཞིན་ནོ། །

(1.3) ཐེ་སྐོད་རྒྱུད་སྡེ་ལམ་གྱི་རིམ་པ་ཡིན། །

བརྟག་གཉིས་ལས།

དང་པོར་གསོ་སྦྱོང་སྦྱིན་པར་བྱ། །དེ་རྗེས་བསླབ་པའི་གནས་བཅུ་ཉིད། །

དེ་ལ་བྱེ་བྲག་སྨྲ་བ་བསྟན། །མདོ་སྡེ་པ་ཡང་དེ་བཞིན་ནོ། །

དེ་ནས་རྣལ་འབྱོར་སྤྱོད་པ་ཉིད། །དེ་ཡི་རྗེས་སུ་དབུ་མ་བསྟན། །

སྔགས་ཀྱི་རིམ་པ་ཀུན་ཤེས་ནས། །དེ་རྗེས་ཀྱེ་ཡི་རྡོ་རྗེ་བརྩམ། །ཅེས་གསུངས་པ་བཞིན་དུ།

ཐེ་སྐོད་གསུམ་དང་རྒྱུད་སྡེ་བཞི་ཡང་ལམ་གྱི་རིམ་པ་རྣམས་རང་རྒྱུད་ལ་སྐྱེད་བྱེད་ཡིན་པས་བསྟན་པའི་གོ་རིམ་མ་འཆོལ་བར་དང་པོ་འདུལ་བ་ནས་ལམ་མས་རིམ་གྱིས་ཉམས་སུ་ལེན་དགོས་པ་བསྟན་ཏོ། །

(1.4) ཆོས་འཁོར་རྣམ་གསུམ་འཁོར་གྱི་རྟོགས་པའི་ཁྱད། །

ཆོས་ཀྱི་འཁོར་ལོ་རྣམ་པ་གསུམ་ཡང་གདུལ་བྱའི་འཁོར་གྱི་རྟོགས་པའི་ཁྱད་པར་ལས་བློ་དམན་རྣམས་ལ་ཐོག་མ་ཉིད་དུ་སྟོང་ཉིད་སྦྱོར་བྲལ་བསམ་གྱིས་མི་ཁྱབ་པའི་གནས་ལུགས་བསྟན་ན་སྤང་བར་འགྱུར་བས་དང་པོར་མེད་མཐའ་གཙོ་བོར་འགོག་ཕྱིར་འཁོར་ལོ་དང་པོས་བདེན་པ་བཞི་བསྟན་པ་དང་། སླར་ཡང་རྟག་མཐའ་བསལ་བ་ཆོས་ཐམས་ཅད་སྟོང་པ་ཉིད་དུ་བསྟན་པ་དང་། དེ་ཚེ་ཡོད་མེད་ཀྱི་སོམ་ཉི་སླར་ཡང་སྤང་བའི་སླད་དུ་ངེས་དོན་གྱི་ཆོས་ཀྱི་འཁོར་ལོ་གསུམ་པ་ཟབ་ཞི་སྤྲོས་བྲལ་འདུས་མ་བྱས་པའི་གནས་ལུགས་སྟོང་པ་ཉིད་བསྟན་པར་མཛད་པ་ཡིན་ནོ། །

སློབ་དཔོན་ཨར་ཡ་དེ་བས། དབུ་མ་བཞི་བརྒྱ་པའི་ལེའུ་བརྒྱད་པ།

བསོད་ནམས་མིན་པ་དང་པོ་བཟློག། བར་དུ་བདག་ནི་བཟློག་པ་དང་།།

ཕྱི་ནས་ལྟ་བ་ཀུན་བཟློག་པ་དང་།། གང་གིས་ཤེས་དེ་མཁས་པ་ཡིན།།

(1.5) འཁོར་ལོ་རེ་རེ་ལ་ཡང་གསུམ་ཁ་ཚང་། །

དེ་ལ་ཡང་འཕགས་པའི་བདེན་པ་བཞི་པོ་འཁོར་ལོ་གསུམ་ཀ་ལ་ཡོད་པས་ཆོས་ཀྱི་འཁོར་ལོ་རེ་རེ་ལ་ཡང་གསུམ་ཀ་དོན་གྱིས་ཚང་བར་བཞེད་དོ།།

2 八萬法蘊同一成佛義。

如同木匠的工具和醫生的藥皆是為了成辦其利益般，因為眾生界有八萬四千種煩惱，故以八萬四千種法門而對治。一切法門皆是為了成就佛果，因此全都應當修持。無比阿底峽尊者說：「所說一切法，八萬四千蘊，匯歸於法性。」[1]

3 三藏密續乃修道次第。

如同《二品續》中說：「先授以長淨，其後十學處，復說毗婆沙，經部亦如是，復次瑜伽行，其後示中觀，密咒悉知已，方示喜金剛。」[2]三藏與四續皆能令道之次第於自心相續中生起。為使教導之次第不錯亂，首先應從戒律開始次第實修。

4 三轉法輪弟子根基別。

三轉法輪也是觀待於化機而有。對於劣慧的弟子，若一開始就宣說空性離戲不可思議之實相，彼等將會捨棄教法。因此，首先主要為了遮遣斷邊，初轉法輪宣說四諦法。然後為了遮遣常邊，二轉法輪宣說一切法皆是空性。彼時，為了消除對於常斷的疑惑，故而三轉法輪，宣說深寂離戲無為之空性實相。聖天菩薩說：「先遣除非福，中應遣除我，末遣一切見，知此是智者。」[3]

5 一一法輪皆具三法輪。

三轉法輪中皆有四聖諦，故而每一法輪中也具足三法輪之意趣。

---

1 德格版《丹珠爾》，109卷72頁封底5行，《入二諦》中，無等覺沃傑阿底峽說：「八萬四千法蘊所說一切，匯歸於此法性。」

2 德格版《甘珠爾》，80卷27頁封面7行，《空行母金剛帳續王品》。

3 德格版《丹珠爾》，97卷9頁封底5字行，阿闍黎聖天於《中觀四百論》第八品中說。

༦༽ ཕྱི་མའི་ས་བོན་ཐ་མ་ཐ་མར་གནས།

(1.6) ཆོས་ཀྱི་འཁོར་ལོ་ཕྱི་མ་ཕྱི་མའི་ས་བོན་ཐ་མ་ཐ་མར་གནས་པ་སྟེ། ཏིང་འཛིན་རྒྱལ་པོ་ལས།

འཇིག་རྟེན་ཁམས་ནི་སྟོང་དག་ཏུ། །

ངས་ནི་མདོ་སྡེ་གང་བསྟན་པ། །

ཚིག་འབྲུ་ཐ་དད་དོན་གཅིག་སྟེ། །

ཐམས་ཅད་བརྗོད་པར་ནུས་མ་ཡིན། །ཞེས་པ་བཞིན་ནོ། །

བཀའ་དང་པོར་སྟོང་པ་བདག་མེད་གསུངས་པ་དེ་ནི་བཀའ་བར་པའི་དགོངས་དོན་གྱི་དོན་དང་། བཀའ་བར་པ་སྨྲ་བསམ་བརྗོད་མེད་སོགས་བསྟན་པ་ནི་ཐ་མའི་དགོངས་དོན་གྱི་ས་བོན་ཡིན་ལ། བཀའ་ཐ་མ་མདོ་སྡེ་ལང་གཤེགས་སོགས་སུ་བཅོམ་ལྡན་འདས་ཐོག་མར་གཟུགས་ཁམས་ཀྱི་འོག་མིན་གྱི་གནས་སུ་སངས་རྒྱས་ཏེ་སླར་ཡང་འདིར་སངས་རྒྱས་པར་བསྟན་པས་ཐུགས་ཀྱི་ཐེག་པའི་དགོངས་དོན་དག་ཀྱང་གསུངས་པར་མངོན་ལ་དེས་ན་ཐ་མ་ཐ་མའི་སྔས་དོན་རྣམས་ཕྱི་མ་ཕྱི་མས་གསལ་བར་བསྟན་པ་ཡིན་ནོ། །

༧༽ མདོ་དོན་གནད་ཀྱིས་འཁོར་ལོ་གསུམ་དུ་ངེས།

(1.7) དེ་ཡང་མདོ་དང་ཉམས་ལེན་དོན་གྱི་གནད་ཀྱིས་ཆོས་ཀྱི་འཁོར་ལོ་རྣམ་པ་གསུམ་དུ་ངེས་པ་ཡིན་ཏེ། དགོངས་འགྲེལ་ལས། འཁོར་ལོ་དང་པོ་དང་བར་པ་གཉིས་རྩོད་བཅས་དང་ཐ་མ་རྩོད་མེད་དུ་བཞག་པ་མདོའི་གནད་དང་། བཅོམ་ལྡན་འདས་ཀྱིས་འཁོར་བ་སྤང་བའི་སླད་དུ་ལམ་མངོན་རྟོགས་ཀྱི་རིམ་པ་རྒྱུད་ལ་འཆར་དགོས་པར་གསུངས་པ་རྗེ་སྨམ་པོ་པས་རྣལ་འབྱོར་བཞིར་བཞེད་པ་དེ་ཆོས་འཁོར་གསུམ་དང་བརྗོད་བྱ་གཅིག་པས་དོན་གྱི་གནད་ཀྱིས་ཀྱང་གསུམ་དུ་ངེས་སོ། །

༨༽ འདུལ་བའི་སྡེ་སྣོད་བདེན་བཞིའི་ཆོས་འཁོར་ཏེ།

(1.8) འདུལ་བའི་སྡེ་སྣོད་བདེན་བཞིའི་ཆོས་འཁོར་ཡིན་ཏེ། དེའི་བརྗོད་བྱའི་གཙོ་བོ་ཀུན་ཉོན་དང་རྣམ་བྱང་ཕྱོགས་ཀྱི་བདེན་བཞི་ལ་བླང་དོར་ཡང་དག་པར་བསྟན་པའི་ཕྱིར་རོ། །

༩༽ ཐེག་པ་སྣ་ཚོགས་ངེས་དོན་འཁོར་ལོ་ཡིན།

(1.9)ཐེག་པ་སྣ་ཚོགས་པ་སྟེ་བཀའ་ཐ་མ་ནི་ཡོད་མེད་ཀྱི་མཐའ་ཐམས་ཅད་དང་བྲལ་བའི་ཟབ་ཞི་སྤྲོས་བྲལ་འོད་གསལ་འདུས་མ་བྱས་བསྟན་པས་ངེས་པ་དོན་གྱི་འཁོར་ལོ་བླ་ན་མེད་པར་སྙིང་པོ་བསྟན་པའི་མདོ་དང་དགོངས་འགྲེལ་ལས་གསུངས་པ་དེ་བཞིན་དུ་བཞེད་པའང་ཡིན་ནོ། །

6 後後種子見於前前中。

《月燈三昧經》中說：「於數千之世界中，吾所闡之一切法，文字雖異意義同，完全宣說不能盡。」[1]初轉法輪所講的空性與無我，是二轉法輪意趣之種子。第二轉法輪所講的離言絕思等，是三轉法輪意趣之種子。第三轉法輪《入楞伽經》等中所講的佛陀初於色究竟天成佛，之後再於此處成佛，是密乘意趣之種子。所以前前之中的隱義，將於後後之中顯明。

7 三轉法輪經義所決定。

可以從經典及實證兩方面之要義來確立三法輪。《解深密經》中說：「初轉法輪和二轉法輪乃具爭議者，第三轉法輪則是無爭議者，是經典之要義。」以及「佛陀為令眾生脫離輪迴，宣說了現證之道次第，此等須於化機之心續中生起。」[2]岡波巴大師說，四瑜伽與三法輪所詮為一，故也確認了三法輪。

8 律藏即是四諦之法輪。

律藏是四諦之法輪，因為宣說的是關於雜染輪迴與清淨涅槃之四諦的正確取捨。

9 雜乘所說乃了義法輪。

雜乘即第三轉法輪，宣說了離於一切有無之邊的深寂離戲光明無為法，所以是了義法輪。這也是《佛說陀羅自在王經》[3]及《解深密經》[4]中所承許。

---

1 德格版《甘珠爾》，55卷104頁封底1行，《月燈三昧經》。

2 德格版《甘珠爾》，49卷24頁封底1行，《解深密經》。

3 德格版《甘珠爾》，57卷215頁B行，原文本所說《佛說陀羅尼自在王大悲經》之經名不存。應係出自《大方等大集經》的前兩品。「陀羅尼自在王」是菩薩名，該經第二品名為〈陀羅尼自在王菩薩品〉。

4 德格版《甘珠爾》，49卷24頁封底1行，《解深密經》。

༡༠༽ མཐའ་དྲུག་དགོངས་པ་ངེས་དོན་འབའ་ཞིག་བཞེད།

(1.10) དྲང་ངེས་གཉིས། དགོངས་དགོངས་མིན་གཉིས། སྒྲ་ཇི་བཞིན་མ་ཡིན་པ་དང་ཇི་བཞིན་པ་གཉིས་ཏེ། མཐའ་དྲུག་དག་ཏུ་གསུངས་པའི་དགོངས་པ་ངེས་དོན་འབའ་ཞིག་ཡིན་ཏེ། སངས་རྒྱས་བཅོམ་ལྡན་འདས་གཉིས་སུ་མི་གསུངས་ཤིང་བདེན་པར་གསུངས་པའི་ཕྱིར་ན། ཆོས་ཐམས་ཅད་ཀུན་ངེས་དོན་བསླུ་བ་མེད་པའི་རྒྱུ་དང་འབྲས་བུ་བོ་ན་བསྟན་གྱི་དེ་ལས་བསྟན་བྱ་གཞན་ཡོད་པར་མིན་ནའང་འོན་ཀྱང་གདུལ་བྱའི་ཁྱད་པར་གྱིས་མཐའ་དྲུག་ལ་སོགས་སོ་ལུགས་སོ་སོར་སྣང་བར་བཞེད་དོ། །

གཞན་ཡང་མཐའ་དྲུག་སོགས་སྟོན་ལུགས་ཇི་ལྟར་མཛད་ཀྱང་གདུལ་བྱ་འདུལ་བའི་ཐབས་མཁས་མཐའ་ཡས་པའི་རྣམ་རོལ་ཡིན་པས་དྲུག་ཆར་ཡང་སེམས་ཅན་བླ་མེད་དུ་དྲང་བའི་གསུངས་ཡིན་པའི་ཆ་ནས་དྲང་དོན་ཡིན་ལ། སེམས་ཅན་རྣམས་ལ་ཕན་བདེ་འགྲུབ་ཚུལ་དང་སྡུག་བསྔལ་བསྐྱེད་ཚུལ་གྱི་གསུང་ལ་བསླུ་བ་མེད་པའི་ཆ་ནས་ངེས་དོན་འབའ་ཞིག་ཏུ་བཞེད་པར་གསུངས་སོ། །

༡༡༽ སེམས་ཙམ་བཀའ་ཡིས་མཐའ་བྲལ་དབུ་མ་སྟོན།

(1.11)མདོ་ལང་ཀར་གཤེགས་པ་དང་། རྒྱན་སྟུག་པོ་བཀོད་པ་སོགས་སེམས་ཙམ་དུ་སྟོན་པའི་བཀའ་ཡིས་ཀྱང་དངོས་ཀུན་སེམས་ཙམ་ལས་གཞན་དུ་མ་གྲུབ་པ་དང་། སེམས་ཀྱང་ཡོད་མེད་མཐའ་དང་བྲལ་བར་བསྟན་པས་ན་སྣང་སེམས་གཉིས་མེད་དབུ་མ་ཡི་དོན་གསལ་བར་སྟོན་པར་མཛད་དོ། །

༡༢༽ ལོག་པའི་ཀུན་རྟོག་གྱིས་ཀྱང་དོན་བྱེད་ནུས།

(1.12)བརྟག་ན་དབེན་ཞིང་རྟེན་འབྲེལ་གྱི་དབང་གྱི་མཐུན་པར་སྣང་བ་ཆུ་ཟླ་དང་གཟུགས་བརྙན་ལ་སོགས་པ་ལོག་པའི་ཀུན་རྟོག་གྱིས་ཀྱང་རང་རང་གི་ངོར་དོན་བྱེད་པར་ནུས་ཏེ་རི་དྭགས་འཛིན་མའི་བུ་ལྔ་བརྒྱ་ལ་སོགས་པ་བཞིན་ནོ། །

༡༣༽ ཇི་སྙེད་ལམ་རྣམས་ས་བཅུས་བགྲོད་པ་སྟེ།

(1.13) ཇི་སྙེད་ལམ་རྣམས་ས་བཅུས་བགྲོད་པ་སྟེ། །

མདོ་དང་སྔགས་ཇི་སྙེད་ལམ་རྣམས་ཀྱང་ས་དང་པོ་ནས་ས་བཅུའི་བར་བགྲོད་ནས་རྣམ་མཁྱེན་ཐོབ་པ་ལ་དོན་གཅིག་པ་སྟེ་མཚུངས་ནའང་ཐབས་མཁས་དང་བརྩོན་པའི་དབང་གིས་ལམ་བགྲོད་པ་ལ་མྱུར་བུལ་གྱི་ཁྱད་དང་རིམ་གྱིས་ཐོབ་པ་སྦྱངས་སྟོབས་ཀྱི་ཁྱད་པར་ཡིན་ནོ།།

10 六邊密意唯一皆了義。

不了義和了義、有密意和無密意、文義不同和文義相符，就是所謂的「六邊」。六邊皆是清淨語、真實語、了義語。佛陀世尊不異語、真實語故，一切佛法皆是宣說了義無欺之因果，此外無他。唯因化機的差別，而有六邊之分別。宣說六邊等各種內容，是為了調伏化機而化現之無邊善巧方便。六邊導引眾生至無上正等覺，從這個角度，說其為不了義；六邊皆是真實教導眾生們離苦得樂，從這個角度說其皆為了義。

11 唯識教法示離邊中觀。

《入楞伽經》[1]和《大乘密嚴經》等唯識宗經典，既講萬法唯心、心外無法，也講心離於常斷之邊。因此，於顯相與心識中清楚地宣說了中觀義理。

12 顛倒世俗[2]亦能有功用。

若觀察分析則無有，依於緣起而同分顯現，水月與色影等等的顛倒世俗也各自有其能作用之處，如鹿母夫人的五百孩子[3]的故事等。

13 一切道法十地皆趨行。

顯密所有道路，皆是從初地趨行至十地而後成佛，因此是同一意趣。但是就善巧方便和精勤方面來說，行道時有快慢與次第之差別。

---

1 德格版《甘珠爾》，49卷172頁封面4行，《大乘入楞伽經》。

2 怙主吉天頌恭說：「正世俗與倒世俗的差別乃，無煩惱之善心為動機、所做任何相關聯之業以及彼業之異熟果是正世俗；具煩惱之不善心為動機、所做任何相關聯之業以及彼業之異熟果是倒世俗。」

3 德格版《甘珠爾》，76卷127頁封底4行，《大方便佛報恩經》。

༡༤༽ དེ་ཡང་རིམ་གྱིས་འཇུག་པ་པོ་ནར་ངེས།

(1.14) སྐད་ཅིག་གམ་ཅིག་ཅར་གྱིས་བགྲོད་པར་དེ་ཡང་རིམ་གྱིས་འཇུག་པ་པོ་ནར་ངེས། དཔེར་ན་པདྨའི་འདབ་མ་མང་དུ་བརྩེགས་པ་སྐྱེས་བུ་སྟོབས་དང་ལྡན་པས་ཁབ་ཀྱིས་ཕུག་ཚེ་ཅིག་ཅར་དུ་ཕུག་པར་སྣང་ཞིང་སྣ་ནའང་ཕྱི་མ་མ་ཕུག་པར་ཕྱི་མ་མི་ཕུག་པས་རིམ་གྱིས་ཕུག་པ་ཡིན་པ་བཞིན་ནོ། །

༡༥༽ ཤེས་བྱའི་སྒྲིབ་པ་ཐོག་མར་སྤོང་བའང་ཡོད།

(1.15)གང་ཟག་གི་བྱེ་བྲག་ལས་ལས་ཉོན་ཤེས་བྱའི་སྒྲིབ་པ་རིམ་གྱིས་སྤོང་བ་དང་། ཤེས་བྱའི་སྒྲིབ་པ་ཐོག་མར་སྤོན་ལ་སྤྲངས་ནས་གཞན་གཉིས་རང་བཞིན་ཤུགས་ཀྱིས་སྤོང་བར་འགྱུར་བའང་ཡོད་པར་མི་ལས་གསུངས་པ་བཞིན་བཞེད་དོ། །

༡༦༽ ཚད་མ་སངས་རྒྱས་མཁྱེན་པའི་ཡེ་ཤེས་ཏེ།

(1.16)ཚད་མ་ཞེས་པ་མི་བསླུ་བའི་དོན་ཡིན་པས་ཚད་མ་ཐམས་ཅད་ཀྱི་མཆོག་ཏུ་གྱུར་པ་ནི་སངས་རྒྱས་བཅོམ་ལྡན་འདས་ཀྱི་ཇི་ལྟ་དང་ཇི་སྙེད་མཁྱེན་པའི་ཡེ་ཤེས་པོ་ན་ཡིན་ཏེ་མི་བསླུ་བ་མཆོག་གི་ཆོས་དང་ལྡན་པའི་ཕྱིར་ཏེ། །སློབ་དཔོན་ཕྱོགས་ཀྱི་གླང་པོས།

ཚད་མར་གྱུར་པ་འགྲོ་ལ་ཕན་བཞེད་པ། །

སྟོན་པ་བདེ་གཤེགས་སྐྱོབ་ལ་ཕྱག་འཚལ་ལོ། །ཞེས་སོ། །

༡༧༽ ཚད་མའི་འབྲས་བུ་ཟབ་མོ་སྟོང་ཉིད་སྟོན།

(1.17) ཚད་མའི་འབྲས་བུ་ཟབ་མོ་སྟོང་ཉིད་སྟོན། །

དེ་ལྟ་བུའི་ཚད་མས་འབྲས་བུ་ཟབ་མོ་སྟོང་པ་ཉིད་དང་རྟེན་འབྱུང་འགགས་པ་མེད་པའི་ཟབ་པ་དང་རྒྱ་ཆེ་བའི་ཆོས་ཚད་མ་གསུམ་དང་ལྡན་པ་འདི་ཉིད་སྟོན་པ་མཛད་པ་ཡིན་ནོ། །

རྣམ་འགྲེལ་ལུང་། གང་གི་དངོས་པོ་རྣམ་དཔྱད་ན། དེ་ཉིད་དུ་ནི་དེ་དངོས་མེད།

གང་གི་ཕྱིར་ན་དེ་དག་ལ། གཅིག་དང་དུ་མའི་རང་བཞིན་མེད།

14 決定須以漸次而趨入。

剎那或頓悟之修行，也必定是次第趨入。譬如，大力之人以針穿過多層蓮花花瓣之時，雖然看起來是一剎那間全部穿透，但實際上在外面的一層沒有穿透之前，裡面的一層不會有孔，因此仍舊是次第穿透的。

15 亦有最初先斷所知障。

在補特伽羅個體的差別中，有的是漸次斷除業障、煩惱障、所知障，也有的是先斷所知障，其餘二障則自然地斷除，如同密勒日巴尊者所說一般。[1]

16 因明乃是佛陀遍知智。

所謂「因明」或「正量」，是無有欺誑之義。因此，一切正量之中最為殊勝者，即是佛世尊的如所有智和盡所有智，是最上真實無欺之法。陳那菩薩說：「正量為利生，頂禮如來尊。」[2]

17 因明之果示甚深空性。

以因明之理，即能宣說甚深空性與緣起無滅二者之果證，以及具三正量[3]之深廣教法。《釋量論》云：「任何事物若詳辨，於彼之中無彼法，原因乃是彼等中無有一、多自性故。」[4]

---

1 2009年出版，瓦拉那西噶舉振興會，《一意廣釋・顯明智燈》45頁。

2 德格版《丹珠爾》，174卷1頁封底2行，《集量論》。

3 現量、比量、聖言量。

4 德格版《丹珠爾》，174卷132頁封面4行，《釋量論》。此引文為堪布昆巴釋論原文所無，由堪千尼瑪蔣稱補充。

(1.18) གྲུབ་མཐའ་འཛིན་པ་ཐམས་ཅད་རང་རྒྱུད་པ། །

ཕྱི་རོལ་པའི་རྟག་ཆད་གཙོ་བོ་གྱུར་པའི་གྲུབ་མཐའ་རྟག་ཆད་ཀྱི་འཛིན་སྟངས་དང་བཅས་པ་ཐམས་ཅད་ལ་སྐབས་འདིར་རང་རྒྱུད་པ་ཞེས་བྱ་སྟེ་ཕྱི་རོལ་མུ་སྟེགས་པ་ལྟ་ཞོག ནང་པ་སངས་རྒྱས་པ་ཆེན་པོར་རློམ་པ་རྣམས་ཀྱིས་ཀྱང་ཆོས་ཐམས་ཅད་ཀུན་རྫོབ་ཏུ་ཡོད་ལ་དོན་དམ་པར་མེད་ཅེས་སྨྲ་ནའང་ཤིན་ཏུ་ཕྲ་བའི་རྟག་ཆད་ཀྱི་མུ་གཉིས་ཁས་བླངས་པ་ཡིན་པས་བདེན་གཉིས་ཀྱི་དོན་ལ་རྨོངས་པ་ཡིན་ན་གཞན་སྨོས་ཅི་དགོས། དེ་སྐད་དུ་ཡང་།

རིག་པ་དྲུག་ཅུ་པའི་འགྲེལ་པ་ལས།

གང་ཡང་ཀུན་རྫོབ་ཏུ་ཡོད་པར་ཁས་བླང་བ་དེའི་ཚེ་རྟག་པར་འགྱུར་ལ།

དོན་དམ་དུ་མེད་པར་ཁས་བླང་བ་དེའི་ཚེ་ཆད་པར་འགྱུར་ན། ཞེས་གསུངས་པ་དང་།

དགེ་བའི་རྩ་བ་ཡོངས་སུ་འཛིན་པའི་མདོ་ལས།

ཡུན་རིང་དུས་སུ་ཚུལ་ཁྲིམས་བསྲུངས་བྱས་ཤིང་། །བསྐལ་པ་བྱེ་བར་བསམ་གཏན་བསྐྱེད་བྱེད་ཀྱང་། །

ཡང་དག་ཉིད་མཐའ་འདི་ནི་མི་རྟོགས་ན། །བསྟན་པ་འདི་ལ་དེ་དག་བློ་ཡོད་མིན། །ཞེས་གསུངས་སོ།

ཡང་དག་མཐའ་ནི་འཛིན་སྟངས་མཐའ་དག་དང་བྲལ་བའི་སྤྲོས་བྲལ་བསམ་བརྗོད་ལས་འདས་པ་ཉིད་ཡིན་ནོ། །

༡༩༽ མུ་སྟེགས་པ་ལའང་དགེ་བའི་བསླབ་བྱ་མང་།

(1.19)ཕྱི་རོལ་མུ་སྟེགས་པ་ཕལ་ཆེར་གྱི་རྒྱུད་ལའང་སྙིང་རྗེས་སྲོག་མི་གཅོད་པ་དང་།   མ་བྱིན་པ་མི་ལེན་པ་སོགས་དགེ་བའི་བསླབ་བྱ་མང་དུ་ཡོད་ལ་དེ་ལ་དགེ་བ་ཡང་དག་པའི་ཆ་ཙམ་འདུག་པ་དེ་དག་སྤང་དུ་མི་རུང་བ་ཡིན་པས་ན་གཞན་བསྟན་པའི་སྒོར་ཞུགས་པའི་དགེ་བའི་སྤྱོད་པ་ལ་འདུལ་བ་སོགས་ནས་གསུངས་པའི་ཕྲ་ཞིང་ཕྲ་བ་དང་དུ་ལེན་དགོས་པ་སྨོས་ཅི་དགོས། ཞེས་སོ། །

༢༠༽ ཕྱི་ནང་ཁྱད་པར་སྐྱབས་འགྲོས་འབྱེད་པ་སྟེ།

(1.20)ཕྱི་ནང་གི་ཁྱད་པར་ཡང་མཉམ་མེད་ཇོ་བོ་རྗེས་གསུངས་པ་བཞིན་དུ་དཀོན་མཆོག་གསུམ་པོ་ན་ལ་སྐྱབས་གནས་ཡང་དག་པར་ཁས་ལེན་པའི་སྐྱབས་འགྲོས་གཙོ་བོར་འབྱེད་པ་པོ་ན་སྟེ་དེ་ལས་གཞན་ལྟ་སྤྱོད་དང་སྙིང་རྗེ་དང་ཆོས་རྟགས་ཀྱི་ཕྱག་རྒྱ་བཞི་ལ་སོགས་པ་གང་གིས་ཀྱང་དེ་ལྟར་གཙོ་བོར་མི་འབྱེད་དོ། །

༢༡༽ ཐེག་པ་ཆེ་ཆུང་ཁྱད་པར་སེམས་བསྐྱེད་ཡིན།

(1.21)ཐེག་པ་ཆེ་ཆུང་ཁྱད་པར་ཡང་རྒྱུ་རིགས་དང་ལམ་དང་འབྲས་བུས་མི་ཕྱེད་པར་གཞན་དོན་པོ་ནའི་བློས་རྫ་བོ་ལྟ་བུ་ལ་སོགས་པ་གང་རུང་གིས་བྱང་ཆུབ་མཆོག་ཏུ་སེམས་བསྐྱེད་པ་པོ་ནས་གཙོ་བོར་འབྱེད་པ་ཡིན་པ་ཤེས་པར་བྱའོ། །

18 一切宗派執取皆自續。

此處所說的「自續」，是指一切以常斷見為主的外道宗派，以及彼等所持的常斷見地。不僅僅是外道，有一些自詡為大佛教徒者也說「一切法世俗有，勝義無」，此等說法也是落入微細的常斷二邊。連他們尚且不了解二諦的意義，其他人就更不必說。《六十正理論釋》中說：「若許世俗有則墮常邊，若許勝義無則墮斷邊。」[1]《總持善根經》中云：「千萬劫中持戒律，亦於長時修禪定，然若不識清淨際，教中無有此等心。」[2]清淨際是遠離一切見地之戲論、不可言詮者。

19 即使外道亦多有修善。

大多數的外道徒心相續中，也有諸如慈心戒殺、斷除偷盜等等眾多善行，這些是清淨善業的一部分，不應破斥。因此，對於初學者來說，戒律中宣說的微細善行更應當如法持守。

20 外道內道差別在皈依。

內外道的主要差別，如果依照無等覺沃傑阿底峽尊者所說[3]，就是在於真實承許三寶為唯一皈依處而皈依之。除此以外的見地、行為、慈悲、四法印等，都不是最主要的差別所在。

21 大小乘之差別在發心。

大小乘的差別，不以種姓、道路與果位而差別，唯以是否發起菩提心（如牧羊人之發心等等）而差別。

---

1 《六十正理論釋》中未見此句。

2 德格版《甘珠爾》，60卷294頁封面6行，《諸法本無經/諸法無行經》。

3 1973年在拉達克土丹次仁出版的3頁4行，《菩薩道次第論》。

༢༢༽ མདོ་དང་སྔགས་ཀྱི་ཁྱད་པར་དབང་ཡིན་ཏེ།

(1.22) མདོ་དང་སྔགས་ཀྱི་ཁྱད་པར་ཡང་ལམ་བདེ་སླ་ར་སོགས་ཀྱིས་མི་འབྱེད་པར་དབང་གིས་གཙོ་བོར་ཕྱེད་པ་ཡིན་ཏེ། འཇམ་དཔལ་རྩ་རྒྱུད་ལས།

སྔགས་པ་དཀྱིལ་འཁོར་མ་མཐོང་བར། །

གང་ཞིག་རྣལ་འབྱོར་པ་ཉིད་འདོད། །

མཁའ་ལ་ཁུ་ཚུར་གྱིས་བརྡེག་དང་། །

སྨིག་རྒྱུའི་ཆུ་ནི་འཐུང་དང་མཚུངས། །ཞེས་སོ། །དེ་བཞིན་དུ་རྒྱུད་སྡེ་བཞི་པོ་ཡང་རིམ་པར་དབང་གིས་དབྱེ་བར་བཞེད་དོ། །

༢༣༽ དེ་གཉིས་གང་མེད་རྫོགས་བྱང་ཐོབ་མི་སྲིད།

(1.23)སངས་རྒྱས་བསྒྲུབ་པ་ལ་མདོ་དང་སྔགས་ཀྱི་ཐེག་པས་རིམ་པར་སྤང་བྱ་རགས་པ་དང་ཕྲ་བ་གཙོ་བོར་སྤོང་དགོས་པས་དེ་གཉིས་མི་འགལ་བར་མ་ཟད་ཡོན་ཏན་ཡར་ལྡན་དུ་འདུ་ཞིང་གང་ཡང་རུང་བ་གཅིག་མེད་པའི་ལམ་དེ་ཁོ་ནས་རྫོགས་པའི་བྱང་ཆུབ་ཆེན་པོ་ཐོབ་པ་མི་སྲིད་པས་མདོ་སྔགས་འགལ་མེད་དུ་ཉམས་སུ་བླང་ནས་སངས་རྒྱས་བསྒྲུབ་པར་བསྟན་ཏོ། །

༢༤༽ སྡོམ་གསུམ་མི་དགེ་བཅུ་སྤོང་གནད་གཅིག་ལ།

(1.24) སོ་བྱང་སྔགས་ཀྱི་སྡོམ་པ་གསུམ་གང་དུའང་ལུས་ངག་ཡིད་ཀྱི་མི་དགེ་བ་བཅུ་སྤང་བར་བྱ་བ་ལས་བླང་བྱར་མ་གསུངས་ཏེ། དཔེར་ན་མི་ཚངས་སྤྱོད་ལྟ་བུ་ལ་འདུལ་བར་ཕམ་པ། བྱང་སེམས་ཀྱིས་ཀྱང་སྤང་བྱ། སྔགས་སུ་ཀུནྡ་འདོར་བ་རྩ་ལྟུང་དུ་གསུངས་པའི་ཕྱིར་དེ་ཉིད་སྤོང་དགོས་པ་ལ་གནད་གཅིག་པ་ཡིན་ལ་དེ་བཞིན་དུ་སྲོག་གཅོད་སོགས་ཀུན་ལ་མཚུངས་སོ། །དེ་ལྟར་ཡང་རྣམ་སྣང་མངོན་བྱང་ལས།

བཅོམ་ལྡན་འདས་ལ་གསང་བའི་བདག་པོས་གསང་སྔགས་ཀྱི་དམ་ཚིག་གང་ལགས་ཞུས་པས་མི་དགེ་བ་བཅུ་སྤོང་བའོ་ཞེས་གསུངས་པ་ལ་མི་དགེ་བ་བཅུ་ནི་མཚན་ཉིད་ཕ་རོལ་ཏུ་ཕྱིན་པ་དང་རང་སངས་རྒྱས་དང་ཉན་ཐོས་དང་ཕྱི་རོལ་པ་རྣམས་ཀྱིས་ཀྱང་སྤང་བར་བགྱིད་ན། ཅི་ལྟར་ན་མི་དགེ་བ་བཅུ་སྤངས་པས་ན་གསང་སྔགས་ཀྱི་དམ་ཚིག་ཏུ་འགྱུར་ཞུས་པས་མི་དགེ་བ་བཅུ་སྤོང་བར་གཅིག་ཀྱང་བསམ་པ་དང་འདོད་པ་ཐ་དད་པ་རྣམས་ཀྱིས་དམ་ཚིག་དང་སྡོམ་པ་ཐ་དད་པར་འགྱུར་ཞེས་སོ། །

༢༥༽ བདག་པོས་འཛོམས་པས་སྡོམ་པ་གསུམ་དུ་འོང་།

(1.25) སྡོམ་པ་གསུམ་པོ་གནད་གཅིག་པས་ངོ་བོ་ལ་ཐ་དད་དུ་མེད་ནའང་ཉམས་སུ་ལེན་མཁན་བདག་པོ་འཛོམས་པའི་དབྱེ་བས་སྡོམ་པ་གསུམ་དུ་འོང་སྟེ། དཔེར་ན་རྒྱན་གྱི་ངོ་བོ་གསེར་ཡིན་ཡང་རྒྱལ་བློན་འབངས་ཀྱི་དབྱེ་བས་རྒྱན་དེའང་གསུམ་དུ་སྣང་བ་བཞིན་ནོ། །

22 顯與密之差別在灌頂。

顯教與密教的差別，不在道路之苦樂與遲速等，主要是在於有無灌頂。《文殊根本續》中說：「未見密咒之壇城，瑜伽師欲獲成就，如同揮拳向虛空，亦如渴飲陽焰水。」[1]同樣的，四續的次第差別，也是以灌頂而區分。

23 彼二缺一不得圓滿覺。

為求佛果需要依靠顯密佛法，次第斷除粗細的所斷。因此顯密二者不但不相違，而且功德增上彙集，任一則不能得圓滿正覺。應當無有相違地修持顯密教法方成正覺。

24 三戒要義皆是斷十惡。

別解脫戒、菩薩戒、密乘三戒，皆說應斷身口意的十惡，從未有過開許。例如，非梵行是戒律的他勝罪，在菩薩乘中亦為應斷，在密乘裡則是漏失明點的根本墮罪，因此三戒皆說為應斷，要義相同。同樣地，戒殺等等也應當如是了知。在《大日如來續》中，金剛手請問佛陀：「密宗的誓言為何？」佛陀答曰：「斷除十惡。」又問：「斷十惡在顯宗、獨覺、聲聞、外道等之中也為應斷，何以成為密宗的誓言？」答曰：「斷除十惡雖然相同，但是思維和意樂不同，所以就成為不同誓言和戒律。」[2]

25 行者差別成三種律儀。

三戒同一要義，因此體性無別，然因修行者之差別成為三種戒律。例如，飾品的材質雖然同樣是金子，但是因為穿戴者有國王、大臣、民眾的差別，導致飾品也成為三種。

---

1 德格版《甘珠爾》，77卷216頁封面2行，《怛特羅王吉祥勝樂小品》。

2 德格版《甘珠爾》，86卷218頁封面1行，《大毘盧遮那成佛神變加持經》。

༢༦༽ རང་བཞིན་རྣམ་དག་བྲལ་འབྲས་ཡོན་ཏན་ལྡན།

(1.26)སེམས་ཅན་རྣམས་ལ་བདེ་གཤེགས་སྙིང་པོ་རང་བཞིན་གྱིས་རྣམ་པར་དག་པ། ཉི་མ་དང་ཟེར་བཞིན་བྲལ་འབྲས་ཀྱི་ཡོན་ཏན་ཐམས་ཅད་དང་ལྡན་པ་ཡེ་ནས་རང་ཆས་ལྷུན་གྲུབ་ཏུ་ཡོད་པའི་ཕྱིར། སངས་རྒྱས་པའི་བདག་ཉིད་ཅན་ཡིན་ཀྱང་གློ་བུར་གྱི་དྲི་མ་གཤིས་ལ་མ་ཞུགས་པའི་སྒྲིབ་པ་སྤྲིན་ལྟ་བུས་སྒྲིབ་པས་མངོན་དུ་མ་གྱུར་ནའང་ལམ་ཚོགས་གཉིས་ཀྱིས་སྒྲིབ་པ་དེ་དག་བྲལ་བ་ཙམ་གྱིས་དག་པ་གཉིས་ལྡན་གྱི་སངས་རྒྱས་སུ་སྣང་བའི་ཚུལ་སྙིང་པོ་བསྟན་པའི་མདོ་སོགས་ལས། སྟོང་གསུམ་དར་ཡུག་གི་དཔེ་ལ་སོགས་པས་བསྟན་པ་བཞིན་མགོན་པོ་བྱམས་པས་རྒྱུད་བླ་མ་ལས་ཀྱང་།

རྫོགས་སངས་སྐུ་ནི་འཕྲོ་ཕྱིར་དང་།།

དེ་བཞིན་ཉིད་དབྱེར་མེད་ཕྱིར་དང་།།

རིགས་ཡོད་ཕྱིར་ན་ལུས་ཅན་ཀུན།།

རྟག་ཏུ་སངས་རྒྱས་སྙིང་པོ་ཅན། །ཞེས་དང་།

ཉེས་པ་གློ་བུར་དང་ལྡན་དང་།།

ཡོན་ཏན་རང་བཞིན་ཉིད་ལྡན་ཕྱིར།།

ཇི་ལྟར་སྔར་བཞིན་ཕྱིས་དེ་བཞིན།།

འགྱུར་བ་མེད་པའི་ཆོས་ཉིད་དོ། །ཞེས་དང་།

འདི་ལ་བསལ་བྱ་ཅི་ཡང་མེད།།

བཞག་པར་བྱ་བ་ཅུང་ཟད་མེད།།

ཡང་དག་ཉིད་ལ་ཡང་དག་ལྟ།།

ཡང་དག་མཐོང་ན་རྣམ་པར་གྲོལ།།

རྣམ་དབྱེ་བཅས་པའི་མཚན་ཉིད་ཅན།།

གློ་བུར་དག་གིས་ཁམས་སྟོང་གི།།

རྣམ་དབྱེ་མེད་པའི་མཚན་ཉིད་ཅན། །བླ་མེད་ཆོས་ཀྱིས་སྟོང་མ་ཡིན། །ཞེས་དང་།

བརྟག་གཉིས་ལས།

སེམས་ཅན་རྣམས་ནི་སངས་རྒྱས་ཉིད།།

འོན་ཀྱང་གློ་བུར་དྲི་མས་བསྒྲིབས།།

དེ་བསལ་ནས་ནི་སངས་རྒྱས་ཉིད། །ཅེས་སོགས་མདོ་རྒྱུད་དུ་མ་ནས་བསྟན་པ་བཞིན་ནོ།།

།

26 自性清淨具離繫功德。

一切眾生所具之如來藏，本來清淨、任運成就，如太陽及陽光般具有一切斷證功德。一切眾生雖具佛陀之自性，但是因為客塵染垢如烏雲般遮蔽故，佛性不得現前。但是通過修習二資糧道，清淨彼等遮障，就能顯現具二清淨的佛陀。此等內容於宣說如來藏的諸經典中皆有記載，例如三千大千世界之綢緞等譬喻[1]。

怙主彌勒菩薩在《寶性論》中說：「圓滿佛身遍佈故，及真如性無別故，有種故凡具身者，恒常皆有如來藏。」[2]

以及「過患僅為暫時故，及具功德自性故，如同前般後亦然，無有變遷之法性。」[3]

以及「此中並無所應除，無有少分之所立，清淨觀見真實性，若見真實即解脫。具可分別之性相，諸客塵之界空寂，具無分別之性相，無上之法並非空。」[4]

《二品續》中說：「眾生皆為佛，然為客塵遮，除遮即佛陀。」[5]此等內容於經續典籍中多有宣說。

---

1 將三千大千世界之一切莊嚴全部繪畫於一綢緞上，並無餘置於一切微塵之中，是故眾生若能以天人明見之，則能開啟金剛微塵而得其無盡受用。見敬安・仁欽強秋所著《一意廣釋・珍寶悉聚不可思議藏》。

2 德格版《丹珠爾》，123卷56頁封面2行，《寶性論》第一品。

3 德格版《丹珠爾》，123卷57頁封面2行，《寶性論》第一品。

4 德格版《丹珠爾》，123卷61頁封底5行，《寶性論》第一品。

5 德格版《甘珠爾》，80卷22頁封面3行，《佛說大悲空智金剛大教王儀軌經》第四品。

༢༧༽ བྱང་ཕྱོགས་སོ་བདུན་བདེ་གཤེགས་སྙིང་པོར་ཡོད།

(1.27) དྲན་པ་ཉེ་བར་བཞག་པ་བཞི་ལ་སོགས་པ་བྱང་ཆུབ་ཕྱོགས་ཀྱི་ཆོས་སོ་བདུན་པོ་ཡང་བདེ་གཤེགས་སྙིང་པོར་གཉིས་སུ་མེད་པར་ཡོད་པ་ཡིན་ཏེ། ཆོས་དབྱིངས་སྤྲོས་བྲལ་འདུས་མ་བྱས་ལ་གཞི་ལམ་འབྲས་གསུམ་དབྱེར་མེད་པའི་གནད་ཀྱིས་སོ། །ཚུལ་འདི་དག་རྒྱུད་བླ་མར་བདེ་གཤེགས་སྙིང་པོ་ལ་རྒྱུ་འབྲས་ཀྱི་ཡོན་ཏན་ལྡན་ཚུལ་གསུངས་པ་དང་། དཔལ་འཁོར་ལོ་སྡོམ་པར་ལུས་དྲན་པ་ཉེ་བར་བཞག་པ་ནི་མཁའ་འགྲོ་མའོ། །ཞེས་སོགས་བྱང་ཕྱོགས་སོ་བདུན་དཀྱིལ་འཁོར་གྱི་ལྷ་སོ་བདུན་དུ་གསུངས་པ་སོགས་དང་དོན་གྱིས་གནད་གཅིག་གོ །

༢༨༽ ཚད་མེད་རྣམ་བཞི་སངས་རྒྱས་ངོ་བོ་ཉིད།

(1.28)དེ་བཞིན་དུ་བྱམས་སོགས་ཚད་མེད་པ་རྣམ་པ་བཞི་ཡང་གཞི་ལམ་འབྲས་བུ་ཀུན་ཏུ་སངས་རྒྱས་ཀྱི་ངོ་བོ་ཉིད་དེ་བདེ་གཤེགས་སྙིང་པོ་ཆོས་དབྱིངས་འདུས་མ་བྱས་དང་རྣམ་པར་དབྱེར་མེད་པས་སོ། །

27 如來藏具三十七道品

如來藏中亦無二具足四念住等三十七道品[1]，因為於離戲無為法性中，基道果三無有差別。在《寶性論》中說：「如來藏具因果之功德。」《總攝輪》中說：「身念住是空行母。」[2]以及說三十七道品即是壇城的三十七尊等等，要義相同。

28 四無量心是諸佛體性。

同樣的，慈無量心等等四無量心，於基、道、果中皆是佛陀之體性，與如來藏無為法性無有差別故。

---

1 三十七菩提分法：四念住、四正勤、四神足、五根、五力、七覺支、八聖道。

2 德格版《丹珠爾》，79卷35頁封面2行，《瑜珈母普行》，金剛空行女：勝樂金剛裡說的四空行女之一是金剛空行。

(1.29) ཐེག་པ་ཐམས་ཅད་རིགས་གཅིག་ཐེག་པ་གཅིག།

ཆོས་ཐམས་ཅད་མཉམ་པ་ཉིད་དུ་མངོན་པར་རྫོགས་པར་སངས་རྒྱས་པའི་བཅོམ་ལྡན་འདས་ལ་རིགས་དང་ཐེག་པ་ཐམས་ཅད་ཐ་དད་པའི་འདུ་ཤེས་མི་མངའ་བས་རྒྱུ་རིགས་གཅིག་པ་དང་ལམ་ཐེག་པ་གཅིག་པ་དང་། འབྲས་བུ་བྱང་ཆུབ་པར་གཅིག་པར་ངེས་པའི་དོན་དུ་བསྟན་པར་མཛད་པ་ཡིན་ཏེ།

མདོ་ལས། འདྲེན་པ་སེམས་ཅན་ཀུན་ལ་མཉམ་པའི་སེམས། །ང་ལ་ཐ་དད་འདུ་ཤེས་ནམ་ཡང་མེད། །

ཐེག་པ་དམན་པ་གཞན་ལ་ངས་བསྟན་ན། །དེ་ནི་ང་ལ་སེར་སྣའི་སྐྱོན་དུ་འགྱུར། །ཞེས་དང་།

ཟླ་བ་སྒྲོན་མ་ལས། འགྲོ་བ་འདི་དག་ཐམས་ཅད་སངས་རྒྱས་འགྱུར། །

འདི་ན་སྣོད་མིན་སེམས་ཅན་གང་ཡང་མེད། ། ཅེས་དང་།

མངོན་རྟོགས་རྒྱན་ལས། ཆོས་ཀྱི་དབྱིངས་ལ་དབྱེར་མེད་ཕྱིར། །རིགས་ནི་ཐ་དད་རུང་མ་ཡིན། ། ཞེས་དང་།

སྒྲ་མ་ལས། ང་ཡི་མྱ་ངན་འདའ་གཅིག་ཐེག་པ་གཅིག །ང་ཡི་ཐེག་པ་ཐ་དད་མེད་པ་སྟེ། །

ཡང་དག་ཏུ་ན་ཐེག་པ་གཅིག་ཏུ་བསྟན། །དེ་ནི་ཐབས་ཀྱི་ཡུལ་དུ་ཤེས་པར་གྱིས། །ཞེས་དང་།

མདོ་སྡེ་པད་དཀར་ལས། ཐེག་པ་ཐ་དད་པར་ནི་གང་སྟོན་པ། །སྐྱེས་མཆོག་རྣམས་ཀྱི་ཐབས་མཁས་མ་གཏོགས་པར། །

ཐེག་པ་གཅིག་སྟེ་གཉིས་སུ་ཡོད་མ་ཡིན། །འཇིག་རྟེན་ན་ནི་ནམ་ཡང་གསུམ་དུ་མེད། །

སངས་རྒྱས་རྣམས་ཀྱི་ཡེ་ཤེས་བསྟན་པའི་ཕྱིར། །འཇིག་རྟེན་དུ་ཡང་འཇིག་རྟེན་མགོན་པོ་བྱུང་། །

བྱ་བ་གཅིག་སྟེ་གཉིས་སུ་ཡོད་མ་ཡིན། །སངས་རྒྱས་ཐེག་པ་དམན་པས་མི་འདྲེན་ཏོ། །ཞེས་དང་།

འཇམ་དཔལ་མཚན་བརྗོད་ལས།

ཐེག་པ་གསུམ་གྱི་ངེས་འབྱུང་ནི། །

ཐེག་པ་གཅིག་གི་འབྲས་བུ་གནས། །ཞེས་སོ། །

དེ་ལྟ་བུའི་ཚུལ་འདི་ཤེས་ན་སེམས་ཅན་བཟང་ངན་དུ་མི་ལྟ། ཆོས་ལ་རིས་སུ་མི་གཅོད། མྱུར་དུ་རྣམ་མཁྱེན་ཐོབ་པ་ལ་སོགས་པའི་ཕན་ཡོན་བསམ་གྱིས་མི་ཁྱབ་པར་ཐོབ་པར་གསུངས་སོ། །

༣༠༽ ཉན་རང་ལོག་སྲེད་ཅན་ཡང་རྣམ་མཁྱེན་འགྱུར།

(1.30)དོན་དེའི་ཕྱིར་ཉན་རང་ལོག་སྲེད་ཅན་རྣམས་ལ་ཡང་སངས་རྒྱས་ཀྱི་ཡོན་ཏན་ཚད་མེད་པ་དང་འདུ་འབྲལ་མེད་པའི་དེ་བཞིན་གཤེགས་པའི་སྙིང་པོ་འཕེལ་འགྲིབ་དང་དྲི་གང་དང་བྲལ་བར་ཡོད་པའི་ཕྱིར་ན་རྣམ་པ་ཐམས་ཅད་མཁྱེན་པའི་གནས་སུ་འགྱུར་བར་ངེས་པ་དོན་གྱི་མདོ་རྒྱུད་དུ་མ་ནས་གསུངས་པ་བཞིན་དུ་ཤེས་པར་བྱའོ། །ཆོས་འཁོར་གནད་བསྡུས་ཀྱི་སྐབས་ཏེ་དང་པོའོ།། ༎

29 一切乘皆一乘一種姓。

對於現證一切法平等、圓滿覺悟的佛陀世尊來說，並沒有種姓與諸乘有差別的想法。因此，因位種姓相同，道位乘相同，果位佛果相同，此是了義之說。

經中說：「以平等心引導諸眾生，我於何時亦無差別觀，若我於他教示劣乘道，則我即有慳吝之過患。」[1]

《月燈三昧經》說：「如來藏遍一切諸眾生，此中絕無非器之眾生。」[2]

《現觀莊嚴論》說：「法界無差別，種性不應異。」[3]

《聖說菩薩行境變現方便境大乘經》說：「我之涅槃唯一、乘唯一，我之乘中無有諸差別，正等清淨之中闡一乘，彼乃方便之境應了知。」[4]

《法華經》中說：「十方佛土中，唯有一乘法，無二亦無三。除佛方便說，但以假名字，引導於眾生，說佛智慧故。諸佛出於世，唯此一事實，餘二則非真，終不以小乘，濟度於眾生。」[5]

《文殊真實名續》說：「於彼三乘之出離，住於一乘果之中。」[6]若能了知此義，則能不以優劣之差別而視眾生，於法教不起門戶之見，速成遍智佛陀果位。有如是等不可思議之功德利益。

30 二乘一闡提亦終成佛。

因此，一切聲聞、緣覺乃至一闡提，皆具足佛陀的無量功德，以及無有離合、無有增減的如來藏，必將成就一切種智。須知這是眾多的顯密經典中所說。

---

1 德格版《甘珠爾》，57卷98頁封面3行，藏文經名《聖菩薩行境變現方便境大乘經》。漢譯本有劉宋・求那跋陀羅譯《佛說菩薩行方便境界神通變化經》；元魏・菩提留支譯《大薩遮尼乾子所說經》。

2 德格版《甘珠爾》，55卷32頁封底7行，《月燈三昧經》。

3 德格版《丹珠爾》，80卷3頁封底2行，無著《般若波羅密多要訣現觀莊嚴論頌》第一品。

4 德格版《甘珠爾》，57卷98頁封面1行，《聖說菩薩行境變現方便境大乘經》。

5 德格版《甘珠爾》，51卷20頁封面6行，《妙法蓮華經》。

6 德格版《甘珠爾》，77卷7頁封面1行，《佛說文殊師利一百八名梵讚》。

གཉིས་པ་ནི། 2. རྟེན་འབྲེལ་གནད་བསྡུས་ཀྱི་ཚོམས།

(2.1) དགེ་སྡིག་གཉིས་ལས་ལུང་མ་བསྟན་གཞན་མེད། །

དུག་གསུམ་གྱིས་གང་བསྐྱེད་ཐམས་ཅད་མི་དགེ་བ་དང་། དེ་ལས་བཟློག་པ་དགེ་བ་སྟེ། དགེ་སྡིག་གཉིས་ལས་ལུང་མ་བསྟན་ཞེས་བྱ་བ་གཞན་ཞིག་མེད་དེ། །

ཀླུ་སྒྲུབ་ཀྱི་ཞལ་སྔ་ནས། ཆགས་དང་ཞེ་སྡང་གཏི་མུག་དང་། །དེས་བསྐྱེད་ལས་ནི་མི་དགེ་བ། །

མ་ཆགས་སྡང་གཏི་མུག་མེད། །དེས་བསྐྱེད་ལས་ནི་དགེ་བ་ཡིན། །ཞེས་གསུངས་པའི་ཕྱིར་རོ། །

དེས་བསྐྱེད་ལས་ནི་དགེ་བ་ཡིན། །ཞེས་གསུངས་པའི་ཕྱིར་རོ། །འོ་ན་བཅོམ་ལྡན་འདས་ཀྱིས་ཡོད་པར་གསུངས་སོ་ཞེ་ན། དེ་ནི་ཤེས་སྒྲིབ་ལ་དགོངས་པས་མི་དགེ་བའི་ཁོངས་སུ་ཤུགས་ཀྱིས་འདུ་སྟེ། དཔེར་ན་ཁྲིམ་ཚང་གཅིག་ལ་ཕ་དང་མ་དང་བུ་མོ་གཅིག་དང་བཅས་པ་ཡོད་ན་བསྡངས་བྱ་གསུམ་ཡོད་ཀྱང་མ་དང་བུ་མོ་རིགས་གཅིག་པས་ཕོ་མོ་གཉིས་ལས་གཞན་མེད་པ་དང་འདྲའོ། །

༢ ༽ རྟོག་གཉིས་གཅིག་ཅར་འཇུག་པ་མི་སྲིད་ལ།

(2.2)གང་ཟག་གཅིག་ལ་དུས་གཅིག་ཏུ་དགེ་མི་དགེ་ལ་སོགས་པའི་སེམས་རྟོག་བཅས་གཉིས་གཅིག་ཅར་རམ་ལྷན་གཅིག་ཏུ་འཇུག་པའམ་སྐྱེ་བ་མི་སྲིད་ལ་གལ་ཏེ་སྲིད་ན་ཤེས་རྒྱུད་གཉིས་སུ་ཐལ་བ་ལ་སོགས་པའི་སྐྱོན་དུ་འགྱུར་བས་རིམ་གྱིས་སྐྱེ་བ་ཡོ་ན་ཏེ། ཇི་སྐད་དུ།

རྟོག་གཉིས་ཅིག་ཆར་མཐོང་བ་མེད། །ཅེས་དང་།

༣ ༽ སེམས་བྱུང་ལས་ཀྱང་སེམས་ནི་འབྱུང་བའང་ཡོད།

(2.3)དེ་ལ་སྤྱིར་སེམས་ལས་སེམས་བྱུང་འབྱུང་བ་ཡིན་ན་ཡང་འོན་ཀྱང་སེམས་བྱུང་ལས་ཀྱང་སེམས་ནི་འབྱུང་བའང་ཡོད་དེ་སེམས་ཉིད་འོད་གསལ་སྦྲོས་དང་བྲལ་བ་ལས་རང་སྣང་རང་གསལ་ཤར་བ་སེམས་བྱུང་སྟེ། དེ་ལས་སླར་ཡང་སེམས་ཀྱང་འབྱུང་བ་སྟེ། དཔེར་ན་འདི་བྱ་སྙམ་པའི་སྐད་ཅིག་མ་དང་པོ་སེམས་ཡིན་ལ། དེ་སྒྲུབ་བྱེད་ཀྱི་ཐབས་བསམ་པ་སེམས་བྱུང་དང་། དེ་ཉིད་བསྒྲུབ་ཟིན་པའི་རྗེས་པ་སྐད་ཅིག་མ་དེ་སེམས་ཡིན་པས་ཡང་དེ་ལྟར་རེས་མོས་སུ་འཁོར་ཞིང་སྐྱེ་སྟེ། ལུང་ལས་ཀྱང་མ་རིག་པའི་རྐྱེན་གྱིས་འདུ་བྱེད་འདུ་བྱེད་ཀྱི་རྐྱེན་གྱིས་རྣམ་ཤེས་གསུངས་པ་བཞིན་དུ་ཕན་ཚུན་རྒྱུའི་རྐྱེན་དུ་འགྱུར་པས་ཀྱང་འགྲུབ་བོ། །

第二品 總攝普利緣起要義品

1 善惡以外沒有無記業。

一切三毒所生者皆是不善，反之則是善。除善惡二者以外，沒有無記業。龍樹菩薩說：「貪慾嗔恨與愚癡，及彼生業乃不善，無有貪嗔癡三者，彼生之業即是善。」[1]有人說：「但是佛陀曾說過有無記業。」答曰：無計業屬所知障，故仍可算做不善。例如，一家之中有父母親及一個女兒，算人數有三人，但是母親和女兒同屬女性，所以除男女兩性之外並無其他一般。

2 同時生起二念不可能。

一人無法於一時中同時生起善惡念等兩種心念，否則將導致有兩個心續等過失，所以唯有次第生起。如云：「未見同時生二心。」[2]

3 心所也有產生心之時。

一般來說，是從心中產生心所[3]，然而也有可能從心所產生心。從心性離戲光明中，產生自顯自明之心所，從彼又再產生心。例如，想要做某事的第一剎那是心，思維成辦之方法則是心所，產生事情已完成的念頭的剎那又是心，所以是如此地輪轉。經中亦說：「無明緣行，行緣識。」因此可以互為因緣。

---

1 德格版《丹珠爾》，172卷107頁封底5行，《中觀寶鬘論》。

2 德格版《丹珠爾》，174卷125頁封面6行，《釋量論》。

3 此處所說的「從心產生心所」，與一般在阿毗達摩中所說的「心」及「心所」有所不同，二者在此處指的是輪迴心及勝義本智。

༤༽ འཁོར་བའི་རྒྱ་མཚོར་ལུས་ཉིད་འཁོར་བར་བཞེད།

(2.4)འཁོར་བ་ཞེས་བྱ་བ་ཟག་བཅས་ཉེར་ལེན་གྱི་ཕུང་པོ་ལྔ་པོ་འདི་ལས་གཞན་དུ་མེད་པས་རིགས་དྲུག་གི་འཁོར་བའི་རྒྱ་མཚོར་སེམས་དང་ལུས་ཉིད་འཁོར་བར་བཞེད་དེ། གདོས་བཅས་ཀྱི་ལུས་དངོས་དང་ཡིད་དང་ཉིང་ངེ་འཛིན་གྱིས་གྲུབ་པའི་ལུས་གང་ཟུང་ལ་མ་བརྟེན་ཅིང་འབྲེལ་བ་མེད་པའི་སེམས་རྐྱང་རྐྱང་པོ་བདེ་སྡུག་མྱོང་བ་ཞིག་མེད་པས་ན་གང་དུ་བག་ཆགས་ཀྱིས་ལུས་གྲུབ་པའི་ཉེར་ལེན་གྱི་ཕུང་པོ་ལྔ་ལ་འཁོར་བ་ཞེས་བཏགས་སོ། །

༥༽ རྟེན་འབྲེལ་བཅུ་གཉིས་མ་རིག་པོ་ནས་གཡོས།

(2.5)རྟེན་འབྲེལ་བཅུ་གཉིས་ཏེ་མ་རིག་པའི་རྐྱེན་གྱིས་འདུ་བྱེད་དེ་བཞིན་དུ་རྣམ་ཤེས་དང་མིང་གཟུགས་དང་སྐྱེ་མཆེད་དང་རེག་པ་དང་ཚོར་བ་དང་སྲེད་པ་དང་ལེན་པ་དང་སྲིད་པ་དང་སྐྱེ་བ་དང་ཀ་ཤི་ལ་སོགས་སྡུག་བསྔལ་འདི་དག་རྩ་བ་མ་རིག་པ་པོ་ནས་གཡོས་ཤིང་འབྱུང་བ་ཡིན་ཏེ། འདི་ཡོད་པས་གཞན་ཐམས་ཅད་འབྱུང་ཞིང་འདི་འགགས་པས་གཞན་ཐམས་ཅད་འགག་པར་འགྱུར་ལ་དེ་གང་གིས་འགགས་ན་དེ་པོ་ན་ཉིད་རིག་པའི་བདག་མེད་རྟོགས་པའི་ཡེ་ཤེས་ཀྱིས་ཏེ། མདོ་སྡུད་པ་ལས།

སེམས་ཅན་ཐ་མ་འབྲིང་དང་མཆོག་གྱུར་ཇི་སྙེད་པ། །

དེ་ཀུན་མ་རིག་ལས་བྱུང་བདེ་བར་གཤེགས་པས་གསུངས། ཞེས་དང་།

ཡེ་ཤེས་ཚུལ་སྒོ་ཐབས་དང་རྩ་བ་ཇི་སྙེད་པ། །

དེ་ཀུན་ཤེས་རབ་པ་རོལ་ཕྱིན་པ་མཆོག་ལས་བྱུང་། །ཞེས་གསུངས་པ་བཞིན་ནོ། །

༦༽ རྟེན་འབྲེལ་བཅུ་གཉིས་སྐད་གཅིག་གཅིག་ལ་ཚང་།

(2.6)དེ་ལྟར་རྟེན་འབྲེལ་བཅུ་གཉིས་དེ་ཡང་རིང་མཐའ་ཚེ་གསུམ་དང་། སྨུར་ན་ཚེ་གཉིས་ཀྱིས་རྫོགས་པ་སྦྱིར་བཏང་དང་། བྱེ་བྲག་ཏུ་ཤིན་ཏུ་སྨུར་ན་སྐད་ཅིག་གཅིག་གིས་ཞེ་སྡང་སྐྱེ་བའི་འཁྲུལ་བློ་མ་རིག་པ་དང་། དེས་བསྐྱེད་པའི་བརྟེག་སོགས་འདུ་བྱེད་ནས་རིམ་གྱིས་བྱ་རྫོགས་ཀྱི་སྐད་ཅིག་གཅིག་ལ་ཚང་ཞིང་རྫོགས་པ་ཡོད་དེ། །སློབ་དཔོན་དབྱིག་གཉེན་གྱིས་ལུག་གཅིག་གསོད་པར་བྱེད་པའི་ཡུན་ལ་རྟེན་འབྲེལ་བཅུ་གཉིས་རྫོགས་པར་གསུངས་པས་སོ། །

4 承許輪迴大海身流轉。

所謂輪迴，除了有漏近取五蘊之外無有其他，因此承許心與身流轉於六道輪迴大海之中。若不依實質、心意或三摩地所成之三種身之任一，只有無關聯的心的話，將無法感受苦樂。因此，將習氣所成之近取五蘊身稱作輪迴。

5 十二因緣唯無明引發。

十二因緣，即無明緣行，行緣識，如是依次名色、六入、觸、受、愛、取、有、生、老死等。此等痛苦之根本皆是從無明所引發。有無明，則其餘皆生；無明滅，則其餘皆滅。滅除無明必須依靠證悟無我的智慧。如《般若攝頌》中說：「世間上中下眾生，佛言皆從無明生」[1]以及「一切智慧方便及根本，皆從智慧波羅蜜中生。」[2]

6 一剎那中具十二因緣。

一般來說，十二因緣長則於三世、短則於二世之中圓滿，最快則能於一剎那嗔心所生的迷惑無明以及由彼引生的擊打等行為，而後漸次地於成事剎那中完全圓滿[3]。如世親菩薩說：「殺一隻羊的時間裡十二因緣全部圓滿。」

---

1 德格版《甘珠爾》，34卷，16頁封面7行，《般若攝頌》。

2 德格版《甘珠爾》，34卷，16頁封底1行，《般若攝頌》。

3 第十六任直貢法王貢噶仁欽說：「剎那之中緣起輪轉圓，三世壽命（中圓滿）等乃不了義。」此處剎那即是三種剎那中之時邊際剎那。

༧༽ སེམས་ནི་ཐ་དད་དབང་གི་སྣང་བ་ཡང་།

(2.7)རི་གླིང་སོགས་སྣོད་བཅུད་ཀྱི་དངོས་པོ་གཅིག་ལ་ཆེ་ཆུང་དང་དག་པ་དང་མ་དག་པ་ལ་སོགས་པར་སྣང་ཚུལ་མི་འདྲ་བ་དུ་མ་འབྱུང་བ་ནི་ཇི་ལྟར་ཡིན་སྙམ་ན་ལས་དག་པ་དང་མ་དག་པའི་སེམས་ཅན་གྱི་སེམས་ནི་ཐ་དད་པ་མི་འདྲ་བ་སྣ་ཚོགས་པའི་དབང་གིས་སྣང་བ་དེ་ཡང་ཐ་དད་པ་མི་འདྲ་བར་སྣ་ཚོགས་སུ་སྣང་བ་ཡིན་ཏེ། དཔེར་ན་ཆུ་གཅིག་ལའང་ལྷ་རྣམས་ཀྱིས་བདུད་རྩི་དང་མིས་ཆུ་མཐོང་བ་ལ་སོགས་པ་བཞིན་ནོ།།

༨༽ ད་ལྟ་ཉིད་དུ་གང་བསྒྲུབས་འབྲས་བུར་སྨིན།

(2.8) ད་ལྟ་ཉིད་དུ་གང་བསྒྲུབས་འབྲས་བུར་སྨིན།།

སྤྱིར་ད་ལྟའི་བདེ་སྡུག་ཐམས་ཅད་སྔོན་ལས་ཀྱི་དབང་གིས་བྱུང་བ་ཡིན་ན་ཡང་། འོན་ཀྱང་བརྐོས་པར་གྱུར་ན་ས་ལས་ཆུ་དང་། གཙུབ་པར་བྱས་ན་ཤིང་ལས་མེ་འབྱུང་བ་བཞིན་དུ་ད་ལྟ་ཉིད་དུའང་བརྩོན་པ་དྲག་པོས་ལས་གང་སྒྲུབ་པའི་འབྲས་བུར་ལོངས་སྤྱོད་པ་འདི་ཡང་ཡོད་པ་ཡིན་པས་ལེ་ལོ་སྤངས་ཏེ་བླང་དོར་ལ་བརྩོན་པས་འབད་པར་བྱའོ་ཞེས་གསུངས་སོ།།

༩༽ དུས་ཀྱི་འཕེལ་འགྲིབ་ད་ལྟར་བྱ་ཡོད་ཡིན།

(2.9)སྣོད་བཅུད་ཆགས་པ་རྫོགས་ནས་གནས་པའི་བསྐལ་པ་དང་པོ་ཚེ་ལོ་དཔག་མེད་རྫོགས་ལྡན་གྱི་དུས་ནས་རིམ་པར་ལས་ངན་པའི་སེམས་ཅན་གྱིས་གསོག་འཛོག་བྱས་པ་ལ་སོགས་པས་བཅུ་པའི་བར་འགྲིབ་པ་དང་། དེའི་ཚེ་བྱམས་པའི་སྤྲུལ་པས་སྲོག་གཅོད་སྤོང་བར་བསྟན་པ་ལ་སོགས་པས་རིམ་པར་ཡར་བརྒྱད་ཁྲིར་འཕེལ་བ་ལ་སོགས་པའི་དུས་ཀྱི་འཕེལ་འགྲིབ་དགེ་སྡིག་གི་དབང་གིས་བྱུང་བས་ན་དགེ་སྡིག་སྟོབས་ལྡན་གྱིས་འཕེལ་འགྲིབ་ད་ལྟར་བྱ་ཡོད་པ་ཡིན་ཏེ། སྙིང་རྗེ་པད་དཀར་ལས།

སྔོན་བསྐལ་པ་གྲངས་མེད་འདས་པའི་ཕ་རོལ་ན། འཇིག་རྟེན་གྱི་ཁམས་ཡང་དག་འདྲེན་ཞེས་བྱ་བའི་མར་འགྲིབ་ཀྱི་ཚེ། ལོ་བརྒྱད་བཅུ་ཐུབ་པ་རྣམས་ཀྱི་ནང་དུ་བདག་ཅག་གི་སྟོན་པ་ཐུགས་རྗེ་ཅན་འདི་གདོལ་བ་སྟོབས་ཆེན་ (ཞེས་བྱ་བར་) ཞིག་ཏུ་གྱུར་ཆེ། མི་ཐམས་ཅད་དགེ་བཅུའི་ཁྲིམས་ལ་བཀོད་པས་ཚེ་ལོ་ལྔ་བརྒྱའི་བར་དུ་ཡར་འཕེལ་བར་གསུངས་པ་བཞིན་ནོ། །དེར་མ་ཟད་གང་གི་རྒྱུད་ལ་ཚུལ་ཁྲིམས་རྣམ་པར་དག་པ་དང་ཚུལ་ཁྲིམས་འཆལ་བ་དེ་གཉིས་ལ་བསྟན་པ་འཕེལ་བ་དང་འགྲིབ་པ་ཞེས་བརྗོད་པ་ཡིན་པར་བཤད་དོ།།

7 心相異故顯現亦差別。

若問：「對於山川島洲等等情器世間之同一物體上，為何有大與小、淨與不淨等諸多不同的顯現？」答曰：因為業力清淨與不清淨的眾生心有種種差別，所以有種種不同的顯現。例如對於一杯水，天人看到的是甘露，人看到的是水等等。

8 當下亦能領受所做果。

一般來說，現在的一切苦樂都是過去的業力所導致，不過如同掘地就能出水、鑽木即能生火一般，由勤奮努力就能於當時獲得事情成辦的結果。因此應當斷除懈怠，精勤於所應取捨之事。

9 時之增減現在正造作。

情器世間最初形成的初劫，是人壽無量的圓滿劫，此後因惡劣眾生積蓄資財等緣故，人壽逐漸地減至十歲。那時彌勒佛的化身降臨，宣說戒殺等善法，因此人壽又逐漸增長之八萬歲。這些壽命時長之增減是善惡業行所致，因為善惡業力而消長，所以現在也正在造作之中。

如《悲華經》中說：「往昔無量劫前，有世間名正引，減劫之時人壽八十，於諸能仁之中，我等之慈悲導師，化身為首陀羅名『具力』，將眾人安置於十善法，以致人壽增加至五百歲。」[1]

另外，行者心續中戒律的清淨或衰損，即是教法之增益與減損。

---

1 德格版《甘珠爾》，50卷269頁封底6行，《悲華經》。

༡༠༽ ཚེ་འདི་རང་ལ་མཐོང་ཆོས་གཙོ་བོར་འབྱུང་།

(2.10)ཕྱིར་ལས་ལ་མཐོང་ཆོས་སྨིན་འགྱུར་དང་། སྐྱེས་ནས་དང་ལན་གྲངས་གཞན་ལ་དང་། སྨིན་པར་མ་ངེས་པ་སོགས་ཚེ་འདིར་ལས་གང་བྱས་ཀྱི་འབྲས་བུ་རང་ལ་མཐོང་ཆོས་སུ་སྨིན་པ་གཙོ་བོར་འབྱུང་བའང་ཡོད་དེ། འདི་ལྟར་རིགས་རུས་སྤྱོད་པ་ཤིན་ཏུ་དམན་པའི་བྲན་གྱི་ཡང་ཐ་རུ་གྱུར་བ་ཞིག་ཡིན་ཀྱང་། སྡོམ་གསུམ་གང་རུང་གིས་རྒྱུད་བསྡམ་ཞིང་བླང་དོར་ལ་ཡང་དག་པར་བརྩོན་ན་རང་རྒྱུད་ཡོན་ཏན་གྱིས་འབྱོར་ཞིང་གཞན་ཆེ་དགུས་བསྟོད་ཅིང་ཞབས་སྤྱི་བོར་བླངས་ཏེ་བསོད་ནམས་ཀྱི་ཞིང་མཆོག་ཏུ་འཛིན་པར་འགྱུར་བ་དང་། ཐ་ན་ཅུང་ཟད་ཙམ་གྱིས་ཕན་གནོད་གང་སྒྲུབ་ཀྱི་ལན་དུ་འབྲས་བུ་དེ་མ་ཐག་ཏུ་འོང་ངེས་པ་ཉིད་ཡིན་པས་རྒྱུ་འབྲས་ལ་བླང་དོར་ཞིབ་པར་གཅེས་སོ།།

༡༡༽ མི་ཆོས་བཅུ་དྲུག་ལྷ་ཆོས་གནད་གཅིག་སྟེ།

(2.11) མི་ཆོས་བཅུ་དྲུག་ལྷ་ཆོས་གནད་གཅིག་སྟེ།།

མིའི་ཆོས་ལུགས་ལ་མཆོག་དམན་གཉིས་ལས་མཆོག་ནི་དགེ་བཅུ་དང་ཕ་ལ་ཕར་འཛིན་པ་དང་། དེ་བཞིན་དུ་མ་ལ་དང་དགེ་སྦྱོང་ལ་དང་བྲམ་ཟེ་ལ་དང་རྒན་ལ་རིམ་འགྲོ་དང་སློང་ལ་སྦྱིན་པ་སྟེ་མི་ཆོས་གཙང་མ་བཅུ་དྲུག་ཡིན་ཏེ་དེ་གང་ལ་ལྡན་པ་ནི་མི་རྣམས་ཀྱི་ནང་ནས་ཡ་རབས་དམ་པ་མཆོག་ཏུ་འཛིན་པར་འགྱུར་ལ་དེ་རྣམས་ཀྱང་ལྷ་ཆོས་ལ་ཡང་མེད་དུ་མི་རུང་བ་ཡིན་པས་གནད་གཅིག་པ་སྟེ།

སློབ་དཔོན་འཕགས་པས།

མི་ཡི་ཆོས་ལུགས་ལེགས་སྤྱད་ན།།

ལྷ་ཡུལ་བགྲོད་པ་ཐག་མི་རིང་།།

ལྷ་དང་མི་ཡི་ཐེམ་སྐས་ལ།།

འཛེག་ན་ཐར་པ་གམ་ན་འདུག །ཅེས་གསུངས་པ་བཞིན་ནོ།།

10 此生乃以現世報為主。

一般來說，業果分為現報業、順次生受業（下一世受）、順後次受業（未來世受）、不定受業等等。此生所做之業果，也有主要於自身成熟為現報者。例如，即便是一位種姓、行為舉止都為極為低微的最卑下奴僕，若領受到三戒中任何一戒，而如法地精勤於所應取捨之事的話，也能夠圓滿自心續之功德，並且為他人所恭敬、讚歎、頂禮，視其為殊勝之福德資糧田。所做的任何微小利害，都一定隨即領受其果，所以應當審慎於因果之取捨。

11 十六人法佛法要義同。

人之禮儀倫常，分為勝劣二種，其中殊勝者乃持守十善，以及孝養父母、恭敬比丘、尊婆羅門、長幼有序、佈施貧苦，也就是清淨的十六人法。具足此等善法之人，即是眾人中最為高尚殊勝者。此等要義於佛法中亦是不可或缺，所以說二者之要義相同。

如同龍樹菩薩所說：「若於人法善奉行，行至天界路非遙，天與人法之階梯，若躋解脫亦在前。」[1]

1 德格版《丹珠爾》，205卷103頁封面4行，《般若百頌》。

༡༢༽ གསོ་ཐལ་ཙམ་ལས་འབྲས་ཐོབ་རྒྱུན་ཆད་མེད།

(2.12)སངས་རྒྱས་བཅོམ་ལྡན་འདས་ཀྱི་བསྟན་པ་རིན་པོ་ཆེའི་གནས་ཚད་མདོ་རྒྱུད་རྣམས་སུ་མི་འདྲ་བ་དུ་མ་གསུངས་པ་ལས་ཡོངས་སུ་གྲགས་ཆེ་བ་འབུམ་ཏིཀ་སོགས་ལས་གསུངས་པ་བཞིན་ལྔ་བརྒྱ་ཕྲག་བཅུ་ལས་ཕྲག་དང་པོ་གསུམ་འབྲས་བུ་དང་། གཉིས་པ་གསུམ་སྒྲུབ་པ་དང་། གསུམ་པ་གསུམ་ལུང་གི་དུས་དང་། ཐ་མ་ཕྲག་གཅིག་རྟགས་ཙམ་འཛིན་པའི་དུས་ཏེ། དེ་ཡང་དང་པོ་ལ་འབྲས་བུ་ཐོབ་པ་མང་བས་གཙོ་ཆེ་ལ། དེ་ནས་འབྲས་བུ་ཐོབ་པ་རིམ་གྱིས་ཉུང་བར་གྱུར་པས་ཐལ་པ་ཙམ་ལ་དགོངས་པ་ལས་དེ་ཕྱིན་འབྲས་བུ་ཐོབ་པ་རྒྱུན་ཆད་པས་གཏན་ནས་མེད་པ་མིན་ཏེ། དེ་ལ་ད་ལྟ་ཡང་བརྩོན་པས་བསྒྲུབ་ན་འབྲས་བུ་ཐོབ་པ་ཡོད་ལ་དེར་མ་ཟད་ཆེ་ལོ་བཅུ་པའི་དུས་སུ་ཡང་ཡོད་པར་གསལ་ཏེ། མཁའ་འགྲོ་མ་དུས་འབྱུང་ལས། ཆེ་ལོ་བཅུ་པའི་དུས་རྒྱལ་པོ་རྡོ་རྗེ་ཅན་གྱི་རིང་ལ་དགྲ་བཅོམ་པ་འབྱུང་བར་གསུངས་སོ། །

༡༣༽ ཤེས་རབ་བསླབ་པ་ཐོག་མར་འགྲོ་བའང་ཡོད།

(2.13)སྡེ་སྣོད་རིན་པོ་ཆེ་གསུམ་གྱི་བརྗོད་བྱ་བསླབ་པ་གསུམ་ཡང་རིམ་པ་བཞིན་དུ་ཉམས་སུ་ལེན་དགོས་པ་ཡིན་ན་ཡང་ཤེས་རབ་ཀྱི་བསླབ་པ་ཐོག་མར་འགྲོ་བའང་ཡོད་པ་ཡིན་ཏེ། ཐ་སྙོབ་ཀྱི་རྟེན་འབྲེལ་ལེགས་པར་ཚོགས་ཤིང་མན་ངག་གི་གནད་དང་ལྡན་པས་ལམ་གྱི་མངོན་རྟོགས་ཤེས་ཤིང་རྒྱུད་ལ་འཁོར་བ་ཤེས་རབ་ཀྱི་བསླབ་པ་དང་། དེ་རྩེ་གཅིག་ཏུ་བསྒོམ་པ་ཏིང་ངེ་འཛིན་གྱི་བསླབ་པ་དང་། དེས་ཤེས་རབ་ཀྱི་མིག་ཐོབ་པས་རྒྱུ་འབྲས་ཟབ་མོའི་གནད་མཁྱེན་ནས་གཞན་དྲིང་མི་འཇོག་པས་ཚུལ་ཁྲིམས་ཀྱི་བསླབ་པ་མིག་འབྲས་བཞིན་དུ་བསྲུང་བ་ཡོད་དེ། དཔེར་ན་འཇིག་རྟེན་མགོན་པོས་དང་པོ་སྒོམ་མེད་ཀྱི་རྣལ་འབྱོར་མངོན་སུམ་དུ་མཛད་ནས་གཟོད་ཐུབ་པའི་བསྟན་པ་ལ་བསྙེན་པར་རྫོགས་ཏེ་ཚུལ་ཁྲིམས་རིན་པོ་ཆེར་གཅེས་སྤྲས་མཛད་པ་ལྟ་བུ་དང་། ལྕ་སྡེ་བཟང་པོ་ཡང་ཡེ་ཤེས་ཁོང་ཆུད་ཀྱིས་བསྙེན་པར་རྫོགས་པ་ཡང་དགྲ་བཅོམ་ཐོབ་པའི་རྗེས་སུ་ངུར་སྨྲིག་བགོ་བ་དང་། སྐྱ་བྲེགས་པ་དང་། རང་ཆུ་འདེབས་པ་དང་ བྱིན་ལེན་ལ་སོགས་ཞིབ་པར་མཛད་པ་ལྟ་བུ་དང་། རྗེ་སྐད་དུ་ཡོན་ཏན་རིན་ཆེན་བསྡུས་པ་ལས།

སྦྱིན་པ་སྦྱིན་པའི་སྔོན་དུ་འགྲོ་བ་ཤེས་རབ་སྟེ། །

ཚུལ་ཁྲིམས་བཟོད་པ་བརྩོན་འགྲུས་བསམ་གཏན་དེ་བཞིན་ནོ། ། །ཞེས་པས་ཤེས་རབ་ཀྱིས་ཕྱིན་དྲུག་མཆོག་ཏུ་འགྱུར་ཚུལ་གསུངས་པ་བཞིན་དུ་ཤེས་པར་བྱའོ། །

12 除多寡外證果無間斷。

佛陀聖教住世之時量，於顯密經典中有諸多不同的說法。公認的《般若十萬頌釋》[1]等中的說法是，佛法住世有十個五百年，其中前三個五百年是證法時期，之後三個五百年是修法時期，之後三個五百年是教理時期，最後一個五百年是唯形象時期。

在第一個時期中，證果之人最多，故為主要；此後證果者逐漸減少，故為次要。然而並非從此以後完全沒有證悟者，現在努力修行的話亦得證果，甚至於人壽十歲時也有證果者。

《空行母時生續》中說：「人壽十歲，石馬國王之時代，也有證阿羅漢果者。」

13 亦有先入增上慧學者。

佛法三藏的內容是戒定慧三學，一般來說須次第修持。不過也有最初從慧學起修者。師徒間若能具足善妙緣起以及要義口訣，則能生起現證並且入於心續，這就是慧學。於彼專一禪修是定學。而後開啟慧眼，故能了知因果甚深要義，不依他力而守護戒律如護眼目是戒學。例如，教主吉天頌恭首先現證得無修瑜伽，然後才領受近圓戒並嚴持戒律大寶。另外，賢者五比丘亦先開悟然後得到近圓戒，證得阿羅漢果後才進行披袈裟、剃髮、灑淨水、授受等細分之行持。如《大般若波羅密多經》中說：「佈施之前智慧乃先行，戒忍精進禪定亦如是。」[2]因此應知智慧波羅蜜是六度中之最勝。

---

1 第一前三個五百年是證果時，許多人證得預流果、一來果、不還果、阿羅漢果。第二中間三個五百年是修行時，勤修戒學、定學、慧學。第三後面三個五百年是教理時，謂多學經藏、律藏、論藏。

2 德格版《甘珠爾》，34卷5頁封面1行，《大般若波羅密多經》。

༡༤༽ ལམ་རིམ་ཐམས་ཅད་ཐུན་གཅིག་ཉམས་ལེན་དགོས།

(2.14)དཔལ་ལྡན་ཇོ་བོ་རྗེས་སྐྱེས་བུ་གསུམ་གྱི་ལམ་རིམ། སློབ་དཔོན་འཕགས་པས་རིམ་ལྔ། རིགས་ལྡན་པད་དཀར་གྱིས་སྦྱོར་དྲུག ནཱ་རོས་ཆོས་དྲུག་ལ་སོགས་པའི་ལམ་རིམ་ལས། འདིར་སྐྱབས་པ་རིན་པོ་ཆེའི་ལྔ་ལྡན་ལྔ་བུར་མཚོན་ན། བློ་ལྡོག་རྣམ་བཞི་སྐྱབས་སེམས་ནས་བསྔོ་བའི་བར་གྱི་ལམ་གྱི་རིམ་པ་ཐམས་ཅད་འགལ་མེད་དུ་ཉིན་མཚན་གྱི་ཐུན་གཅིག་སྟེ་རེ་རེའི་ནང་དུ་གོ་རིམ་མ་ལོག་པར་ཚང་བར་ཉམས་སུ་ལེན་དགོས་པ་ལས་དལ་ཁོམ་རེས་འཇོག་ཏུ་མི་བྱའོ། །ཞེས་གདམས་སོ། །

༡༥༽ ཞིང་གཅིག་ལ་ཡང་སངས་རྒྱས་གྲངས་མེད་འབྱོན།

(2.15)བདག་ཅག་གི་སྟོན་པའི་ཞིང་འདི་ལ་སོགས་པའི་སངས་རྒྱས་ཀྱི་ཞིང་ཁམས་གཅིག་ལ་ཡང་ཕྱོགས་གཞན་ན་བཞུགས་པ་ལ་སོགས་པའི་སངས་རྒྱས་གྲངས་མེད་འབྱོན་པར་འགྱུར་བ་ཡིན་ཏེ། ཐུབ་པའི་དབང་པོས་འདུས་པ་རིན་པོ་ཆེ་ཏོག་གསུངས་པའི་དུས་སུ་ཕྱོགས་བཅུའི་སངས་རྒྱས་འཁོར་དང་བཅས་པ་བྱོན་པར་གསུངས་པ་དང་། དམ་ཆོས་པད་དཀར་གསུངས་པའི་དུས་སུ་དེ་བཞིན་གཤེགས་པ་རིན་ཆེན་མང་ལ་སོགས་པའི་སངས་རྒྱས་བྱོན་ནས་ཞིང་འདིར་ཏིལ་གོང་བཞིན་དུ་གང་བར་གསུངས་པ་ལ་སོགས་པ་བཞིན་ནོ། །

འོ་ན་འགྲན་ཟླ་མེད་པའི་ལས་བསགས་པས་སངས་རྒྱས་གཉིས་མི་འབྱུང་བ་དང་། བསྟན་པ་གཅིག་ལ་སྟོན་པ་གཉིས་མི་འབྱུང་བ་གསུངས་པ་ཅི་ཞེ་ན། ཞིང་དེར་བསྐལ་གཞི་བཅའ་ཞིང་རྒྱུན་དུ་བཞུགས་པ་དང་། མཛད་པ་བཅུ་གཉིས་མཐར་ཕྱིན་པར་ཡང་མཛད་པའི་སངས་རྒྱས་གཉིས་དུས་གཅིག་ཏུ་རྡོ་རྗེ་གདན་དུ་འཚང་མི་རྒྱ་བ་ལ་དགོངས་པས་འགལ་བ་དེ་ཉིད་མེད་པར་གསུངས་སོ། །

རྟེན་འབྲེལ་གནད་བསྡུས་ཀྱི་སྐབས་ཏེ་གཉིས་པའོ།། ༎

14 諸道次第須於一座修。

吉祥阿底峽尊者之三士道的次第（《菩提道炬論》）、龍樹菩薩之五次第（《密集五次第明燈論》）、具種白蓮法王之六加行（《時輪六支加行》）、那洛巴之六法（《那洛六法》）等等有諸多道次第。此處以覺巴仁波切的五支（《大手印五具》）為代表而言，從轉心四法、皈依發心到迴向的一切道次第皆無有相違，應於日夜的每一座中無有顛倒地完整修持，不應輪番交替而修。

15 於一剎土亦有無數佛。

我等導師釋迦摩尼之化土即此娑婆世界。於如是之一佛土中，也有住於他方世界的無數佛陀降臨。例如，佛陀宣講《大方等大集經》時，十方的佛陀與眷屬悉皆降臨。宣講《法華經》時，多寶如來等佛陀降臨，猶如芝麻莢般充滿虛空。有人問道：「那麼佛陀又說過『因為所累積之業行無可匹敵，故不會出現二佛』以及『於一教中無有二導師』，是何緣故？」答曰：所謂「沒有二佛」，是說在一佛土中不會同時有兩個制定戒律、示現十二相成道、在金剛座成正等覺的佛陀，因此並無相違。

གསུམ་པ་ནི། 3. སོ་སོ་ཐར་པའི་གནད་བསྡུས་ཀྱི་ཚོམས།

(3.1) དམ་ཆོས་འདུལ་བ་ཐེག་པ་ཐུན་མོང་སྟེ། །

དེ་ལ་སངས་རྒྱས་བཅོམ་ལྡན་འདས་ཀྱིས་ཆོས་ཀྱི་ཕུང་པོ་ཇི་སྙེད་ཅིག་གསུངས་པ་ཐམས་ཅད་བསྡུ་ན། བརྗོད་བྱེད་ཀྱི་ཚིག་སྡེ་སྣོད་གསུམ་དང་བརྗོད་བྱའི་དོན་བསླབ་པ་གསུམ་མམ་སྡོམ་པ་གསུམ་དུ་འདུ་ཞིང་། དེའི་དང་པོ་དམ་པའི་ཆོས་འདུལ་བའི་སྡེ་སྣོད་ཡིན་ལ། དེ་ནི་བོད་ཀྱན་འགའ་ཞིག་གིས་ཐེག་པ་ཆུང་ངུ་ཉན་ཐོས་ཀྱི་ཆོས་སོ་ཞེས་ཟེར་ཡང་དེའི་རྗེས་སུ་མི་འབྲང་བར་རང་ལུགས་འདིར་ནི་དམ་པའི་ཆོས་འདུལ་བ་ཡི་སྡེ་སྣོད་ནི་ཐེག་པ་ཐུན་མོང་བ་སྟེ། དེའི་བརྗོད་བྱ་ལྷག་པ་ཚུལ་ཁྲིམས་ཀྱི་བསླབ་པ་ནི་ལམ་གྱི་རྟེན་མངོན་མཐོའི་དཔལ་འབྱོར་དང་ལམ་དངོས་ཐེག་གསུམ་གྱི་ལུང་རྟོགས་ཀྱི་ཡོན་ཏན་དང་། ལམ་མཐར་ཕྱིན་པའི་འབྲས་བུ་གསུམ་པོ་དང་བཅས་པ་ཐོབ་བྱེད་ཀྱི་རྒྱུ་དང་གཞི་རྟེན་ཡིན་པའི་ཕྱིར་ཏེ།

ལུང་རྣམ་འབྱེད་ལས།

ཇི་ལྟར་འདི་ན་ཤིང་རྩ་གཙོ་བོ་སྟེ། །རྣམ་པར་འཕེལ་དང་ཀུན་འཛིན་གཉིས་ཀྱི་གཞི། །

དེ་བཞིན་དམ་ཆོས་ཚོགས་རྣམས་ཀུན་གྱི་ཡང་། །རྒྱུ་དང་རྩ་བ་འདུལ་བ་ཡིན་པར་གསུངས། །ཞེས་དང་།

སངས་རྒྱས་རྣམས་དང་རང་རྒྱལ་རྣམས་ཀྱིས་ཀྱང་། །བྱང་ཆུབ་གང་བརྙེས་ཐུབ་སློབ་རྣམ་དག་པའི། །

སེམས་ཅན་དགྲ་བཅོམ་ཡོན་ཏན་ལྡན་པ་རྣམས། །དེ་ལའང་རྒྱུ་ནི་འདུལ་བ་ཡིན་པར་གསུངས། །ཞེས་གསུངས་པའི་ཕྱིར་རོ། །ལམ་སྒྲུབ་པའི་རྟེན་གྱི་ཡོན་ཏན་ཡང་འདི་ཉིད་ཀྱིས་གོང་འཕེལ་དུ་འགྲོ་སྟེ།

མདོ་ལས། སེམས་ཅན་རྣམས་ལ་ཉིན་རེ་བཞིན་དུ་བསྐལ་པ་གང་གཱའི་བྱེ་སྙེད་དུ་ལྷའི་ཟས་གོས་སྦྱིན་པ་བས་དགེ་བསྙེན་གཅིག་ལ་ཟན་གཅིག་བྱིན་པ་དེ་བས་ཀྱང་བསོད་ནམས་ཆེས་གྲངས་མེད་བསྐྱེད་པ་ལ་སོགས་པར་དགེ་སློང་ཆོས་རྗེས་འབྲང་བ་ནས་ཉན་ཐོས་ཀྱི་འབྲས་བུ་བཞི་དང་རང་རྒྱལ་དང་སངས་རྒྱས་ཞེས་པའི་སྐྲ་ཐོས་པའི་བར་དུ་རིམ་བཞིན་གོང་འཕེལ་དུ་ཆེས་ཆེར་འགྲོ་བར་གསུངས་པ་དང་། བྱང་ཆུབ་སེམས་དཔའ་ཡང་།

མདོ་སྡེ་རྒྱན་ལས། རབ་ཏུ་བྱུང་བའི་ཕྱོགས་དག་ནི། །ཡོན་ཏན་ཚད་མེད་རྣམས་དང་ལྡན། ། ཞེས་དང་།

ཐུགས་པ་ལའང་། དུས་འཁོར་ལས། དེ་ཉིད་བཅུ་ནི་ཡོངས་ཤེས་པ། །གསུམ་ལས་དགེ་སློང་མཆོག་ཡིན་ཞིང་། །

འབྲིང་པོ་དགེ་ཚུལ་ཞེས་བྱ་སྟེ། །ཁྱིམ་གནས་དེ་ལས་ཐ་མའོ། །ཞེས་གསུངས་པའི་ཕྱིར་དང་།

སྡོག་གཅོད་པ་ལ་སོགས་པ་དང་། ཆང་འཐུང་བ་ཡང་འོག་མ་ལས་གོང་མ་བཅས་སྙོ་དོག་པས་ཀྱང་ཐུན་མོང་ཞེས་བྱའོ། །

第三品 總攝別解脫戒要義品

1 正法毘奈耶為共通乘。

佛陀所宣講的八萬四千法蘊，皆總攝於能詮之三藏與所詮之三學或三戒之中，其中為首的即是正法律藏。某些老一輩的藏人說，律藏是小乘聲聞之法。但是自宗並不追隨這樣的說法，而是承許正法律藏是諸乘之共通。律藏之所詮即是增上戒學，是能夠獲得修道之所依暇滿人身、三乘道之教證功德，以及究竟果位的因和基礎。

《律分別》中說：「樹之主要為樹根，增長總持之基礎，如是一切諸正法，因與根本乃戒律」[1]、「一切諸佛獨覺眾，能獲菩提淨眾生，及具功德阿羅漢，彼等之因乃戒律。」[2]

戒學也能使得修道所依身的功德輾轉增上。如經中說，相較於恆河沙劫中每日以天界衣食佈施眾生，佈施一摶食於一優婆塞之福德更勝於前者無數倍等等。又說，能聽聞隨法行比丘之名者，乃至聽聞聲聞四果、獨覺、佛陀之名者，其福德亦漸次增勝。

《經莊嚴論》說：「一切出家眾，具無量功德。」[3]密乘中如《時輪根本續》亦說：「知十真如者，比丘為最勝，中等乃沙彌，在家眾最末。」[4]另外，對於殺生飲酒等罪業也是上上比下下更嚴格，所以戒律是共通乘。

---

1 德格版《甘珠爾》，5卷21頁封面3行，《律分別》。

2 德格版《甘珠爾》，5卷21頁封面5行，《律分別》。

3 德格版《丹珠爾》，123卷36頁封面6行，《經莊嚴論》。

4 德格版《丹珠爾》，12卷182頁封面6行，《時輪根本續》。

༢༽ ལྷག་པར་ཐེག་པ་ཆེན་པོར་གསལ་བཞུགས་ལ།

(3.2)དེ་ལ་ཡང་གཞན་དོན་དུ་དང་པོ་བྱང་ཆུབ་མཆོག་ཏུ་ཐུགས་བསྐྱེད་ཚུལ་དང་། བར་དུ་གྲངས་མེད་གསུམ་ལ་སངས་རྒྱས་རྣམས་མཆོད་ཚུལ་དང་། མཐར་ཕྱིན་དྲུག་རྫོགས་པའི་སྐྱེས་རབས་ཀྱི་སྤྱོད་པ་རྣམས་དང་། སྤྱོད་པ་དེ་དག་དང་འབྲེལ་བའི་བྱང་ཆུབ་ཆེན་པོ་ཐོབ་པའི་ཕྱིར་དུ་བསྔོ་བ་དང་སྨོན་ལམ་རྣམས་དང་། དེ་འབྲས་མཛད་པ་བཅུ་གཉིས་སོགས་སྟོན་པའི་འཚང་རྒྱ་ཚུལ་རྣམས་ཀྱང་འདུལ་བའི་ཐེ་སྐོད་དུ་སྟོན་པས་དེ་ཉིད་ལྷག་པར་ཐེག་པ་ཆེན་པོར་ཚུལ་དེས་གསལ་བར་བཞུགས་པ་ཡིན་ལ། གལ་ཏེ་དེ་དག་ཐེག་དམན་གྱི་ལམ་ཡིན་ན་ལམ་དེས་བྱང་ཆུབ་སེམས་དཔའི་ཡོན་ཏན་དང་སངས་རྒྱས་ཐོབ་པ་ག་ལ་སྲིད་དེ་མི་སྲིད་དོ། །

༣༽ ཐམས་ཅད་མཁྱེན་པའི་ཡེ་ཤེས་འདི་ཉིད་ཡིན།

(3.3)རྣམ་པ་ཐམས་ཅད་མཁྱེན་པའི་ཡེ་ཤེས་ཕོ་ནའི་སྤྱོད་ཡུལ་དུ་གྱུར་པའི་རྒྱུ་འབྲས་ཕྲ་བ་ནས་སྟོན་པའི་དམ་ཆོས་འདུལ་བ་འདི་ཉིད་ནི་བསྟན་པ་ཡིན་པར་མ་ཟད་སྟོན་པ་ཡང་ཡིན་པར་གསུངས་ཏེ། སོ་སོར་ཐར་པ་ལས།

ང་ནི་མྱ་ངན་འདས་གྱུར་ན། །

འདི་ནི་ཁྱེད་ཀྱི་སྟོན་པའོ་ཞེས། །

རང་བྱུང་ཉིད་ཀྱིས་གུས་བཅས་པར། །

ནན་ཏན་དགེ་སློང་ཚོགས་མདུན་བསྟོད། །ཅེས་སོ། །

༤༽ བར་ཆད་ལྡན་ལའང་སྡོམ་པ་སྐྱེ་ངེས་ཏེ།

(3.4) སོ་སོར་ཐར་པའི་སྡོམ་པ་དེ་ཉིད་ཞུ་བ་ལ་མི་མཐུན་པའི་ཕྱོགས་སུ་གྱུར་པ་སྐྱེ་བའི་བར་ཆད་དང་། གནས་དང་། ཁྱད་པར་གྱི་དང་། མཛེས་པའི་བར་ཆད་དང་བཞི་གསུངས་པ་ལས་སྐྱེ་བའི་བར་ཆད་དེ་དང་ལྡན་པ་ལའང་སྡོམ་པ་སྐྱེ་བར་འགྱུར་བ་སྲིད་ངེས་ཏེ། ཡིན་ན་ཡང་འབྲས་བུ་ཐོབ་པའི་བར་ཆད་ལ་དགོངས་ཏེ་སྐྱེ་བའི་བར་ཆད་དུ་གསུངས་པ་ཡིན་པར་འདུལ་བའི་གླེང་གཞི་དག་ལས་ཤེས་ཞེས་གསུངས་པས་དེ་ཉིད་དུ་ཤེས་པར་བྱའོ། །

༥༽ ངོ་བོ་རྣམ་པར་རིག་བྱེད་མིན་པའི་གཟུགས།

(3.5) སྡོམ་པ་དེ་ཡང་རྒྱུ་རྐྱེན་ཚོགས་པ་ལས་སྐྱེས་པའི་སྡོམ་པའི་ངོ་བོ་ནི་བསྟན་མེད་ཐོགས་པ་མེད་པ་ཆོས་ཀྱི་སྐྱེ་མཆེད་ཀྱི་བསྡུས་པའི་རྣམ་པར་རིག་བྱེད་མིན་པའི་གཟུགས་སུ་འདོད་དེ། མངོན་པ་མཛོད་ལས།

རྣམ་རིག་མིན་རྣམ་གསུམ་ཤེས་བྱ། །

སྡོམ་དང་སྡོམ་པ་མིན་དང་གཞན་། །

སྡོམ་པ་སོ་སོར་ཐར་ཞེས་བྱ། །

དེ་བཞིན་ཟག་མེད་བསམ་གཏན་སྐྱེས། །ཞེས་གསུངས་པ་བཞིན་ནོ། །

2 律中明白宣說大乘法。

律藏中明白宣說佛陀之本生事蹟，首先為了利他而發起殊勝菩提心，中間於三大阿僧祇劫供養諸佛，最後圓滿六波羅蜜。另外還有為證大菩提之故而做諸迴向與祈願，以及示現十二相成道之果位事業等等。此等證悟成佛之經過，在律藏中都有宣說，故說律藏中明白宣說大乘法。如果這些律藏是小乘之道的話，如何能夠獲得菩薩功德以及佛果？絕無可能。

3 戒即佛陀遍知之智慧。

微細之因果，唯是一切種智所能了知。由微細因果所宣說之正法戒律，不但是教法、也是導師。如《別解脫經》中說：「我入涅槃後，戒即汝之師，諸佛皆恭敬，殷讚比丘前。」[1]

4 具障礙者亦能得戒律。

求受別解脫戒之違品是：得戒之障礙（受戒而不得戒）、受戒而不得持久之障礙、不生特殊功德之障礙、不清淨之障礙四種[2]。即便是有得戒障礙之人，也必定能得戒。說有得戒之障礙，是指將有證果之障礙。從制戒因緣中可知。

5 戒之體性乃是無表色。

戒律亦是因緣所生，自宗許其體性為無所顯示、無有質礙之法處所攝無表色。《俱舍論》說：「所謂三種無表色，即戒惡戒與中戒。戒有所謂別解脫，無漏禪定所生戒。」[3]

---

1 德格版《甘珠爾》，5卷2頁封底2行，《別解脫經》。

2 四種障礙是：1.黃門和犯五間罪者，雖受戒，但不得戒。2.由於未得國王父母允許，雖得戒，但因不自主，故不能持久。3.未到驅鳥之年，或因病苦纏繞等，雖受戒，但不能住學處，不能學到特殊功德。4.黃髮、斷手、屠夫種姓等，雖能學習，但因為不信仰，故影響清淨。

3 德格版《丹珠爾》，140卷11頁封面6行，《俱舍論》。

(3.6) ལྡང་བ་མཐའ་དག་ལ་ནི་འདུ་ཤེས་གཙོ། །

སྡོམ་པ་དེའི་མི་མཐུན་ཕྱོགས་སྤང་བྱའི་ལྡང་བ་མཐའ་དག་ལ་ནི་དངོས་པོ་བས་འདུ་ཤེས་གཙོ་བོ་ཡིན་ཏེ།

ལུང་རྣམ་འབྱེད་ལས། དགེ་སློང་དགོན་པར་གཉིད་ལོག་པ་ཚོགས་ཅན་མས་བཀབ་པས་དགེ་སློང་གིས་བདེ་བ་བདག་གིར་མ་བྱས་པ་དང་།

དགེ་སློང་མའི་རྣམ་འབྱེད་ལས། སེར་སྐྱ་བཟང་མོ་ལ་རྒྱལ་པོ་མ་སྐྱེས་དགྲས་ཞག་བདུན་དུ་འདོད་པ་སྤྱད་ཀྱང་དགེ་སློང་མས་རེག་པ་བདག་གིར་མ་བྱས་པར་མ་ཟད་སྡུག་བསྔལ་རྒྱ་ཆེན་པོ་མྱོང་བར་ཞུས་པ་ལ་སོགས་པ་དེ་དག་ལྡང་མེད་དུ་གསུངས་པ་དང་།

མདོ་རྩ་ལས། འདུ་ཤེས་གཙོ་ཆེར་བྱེད་པ་པོ་ཉིད་ཡིན་ནོ། །དེ་ནི་ཤེས་གཙོ་བོའོ། །

མདོ་ལས།

ཆོས་ཀྱི་སྔོན་དུ་ཡིད་འགྲོ་སྟེ། །

ཡིད་མཆོག་ཡིད་ནི་གཙོ་བོ་ཡིན། །

དགེ་བའང་ཡང་ན་མི་དགེ་བའི། །

ལས་ནི་སེམས་ཀྱིས་བསགས་པའོ། །ཅེས་གསུངས་པའི་ཕྱིར་རོ། །

དེ་ལྟར་མ་ཡིན་པར་སྒོ་གསུམ་ལས་གཞན་གཉིས་བེམ་པོ་ཡིན་པས་དེ་ལ་ལྡང་དང་ལྡང་མིན་ཐ་སྙད་སུ་ཞིག་གིས་འཇོག་སྟེ་མི་འཐད་དོ། །

(3.7) ཡིད་ཀྱི་རྣམ་གསུམ་གཙོ་བོར་སྤོང་བ་དགོས། །

དེའི་ཕྱིར་སྤང་བྱ་ལ་ཡང་བརྣབ་སེམས་འདོད་ཆགས་དང་། གནོད་སེམས་ཞེ་སྡང་ལོག་ལྟ་གཏི་མུག་སྟེ་ཡིད་ཀྱི་རྣམ་པ་གསུམ་གཙོ་བོར་སྤོང་བ་དགོས་ཏེ། །

ལུང་རྣམ་འབྱེད་ལས། སངས་རྒྱས་བཅོམ་ལྡན་འདས་ཀྱིས་བཟང་སྦྱིན་དང་མཛེས་དགའ་ལ་འདོད་ཆགས་འདོད་ཆགས་དང་བྲལ་བའི་ཕྱིར་ཞེ་སྡང་འདོད་ཆགས་དང་བྲལ་བའི་ཕྱིར་གཏི་མུག་འདོད་ཆགས་དང་བྲལ་བའི་ཕྱིར་སེམས་རྣམ་པར་གྲོལ་བ་དང་། ཤེས་རབ་རྣམ་པར་གྲོལ་བའི་ཆོས་བསྟན་ན། ཅིའི་ཕྱིར་ཁྱོད་ཀྱིས་མི་མཛེས་པ་དེ་ལྟ་བུ་བྱེད། ཅེས་དང་།

སོར་མདོ་ལས། སེམས་ཏྟ་ཁ་བླན་དཀའ་བ་ལ། །

མཐུན་པ་གཟེར་རྣོན་བརྒྱ་པ་ཡི། །

སྲབ་ནི་སོ་སོར་ཐར་འདི་ཡིན། །ཞེས་གསུངས་པའི་ཕྱིར་རོ། །

6 一切墮罪以心念為主。

對於戒律違品之一切墮罪，並非以事相為主，而是以心念為主。如《律分別》中說，有比丘在寺廟睡覺時，某妓女覆身而行淫，彼時比丘並未取樂受[1]；以及《比丘尼律分別》中說，未生怨王於比丘尼妙賢母行七日非梵行，比丘尼非但未取觸受，且感受大痛苦，律典中說此等皆不犯墮罪[2]。《根本律》中說：「心念為最主要之造作者也。」[3]經中說：「諸法前行意為先，意為主導意迅速。無論善或不善業，心之所作而成辦。」[4]三門中的身口二門是色法故，於彼上安立墮與無墮之名言乃不合理。

7 主要應斷意之三種惡。

因此，應當以斷除意之巧取貪、害心嗔、謬見癡三種惡為主。《律分別》中佛陀對善施和阿難二人宣說：「心意離於貪嗔癡，即能於此得解脫，示汝解脫智慧法，何故猶做不美事？」[5]《別解脫經》中說：「心馬難駕馭，口銜鐵嚼子，此即別解脫。」[6]

---

1 德格版《甘珠爾》，5卷46頁封面3行，《律分別》。

2 德格版《甘珠爾》，9卷42頁封面2行，《苾芻尼律分別》。

3 德格版《丹珠爾》，159卷24頁封面3行，《律經根本律》。

4 德格版《甘珠爾》，72卷243頁B7行。《因緣品》。

5 德格版《甘珠爾》，5卷22頁封底3行，《律分別》。

6 德格版《甘珠爾》，5卷2頁封底7行，《別解脫經》。

(3.8) གཏོང་བའི་རྒྱུ་ཡིས་མི་གཏོང་བ་ཡང་ཡོད།།

དེ་ལྟ་བུའི་སོར་སྡོམ་དེ་ཡང་འདུལ་བ་ལུང་ལས། མཚན་ལན་གསུམ་འགྱུར་བ་དང་། ཉེ་བྲུ་མ་ལོན་པར་བསྙེན་པར་རྫོགས་པ་ལ་ཕྱིས་དེར་ཤེས་པ་དང་། དམ་པའི་ཆོས་ནུབ་པ་དང་རྩ་ལྟུང་བྱུང་བ་དང་བཞི་གསུངས་པ་དང་།

མངོན་པ་མཛོད་ལས།

བསླབ་པ་ཕུལ་དང་ཤི་འཕོས་དང་།།

མཚན་གཉིས་དག་ནི་བྱུང་བདང་།།

རྩ་བ་ཆད་དམ་མཚན་འདས་ལས།།

སོ་སོར་ཐར་པའི་འདུལ་བ་གཏོང་། །ཞེས་པས་ལྔ་སྟེ་གཏོང་བར་བྱེད་པའི་རྒྱུ་དགུ་གསུངས་པ་ཡིས་སྡོམ་པ་མི་གཏོང་བ་ཡང་ཡོད་དེ་བསླབ་པ་ཕུལ་བས་མི་གཏོང་བ་ནི།

ལུང་རྣམ་འབྱེད་དུ། ཕུལ་ལ་མ་ཉམས་པ། །ཉམས་ལ་མ་ཕུལ་བ། ཕུལ་ཡང་མ་ཕུལ་ཉམས་ཀྱང་མ་ཉམས་པ་དང་། ཕུལ་ཡང་ཕུལ་ཉམས་ཀྱང་ཉམས་པ་སྟེ། མུ་བཞིར་གསུངས་པའི་བཞི་པ་ལས་གཞན་གྱིས་མི་གཏོང་བ་ཡང་ཡོད་པ་དང་། དབང་རབ་རྣམས་ཤི་འཕོས་པས་ཀྱང་ཐར་གོམས་པའི་སྟོབས་ཀྱིས་མི་གཏོང་བ་ཡང་ཡོད་དེ།

ཁྲི་ཀང་གི་གླེང་གཞི་ལས། དགེ་སློང་ཁྲི་ལ་བསམ་གཏན་སྒོམ་པ་ཞིག་གཉིད་ཐོ་བས་ཁྲུས་ལ་སོང་ཚེ་དུག་སྦྲུལ་ཁྲི་འོག་ཏུ་ཡོད་པ་མ་མཐོང་བས་སྣར་ཁྲི་ལ་འདུག་པ་ན་དེས་ཟིན་པས་ཤི་ནས་སུམ་ཅུ་རྩ་གསུམ་པའི་ལྷར་སྐྱེས་པའི་ཚེ་ལྷའི་འདོད་ཡོན་ལ་མ་ཆགས་པ་དགེ་སློང་གི་དྲན་པ་མ་ཉམས་པར་གསུངས་པ་ལ་སོགས་པ་བཞིན་དང་། དམ་ཆོས་ནུབ་པས་ཀྱང་སྡོམ་པ་གསར་སྐྱེ་མེད་པ་ལས་སྐྱེས་ཟིན་མི་གཏོང་བར་ཐོགས་མེད་སྐུ་མཆེད་ཀྱིས་གསུངས་པ་ལ་སོགས་པ་བཞིན་ནོ། །ཁྱད་པར་དུ་འདུལ་བ་ཐེག་ཆེན་དུ་བཞེད་པའི་གནད་ཀྱིས་ཤི་འཕོས་པས་སྡོམ་པ་མི་གཏོང་ཞེས་བཤད་པ་ཡིན་ནོ།།

༧ ཕམ་པ་བཞི་ནི་བུ་ལོན་ནོར་ཅན་བཞིན།

(3.9)དེ་བཞིན་དུ་ཕམ་པ་བཞི་ལས་ནི་གང་བྱུང་ན་དེ་ཉིད་ལས་གཞན་གསུམ་གཏོང་བར་མི་འགྱུར་བར་དཔེར་ན་བུ་ལོན་ཡང་དགོས་ལ་ནོར་ཅན་ཡང་ཡིན་པ་བཞིན་དུ་འདོད་དེ། མཛོད་ལས།

ཁ་ཆེ་རྣམས་ནི་བྱུང་བ་ལ།།

བུ་ལོན་ནོར་བཞིན་གཉིས་སུ་འདོད། །ཅེས་པ་ལྟར་རོ།།

8 捨戒之因亦有不捨戒。

於此別解脫戒，《根本說一切有部毘奈耶》中說：「變更性別三次、受近圓戒後才知未滿二十歲、正法隱沒，以及犯根本墮罪此四者，是捨戒之因。」[1]《俱舍論》說：「奉還學處和死亡，謗無因果和次日，二根同時具足者，捨別解脫戒之因。」上述共計九種是捨戒諸因，然而其中亦有不捨戒之情形。例如，奉還戒律學處而不捨戒。《律分別》所說「還戒未犯戒、犯戒未還戒、還亦未還犯亦未犯、還亦還犯亦犯」，此四邊之中除了第四種，其餘皆有不捨戒之情形。也有上根之人即便死亡，由於修行之力而不捨戒者。例如在《床腳的緣起》[2]中說，有一個在座上禪修的比丘，感覺到困倦，於是去沐浴，期間毒蛇爬進座位下，比丘回來時沒有看到毒蛇，於是被毒蛇咬死。該比丘死後投生三十三天，並不貪戀於天界妙欲，並且亦沒有減損比丘之念。另外，無著兄弟說：正法隱沒時，將無法新生戒律，但是之前已生起的戒體也不會失去。特別是，由於承許戒律為大乘，因此死後也不會捨戒。

9 四他勝罪如債財同俱。

如果犯四他勝罪中之任一，並不會捨棄其餘三戒。猶如雖然是一個欠債者，但身上還有財物一般。《俱舍論》說：「喀什米爾諸師對於犯墮，承許欠債與具財。」[3]

1 德格版《丹珠爾》，140卷12頁封底7行，《俱舍論釋》。

2 德版格《甘珠爾》，8卷206頁A2行，《床腳的緣起》。

3 德格版《丹珠爾》，140卷12頁封面7行，《俱舍論釋》。

༡༠༽ སྣ་གཅིག་བསྲུངས་པས་འབྲས་བུ་མྱང་འདས་འཐོབ།

(3.10)བསླབ་གཞི་ཡོངས་རྫོགས་ལྟ་ཅི། ཐ་ན་བསླབ་པ་སྣ་གཅིག་ཙམ་ཡང་དག་པར་བླངས་ཏེ་བསྲུངས་པས་ཀྱང་འབྲས་བུ་མྱང་འདས་ཀྱི་གོ་འཕང་ཐོབ་པར་འགྱུར་བ་སྨོས་ཅི་དགོས་ལ་དེ་མ་ཟད་གོས་ངུར་སྨྲིག་བགོས་ཏེ་བཅོམ་ལྡན་འདས་ལ་སྟོན་པའི་འདུ་ཤེས་སམ་གུས་པའི་སེམས་བསྐྱེད་པ་ཙམ་གྱིས་ཀྱང་བྱང་ཆུབ་ཐོབ་པར་ཡང་། སྙིང་རྗེ་པད་དཀར་ལས།

བདག་གིས་བྱང་ཆུབ་ཐོབ་ནས་བདག་གི་བསྟན་པ་ལ་གོས་ངུར་སྨྲིག་བགོས་པར་གྱུར་བ་ལས། ལྟུང་བའི་རྩ་བ་འབྱུང་ངམ་ཉོན་མོངས་པ་ཅན་གྱི་ལྟ་བ་ལ་ཞུགས་པར་གྱུར་པའམ་དཀོན་མཆོག་གསུམ་ལ་འཕྱལ་པར་གྱུར་ཅིང་ནོངས་པ་དང་བཅས་པ་པོར་གྱུར་པའི་འཁོར་བཞི་པོ་དག་སྐད་ཅིག་ཙམ་ལ་བདག་ལ་སྟོན་པའི་འདུ་ཤེས་སམ་གུས་པའི་སེམས་བསྐྱེད་པར་གྱུར་པའི་སེམས་ཅན་དེ་དག་ལས་ཐ་ན་སེམས་ཅན་གཅིག་ཙམ་ཞིག་སྤྲངས་ཏེ། ཐེག་པ་གསུམ་པོ་དག་གིས་ཕྱིར་མི་ལྡོག་པར་ལུང་མ་བསྟན་ན་བདག་གིས་སངས་རྒྱས་བཅོམ་ལྡན་འདས་རྣམས་བསླུས་པར་གྱུར་ཅིང་བདག་འཚང་རྒྱ་བ་མ་གྱུར་ཅིག ཅེས་གསུངས་པའི་ཕྱིར་རོ། །དེས་ན་འཇིག་རྟེན་མགོན་པོས་ཀྱང་། དགེ་སློང་བརྩུན་མཁས་ཞིག་ཕྱིས་བབས་ནས་ཆུང་མ་ལ་ང་ལ་ཁྲིམས་ཉིས་བརྒྱ་ལྔ་བཅུ་རྩ་གསུམ་ལས་ད་ཐྲིན་ལེན་འདི་ལས་མེད་པས་འདི་ཀ་བརྟེན་དགོས་པས་ཁྱོད་ཀྱིས་སྟོབས་ཅིག་ཟེར་བ་དེ་གནས་ཆེ་བབས་པར་གྱུར་ཀྱང་མཁས་པ་ལ་ཡོན་ཏན་འདི་ལྟ་བུ་ཡོད་ཅེས་ཐུགས་མཉེས་པར་མཛད་ན་ཅིའི་ཕྱིར་བསླབ་པ་རིན་པོ་ཆེ་འདི་ལ་གཅེས་སྤྲས་མི་བྱེད་ཅེས་གདམས་སོ། །

༡༡༽ བཅས་དང་རང་བཞིན་ཁ་ན་མ་ཐོ་གཅིག

(3.11)སངས་རྒྱས་བཅོམ་ལྡན་འདས་དབང་ཕྱུག་ལ་སོགས་པ་ལྟར་བྱེད་པ་པོ་མིན་ཞིང་རྒྱུ་འབྲས་བསླུ་བ་མེད་པའི་རང་སྤྱིའི་མཚན་ཉིད་ཇི་བཞིན་པར་མངོན་སུམ་དུ་གཟིགས་སྟེ་སྙིང་རྗེ་ཆེན་པོས་ཉེ་རིང་མི་མངའ་བར་ཉེས་པ་སྤོང་ཞིང་ཕན་བདེ་ལ་སྦྱོར་བར་མཛད་པའི་ཆེད་དུ་སྲོག་གཅོད་ལ་སོགས་པ་མི་དགེ་བར་གྱུར་པ་རྣམས་ལ་ཕམ་ལྷག་ལ་སོགས་པ་བཅས་པའི་མིང་གིས་བསྟན་པས་ལྡོག་པ་དང་རང་བཞིན་གྱི་ཁ་ན་མ་ཐོ་བ་ངོ་བོ་གཅིག་ཅེས་གསུངས་ལ།

10 僅持一戒亦能得涅槃。

哪怕僅持一戒，只要清淨持守，也可證得涅槃果位。圓滿奉持一切戒律學處則更不必說。不僅如此，身穿袈裟並對於世尊起導師想或生恭敬心，亦得菩提。

《悲華經》說：「世尊！我成佛已，若有眾生入我法中出家著袈裟者，或犯重戒，或行邪見，若於三寶輕毀不信，集諸重罪，比丘、比丘尼、優婆塞、優婆夷，若於一念中生恭敬心，尊重世尊，或於法僧。世尊！如是眾生，乃至一人不於三乘得授記而退轉者，則為欺誑十方世界無量無邊阿僧祇等現在諸佛，必定不成阿耨多羅三藐三菩提。」[1]

怙主吉天頌恭在世時，有一位叫尊賢的比丘。他後來還俗，對其妻說：「我曾受二百五十三條戒律，現在只剩予取一條，故請你奉送飯食與我。」怙主吉天頌恭聽到後亦歡喜地說：「雖然還俗，仍有如此功德。何故不珍惜此戒律大寶呢？」

11 遮戒性戒體性乃為一。

佛陀並非是像大自在天等一般之造物主，而是現證因果真實無欺者，具大悲心，無有遠近親疏，為令眾生斷惡行善、離苦得樂，故而對於殺生等惡行，制定他勝罪、僧殘罪等戒律。雖名為遮戒，實際上體性與性罪戒相同。

1 德格版《甘珠爾》，50卷259頁封底2行，《大悲白蓮花經》。

(3.12) སྡིག་ལྟུང་ཐ་དད་མེད་ཅིང་གཅིག་པ་ཡིན།།

དེའི་ཕྱིར་སྡིག་པ་དང་ལྟུང་བ་གཉིས་ཀ་རྒྱུ་མི་དགེ་བ་ཡིན་པ་དང་། འབྲས་བུ་ངན་སོང་དུ་འགྲོ་བར་འགྱུར་བ་ལ་ཐ་དད་པའམ་ཁྱད་པར་མེད་ཅིང་གཅིག་པ་ཡིན་ཏེ།

ལུང་རྣམ་འབྱེད་ལས། ལྟུང་བ་ཞེས་བྱ་བ་ནི་དམྱལ་བ་དང་། དུད་འགྲོ་དང་། ཡི་དགས་དང་། ངན་སོང་དང་། ངན་འགྲོ་ལོག་པར་ལྟུང་བ་རྣམས་སུ་སྟེ། དེ་བས་ན་ལྟུང་བྱེད་དོ་ཞེས་གསུངས་སོ། །ཞེས་གསུངས་པས་སོ། །དེས་ན་དེ་དག་ངོ་བོ་གཅིག་ལ་ལྡོག་པ་ཐ་དད་དུ་བཞག་པ་ཡིན་ནོ།།

(3.13) བཀག་པ་ཡེ་བཀག་གནང་བ་ཡེ་གནང་ལ།།

དེའི་ཕྱིར་བཀག་པ་ཐམས་ཅད་ཡེ་ནས་བཀག་པ་སྟེ་སུ་ལའང་སྡིག་ཏུ་འགྱུར་ན་གནང་བ་མེད་ཅིང་། གནང་བ་ཐམས་ཅད་ཡེ་ནས་གནང་བ་སྟེ་སུ་ལའང་དགེ་བར་འགྱུར་ན་བཀག་པ་མེད་པ་ཡིན་ལ། དཔེར་མཚོན་ན་ཆགས་པས་བུད་མེད་ལ་རེག་པ་ལ་དགེ་འདུན་ལྷག་མ་ཡིན་པས་བཀག་ཀྱང་དེ་རྒྱུས་ཁྱེར་བ་ལ་སོགས་པས་སྲོག་དང་འབྲལ་བ་ལ་ཕན་པའི་ཕྱིར་ཇོ་དང་བོང་བའི་འདུ་ཤེས་ཀྱིས་རེག་ཅིང་འཛིན་པར་གནང་བ་མཛད་པ་ལྟ་བུ་ལ་སོགས་པའང་ཡེ་ནས་ཆགས་པས་བུད་མེད་ལ་རེག་པ་མ་གནང་ཞིང་ཇོ་དང་བོང་བ་ལ་རེག་པ་མ་བཀག་པ་ལྟ་བུའོ།།

འཇིག་རྟེན་མགོན་པོས། ཇོ་བོར་ལ་གདམས་པ་ལས། སེམས་ཉོན་མོངས་པ་ཅན་ཡིན་ཞིང་། ལས་མི་དགེ་བ་ཡིན་ལ། འབྲས་བུ་གནས་སྐབས་མཐར་ཐུག་ཐམས་ཅད་དུ་རང་གཞན་ལ་གནོད་པའི་སྐོར་གྱུར་པ་ནི་དུས་ནམ་ཡང་གནང་བ་མེད་དེ། བཀག་པ་ཡེ་བཀག་གོ། སེམས་ཉོན་མོངས་པ་མེད་ཅིང་ལས་དགེ་བ་ཡིན་ལ། འབྲས་བུ་གནས་སྐབས་དང་མཐར་ཐུགས་ཐམས་ཅད་དུ་རང་གཞན་ལ་ཕན་བདེའི་སྐོར་གྱུར་པ་ནི་དུས་ནམ་ཡང་བཀག་པ་མེད་དེ། གནང་བ་ཡེ་གནང་ངོ་།།

༡༤༽ ཆོས་ཀྱི་རྒྱལ་པོས་འགྲོ་བ་སྤྱི་ལ་བཅས།

(3.14)དེ་ཡང་མཁའ་ཁྱབ་ཀྱི་སེམས་ཅན་ཐམས་ཅད་ཀྱི་དོན་དུ་དང་པོ་ཐུགས་བསྐྱེད་པ་དང་། བར་དུ་ཚོགས་གཉིས་བསགས་པ་དང་མཐར་སངས་རྒྱས་ཏེ་ཆོས་ཀྱི་འཁོར་ལོ་བསྐོར་བར་མཛད་པའི་ཆོས་ཀྱི་རྒྱལ་པོས་མ་མཛངས་མས་བུ་དང་སྨན་པ་མཁས་པས་ནད་གསོ་བ་དང་། རྒྱལ་པོ་མཁས་པས་ཁྲིམས་བཅའ་བ་བཞིན་དུ་གདུལ་བྱའི་བློ་དང་འཚམས་པར་དགེ་སྡིག་གི་བླང་དོར་འགྲོ་བ་སྤྱིའམ་ཐམས་ཅད་ལ་བསྟན་ཅིང་བཅས་པ་ཡིན་ཏེ། སོར་ཐྲེང་གི་མདོ་ལས།

སྡིག་པ་ཐམས་ཅད་མི་བྱ་ཞིང་།།

དགེ་བ་རྣམས་ནི་རྫོགས་པར་བྱ།།

རང་གི་སེམས་ཀྱང་ཡོངས་སུ་གདུལ།།

དེ་ནི་སངས་རྒྱས་རྣམས་ཀྱི་ཀྱང་།

འདུལ་བ་བསྟུས་པའི་སྙིང་པོའོ། །ཞེས་སོགས་གསུངས་པའི་ཕྱིར་རོ།།

12 罪過犯墮體性無差別。

因此惡作[1]和墮罪兩者，因皆不善，果皆招致惡趣，是故無二無別。《律分別》說：「所謂墮罪者，即是墮入地獄、旁生、餓鬼等顛倒惡趣之義，故稱為墮。」[2]因此，罪過和墮罪乃是一體兩面。

13 遮者本遮開許亦本開。

因此，一切遮止本來即應遮止，無論對於何人皆不開許其罪；一切開許亦本來即應開許，無論對於何人亦不遮止其善。例如，出家人若以貪心碰觸女子則犯僧殘罪，故是戒律中所遮止。但是若是彼女子溺水而有生命危險時，則開許將其視作土石而救助之。因此，所遮止者是以貪心碰觸女人，而不是碰觸土石。

怙主吉天頌恭對覺貝開示說：「若以煩惱心造不善業，無論暫時或究竟上皆對自他有害，因此任何時候都不開許，這就是遮者本遮。若以無煩惱之心造諸善業，則無論於暫時或究竟上皆對自他有益，因此任何時候亦不遮止，這就是開許者本開許也。」[3]

14 為利一切眾生佛制戒。

導師佛陀最初發菩提心誓願利益等虛空一切眾生，中間積集二資糧，最後成正等覺轉動法輪，如同慈母育兒、良醫治病、明君立法一般，順應化機之根器，為一切眾生開示取捨之道，制定為戒。《指鬘經》中說：「諸惡莫作，眾善奉行，調伏自心，是戒心要。」[4]

---

1 突吉羅，意譯為惡作、小過、輕垢、越毗尼，乃一切輕罪之總稱。犯此罪者，只須對一人(故作之時)或對自己責心懺悔(非故作之時)。《善見律毗婆沙》卷九載有八種突吉羅：(一)方便突吉羅；(二)共相突吉羅；(三)重物突吉羅；(四)非錢突吉羅；(五)毗尼突吉羅；(六)知突吉羅；(七)白突吉羅；(八)聞突吉羅。另於大乘戒中，則將殺生戒等重禁之外的其餘諸罪均歸屬為突吉羅罪。

2 德格版《甘珠爾》，9卷150頁封底2字行，《律分別》。

3 德國漢堡圖書館，多傑謝拉造《一意廣釋．顯明智燈》古本：77頁封底5行。

4 德格版《甘珠爾》，62卷159頁封底2行，《指鬘經》。

༡༥༽ འགྲོ་བ་གང་གིས་འདས་ཀྱང་ཞེས་པ་དང་།

(3.15) དེས་ན་སྣང་དོར་དེ་ལས་འགྲོ་བ་གང་གིས་འདས་ཀྱང་ཊོག་པ་ཐ་དད་པའི་རང་རང་གི་ཊོག་པ་དེའི་ཞེས་པ་དང་།

༡༦༽ བསྔུངས་པའི་ཕན་ཡོན་ཡང་ནི་ཀུན་ལ་འབྱུང་།

(3.16)བསྔུངས་བའི་ཕན་ཡོན་ཡང་ནི་ཀུན་ལ་འབྱུང་བ་ཡིན་ཏེ་རིམ་པ་བཞིན་དུ་ལུང་གཞི་སོགས་ལས་སྔོན་བསྐལ་པ་དང་པོར་ས་ལུ་ལ་གསོག་འཇོག་བྱས་པས་ཞེས་པ་དང་། ཕྱི་རོལ་པའི་དྲང་སྲོང་ལྔ་བརྒྱས་གཡང་གཞི་དང་རིལ་བ་སོགས་ཡོ་བྱད་ལྷག་པ་བཅང་པས་མཙོན་ཤེས་ལྷ་ལ་སྦྱིབ་པར་གསུངས་པ་དང་། གོང་མ་སྲིག་སོགས་བཞིས་ཡུལ་དེའི་དུད་འགྲོ་ཐམས་ཅད་དང་མི་རྣམས་གཏན་ཁྲིམས་ལྔ་ལ་བཀོད་ཅིང་དེ་བསྔུངས་བའི་ཕན་ཡོན་གྱིས་ཤེ་ཚད་སུམ་ཅུ་རྩ་གསུམ་པའི་ལྷར་སྐྱེས་ཚེ་བརྒྱ་བྱིན་ངོ་མཚར་དུ་གྱུར་ཏེ།

གུས་བཅས་ཞེ་སར་བཅས་པ་དག།

དཀའ་ཐུབ་ཚུལ་ན་གནས་པ་ཡི།།

གོང་མ་སྲིག་གི་ཚངས་སྤྱོད་དག།

འཇིག་རྟེན་སོ་སོར་རབ་ཏུ་བསྟན། །ཅེས་ཆེད་དུ་བརྗོད་པ་ལ་སོགས་པ་བཞིན་ནོ།།

༡༧༽ བསྟན་ལ་ཚིག་ལྷག་པར་གལ་ཆེ་ལ།

(3.17)དེ་ལྟ་ནའང་རྒྱལ་བསྟན་རིན་པོ་ཆེར་འཇུག་པ་ལ་ཡུལ་རྟེན་གཉིས་ཕུན་སུམ་ཚོགས་ཤིང་གསོལ་བཞི་སོགས་ཀྱི་ཆོ་ག་འཁྲུལ་མེད་ཚད་ལྡན་ལ་བརྟེན་ནས་བསྙེན་པར་རྫོགས་པའི་སྡོམ་པ་བླངས་ཤིང་བསྲུང་བ་ནི་ཁྱད་པར་དུ་འཕགས་པའི་ཕྱིར་ལྷག་པར་རམ་ཤིན་ཏུ་གལ་ཆེ་བ་ཡིན་པ་ལ་སྣ་ཚོགས་དང་དེས་ཚིག་ཏུ་མ་སོང་བ་དགོས་ཏེ། ལུང་ལས།

ང་ཡོངས་སུ་མྱ་ངན་ལས་འདས་ནས་ཆོ་ག་ཕུན་སུམ་ཚོགས་པ་བསྙེན་པར་བྱའོ། །ཞེས་དང་། བསྟན་པ་དང་སྟོན་པ་གཉིས་ཀ་ཡིན་པར་གསུངས་པའི་ཕྱིར་རོ།།

༡༨༽ མི་ཤེས་གཏི་མུག་ཉེས་པ་གཞན་ལས་སྐྱེ།

(3.18)ཆགས་སྡང་སོགས་ཉེས་སྐྱོན་ཐམས་ཅད་ཀྱི་འབྱུང་ཁུངས་ནི་རྒྱུ་འབྲས་བླང་དོར་གྱི་གནས་མི་ཤེས་པའི་གཏི་མུག་ཉིད་ཡིན་པའི་ཕྱིར། ཉེས་པ་གཞན་ལས་སྐྱེ་སྟེ་ཞེ་བར་འཁོར་གྱིས་ཞུས་པའི་མདོ་ལས། འདོད་ཆགས་ནི་ཉེས་པ་ཆུང་ལ་འབྲལ་དཀའ། ཞེ་སྡང་ནི་ཉེས་པ་ཆེ་ལ་འབྲལ་སླ། གཏི་མུག་ནི་ཉེས་པ་ཆེ་ལ་འབྲལ་ཡང་དཀའ་འོ། །ཞེས་གསུངས་པས་སོ།།

15 任何眾生違背皆罪過。

因此任何眾生倘若違犯善惡之取捨，皆有各自之罪過。如在《律本事》等經典中所說，往昔初劫時，眾生因積蓄稻穀等物而獲罪，以及外道的五百仙人因積蓄多餘的座墊和淨瓶等用具而障蔽五通。

16 何者持戒皆得其利益。

反之，任何眾生若能持守戒律，則將獲得其利益。如律典中所說[1]，松雞等四種動物，與居於彼處之一切動物和人類，以終身持守五戒之緣故，死後往生三十三天。彼時，帝釋天甚為驚訝而讚揚道：「身語皆恭謹，苦行遁深林，松雞梵行者，世間廣宣揚。」[2]

17 教法之中儀軌極重要。

為了進入於佛陀之教法大寶，應當依止圓滿之皈處和所依，正確無誤地依白四羯磨等儀軌而求得近圓戒並持守之，此極為重要，不可輕率了事。如經中說：「吾般涅槃後，當依止圓滿儀軌」以及「儀軌即是教法與導師。」[3]

18 無明愚痴罪過更為重。

貪嗔等一切過患，皆是由不知因果取捨之愚癡所導致，因此愚痴之罪過較其他更重。《聖律決定優波離所問大乘經》中說：「貪欲過患小而斷除難，瞋恚過患大而斷除易，愚癡過患亦大而斷除亦難。」[4]

1 德格版《甘珠爾》，3卷256頁封面4行，《律本事》。

2 德格版《甘珠爾》，3卷192頁A3行。《律分別》。亦見敬安．仁欽強秋所著《一意廣釋・珍寶悉聚不可思議藏》。

3 德版格《甘珠爾》，5卷21頁B1行。《根本說一切有部毘奈耶》。

4 德格版《甘珠爾》，43卷119頁封底5行，《聖律決定優波離所問大乘經》。

༡༩༽ དུད་འགྲོ་གཏི་མུག་ཆེ་བས་དམན་པ་ཡིན།

(3.19)དེས་ན་ངན་སོང་གསུམ་ལས། དུད་འགྲོ་རྣམས་གཏི་མུག་ཆེ་བས་དམན་པ་ཡིན་ཏེ། དམྱལ་བ་དང་ཡི་དྭགས་ཀྱི་འགྲོ་བ་རྣམས་གནས་སྐབས་སུ་སྡུག་བསྔལ་ཆེ་ཡང་ཚེ་རབས་རྗེས་སུ་དྲན་པས་སྡིག་པ་ལ་འགྱོད་པ་དང་གཞན་ལ་སྙིང་རྗེ་སྐྱེས་པ་ལ་སོགས་པས་མྱུར་དུ་ཐར་བར་འགྱུར་བའང་ཡོད་ལ། དུད་འགྲོ་རྣམས་ནི་ཤིན་ཏུ་རྨོངས་པའི་དབང་གིས་ལས་ངན་གྱི་སྟོབས་ཀྱིས་འོག་ནས་འོག་ཏུ་འགྲོ་བའང་མང་བས་ན་མདོ་དྲན་ཉེ་ལས།

སེམས་ཅན་དམྱལ་བར་སྐྱེས་པ་ནི་བླའི། དུད་འགྲོའི་སྐྱེ་གནས་སུ་སྐྱེས་པ་ནི་དེ་ལྟ་མ་ཡིན་ནོ། །ཞེས་གསུངས་པའི་ཕྱིར་བདག་ཅག་རྣམས་ཀྱིས་རྨོངས་པ་གཏི་མུག་འདི་སྤང་བ་ལ་བརྩོན་པ་གཅེས་ཞེས་གདམས་སོ། །

(3.20) ཉམས་ལས་མ་ཐོབ་ཉེས་པ་ཆེ་བར་བཞེད། །

སྡོམ་པ་དེ་ཡང་ཞུས་ནས་མ་བསྲུང་ན་ཉེས་པ་ཆེ་ཕྱིར་དང་པོ་ཉིད་ནས་མ་ཞུས་པ་ལེགས་ཞེས་དང་། ཆོས་ཐོས་ཀྱང་བླང་དོར་མི་ནུས་པ་ཤེས་བཞིན་ཁྲིད་གསོད་ཉེས་པ་ཆེ་བས་ལྟོ་ཟེར་བ་རྣམས་སྣང་ཡང་། དེ་ཡང་ཉེས་པ་ཆེ་བ་ཡིན་མོད་ཀྱང་དེ་ལྟར་མ་ཡིན་ཏེ་སྡོམ་པ་ཉམས་པས་གནས་སྐབས་ངན་སོང་དུ་ལྷུང་ཡང་ཐར་བསྲུངས་པའི་རྒྱུས་བྱང་ཆུབ་ཐོབ་པར་འགྱུར་བས་ཉམས་པ་ལས་སྡོམ་པ་མ་ཞུས་པའམ་མ་ཐོབ་པ་ཉེས་པ་ཆེ་བ་བཞེད་དེ། བདག་གིས་སྡོམ་པ་མ་ཞུས་པས་འདི་དག་སྤྱོད་འོས་སོ་སྙམ་ཏེ་ཉེས་མཐོང་དང་འགྱོད་པ་ལ་སོགས་པ་མེད་པས་ཀུན་དཀྲིས་ཆེན་པོས་མི་དགེ་བ་འཛོལ་ཉོག་ཏུ་སྤྱོད་པས་ངན་སོང་ལས་མི་ཐར་ཞིང་བྱང་ཆུབ་ཐོབ་པའི་སྐལ་བ་མེད་པར་བྱས་པས་སོ། །

དེ་ཡང་སྙིང་རྗེ་པད་དཀར་ལས། ཀུན་དགའ་བོ་ཕྱི་མའི་དུས་ཟད་པའི་དུས་དམ་པའི་ཆོས་འཇིག་པར་འགྱུར་བའི་དུས་ན། གང་དག་ངའི་བསྟན་པ་འདི་ལ་རབ་ཏུ་འབྱུང་བར་གྱུར་པ་དག་རབ་ཏུ་བྱུང་ནས་བུའི་ལག་ནས་བཟུང་སྟེ་བུ་དང་ལྷན་ཅིག་ཏུ་ཆང་སྐྱོགས་གང་གི་ཕྱིར་ཆང་པའི་ཁྱིམ་ནས་ཆང་པའི་ཁྱིམ་དུ་འཁྱམས་པ། ངའི་དམ་པའི་ཆོས་འདིའི་རྗེས་སུ་སློབ་པ་དེ་དག་ཐམས་ཅད་ཀྱང་ཀུན་དགའ་བོ་བསྐལ་པ་བཟང་པོ་འདི་ལ་ཡོངས་སུ་མྱ་ངན་ལས་འདའ་བར་འགྱུར་རོ། །ཞེས་དང་།

ས་སྙིང་འཁོར་ལོ་བཅུ་པ་ལས།

ཙམ་པ་ཀ་ཡི་མེ་ཏོག་རྙིས་གྱུར་ཀྱང་། །

མེ་ཏོག་རྣམ་གཞན་བས་ཤིན་ཏུ་ལྷག །

དགེ་སློང་ཚུལ་ཁྲིམས་ཉམས་ཤིང་སྡིག་སྤྱོད་ཀྱང་། །

མུ་སྟེགས་ཅན་དག་ཐམས་ཅད་ཀུན་བས་མཆོག་ཅེས་གསུངས་པའི་ཕྱིར་རོ། །

19 畜生愚癡深重故最劣。

因此，三惡道中畜生之愚癡最重，故最為下劣。地獄道和餓鬼道的眾生雖然暫時經受極大痛苦，但能追憶前世而悔恨其惡，並對於他者生起悲心，以此等緣故亦有迅速解脫者。但畜生因大愚癡之故，唯以惡業之力愈趨下墮。《正法念處經》中說：「眾生縱然生於地獄，亦勝過生為畜生。」[1]因此，精進斷除愚癡乃極為重要。

20 未受戒者若犯罪更重。

有人說：「受戒後若不能持守則有大罪過，所以從一開始就不受戒的話比較好。」還有人說：「聞法而不能如法取捨，即是有意輕蔑教法，有大罪過。」這些行為雖然有大罪過，但並非如上所說一般。衰損戒律雖然暫時會墮入惡趣，但是因為曾經受戒之緣故，未來必將成就菩提。因此，比起衰損戒律而言，不受戒或不得戒而犯罪之罪過更大。若心想者「自己沒有受戒，所以可以做此類行為。」不見罪過、無有後悔，則成為上品煩惱纏縛，乃至恣意妄為造作種種不善業，如此則不能從惡趣解脫，亦更無證悟菩提之日。

《悲華經》中說：「阿難，未來最後世，正法將滅之時，若有人於我法中出家，後縱還俗，攜其子為求一瓢酒而流浪酒肆，我說此等追隨我法之一切後學，亦將於此賢劫中得涅槃果。」[2]《大乘大集地藏十輪經》中說：「瞻博迦華雖萎悴，而尚勝彼諸餘華，破戒惡行諸苾芻，猶勝一切外道眾。」[3]

1 德格版《甘珠爾》，69卷262頁封面5行，《正法念處經》。

2 德格版《甘珠爾》，59卷91頁封面6行，《大悲白蓮華經》。

3 德格版《甘珠爾》，65卷141頁封面6行，《大乘大集地藏十輪經》。

དེ་བཞིན་དུ་ཆོས་ཐོས་པ་ཕན་ཡོན་ཆེ་ཞིང་། སྡིག་པ་ལྷའང་མཁས་པས་བྱས་པའི་སྡིག་པ་བས་རྨོངས་པས་བྱས་པའི་སྡིག་པ་ཉེས་པ་ཆེ་སྟེ།

མདོ་ལས།

སངས་རྒྱས་སྤྱན་གྱིས་ཞིང་གང་ངས་མཐོང་བ། །རིན་ཆེན་བཀང་སྟེ་དེ་བཞིན་གཤེགས་བྱིན་ཡང་། །

འདི་ལྟ་བུ་ཡི་ཆོས་དེ་མ་ཐོས་ན། །དེ་ནི་བསོད་ནམས་ཆུང་ཞེས་ང་སྨྲའོ། །ཞེས་དང་།

དབྱིག་གཉེན་གྱིས། མི་མཁས་པས་ནི་སྡིག་པ་ཆུང་ངུ་བྱས་ཀྱང་འོག་ཏུ་འགྲོ། །མཁས་པས་ཆེན་པོ་བྱས་ཀྱང་གནོད་པ་རབ་ཏུ་སྤོང་བར་འགྱུར། །ལྕགས་ཀྱི་གོང་བུ་ཆུང་ཡང་ཆུ་ཡི་གཏིང་དུ་འབྱིང་འགྱུར་ལ། །དེ་ཉིད་སྣོད་དུ་བྱས་ན་ཆེ་ཡང་སྟེང་དུ་འཕྱོ་བར་འགྱུར། །ཞེས་དང་། ཉེས་པ་བཤགས་སྡོམ་ཕྱིར་བཅོས་ཀྱིས་སོར་ཆུད་པ་ཡང་། རབ་ཏུ་བྱུང་བའི་གཞི་ལས། གང་གིས་སྡིག་པའི་ལས་བྱས་པ།

དགེ་བ་ཡིས་ནི་འགོག་བྱེད་དེ། །

ཉི་ཟླ་སྤྲིན་ནས་བྱུང་བ་ལྟར། །

འཇིག་རྟེན་འདིར་ནི་དེར་སྣང་འགྱུར། །ཞེས་གསུངས་པའི་ཕྱིར་རོ། །གཞན་ཡང་བཅས་རང་གཅིག་པ་སོགས་ལ་མུ་བཞི་ལ་སོགས་པའི་རྣམ་བཤད་སྐབས་ཐོབ་སོ་སོར་སྤྱི་ན་མང་ངོ་། །ཞེས་གསུངས་སོ། །སོ་སོ་ཐར་པའི་གནད་བསྡུས་ཀྱི་སྐབས་ཏེ་གསུམ་པའོ།། །།

བཞི་པ་ནི། 4. བྱང་སེམས་གནད་བསྡུས་ཀྱི་ཚོམས།

(4.1) བྱང་ཆུབ་སེམས་དང་སྙིང་རྗེ་ཐ་དད་ཡིན། །

མགོན་པོ་བྱམས་པས། སེམས་བསྐྱེད་པ་ནི་གཞན་དོན་ཕྱིར། །ཡང་དག་རྫོགས་པའི་བྱང་ཆུབ་འདོད། །ཅེས་པ་ལྟར་དོན་གཉིས་ལྡན་པའི་བྱང་ཆུབ་ཀྱི་སེམས་དང་། སེམས་ཅན་སྡུག་བསྔལ་དང་བྲལ་འདོད་ཀྱི་སྙིང་རྗེ་གཉིས། རྒྱུ་དང་འབྲས་བུར་གྱུར་པའི་ཆ་ནས་ཐ་དད་པ་ཡིན་ཏེ།

དཔལ་ལྡན་ཟླ་བས།

ཉན་ཐོས་སངས་རྒྱས་འབྲིང་རྣམས་ཐུབ་དབང་སྐྱེས། །སངས་རྒྱས་བྱང་ཆུབ་སེམས་དཔའ་ལས་འབྱུངས་ཤིང་། །

སྙིང་རྗེའི་སེམས་དང་གཉིས་སུ་མེད་བློ་དང་། །བྱང་ཆུབ་སེམས་ནི་རྒྱལ་སྲས་རྣམས་ཀྱི་རྒྱུ། །ཞེས་གསུངས་པའི་ཕྱིར་རོ། །

如是，愚者聽聞佛法，將比智者聽聞佛法具有更大的功德，而如果愚者造惡業，亦將比智者造惡業之罪更重。經云：「佛眼所見諸佛土，雖滿珍寶供善逝，若於是法不曾聞，我說彼等福甚少。」[1]世親菩薩在《阿毗達摩俱舍論》中說：「愚者縱造小惡亦下墮，智者造大惡亦能離害，鐵塊雖小亦將沉水底，若盛器中雖大亦可浮。」[2]若能懺悔罪業，則可修復其戒律之衰損。如《律本事》之〈出家事〉中說：「何者造作諸惡業，以善業力能滅除，猶如日月出於雲，於此世間現光明。」[3]另外，關於遮戒性戒一如等四邊之理，注疏眾多[4]，有意樂者可詳閱。

第四品 總攝菩提心戒要義品

1 菩提心與悲心不相同。

彌勒菩薩說：「發心為利他，志求圓菩提。」[5]具足自他二利的菩提心與希求眾生離苦之悲心二者，從因果的角度來說是不同的。如同月稱論師說：「聲聞緣覺從佛生，佛陀乃從菩薩生，大悲心與無二慧，菩提心是佛子因。」[6]

---

1 德格版《甘珠爾》，57卷240頁A3行。《聖決定說如來大悲大乘經》。

2 德格版《丹珠爾》，141卷21頁封面3行，《阿毗達摩俱舍論》。

3 德版格《甘珠爾》，1卷121頁B2行。《律本事》之〈出家事〉。

4 2007年在印度出版的《吉天頌恭文集》，6卷127頁12行，《一意難釋》。

5 德格版《丹珠爾》，80卷2頁封底5行，無著《般若波羅密多要訣現觀莊嚴論頌》。

6 德格版《丹珠爾》，102卷201頁封底1行，《入中觀論》。

༢༽ བྱང་ཆུབ་སེམས་དཔའི་སྡོམ་པའི་རྟེན་ཅན་བཞེད།

(4.2)རྒྱུ་དེ་ལྟར་གྱི་བྱང་ཆུབ་སེམས་དཔའི་སེམས་བསྐྱེད་ཀྱི་སྡོམ་པ་དེ་ཡང་སོ་ཐར་གྱི་སྡོམ་པའི་གཞི་རྟེན་མེད་ན་མི་སྐྱེ་བས་དེའི་རྟེན་ཅན་དུ་བཞེད་དེ། མཉམ་མེད་ཇོ་བོས།

སོ་སོར་ཐར་པ་རིགས་བདུན་གྱི།།

རྟག་ཏུ་སྡོམ་གཞན་ལྡན་པ་དང་།།

བྱང་ཆུབ་སེམས་དཔའི་སྡོམ་པ་ཡི།།

སྐལ་བ་ཡོད་ཀྱི་གཞན་དུ་མིན། །ཞེས་གསུངས་པའི་ཕྱིར་རོ། །དབུ་མའི་ལུགས་ལའང་སྐབས་སྡོམ་སྡོན་དུ་འགྲོ་དགོས་པས་མི་འགལ་བར་ཤེས་པར་བྱའོ། །དེས་ན་སོར་སྡོམ་ཐེག་དམན་ཉན་ཐོས་ཀྱི་ཆོས་ཡིན་ནོ་ཞེས་བརླས་པར་མི་བྱ་བར་མཆོག་ཏུ་གཅེས་པར་བྱའོ།།

༣༽ སོ་སོ་སྐྱེ་བོ་ལ་ཡང་འཇུག་སྡོམ་སྐྱེ།

(4.3)སྨོན་འཇུག་གི་ངོས་འཛིན་གྱི་བཞེད་པ་མི་འདྲ་བ་ཡོད་ཀྱང་སོ་སོའི་སྐྱེ་བོ་ལ་ཡང་འཇུག་སྡོམ་སྐྱེ་བ་ནི། དཔལ་ལྡན་ཇོ་བོ་རྗེ་དང་ཞི་ལྷའི་དགོངས་པ་ལྟ་ན་མེད་པ་ཡིན་ནོ།།

༤༽ ཅི་རིགས་ཀྱིས་ཀྱང་འཇུག་པའི་སྡོམ་པར་འགྱུར།

(4.4) དེ་ཡང་སྡོམ་པའི་ཚུལ་ཁྲིམས། དགེ་བ་ཆོས་སྡུད། སེམས་ཅན་དོན་བྱེད་ཀྱི་ཚུལ་ཁྲིམས་གསུམ་ཡོངས་སུ་རྫོགས་པ་མཐར་ཐུག་པ་ནི་སངས་རྒྱས་ཀྱི་སྤྱོད་ཡུལ་ཡིན་ཀྱང་སྦྱིན་སོགས་དགེ་རྩ་ཅི་རིགས་ཀྱིས་ཀྱང་འཇུག་པའི་སྡོམ་པར་འགྱུར་ཏེ། ཐ་ན་ཕྱག་ལན་གཅིག་འཚལ་བ་ལའང་རང་དོན་ཡིད་བྱེད་སོགས་ཉེས་སྐྱོན་དང་བྲལ་བ་ཉེས་སྤྱོད་སྡོམ་པའི་ཚུལ་ཁྲིམས་དང་། དང་བའི་ཡིད་ཀྱི་ཕྱག་དེ་ཉིད་དགེ་བ་ཆོས་སྡུད་དང་། གཞན་དོན་དུ་དམིགས་པ་སེམས་ཅན་དོན་བྱེད་ཀྱི་ཚུལ་ཁྲིམས་དང་གསུམ་ཀ་ཚང་བར་འགྱུར་བས་ན་སྒོ་དུ་མ་ནས་བག་ཡོད་པས་སྤོག་ལ་བརྩོན་ཏེ་འབད་པར་བྱའོ།།

༥༽ ཉོན་མོངས་ཅན་མིན་ལྟུང་བ་མི་སྲིད་ཅིང་།

(4.5) བྱང་སེམས་ལའང་ཉོན་མོངས་པ་ཅན་མིན་པའི་ལྟུང་བ་རྩ་བ་དང་ཡན་ལག་གང་དུའང་མི་སྲིད་ཅིང་མེད་དོ།།

༦༽ ཉེས་པར་མི་འགྱུར་མི་དགེ་གནང་བ་མེད།

(4.6) ཉེས་པར་མི་འགྱུར་མི་དགེ་གནང་བ་མེད།

ཉོན་མོངས་པ་ཅན་དེ་ལ་ཡང་ཚ་བ་མེད་པའི་མེ་མི་སྲིད་པ་བཞིན་དུ་ཉེས་པར་མི་འགྱུར་བའི་མི་དགེ་བ་ཡང་མི་སྲིད་པས་ཉོན་མོངས་པ་རང་མཚན་པ་ཞིག་སུ་ལའང་གནང་བ་མེད་དེ།

འཕྲུལ་དག་བདེན་པའི་མདོ་ལས།

དབང་མེད་ལས་ཀྱི་རྣམ་སྨིན་འབྱུང་བ་ལ།།

སངས་རྒྱས་བཅོམ་ལྡན་འདས་ནི་མངའ་མི་མཛད། །ཅེས་གསུངས་པའི་ཕྱིར་རོ།།

2 菩提心戒也有其所依。

此菩提心戒，若無別解脫戒的基礎則不能生起，因此承許菩提心戒也有其所依。無比阿底峽尊者說：「依靠七別解脫戒[1]，則具足受持其他戒以及菩薩戒之條件，否則即不具。」[2]應知中觀派中受菩薩戒之前亦須先受皈依戒，故無相違。因此不應說「別解脫戒是劣乘聲聞之法」並對其輕視，此為至要。

3 凡夫亦生行菩提心戒。

雖然對於願、行菩提心之定義有不同的說法，但凡夫眾生亦能生起行菩提心戒，這是具德阿底峽尊者和寂天論師之無上意趣。

4 任何善行皆成行心戒。

雖然律儀戒、攝善法戒和饒益有情戒三種菩薩之戒律，唯有佛陀方能臻至圓滿究竟，但佈施等任何善根，都能成為行菩提心戒。乃至僅僅做一次頂禮，也具足三種戒律：遠離於自私自利等過患，是律儀戒；以虔誠心禮拜，是攝善法戒；緣觀利他，是饒益有情戒。因此應當以各種方式無有放逸、不惜身命地精勤修善。

5 無煩惱之墮罪不可能。

無論是在根本或是支分的菩提心戒中，不具煩惱之墮罪皆為不可能。

6 惡業之罪佛從未開許。

如同不可能有不熱的火焰一般，不可能有不成為罪過的不善，因此對於一切煩惱染污皆無有開許。《幻語真諦經》中說：「由業生異熟，佛亦無可改。」

---

1 七別解脫戒：比丘、比丘尼戒，沙彌、沙彌尼戒，優婆塞、優婆夷戒，以及式叉摩尼戒共七種。

2 德格版《丹珠爾》，111卷239頁封面4行，《菩提道燈》。

འོ་ན་གསང་ཆེན་ཐབས་མཁས་སོགས་ལས། སྡིག་བཅད་པས་ཉེས་པར་མ་གྱུར་པའི་དེད་དཔོན་སྙིང་རྗེ་ཆེན་པོ་ལྟ་བུ་ལ་སོགས་པ་ལ་ལུས་ངག་གི་མི་དགེ་བ་བདུན་གནང་བར་གསུངས་པ་ཅི་སྙམ་ན་སྟོང་ཉིད་དང་སྙིང་རྗེའི་དབང་གིས་བདག་བས་གཞན་གཅེས་འབྱོངས་པའི་བྱང་ཆུབ་སེམས་དཔའ་རང་དོན་ཡལ་བར་དོར་ནས་གཞན་དོན་ཁོ་ན་ལ་བརྩོན་པས་ལས་དེའི་འབྲས་བུ་སྨྱོང་ཡང་བཟོད་པའི་གོ་ཆ་མཆོག་དང་ལྡན་པ་རྣམས་ལ་གནང་གི་གཞན་ལ་མིན་ནོ། །དེས་ཀྱང་ཐབས་ལ་མཁས་པའི་རྣམ་རོལ་གྱིས་ཚོགས་ཀྱང་རྫོགས་པ་ཡིན་ནོ། །ཚུལ་འདི་གོ་བར་བྱས་ནས་སྤྱོད་པ་དུས་ཚོད་དང་འབྲེལ་བར་བྱེད་པ་ཤིན་ཏུ་ཟབ་སྟེ། སེང་གེ་མཆོང་སར་ཝ་རྐྱན་མཆོང་ན་རྐེད་པ་འཆག་པ་དང་འདྲ་བས་མི་དགེ་བའི་སྤྱོད་པ་དང་མ་འདྲེས་པ་བྱ་བ་གལ་ཆེའོ། །ཞེས་གསུངས་སོ། །

༧༽ ཐབས་མཁས་སྤྱོད་ལ་མི་དགེ་ཡོད་མ་ཡིན།

(4.7)དེ་ལྟ་བུའི་བྱང་ཆུབ་སེམས་དཔས་གདུལ་བྱ་གདུལ་བའི་ཐབས་ལ་མཁས་པའི་སྤྱོད་པ་ལ་དགེ་བ་འབའ་ཞིག་པ་ལས་མི་དགེ་བ་རང་མཚན་པ་ཞིག་ཡོད་པ་མ་ཡིན་གྱི་གལ་ཏེ་ཡོད་ན་རྒྱུ་དེས་རང་ཉིད་ངན་སོང་དུ་ལྟུང་ཞིང་གཞན་སེམས་ཅན་གྱི་དོན་ཡང་མི་འགྲུབ་སྟེ་སྨན་པས་སྨན་པ་མི་སེལ་བ་བཞིན་ནོ། །

(4.8) རང་གཞན་བརྗེ་བ་ཉེས་པར་འགྱུར་སྐབས་ཡོད། །

བྱང་ཆུབ་སེམས་དཔའ་ལས་དང་པོ་པའི་དུས་སུ་སྨན་ཆེན་ལྗོན་པ་བསྲུང་ཞིང་སྤེལ་བར་བྱ་བ་ལས་གསོད་པའི་དུས་མ་ཡིན་པ་བཞིན་དུ་བདག་གཞན་བརྗེ་བར་ཡིད་ཀྱིས་གཙོ་བོར་བསྒོམ་པར་བྱ་བ་ལས་མི་ནུས་བཞིན་དུ་རང་གི་ལུས་དངོས་སུ་བྱིན་ནས་རང་གཞན་བརྗེ་བ་ལ་བརྩོན་པར་བྱས་ན་རང་ཉིད་རྫོགས་བྱང་ལས་ཉམས་པའི་ཉེས་པར་འགྱུར་བའི་སྐབས་ཡོད་དེ། །ཤཱ་རིའི་བུས་མིག་བྱིན་པ་ལྟ་བུ་དང་།

ནམ་མཁའ་མཛོད་ཀྱིས་ཞུས་པའི་མདོ་ལས། དཔེར་ན་སྨན་ཤིང་ལྗོན་པ་ལྟ་སྡུག་པ། །
རྩ་བ་ལ་སོགས་སྤྱད་འོས་ས་བོན་ནི། །
སྨིན་ཡང་དུས་མིན་སྤྱད་ལས་བསྲུང་བྱ་བ། །
རྫོགས་པའི་སངས་རྒྱས་སྨན་ཤིང་དེ་བཞིན་ནོ། །ཞེས་དང་།

ཞི་བ་ལྷས།
ཆོས་གོས་གསུམ་མ་གཏོགས་པ་སྦྱིན། །དམ་པའི་ཆོས་ནི་སྤྱོད་པའི་ལུས། །
ཕྲན་ཚེགས་ཆེད་དུ་གནོད་མི་བྱ། །དེ་ལྟར་བྱས་ན་སེམས་ཅན་གྱི། །
བསམ་པ་མྱུར་དུ་རྫོགས་པར་འགྱུར། །སྙིང་རྗེའི་བསམ་པ་མ་དག་པར། །
ལུས་འདི་གཏང་བར་མི་བྱ་སྟེ། །ཅི་ནས་འདི་དང་གཞན་དུ་ཡང་། །
དོན་ཆེན་སྒྲུབ་པའི་རྒྱུར་གཏང་ངོ་། །ཞེས་གསུངས་པ་ཡིན་ནོ། །འདིར་སྐབས་ཀྱི་སྦྲུས་རྣམ་ཀུན་ཉེས་པར་འགྱུར་ཞེས་གསུངས་པ་མིན་པར་ཤེས་དགོས་སོ། །

有人問：「如《佛說大方廣善巧方便經》[1]等經典中所說的大悲商主等人，雖然造作了身口的七種不善，經中卻開許並說彼人無有罪過，是何故？」答曰：彼等以空性與悲心之緣故，珍愛他人更甚於已。此等菩薩捨棄自利，唯行利他，即使承受果報也具有安忍之鎧甲。唯對此等菩薩而做開許，並非對其他人。這也是以方便善巧之幻化而圓滿資糧。明白此理之後，掌握時機而行善巧方便乃極為重要[2]。獅子跳躍的峽谷，如果老狐狸也跳的話，則會摔斷脊背。因此，不為惡業所染是非常重要的。

7 善巧方便無有不善業。

如此之菩薩，以善巧方便調伏眾生，即是善行，無有不善。因為如果有不善的話，將導致自己墮入惡趣，並且不能成辦利他，如同黑暗不能驅散黑暗一般。

8 有時自他相換亦成罪。

一顆珍貴的藥樹，應先善加守護令其生長而不應過早砍伐。同樣的，對於初入道之菩薩，修自他相換時應以心中觀想為主。否則，若勇猛地修持自他交換，甚至將自身真實佈施的話，不但不能圓滿菩提，反而有可能導致其衰損，例如舍利子佈施眼睛的故事。《虛空藏請問經》說：「如同藥樹精美苗，根等種子多有用，施非其時應守護，圓滿佛陀同此樹。」[3]寂天論師說：「三衣餘盡施，修行正法身，莫為小故傷，行此眾生願，迅速得圓滿。悲願未清淨，不應施此身，今生或他生，利大乃可捨。」[4]不過應當知道這裡並非是說一切時中都成為罪過。

1 德格版《甘珠爾》，44卷60頁封面1行，《大寶積經》。

2 順應環境和時間而行持菩薩行，至為重要。

3 德版格《丹珠爾》，111卷34頁A6行。 寂天論師《學集論》。

4 德格版《丹珠爾》，105卷13頁封底3行，寂天論師《入菩薩行論》。

(4.9) སེམས་དཔར་གནོད་བྱས་བདེ་བར་མི་འབྲེལ་ཞིང་།།

གཞན་དོན་ཁུར་ཁྱེར་གྱི་བྱང་ཆུབ་སེམས་དཔར་གནོད་པ་བྱས་པའི་རང་གི་ལས་དེས་བདེ་བར་མི་འབྲེལ་ཞིང་ཡུན་རིང་དམྱལ་བར་སྡུག་བསྔལ་བར་འགྱུར་ཏེ།

ཞི་བ་ལྷས།

གང་ཞིག་དེ་འདྲའི་རྒྱལ་སྲས་སྦྱིན་བདག་ལ།།

གལ་ཏེ་ངན་སེམས་སྐྱེད་པར་བྱེད་ན་དེ།།

ངན་སེམས་བསྐྱེད་པའི་གྲངས་བཞིན་བསྐལ་པར་ནི།།

དམྱལ་བར་གནས་པར་འགྱུར་ཞེས་ཐུབ་པས་གསུངས། །ཞེས་སོ། །འོ་ན།

གང་ལ་གནོད་པ་བྱས་ཀྱང་བདེ་འབྲེལ་བ།།

བདེ་བའི་འབྱུང་གནས་དེ་ལ་སྐྱབས་སུ་མཆི།།

ཞེས་པ་ཅི་ཞེ་ན། དེ་ནི་བྱང་ཆུབ་སེམས་དཔའ་རང་གི་ཐུགས་བསྐྱེད་སྨོན་ལམ་གྱི་མཐུས་ཡིན་གྱི། རང་སྟོབས་ཀྱིས་མ་ཡིན་པས་དེ་འདྲའི་བྱང་ཆུབ་སེམས་དཔའ་ལ་གནོད་པ་སྤོངས་ཤིང་དད་གུས་ཀྱི་འབྲེལ་བྱ་བར་གཅེས་སོ།།

༡༠༽ དགེ་དང་མི་དགེའི་འབྲས་བུ་སོ་སོར་འབྱུང་།

(4.10)དེ་ཡང་རྒྱུ་འབྲས་རྗེས་སུ་འགྲོ་ལྡོག་གི་འབྲེལ་བའི་སྟོབས་ཀྱིས། གནས་དང་གནས་མིན་ཕན་ཚུན་འཆོལ་བར་མི་འགྱུར་བས། རྒྱུ་དགེ་བ་དང་མི་དགེའི་འབྲས་བུ་བདེ་སྡུག་སོ་སོར་མ་འདྲེས་པར་འབྱུང་བར་འགྱུར་ཏེ། ལུང་གཞི་ལས། གནས་པའི་གྲོང་ན་ཤན་པ་དང་སྨད་ཚོང་མས་དགེ་སྡིག་གི་འབྲས་བུ་བདེ་སྡུག་རེས་མོས་སུ་སྤྱོད་ཚུལ་གསུངས་པ་བཞིན་ནོ། །དེས་ན་འཕེན་རྫོགས་དགེ་སྡིག་སོ་སོར་འགྱུར་བ་སོགས་འདྲེས་མའི་ལས་ཀྱང་རང་རང་གི་འབྲས་བུ་སོ་སོར་སྤྱོད་པ་ཕོ་ནའོ།།

༡༡༽ བྱང་ཆུབ་སེམས་ནི་བརྗེད་ལས་འཚོར་མི་སྲིད།

(4.11)ནག་པོའི་ཆོས་བཞི་སྤྱང་ན་བྱང་ཆུབ་ཀྱི་སེམས་ནི་ཚེ་རབས་ཐམས་ཅད་དུ་བརྗེད་པར་འགྱུར་བ་ལས་འཚོར་མི་སྲིད་པ་སྟེ་ས་བོན་རྩ་བ་ནས་མི་གཏོང་སྟེ། བསོད་ནམས་ཐམས་ཅད་བསྡུས་པ་ཏིང་ངེ་འཛིན་གྱི་མདོ་ལས།

བྱང་ཆུབ་སེམས་དཔའ་ཆོས་བཞི་དང་ལྡན་ན་བྱང་ཆུབ་ཀྱི་སེམས་བརྗེད་པར་འགྱུར། །ཞེས་དང་། དེས་ན་ནག་པོའི་ཆོས་བཞི་སོགས་ཀྱིས་མ་གོས་པ་གལ་ཆེའོ། །ཞེས་གསུངས་སོ།།

9 損惱菩薩不得安樂果。

對於肩負利他重任的菩薩，若進行傷害、損惱，這樣的業不但與安樂無緣，而且會長時在地獄中受苦。寂天論師說：「博施諸佛子，若人生惡心，佛言彼墮獄，長如心數劫。」[1]那麼為何又說「加害結樂緣，皈依樂源尊」[2]呢？這是因為彼菩薩之發心和願力所致，並非加害者之自力。因此應當斷除對菩薩之損惱，並以虔誠恭敬與之結緣。

10 善業惡業之果分別生。

以因果順逆關聯之力，處與非處相互無有錯亂，因此善惡之苦樂果報，亦將各個成熟，無有混雜。如同《根本說一切有部毗奈耶》中所說的，於一村莊中一位屠夫和一位妓女輪流承受善惡果報的故事一般[3]。所以善惡之引業與滿業各個成熟，即使是混雜之業，也唯有領受各個之果報也。

11 菩提心者縱忘亦不失。

若生四種黑法[4]，將於一切世中遺忘菩提心，但是不可能失壞，因為種子並未從根本上捨棄。如《集一切福德三昧經》中說：「菩薩若具四法，將遺忘菩提心」、「是故不染四種黑法極為重要」[5]等等。

---

1 德格版《丹珠爾》，105卷3頁封底2行，寂天論師《入菩薩行論》。

2 德格版《丹珠爾》，105卷3頁封底4行，寂天論師《入菩薩行論》。

3 德格版《甘珠爾》，1卷258頁B3行。《根本說一切有部毘奈耶》。大意為：屠夫因白天殺生，夜晚修善之故，感得白天受地獄苦，夜晚享天人樂。妓女因夜晚賣淫，白天修善之故，感得夜晚受苦，白天受樂。

4 四種黑法：欺騙上師和應供，令他於非後悔處後悔，瞋罵發心菩薩，欺詐眾生。

5 德格版《甘珠爾》，56卷101頁封面4行，《集一切福德三經昧經》。

༡༢༽ སྒྲིབ་པ་རྣམ་གསུམ་ཉོན་མོངས་སྒྲིབ་པ་གཅིག

(4.12)ཉོན་མོངས་ཤེས་བྱ་སྙོམས་འཇུག་གམ་ལས་ཉོན་ཤེས་བྱའི་སྒྲིབ་པ་སྟེ་སྒྲིབ་པ་རྣམ་པ་གསུམ་ཀ་ཉོན་མོངས་པའི་སྒྲིབ་པར་གཅིག་པ་སྟེ། ཉོན་མོངས་སམ་རྨོངས་པ་ཞེས་བྱ་བ་སྤྱིའི་མིང་དང་ཆགས་སོགས་བྱེ་བྲག་གི་སྒོས་མིང་ཡིན་པས་སྤྱིར་བཏང་བ་དང་དམིགས་བསལ་ཙམ་ལས་རྨོངས་པར་གཅིག་ཡིན་ཏེ། རྒྱ་ཆེར་རོལ་པ་ལས།

ཉོན་མོངས་རྩ་བ་བག་ཉལ་བཅས། །

སྡུག་བསྔལ་མྱ་ངན་འབྱུང་དེ་དག །

ངས་འདིར་ཤེས་རབ་དམ་པ་ཡི། །

ཐོང་ལྷགས་ཀྱིས་ནི་མ་ལུས་བཏོན། །ཞེས་དང་། མདོ་གཞན་ལས་ཀྱང་། མ་རིག་བག་ཆགས་ཀྱི་ས་ཤེས་བྱའི་སྒྲིབ་པ་ལ་རྨོངས་པའི་མིང་གི་གསུངས་པ་ཇི་སྙེད་པ་དང་དོན་གཅིག་པར་སྣང་ངོ། །

12 三種蓋障皆是煩惱障。

煩惱障、所知障、等持障三種障，或者業障、煩惱障、所知障三種障，皆是煩惱障。煩惱或無明，是總名，貪欲等則是別名。因此除了總別之外，實際上都是愚惑無明。《方廣大莊嚴經》中說：「煩惱根源與隨眠，痛苦憂惱所生處，我以勝慧之犁鏵，拔出煩惱盡無餘。」[1]其他經中也說：「無明習氣之所知障，亦稱為愚癡，皆是同義。」

1 德格版《甘珠爾》，46卷176頁封底4行，《方廣大莊嚴經》。

(4.13) ཇི་སྙེད་གྲུབ་པས་དོན་དམ་བདེན་པ་བསྒྲིབས། །

གྲུབ་པའི་མཐའ་སྨྲ་བ་རྣམས་ཀྱིས་རང་རང་གི་གྲུབ་མཐའ་དེས་གནས་ལུགས་ཇི་བཞིན་པ་རྟོགས་པར་འདོད་ཀྱང་སྨྲ་རྟོག་གིས་བློས་བྱས་སུ་གྱུར་པའི་ཇི་སྙེད་པའི་གྲུབ་མཐས་སྤྲོས་པ་ཐམས་ཅད་དང་བྲལ་ཞིང་སོ་སོ་རང་རིག་པའི་ཡེ་ཤེས་ཀྱི་ཡུལ་དུ་གྱུར་པའི་ཆོས་ཉིད་དོན་དམ་པའི་བདེན་པ་ལ་སྒྲིབ་པར་འགྱུར་ཏེ། དོན་དམ་པའི་རང་མཚན་མངོན་སུམ་དུ་མཐོང་བ་ལ་ནི་འཛིན་སྟངས་ཀྱི་བློ་ཐམས་ཅད་དང་བྲལ་དགོས་པའི་ཕྱིར།

ཏིང་འཛིན་རྒྱལ་པོ་ལས།

ཡོད་དང་མེད་ཅེས་བྱ་བ་གཉིས་ག་མཐའ། །

གཙང་དང་མི་གཙང་འདི་ཡང་མཐའ་ཡིན་ཏེ། །

དེ་ཕྱིར་གཉིས་ཀའི་མཐའ་ནི་རྣམ་སྤངས་ནས། །

མཁས་པ་དབུས་ལའང་གནས་པར་ཡོང་མི་བྱེད། །ཞེས་དང་།

འཕགས་པ་སྒྲ་ཅན་འཛིན་གྱིས།

སྨྲ་བསམ་བརྗོད་མེད་ཤེས་རབ་ཕ་རོལ་ཕྱིན། །

མ་སྐྱེས་མི་འགག་ནམ་མཁའི་ངོ་བོ་ཉིད། །

སོ་སོ་རང་རིག་ཡེ་ཤེས་སྤྱོད་ཡུལ་བ། །

དུས་གསུམ་རྒྱལ་བའི་ཡུམ་ལ་ཕྱག་འཚལ་བསྟོད། །ཞེས་དང་།

བྱམས་པས།

ཐ་ཕྱིར་ཐོས་པའི་ཡུལ་མིན་ཏེ། །དོན་དམ་ཡིན་ཕྱིར་བསམ་བྱའི་མིན། །

ཆོས་ཉིད་ཟབ་ཕྱིར་འཇིག་རྟེན་པའི། །བསྒོམ་པ་ལ་སོགས་ཡུལ་མ་ཡིན། །ཞེས་དང་།

ཀླུ་སྒྲུབ་ཀྱིས།

གཞན་ལས་ཤེས་མིན་ཞི་བ་དང་། །སྤྲོས་པ་རྣམས་ཀྱིས་མ་སྤྲོས་པ། །

རྣམ་རྟོག་མེད་དོན་ཐ་དད་མེད། །དེ་ནི་དེ་ཉིད་མཚན་ཉིད་དོ། །ཞེས་སོ། །

13 一切宗義皆障勝義諦。

一切宗派皆承許自宗已證悟實相，但實際上彼等僅僅是文字層面的思維造作，反而遮蔽了遠離一切戲論、各各自明智慧所行境的法性勝義諦，因為若欲見到勝義之自相，需要遠離一切知見之故。《月燈三昧經》中說：「所謂有無乃二邊，淨與不淨亦是邊，是故斷捨於兩邊，智者亦不居於中。」[1]聖者羅睺羅說：「離言絕思般若波羅蜜，不生不滅虛空之本性，各各自明智慧所行境，頂禮三世諸佛般若母。」彌勒菩薩說：「細微故非聽聞境，勝義故非心思量，法性甚深故並非，世間觀修等諸境。」[2]龍樹菩薩說：「自知不隨他，寂滅無戲論，無異無分別，是則名實相。」[3]

---

1 德格版《甘珠爾》，55卷27頁封面1行，《月燈三昧經》。

2 德格版《丹珠爾》，123卷63頁封底4行，《寶性論》第二品。

3 德格版《丹珠爾》，96卷11頁封面3行，龍樹菩薩《根本中觀頌般若》第十八品。

(4.14) ཉན་ཐོས་ཀྱིས་ཀྱང་གནས་ལུགས་ཕྱོགས་གཅིག་མཐོང་། །

དེ་བཞིན་གཤེགས་པའི་གསུང་ཉམས་སུ་བླང་བ་ལ་བརྟེན་ནས་ཉན་ཐོས་རྣམས་ཀྱིས་ཀྱང་ཕྱི་གཟུང་བ་རྡུལ་ཕྲན་ཆ་མེད་དང་། ནང་ཤེས་པ་སྐད་ཅིག་ཆ་མེད་གང་ཟག་གི་བདག་མེད་རྟོགས་པ་དང་། རང་རྒྱལ་གྱིས་བདག་མེད་ཕྱེད་གཉིས་རྟོགས་པའི་ཡེ་ཤེས་ཡོད་པའི་ཕྱིར། གནས་ལུགས་ཆོས་ཀྱི་དབྱིངས་སྟོང་པ་ཉིད་ཕྱོགས་གཅིག་མཐོང་བ་ཙམ་ཡོད་ཀྱི་ཐམས་ཅད་ནི་མ་ཡིན་ཏེ། ཇི་སྐད་དུ།

སྤྲིན་མཐོང་མཁའ་ལ་ཉི་བཞིན་འདིར་ཁྱོད་ཕྱོགས་གཅིག་བློ་གྲོས་ཅན། །

བློ་མིག་དག་པའི་འཕགས་རྣམས་ཀྱིས་ཀྱང་ཐམས་ཅད་མཐོང་མ་ལགས། །

བཅོམ་ལྡན་འདས་ཁྱོད་ཆོས་སྐུ་གང་དག་བློ་གྲོས་མཐའ་ཡས་པ། །

ཤེས་བྱ་མཐའ་མེད་མཁའ་དབྱིངས་ཁྱབ་པ་དེ་དག་གིས་ཀུན་མཐོང་། །ཞེས་པ་དང་།

ཇི་སྐད་དུ།

ཉན་ཐོས་རྣམས་ཀྱི་ཆོས་དབྱིངས་དང་། །ང་ཡི་ཆོས་དབྱིངས་མཚུངས་པར་གཅིག །

ཉན་ཐོས་རྣམས་ཀྱི་རྣམ་གྲོལ་དང་། །ང་ཡི་རྣམ་པར་གྲོལ་བའང་གཅིག །ཅེས་སོ། །

༡༥༽ ས་དྲུག་མན་ཆད་ཉན་རང་ཐུན་མོང་སྟེ།

(4.15)མདོ་སྡེ་ས་བཅུ་པ་ལས། བྱང་ཆུབ་སེམས་དཔའ་ས་ལྔ་པར་འཕགས་པའི་བདེན་པ་བཞི་དང་། དྲུག་པར་རྟེན་འབྲེལ་བཅུ་གཉིས་རྟོགས་པར་གསུངས་པའི་ཕྱིར། ས་དྲུག་མན་ཆད་ཀྱི་མངོན་རྟོགས་དེ་རྣམས་ཀྱང་ཉན་རང་དང་ཐུན་མོང་བ་ཡིན་ལ། འོན་ཀྱང་ཡོན་ཏན་གྱི་ཁྱད་པར་འཕགས་པ་སྟེ། དེ་ཉིད་ལས། རྒྱལ་པོའི་བུ་མཚན་དང་ལྡན་པའི་བྱིན་གྱིས་བློན་པོའི་ཚོགས་ཟིལ་གྱིས་གནོན་ཡང་། རང་གི་བློས་རྣམ་པར་དཔྱད་པས་མ་ཡིན་ལ། ནམ་ནར་སོན་པ་ན་བློའི་སྟོབས་ཀྱིས་བློན་པོའི་བྱ་བ་ཐམས་ཅད་ལས་ཤིན་ཏུ་འདས་པའི་དཔེས། བྱང་སེམས་ཡང་སེམས་བསྐྱེད་མ་ཐག་ཏུ་ལྷག་པའི་བསམ་པ་ཆེ་བ་ཉིད་ཀྱིས་ཉན་རང་ཐམས་ཅད་ཟིལ་གྱིས་གནོན་གྱི། རང་གི་བློས་རྣམ་པར་དཔྱད་པས་ནི་མ་ཡིན་ནོ། །ས་བདུན་པ་འདི་ལ་གནས་པ་ན་རང་གི་ཡུལ་ཤེས་པ་ལ་གནས་པས་ཉན་རང་ཐམས་ཅད་ཀྱི་བྱ་བ་ལས་ཤིན་ཏུ་འདས་པ་ཡིན་ནོ། །ཞེས་དང་། །མདོ་གཞན་ལས་ཀྱང། བུ་མོ་སྒྲ་ངན་མེད་དང་། བྱ་ཀ་ལ་པིངྐ་སོགས་ཀྱི་དཔེས་གསུངས་པ་དང་། ཟླ་གྲགས་ཀྱིས་ཀྱང་།

ཐེག་པ་ཆེ་ལས་སྐྱེ་མེད་བསྟན། །

གཞན་གྱི་ཟད་པ་སྟོང་པ་ཉིད། །

ཟད་དང་མི་སྐྱེ་དོན་དུ་ནི། །

གཅིག་པས་དེ་ཕྱིར་བཟོད་པར་གྱིས། །ཞེས་གསུངས་པ་བཞིན་ནོ། །

14 聲聞亦見部分之實相。

透過修持善逝佛陀所說之法，聲聞也證悟了外境無方分微塵與內識無時分剎那之人無我，獨覺則證悟一個半之無我，是故彼等也見到了實相法性空性之一分。如云：「如雲隙空日，此具一分慧，淨慧眼聖者，亦非一切見。世尊汝法身，無量慧周遍，無邊所知空，彼等一切見。」以及「聲聞之法性，同我之法性，聲聞之解脫，同我之解脫。」[1]

15 六地以下共通於二乘。

《十地經》中說：「五地菩薩通達四聖諦」[2]以及「六地菩薩通達十二緣起支」[3]，因此六地以下菩薩的現觀智慧，共通於聲聞獨覺，但是菩薩之功德更為超勝。此經中說：「諸佛子！譬如王子生在王家具足王相，生已即勝一切臣眾，但以王力，非是自力。若身長大藝業悉成，乃以自力超過一切。諸佛子！菩薩摩訶薩亦復如是。初發心時以志求大法故，勝出一切聲聞獨覺，非以自智觀察之力。菩薩今住第七地，大智行於自境故，復極超勝一切聲聞獨覺所作。」[4]又如其他經中所說無憂女、迦陵頻伽鳥的譬喻等。龍樹菩薩亦說：「大乘說無生，餘說盡空性，盡無生義同，是故應忍許。」[5]

---

1 德格版《丹珠爾》，123卷114頁封底4行，彌勒《寶性論》。

2 德格版《甘珠爾》，36卷212頁封面6行，《菩薩十地經》中《普賢菩薩行願讚》。

3 德格版《甘珠爾》，36卷219頁封底4行，《菩薩十地經》中《普賢菩薩行願讚》。

4 德格版《甘珠爾》，36卷234頁封面1行，《菩薩十地經》中《普賢菩薩行願讚》。

5 德格版《丹珠爾》，172卷121頁封底1行，龍樹菩薩《寶鬘論》。

(4.16) སེམས་ཙམ་པ་ནི་ས་བདུན་མངོན་རྟོགས་ཡིན།།

ཡེ་ཤེས་རྒྱས་པའི་མདོ་ལས།

ཇི་ལྟར་སྒྱུ་མའི་མཁན་པོ་དག།

རང་གིས་སྤྲུལ་པའི་སྒྱུ་མ་ལ།།

དགེ་དང་མི་དགེ་འདུ་བྱེད་ལ།།

ཉེས་པ་གང་གིས་མི་གོས་ལྟར།།

ཐབས་ལ་མཁས་པས་རྣམ་པར་སྤྱོད། ཅེས་པ་ལྟ་བུའི་ཐབས་ལ་མཁས་པའི་ཕ་རོལ་ཏུ་ཕྱིན་པ་དེ་ནི་གཙོ་བོ་ཉན་རང་ལས་རིང་དུ་སོང་བ་ས་བདུན་པའི་མངོན་རྟོགས་ཡིན་ལ། དེ་ནི་ཆོས་ཐམས་ཅད་སེམས་ལས་གཞན་དུ་མ་གྲུབ་ཅིང་། སེམས་ཉིད་སྤྲོས་བྲལ་དུ་རྟོགས་པ་ལས་བྱུང་བའི་ཕྱིར། སེམས་ཙམ་པ་ནི་ས་བདུན་པའི་མངོན་པར་རྟོགས་པ་ཡིན་ཏེ།

ལང་ཀར་གཤེགས་པ་ལས། སེམས་ཙམ་ས་ནི་བདུན་པ་ཡིན། །སྣང་བ་མེད་ནི་ས་བརྒྱད་པ།།

ས་གཉིས་དག་ནི་གནས་ཞེས་བྱ། །སངས་རྒྱས་ས་ནི་མཆོག་ཡིན་ནོ།།

རང་རིག་ཡེ་ཤེས་རྣམ་པར་དག །དེ་ནི་ང་ཡི་ས་ཡིན་ནོ། །ཞེས་གསུངས་པས་སོ།།

(4.17) ཆོས་ཀྱི་བདག་མེད་ས་བརྒྱད་མངོན་དུ་བྱས།།

ཆོས་ཐམས་ཅད་གདོད་མ་ནས་སྐྱེ་འགག་གནས་གསུམ་དང་བྲལ་བའི་མཉམ་པ་ཉིད་ཆེན་པོ། ཆོས་ཀྱི་བདག་མེད་གཞན་ལས་ཆེས་འཕགས་པ་ས་བརྒྱད་པར་མངོན་དུ་བྱས་ཤིང་རྟོགས་པ་ཡིན་ཏེ།

རྒྱ་ཆེ་རོལ་པ་ལས།

གང་ཚེ་འདི་ན་སྐྱེ་འཆི་གང་མེད་པ།།

ཆོས་འདི་ཐམས་ཅད་རང་བཞིན་བདག་མེད་པའི།།

བཟོད་འདི་བདག་གི་ཐོབ་པ་དེ་ཡི་ཚེ།།

སངས་རྒྱས་མར་མེ་མཛད་ཀྱིས་བདག་ལུང་བསྟན། །ཞེས་གསུངས་པ་བཞིན་ནོ།།

16 唯識宗乃七地之現證。

《智方廣經》說：「如同幻術師，幻變諸游戲，善惡諸行中，不染禍患般，善巧者行持。」[1]如此之方便波羅蜜多，主要是第七地遠行地菩薩之現證，非聲聞獨覺之所能。此波羅蜜多又是從一切法不離於心，心性離於戲論之證悟中出生。唯識宗乃七地之現證智慧，《入楞伽經》中說：「唯識乃七地，無現是八地，復住九十地，佛地最殊勝。自明清淨智，此我之果地。」[2]

17 八地菩薩通達法無我。

一切法本來無有生住滅、大平等性之法無我，是八地菩薩之現證。《方廣大莊嚴經》說：「了知此中無生死，一切諸法無自性，獲此無生法忍時，燃燈佛為我授記。」[3]

---

1 《聖薄伽梵智方廣經究竟無邊寶大乘經》。

2 德格版《甘珠爾》，49卷272頁封面1行，《大乘入楞伽經》。

3 德格版《甘珠爾》，46卷188頁封面1行，《方廣大莊嚴經》。

(4.18) རྟོགས་པ་གཅིག་གིས་ས་ལམ་མ་ལུས་བགྲོད། །

ཆོས་ཀྱི་དབྱིངས་འོད་གསལ་འདུས་མ་བྱས་པའི་གནས་ལུགས་དེ་ནི་གློ་བུར་གྱི་དྲི་མས་དག་པ་དང་མ་དག་པ་ཙམ་ལས་སངས་རྒྱས་དང་སེམས་ཅན་ཞེས་བྱ་བ་གཞན་མེད་པའི་ཕྱིར་སྒྲིབ་པ་དང་བྲལ་བའི་འོད་གསལ་བའི་ཡེ་ཤེས་ཟུང་འཇུག་མཉམ་པ་ཉིད་ཀྱི་རྟོགས་པའི་ངོ་བོ་ལ་འདུ་ཤེས་ཇེ་གསལ་དུ་སོང་བ་དེ་ཚོ་ནས་སམ་གཅིག་གིས་ས་ལམ་མ་ལུས་པ་བགྲོད་དེ་སངས་རྒྱབ་ཡིན་ལ།

རྒྱུད་བླ་མ་ལས། མ་དག་མ་དག་དག་པ་དང་། །
ཤིན་ཏུ་རྣམ་དག་གོ་རིམ་བཞིན། །
སེམས་ཅན་བྱང་ཆུབ་སེམས་དཔའ་དང་། །
དེ་བཞིན་གཤེགས་པ་ཞེས་བརྗོད་དོ། །ཞེས་པ་བཞིན་ནོ། །

༡༩༽ ས་ཐོབ་ཡོན་ཏན་འབྱུང་ཚུལ་སུ་དྲུག་ཡོད།

(4.19) གཞན་ཡང་ས་ཐོབ་པ་ལ་ཡོན་ཏན་འབྱུང་ཚུལ་སུ་དྲུག་ཡོད། དེ་ཡང་རིམ་གྱིས་པའི་སུ་དང་། ཅིག་ཅར་བའི་སུ་དང་། འགའ་ཞིག་ཡོད་ལ་འགའ་ཞིག་མེད་པའི་སུ་དང་། ཡོན་ཏན་ཡོད་ཀྱང་གཞན་གྱིས་མི་མཐོང་བའི་སུ་དང་། རྣལ་འབྱོར་པའི་ཉམས་ཀྱི་སྣང་བའི་སུ་དང་། ལུང་གི་སུ་དང་དྲུག་སྟེ། རིམ་པ་བཞིན་དུ་བདག་ཅག་གི་སྟོན་པ་དང་། སྨན་རས་གཟིགས་དང་། བྱང་ཆུབ་སེམས་དཔའ་ནོར་བཟང་གི་བླ་མ་བརྒྱ་ལྔ་བཅུ་པོ་(བརྒྱ་བཅུ་པོ་)དང་། ཀླུ་སྒྲུབ་དང་། རྗེ་བཙུན་མི་ལ་དང་། མཐོང་ལམ་ཐོབ་པ་དང་ཡོན་ཏན་བརྒྱ་ཕྲག་བཅུ་གཉིས་དུས་མཉམ་དུ་འབྱུང་བར་མ་གསུངས་པ་རྣམས་སྔར་རོ། །ཡོན་ཏན་བརྒྱ་ཕྲག་བཅུ་གཉིས་ས་དང་པོ་ལ་འབྱུང་བར་གསུངས་པ་ཡང་། ས་བཅུའི་མདོ་ལས། ས་དང་པོ་དེ་ལ་གནས་པའི་བྱང་ཆུབ་སེམས་དཔའ་ནི་ཕལ་ཆེར་འཛམ་བུའི་གླིང་གི་དབང་པོར་འགྱུར་ཞིང་ཐོབ་ལ། །ཞེས་པ་ནས། འདོད་ན་བརྩོན་འགྲུས་རྩོམ་པ་རྣམ་པ་ཇི་ལྟ་བུས་ཁྱིམ་དང་། རྒྱང་མ་དང་ལོངས་སྤྱོད་ཐམས་ཅད་སྤངས་ཏེ། དེ་བཞིན་གཤེགས་པའི་བསྟན་པ་ལ་རབ་ཏུ་བྱུང་བ་དང་། རབ་ཏུ་བྱུང་ནས་སྐད་ཅིག་ཡུད་ཙམ་ཞིག་ལ་ཏིང་ངེ་འཛིན་བརྒྱ་རབ་ཏུ་ཐོབ་པ་དང་སོགས་ནས་དེ་ལྟ་བུ་རྩོམ་མོ་ཞེས་གསུངས་པས། ས་གཉིས་པ་ཐོབ་པའི་འགོ་བརྩམ་པ་ནས་ཡོན་ཏན་བརྒྱ་ཕྲག་བཅུ་གཉིས་འབྱུང་བ་ཡིན་ནོ། །ཞེས་བྱའོ། །

༢༠༽ གཞི་ལམ་འབྲས་བུར་ཚོགས་གཉིས་ཟུང་འཇུག་ནས།

(4.20) གཞི་དབྱིངས་ཡེ་ཟུང་འཇུག་ཏུ་གཏན་ལ་ཕབ་ནས་ལམ་ཚོགས་གཉིས་ཟུང་འཇུག་ཏུ་ཉམས་སུ་བླངས་ཏེ་འབྲས་བུ་སྐུ་གཉིས་ཟུང་འཇུག་ཐོབ་པའི་ཕྱིར། གཞི་ལམ་འབྲས་བུར་ཚོགས་གཉིས་ཟུང་འཇུག་དུ་ཤེས་ནས། ཉམས་སུ་ལེན་པར་གདམས་སོ། །

18 以一證悟通透諸道地。

法性光明無為性，若為客塵所染污，即是眾生，若清淨遠離塵垢，則是佛陀，除此以外更無差別。是故唯以令離垢光明智慧雙運平等性之證悟愈趨增上而行於一切道地，成就佛果。《寶性論》說：「有不淨有淨，及以善淨等，如是次第說，眾生菩薩佛。」[1]

19 登地功德出生有六邊。

登地菩薩功德之出生方式有六邊，所謂漸邊、頓邊、有得有不得邊、有功德不為他所見邊、瑜伽者覺受顯現邊、教言邊，共六種。彼等情形依次為：我等導師釋迦牟尼佛、觀世音、藏王諾桑（善財）菩薩之一百五十位上師、龍樹菩薩、至尊密勒日巴，以及證悟見道位及十二種百功德俱時顯現者。有人說十二種百功德於初地時即產生，但是《十地經》中說：「住於初地之菩薩，大多成為瞻部洲之王。[2]……若有希求則發起精進，棄捨一切家眷財富，於如來教中出家。既出家已，於一剎那證得百種三摩地。」[3]因此在證得第二地以後，方才出生十二種百功德。

20 基道果皆二資糧雙運。

首先抉擇基位法界與本智雙運，進而實修道位二資糧雙運，最終獲得果位二身雙運。因此，了知基道果二資糧雙運後，當付諸實修。

---

1 德格版《丹珠爾》，123卷56頁封底6行，彌勒《寶性論》。

2 德格版《甘珠爾》，36卷184頁封底7行，《菩薩十地經》中《普賢菩薩行願讚》。

3 德格版《甘珠爾》，36卷185頁封面5行，《菩薩十地經》中《普賢菩薩行願讚》

(4.21) མཐོ་དམན་ཀུན་ཏུ་ཞིང་ནི་གདམ་པ་ཟབ། །

གང་ཟག་མཐོ་དམན་ཐམས་ཅད་ཀྱིས་དུས་ཀུན་ཏུ་ཡང་བསོད་ནམས་ཀྱི་ཞིང་ནི་ཡར་བདམ་པ་ཟབ་པ་ཡིན་ཏེ།

སྙིང་པོ་མདོར་བསགས་ལས།

སངས་རྒྱས་ཞིང་སོགས་ཞིང་རྣམས་ལ། །ཁྱད་པར་དུ་ནི་སྦྱིན་ལ་སྤྱད། །

དམངས་རིགས་སྟོང་ཕྲག་གཉིས་དག་ནི། །བྲམ་ཟེ་གཙང་མ་གཅིག་དང་འདྲ། །

བྲམ་ཟེ་སྟོང་ཕྲག་གཉིས་དག་ནི། །དགེ་སློང་གཅིག་ལ་རབ་ཏུ་སྦྱར། །

དགེ་སློང་སྟོང་ཕྲག་གཉིས་དག་ནི། །རྟུལ་མེད་པ་ནི་གཅིག་དང་སྦྱར། །

རྟུལ་མེད་སྟོང་ཕྲག་གཉིས་དག་ནི། །ཡེ་ཤེས་ལྡན་པ་གཅིག་དང་མཉམ། །

ཡེ་ཤེས་ལྡན་པ་སྟོང་ཕྲག་གཉིས། །སློབ་དཔོན་གཅིག་དང་མཉམ་པར་བརྟག། །

དེ་ལྟར་སྦྱིན་པའི་ཞིང་བྱས་ནས། །བློ་དང་ལྡན་པས་རྟག་ཏུ་སྦྱིན། །

རྒྱལ་འབྱོར་རྩ་བའི་ཆོས་ལ་ནི། །ཞིང་བཟང་པོ་ལ་ས་བོན་གདབ། །ཞེས་གསུངས་སོ། །

(4.22) བདག་ཏུ་བཟུང་སྟེ་ཚོགས་བསགས་ཐབས་མཁས་བཞེད། །

དངོས་པོ་རྣམས་བདག་ཏུ་བཟུང་བ་མེད་ན། བཏང་ཡང་བདག་འཛིན་དང་སེར་སྣའི་གཉེན་པོར་མི་འོང་བས། བདག་ཏུ་བཟུང་སྟེ་ཚོགས་བསགས་པ་ནི།
ཐབས་ལ་མཁས་པ་ཡིན་པར་བཞེད་དེ།

ཞི་བ་ལྷས།

ཡོངས་སུ་གཟུང་བ་མེད་པ་དེ་དག་ཀུན། །

བློ་ཡིས་བླངས་ནས་ཕུལ་པ་སྐྱེས་ཀྱི་མཆོག །

སྲས་དང་བཅས་པ་རྣམས་ལ་ལེགས་འབུལ་ན། །

ཡོན་གནས་དམ་པ་ཐུགས་རྗེ་ཆེ་རྣམས་ཀྱིས། །

བདག་ལ་བརྩེར་དགོངས་བདག་གི་འདི་དག་བཞེས། །ཞེས་གསུངས་པ་བཞིན་ནོ། །

21 選擇勝劣資糧田為要。

一切勝劣士夫皆應恆時善加選擇福德田，此極為重要。《心髓集》中說：「佛土於諸剎土中，最勝故當行供養，若施二千首陀羅，等供一淨婆羅門；若供二千婆羅門，等同供養一比丘；若供二千比丘僧，等同供一離塵者[1]；若供二千離塵者，等同供一具慧者；供養二千具慧者，等同供一阿闍黎；如是佈施諸福田，具足智慧恆常施，瑜伽根本法教中，於良田中播種子。」[2]

22 我所執著乃積資方便。

若不將諸物執著為自己的，則即便將彼等佈施，也不能成為我執和吝嗇的對治。因此，執著為我的而累積資糧，是善巧方便。寂天菩薩之《入行論》說：「一切無主物，意緣敬奉獻，牟尼諸佛子，祈請勝福田，悲憫納吾供。」[3]

---

1 沒有欲界煩惱者。

2 德格版《丹珠爾》，25卷137頁B1行，聖天菩薩《怛特羅王吉祥四座曼荼羅儀軌心髓集》。

3 德格版《丹珠爾》，105卷4頁封面1行，寂天論師《入菩薩行論》。

(4.23) འཁོར་འདས་ཀུན་གྱིས་བསགས་ཡོད་དགེ་བ་བསྔོ། །

འཁོར་བའི་སེམས་ཅན་རྣམས་དང་འདས་པ་འཕགས་པ་ཀུན་གྱིས་དགེ་བ་ཇི་སྙེད་བསགས་པ་དང་ཡོད་པའི་དགེ་བ་རྣམས་ཏེ་རང་གཞན་གྱི་དགེ་བ་ཀུན། རང་གི་བློས་གཅིག་ཏུ་བསྡོམ་ཏེ་གཞན་དོན་དུ་རྣམ་མཁྱེན་ཐོབ་པའི་ཆེད་དུ་བསྔོ་བར་བྱ་དགོས་སོ། །

ཚུལ་དེ་ཡང་རྡོ་རྗེ་རྒྱལ་མཚན་གྱིས་བསྔོ་བ་བཅུ་པ་ལས། འགྲོ་ཀུན་དགེ་བ་ཇི་སྙེད་ཡོད་པ་དང་། །ཞེས་སོགས་དང་།

ཡུམ་རྒྱས་པ་ལས། ཤཱ་རིའི་བུས། ཀཽ་ཤི་ཀ་བཅོམ་ལྡན་འདས་ཀྱི་དང་པོ་ཐུགས་བསྐྱེད་པ་ནས་དམ་པའི་ཆོས་གསུངས་པའི་ བར་གྱི་དགེ་བའི་རྩ་བ་ཐམས་ཅད་དང་། བྱང་སེམས་དང་། ཉན་རང་རྣམས་ཀྱི་དགེ་བའི་རྩ་བ་ཐམས་ཅད་ཀྱང་ཐམས་ཅད་མཁྱེན་པ་ཉིད་དུ་བསྔོ་བར་བདག་གི་ཞུ་བ་སྐྱེས་སོ། །ཞེས་དང་།

མི་གཡོ་བའི་རྒྱུད་ལས། བཅོམ་ལྡན་བདག་གིས་གང་བསགས་པའི། །

བསོད་ནམས་གྲངས་མེད་གཞལ་མི་ལང་། །

དེས་ནི་འགྲོ་བ་མ་ལུས་པ། །

བླ་མེད་གོ་འཕང་འཐོབ་པར་ཤོག །ཞེས་དང་།

ཤེས་མདོར། རབ་འབྱོར་ཡོངས་སུ་བསྔོ་བ་གང་ཡིན་པ་འདི་ནི་བྱང་ཆུབ་སེམས་དཔའ་སེམས་དཔའ་ཆེན་པོའི་ཆོས་ཀྱི་དབྱིངས་ཡོངས་སུ་བསྔོ་བའོ། །ཞེས་དང་།

རྒྱན་སྟུག་པོ་བཀོད་པ་ལས།

དཔེར་ན་ཤེལ་དང་མེ་ཤེལ་དག །དག་པ་ཡི་ནི་མཚན་ཉིད་ཅན། །

ཉི་མའི་ཟེར་གྱིས་ཐོག་པ་ན། །དེ་དག་རང་གི་འོད་ཟེར་འབྱིན། །

དེ་བཞིན་ཀུན་གཞིའི་རྣམ་ཤེས་ཀྱང་། །བདེ་གཤེགས་སྙིང་པོ་ཁམས་དགེ་བ། །

ཟག་མེད་ཡོན་ཏན་ལྡན་པ་དེ། །བསྔོས་ན་འབྲས་བུ་སྨིན་པར་འགྱུར། །ཞེས་གསུངས་པ་རྣམས་སོ། །

23 輪涅一切善根皆迴向。

應當將一切輪迴眾生及涅槃聖者所累積之善業，以及本具之自性善（即如來藏），以自心集合，為利他之故迴向證悟遍知佛果。此等方式，也是金剛幢菩薩在《華嚴經十迴向品》中所說：「一切眾生所有善，已作未作及現作，等同普賢清淨地，永恆善妙願獲得。」[1]又，《大般若經》中舍利子說：「憍尸迦！薄伽梵由初發心到轉法輪之間的所有善根[2]，以及菩薩和聲聞獨覺之一切善根，悉皆迴向遍知正等覺。我今請問斯事。」[3]

《聖不動儀軌續王》中說：「世尊！我所累積一切善，福德無量不可數，無餘迴向諸眾生，願證無上佛果位。」[4]《般若八千頌》中說：「須菩提，何謂圓滿迴向？即是菩薩摩訶薩以法性圓滿迴向。」[5]《大乘密嚴經》中說：「比如玻璃火晶等，具有清淨之本性，若照射於日光下，彼等自之光芒現。阿賴耶識亦如是，如來藏界本性善，具足無漏諸功德，以彼迴向果將熟。」

---

1 德格版《甘珠爾》，36卷，165頁封面1行，《普賢菩薩行願讚》。

2 三無數大劫積之善，究竟圓滿之覺悟之善，轉法輪之善，佛陀之教住世之善。

3 德格版《甘珠爾》，33卷87頁封面5字行，《般若八千頌》。

4 德格版《甘珠爾》，86卷，283頁封面1行，《說一切如來忿怒王聖不動無量力豪毅調伏儀軌》。

5 德格版《甘珠爾》，33卷，87頁封面5行，《般若八千頌》。

(4.24) སངས་རྒྱས་བླ་མ་ལ་ཡང་བསྒོ་བ་དགོས།།

སངས་རྒྱས་བྱང་སེམས་དང་། དཔལ་ལྡན་བླ་མ་ལ་ཡང་མཆོག་གི་དགོངས་པ་རྫོགས་པ་ལ་སོགས་པའི་ཆེད་དུ་བསྔོ་བར་བྱས་ན་རང་གཞན་གྱི་ཚོགས་རྫོགས་ཤིང་སྒྲིབ་པ་དག་ནས་བྱང་ཆུབ་མྱུར་དུ་འཐོབ་པར་འགྱུར་བའི་ཕྱིར་བསྔོ་བ་བྱ་དགོས་ཏེ།

ཞི་བ་ལྷས།

བྱང་ཆུབ་སེམས་དཔའ་རྣམས་ཀྱིས་ནི།།

འགྲོ་དོན་ཐུགས་ལ་དགོངས་འགྲུབ་ཤོག །ཞེས་གསུངས་པ་ལ་སོགས་པ་བཞིན་ནོ།།

དེས་ན་འཇིག་རྟེན་མགོན་པོས།

ང་འདུ་སྨྲ་ངན་ལས་འདས་པའི་རྗེས་སུའང་ཁྱོད་ཤུལ་དུ་ཡོད་པ་རྣམས་ཀྱིས་བསྔོ་བ་བྱེད་དགོས་པ་ཡིན་ཞེས་ཡང་ཡང་གསུངས་སོ།།

བྱང་སེམས་གནད་བསྡུས་ཀྱི་སྐབས་ཏེ་བཞི་པའོ།། ༎

ལྔ་པ་ནི། 5. གསང་སྔགས་གནད་བསྡུས་ཀྱི་ཚོམས།

(5.1) གསང་སྔགས་བསྟན་པ་གཞན་ལའང་འབྱུང་བ་ཡོད།།

དེ་ལ་སངས་རྒྱས་བཅོམ་ལྡན་འདས་རྣམས་འོག་མིན་དུ་སངས་རྒྱས་ནས། ལོངས་སྤྱོད་རྫོགས་སྐུ་ངེས་པ་ལྔ་ལྡན་དུ་བཞུགས་ཏེ། མཁའ་ཁྱབ་ཏུ་སྐུ་དང་ཡེ་ཤེས་འཕྲིན་ལས་བསམ་གྱིས་མི་ཁྱབ་པ་གང་ལ་གང་འདུལ་སྟོན་གྲུབ་ཏུ་འཇུག་པའི་ཕྱིར། གསང་སྔགས་ཀྱི་བསྟན་པ་རིན་པོ་ཆེ་ནི་ཞིང་འདིར་བྱུང་བ་བཞིན་དུ་སངས་རྒྱས་གཞན་གྱི་བསྟན་པ་ལའང་གསང་སྔགས་འདུལ་བྱ་གར་ཡོད་དུ་འབྱུང་བ་ཡོད་དེ།

འཇམ་དཔལ་མཚན་བརྗོད་ལས།

འདས་པའི་སངས་རྒྱས་རྣམས་ཀྱིས་གསུངས།།

མ་འོངས་རྣམས་ཀྱང་གསུང་འགྱུར་ལ།།

ད་ལྟར་བྱུང་བའི་རྫོགས་སངས་རྒྱས།།

གང་ཡང་ཡང་ཡང་གསུངས་པ་གང་། །ཞེས་གསུངས་པའི་ཕྱིར་རོ། ༎

24 於佛及師亦須做迴向。

對於佛菩薩及具德上師，也應為令他們的心意圓滿等故而迴向。如此迴向能令自他資糧圓滿、垢障清淨、迅速得證無上菩提。如寂天菩薩所說：「願菩薩如願，成辦眾生利」[1]等。怙主吉天頌恭也一再地說：「我涅槃後，汝等也要（為我）做迴向。」[2]

第五品 總攝密咒乘要義品

1 他佛亦有密乘之教法。

諸佛在奧明天[3]成佛之後，安住於具五決定[4]的圓滿受用身，佛身與智慧之事業不可思議，遍滿虛空，任運調伏一切化機。因此，如同密乘教法出現於此世間一般，於他佛之教法中，亦有密乘教法出現。《文殊真實名續》中說：「過去諸佛所宣說，未來諸佛亦將說，現在出生圓滿佛，悉皆再三而宣說。」[5]

---

1 德格版《丹珠爾》，105卷39頁封底6行，《入菩薩行論》。

2 德國漢堡圖書館，敬安・謝拉熱炯內《一意廣釋》：134頁封底6行。

3 煩惱障與所知障清淨之處，亦稱為色究竟天。

4 處決定永住色究竟天密嚴剎土，時決定輪迴未空之間長久住世，身決定具足相好圓滿，眷屬決定皆為大乘聖者，法決定唯說大乘法。

5 德格版《甘珠爾》，77卷，2頁封面5行，《佛說文殊師利一百八名梵讚》。

༢༽ དབང་དོན་རྒྱུད་ལ་སྨིན་ནས་ཐོབ་པར་བཞེད།

(5.2)རྡོ་རྗེ་ཐེག་པ་དེའི་སྒོར་ཞུགས་ཤིང་ཉམས་སུ་ལེན་པ་ལ་ཐོག་མར་དབང་བསྐུར་སྔོན་དུ་འགྲོ་དགོས་ལ། དེ་ཡང་རྡོ་རྗེ་སློབ་དཔོན་དང་སློབ་མ་མཚན་ཉིད་དང་ལྡན་ཞིང་རྟེན་འབྲེལ་ལེགས་པར་ཚོགས་པས་ཚོ་གའི་ཡན་ལག་ངེས་པར་རྫོགས་པའི་སྒོ་ནས་ལྷ་གོན་ནས་དངོས་གཞི་རྫོགས་པའི་བར་དུ་སློབ་བུའི་རྒྱུད་ལ་ཡོན་ཏན་མི་འདྲ་བ་རེ་རེ་འབྱུང་ཞིང་སྒོ་གསུམ་དང་དེ་གསུམ་ཐ་དད་དུ་འཛིན་པའི་དྲི་མ་དག་ནས་བསྐྱེད་རྫོགས་བསྒོམས་པའི་ནུས་ལྡན་དུ་བྱེད་དགོས་པའི་ཕྱིར། དབང་དོན་གྱི་ཡེ་ཤེས་བུམ་དབང་གིས་ཕུང་ཁམས་སྐྱེ་མཆེད་སྣང་སྟོང་ལྷ་ཡི་དཀྱིལ་འཁོར་དང་། གསང་དབང་གིས་གསལ་སྟོང་གི་ཏིང་འཛིན་དང་ཤེར་དབང་གིས་བདེ་སྟོང་གི་འོད་གསལ་དང་། དབང་བཞི་པས་སྤྲོས་བྲལ་ལྷན་ཅིག་སྐྱེས་པའི་དོན་གྱི་ཡེ་ཤེས་ཇི་ལྟ་བ་བཞིན་ངོ་འཕྲོད་ཅིང་རྒྱུད་ལ་སྨིན་ན་རབ་ཏུ་གྱུར་ཅིང་འབྲིང་གིས་ཀྱང་དེ་དང་དེ་དག་གི་དོན་ཉམས་སུ་ལེན་པའི་གནད་ཤེས་ཤིང་རྟོགས་པས་ཉམས་སུ་མྱོང་བ་དང་། ཐ་མས་ཀྱང་ཚིག་དོན་ལ་གོ་བ་མ་འཁྲུལ་པར་བསྐྱེད་ཅིང་མོས་པ་ཡིད་ལ་བྱེད་པ་ཞིག་བྱུང་ནས་དབང་ཐོབ་པར་བཞེད་ལ། དེ་ལྟ་བུ་མ་བྱུང་བར་དབང་བསྐུར་ཐོབ་པར་མི་འགྱུར་ཏེ། ས་རྡོ་ལ་དབང་བསྐུར་བ་དང་ཁྱད་མེད་པའི་ཕྱིར་རོ།།

༣༽ ལྷ་ནི་ཕྱོགས་གཅིག་པས་ཀྱང་དབང་བསྐུར་འགྲོ།

(5.3)དེ་ལ་ཡང་རྡོ་རྗེ་རྣལ་འབྱོར་མ་ལ་སོགས་ལྷ་ནི་ཕྱོགས་གཅིག་པའམ་དཔའ་བོ་གཅིག་པས་ཀྱང་དབང་བསྐུར་ཐོབ་པར་འགྲོ་ལ། ལྷ་ལའང་དབྱེ་བསྡུའི་ཁྱད་པར་གྱིས་དེ་ལ་གདན་གསུམ་ཀྱང་དངོས་སུ་མ་ཚང་ཡང་བདག་མདུན་སོགས་ལ་དོན་གྱིས་ངེས་པར་ཚང་བའི་དབང་བསྐུར་དུ་འགྲོ་སྟེ། འདུས་པ་ལས།

མདོར་ན་ཕུང་པོ་ལྔ་རྣམས་ནི། །
སངས་རྒྱས་ལྔར་ནི་རབ་ཏུ་བསྒྲགས། །
རྡོ་རྗེ་སྐྱེ་མཆེད་རྣམས་ཉིད་ནི། །
བྱང་ཆུབ་སེམས་དཔའི་དཀྱིལ་འཁོར་མཆོག །
ས་ནི་སྤྱན་ཞེས་བྱ་བ་ཡིན། །
ཆུའི་ཁམས་མ་མ་ཀི་ཞེས་བྱ། །
དཀར་དང་སྒྲོལ་མ་ཞེས་བྱ་གང་། །

མི་དང་ཀླུང་དུ་རབ་ཏུ་བསྒྲགས། །ཞེས་པ་ལ་སོགས་གསུངས་པས་སོ། །དེ་ལྟར་ཚང་ཡང་དཔོན་སློབ་གཉིས་ཀས་ཤེས་དགོས་ལ། མ་ཤེས་ན་དབང་གི་བྱ་བ་མི་རྫོགས་པའི་ཕྱིར་ཚོ་ག་རྣམ་པར་མ་དག་པའོ། །

2 了知灌頂意義方得灌。

為了進入金剛乘之門並且如法修持，最初須接受灌頂。灌頂之金剛上師和弟子應具足性相，並且緣起妙善聚集。依儀軌次第從預備法到正行等圓滿進行，一一於弟子之心續中產生不同功德，清淨弟子執著自己之三門與本尊上師之三門相異之垢染，並且具足修持生圓次第之能力[1]。灌頂之真實意義是，以寶瓶灌頂指認蘊界處皆是顯空無別本尊之壇城，以秘密灌頂指認明空三摩地，以智慧灌頂指認樂空本尊之壇城，以第四灌頂指認離戲俱生智。對於此等義理，上根者能於心續中真實生起；中根者能了知修持要點，並且有覺受經驗；下根者能夠無誤了解詞義並且信受。承許以上情況是獲得灌頂。若未能做到如上所說，則不得灌頂，與給予土石灌頂無有差別。

3 雖唯單一本尊亦成灌。

依靠金剛亥母等單尊或獨勇亦能得灌。雖然本尊有廣略之差別，於單一本尊中雖未具足三位[2]，但是自生對生等內容實際上必定齊備，所以能夠成為灌頂。《密集金剛續》中說：「總之於五蘊，說為五方佛，諸金剛處乃，菩薩之壇城[3]。地大佛眼母，水大瑪瑪姬，白衣與度母，說為火與風」[4]等等。如是齊備之理，金剛師徒雙方都應了知。否則，將導致所做不圓滿，令儀軌成為不清淨。

---

1 彩沙壇城中灌頂儀軌內容之一，不逾越壇城羯磨和弟子羯磨而依次進行的地母前行。

2 三位：佛父母位，男女菩薩位，男女忿怒尊位。

3 德格版《甘珠爾》，81卷142頁封底5行，《佛說一切如來金剛三業最上秘密大教王經》。

4 德格版《甘珠爾》，81卷142頁封底7行，《佛說一切如來金剛三業最上秘密大教王經》。

(5.4) རྟོགས་པ་མ་སྐྱེས་དཔེ་དོན་ཁོང་མི་ཆུད། །

དེ་ལྟར་ངོ་སྤྲོད་པའི་དབང་དོན་གྱི་རྟོགས་པ་དེ་ཉིད་རྒྱུད་ལ་མ་སྐྱེས་པར་དཔེ་དོན་གྱི་ཡེ་ཤེས་ཇི་ལྟ་བ་ཁོང་དུ་མི་ཆུད་དེ། མཛུབ་མོས་ཟླ་བ་བསྟན་པ་བཞིན་དཔེ་ལ་བརྟེན་ནས་དོན་གོ་ཡང་དེ་ཉིད་དེའི་རྟོགས་པ་དངོས་མ་ཡིན་པའི་ཕྱིར། དེས་ན་དབང་གསུམ་པའི་ཞུ་བདེའི་འོད་གསལ་དེ་ཡང་བཞི་པའི་སྤྲོས་བྲལ་ལྷན་སྐྱེས་བདེ་བ་ཆེན་པོའི་ཡེ་ཤེས་ཕྱག་རྒྱ་ཆེན་པོ་དངོས་ཉིད་མ་ཡིན་ཏེ།

ཡེ་ཤེས་གྲུབ་པ་ལས།

དབང་པོ་གཉིས་བྱུང་བདེ་བ་ནི། །

དེ་ཉིད་ཡིན་ཞེས་སྐྱེ་ངན་སྨྲ། །

དེ་ནི་བདེ་བ་ཆེན་ཡིན་ཞེས། །

རྒྱལ་བ་མཆོག་གྱིས་མ་གསུངས་སོ། །

བདེ་ཆེན་མི་རྟག་མ་ཡིན་ཏེ། །

བདེ་བ་ཆེན་པོ་རྟག་ཏུ་རྟག །

མཚན་ཁུང་གཡའ་སྦྲུགས་ལས་བྱུང་བའི། །

ཅི་ཡི་ཕྱིར་ན་བདེ་ཆེན་མིན།

།ཞེས་གསུངས་པའི་ཕྱིར་རོ། །

4 未生證悟則不明喻義。

若心中未能生起所指認的灌頂意義之證悟，則不能通達喻義之本智。因為雖然透過標月指之譬喻，可以了解其意義，但還不是真正的證悟。因此，第三灌頂的融樂光明，也並非真正的離戲俱生大樂之本智大手印。《本智成就》中說：「二根和合所生樂，惡人說彼為真如，或謂彼即為大樂，此語諸佛未曾說。所謂大樂非無常，大樂恆常不變異，腋窩瘙癢所生樂，如何能說是大樂？」[1]

1 德格版《甘珠爾》，51卷45頁封底6行，《密宗修習智成之儀軌》。

(5.5) བསྐྱེད་པའི་རིམ་པ་གདོད་ནས་ཡོངས་སུ་གྲུབ། །

དེ་ལྟར་དབང་གིས་སྨིན་པར་བྱས་སྟེ། དམ་ཚིག་སྡོམ་ལྟར་སྲུང་《བརྩལ་》ནས་ལམ་གྲོལ་བྱེད་རིམ་པ་གཉིས་ལས། དང་པོ་བསྐྱེད་པའི་རིམ་པ་ཡང་ཕུང་ཁམས་སྐྱེ་མཆེད་ཀྱིས་བསྡུས་པའི་སྣོད་བཅུད་ཐམས་ཅད་ཡེ་གདོད་མ་ནས་ལྷའི་དཀྱིལ་འཁོར་དུ་ཡོངས་སུ་གྲུབ་པར་གཏན་ལ་ཕབ་ནས། ལམ་དུ་བསྐྱེད་རིམ་མཚན་ཉིད་བཞི་ལྡན་གྱིས་གསལ་བཏབ་སྟེ་བསྒོམ་པས་འབྲས་བུ་དེའི་ངོ་བོར་འཚང་རྒྱ་བར་འགྱུར་བ་ཡིན་པས་ཐ་དད་དུ་མེད་ཅིང་འབྲས་བུ་ལམ་དུ་བྱེད་པ་རྡོ་རྗེ་ཐེག་པའི་ཁྱད་ཆོས་ཡིན་ཏེ།

ཀུ་རྡོར་ལས། འདི་རྣམས་རྐྱེན་གྱིས་སེམས་ཅན་རྣམས། །

སངས་རྒྱས་ཉིད་དུ་ཐེ་ཚོམ་མེད། །

ཟླ་བ་བཅུ་ཡང་ས་རྣམས་ཏེ།

སེམས་ཅན་ས་བཅུའི་དབང་ཕྱུག་གོ །ཞེས་དང་།

བྲམ་ཟེ་ཆེན་པོས། ཐེག་པ་ཆེན་པོ་བླ་མེད་སྙིང་པོའི་ལམ་འདི་ནི། །

འབྲས་བུ་ལམ་དུ་ཁྱེར་ནས་གདོད་ནས་འབྲས་བུར་གནས། །

གཞན་དོན་ཕུན་སུམ་ཚོགས་པ་འབྲས་བུའི་མཆོག་ཡིན་ཏེ། །

སྨྲུངས་པ་གཙོ་བོར་གྱུར་པ་སོགས་ལས་དེ་ནི་འབྱུང་། །ཞེས་གསུངས་པའི་ཕྱིར། །

དེའི་ཕྱིར་དཔེར་ན་སོལ་བ་བཏར་བས་དུང་མདོག་ཏུ་མི་འགྱུར་བ་བཞིན་དུ་ཡེ་ནས་ལྷར་མིན་པ་ལ་ཡིན་པར་བསྒོམས་པས་ལྷར་འགྱུར་བ་མི་སྲིད་པས། ཡེ་ནས་ལྷའི་དཀྱིལ་འཁོར་དུ་བལྟ་བས་ཐག་ཆོད་པའི་ཉམས་ལེན་གཞན་དྲིང་མི་འཛོག་པ་ལ་གནད་དུ་ཟུངས་ཤིག །ཅེས་སོ། །

༦༽ རང་བྱུང་རྣམས་ལ་འཇུག་པའི་ཚོ་ག་དགོས།

(5.6)སྔོན་སྦྱངས་ལ་སོགས་པ་གང་ཡང་རུང་བའི་སྟོབས་ཀྱིས་ཏིང་ངེ་འཛིན་སོགས་སྦྱངས་བརྩོན་ལ་མ་ལྟོས་པར་རང་བྱུང་ངམ་རང་ཤུགས་ཀྱིས་འབྱུང་བ་རྣམས་ལ་ཡང་བར་ཆད་དང་བདུད་ལས་ཀྱང་སྲིད་པས། ཡང་དག་པའི་བཤེས་གཉེན་དམ་པས་ཟིན་ཏེ་སྐྱབས་སེམས་ནས་སྡོམ་པ་གསུམ་དང་དེའི་ཉམས་ལེན་རྣམས་མ་འཆོལ་བར་རིམ་པར་འཇུག་པའི་ཚོ་ག་རྣམས་ཇི་ལྟ་བ་བཞིན་དགོས་ལ། དེས་བར་ཆད་དང་གོལ་ས་ལས་གྲོལ་ཞིང་ཡོན་ཏན་གོང་འཕེལ་དུ་ཆེར་འགྲོ་བའི་ཕྱིར་རོ། །དེས་ན་བླ་སློབ་གང་ཐད་ནས་ཀྱང་བསྟན་པའི་གོ་རིམ་མ་འཆུག་པར་བྱ་བ་གདམས་སོ། །

5 生起次第本即圓成實。

如此以灌頂令心續成熟，賜予如性命一般之三昧耶誓言，然後趨入能解脫之生圓二次第道。二次第中的生起次第，是將蘊界處所攝一切情器世間，抉擇為本來即是本尊圓成實之壇城，而後明晰觀修具四性相[1]之生起次第，最終證悟成佛，即現證其體性，無二無別。這就是以果位為道用，是金剛乘的不共殊勝處。《喜金剛》中說：「是等故無疑，眾生即佛陀，十月即諸地，成十地自在。」[2]大婆羅門薩拉哈說：「大乘無上心要之此道，以果為道本來住果位，圓滿利他乃最勝果位，積資作為主修所出生。」[3]黑色的木炭就算經過打磨也不會變成白海螺的顏色，同樣的，如果本來不是本尊，那麼就算透過觀修也不可能變成本尊。因此，要具足確信本來即是本尊壇城之見地，不摻雜其他的看法而實修，此乃要義。

6 自生覺受仍須依儀軌。

某些行者因為宿世修習等等之緣故，三摩地等功德未假勤修就能自然生起。然而他們仍有可能遭遇障礙與魔擾，因此更需要具德善知識的攝受，從皈依發心到三戒之行持，皆須無有錯亂地依儀軌之次第而修持。如此則能遠離障礙和歧途，令功德輾轉增上。因此，上師和弟子無論如何都不能錯亂次第。

---

1 即修誦四支：修、大修、依、近依。

2 德格版《甘珠爾》，79卷116頁封面6行，《正相合大怛特羅》。

3 德格版《丹珠爾》，52卷32頁B6行。《無盡藏口訣道歌》。

༧། ལྷ་རྣམས་ཐམས་ཅད་མཚན་དཔེའི་ཡོན་ཏན་ལྡན།

(5.7)ལྷ་སྒོམ་པའི་དུས་ན་ཡང་སྐྱོན་ཀུན་ཟད་ཡོན་ཏན་ཀུན་རྫོགས་ཀྱི་ཆོས་སྐུ་འགྱུར་བ་མེད་པ་ལས་མ་གཡོས་བཞིན་དུ་ཞི་བ་དང་། ཁྲོ་བོ་ཕྲ་མེན་ལ་སོགས་པའི་གཟུགས་སྐུའི་རྣམ་རོལ་ཅིར་ཡང་བསྟན་པའི་དཀྱིལ་འཁོར་གྱི་ལྷ་གཙོ་བོ་དང་འཁོར་རྣམས་ཐམས་ཅད་མཚན་དཔེའི་ཡོན་ཏན་དང་ལྡན་པར་བསྒོམ་པར་བྱ་དགོས་ཏེ། དེ་ཡང་གཞི་དུས་ནས་སེམས་ཅན་རྣམས་སངས་རྒྱས་ཀྱི་བདག་ཉིད་ཡིན་ཅིང་། ལམ་དུས་སུའང་ཁམས་དཀར་དམར་གྱི་རང་བཞིན་ཟླ་ཉི་དབྱངས་གསལ་མཚན་དཔེའི་ངོ་བོ་ཡིན་པར་བསྒོམས་པས། འབྲས་བུའི་དུས་ལོངས་སྐུ་མཚན་དཔེའི་བརྒྱན་པ་ཐོབ་པར་འགྱུར་བའི་ཕྱིར། དམ་པ་དང་པོ་ལས།

རབ་མཆོག་རྒྱལ་བའི་བདག་པོ་ཡི། །
མཚན་ནི་སུམ་ཅུ་རྩ་གཉིས་དང་། །
དཔེ་བྱད་བཟང་པོ་བརྒྱད་བཅུ་སྟེ། །
འདི་དག་མ་ལུས་ལུས་ལ་སྟེ། །
ཁྱབ་བདག་མཆོག་གི་གོ་འཕང་ནི། །

ཐུགས་པ་རྣམས་ཀྱིས་བསྒོམ་པར་བྱ། །ཞེས་སོ། །ཚུལ་དེ་ལྟ་བུར་མ་ཤེས་པར་འདོད་ཆགས་ཀྱིས་ཀུན་ནས་བསླངས་ཏེ་ཡབ་ཡུམ་ཞལ་སྦྱོར་དང་། ཞེ་སྡང་གིས་ཕ་རོལ་པོའི་སྙིང་ལ་འཛིགས་སུ་རུང་བ་དང་། གཏི་མུག་གིས་ཀུན་ནས་བསླངས་ཏེ། དུད་འགྲོའི་མགོ་བརྙན་ཅན་མཚན་དཔེའི་ཡོན་ཏན་མེད་པ་དེ་ལྟ་བུ་བསྒོམ་པའམ་བསྒྲུབ་ན། བསེན་མོ་དང་། རྒྱལ་པོ་དང་། གླུ་གདོན་བསྒོམས་སྒྲུབ་བྱས་པ་དང་ཁྱད་མེད་པས་ཉེས་སྐྱོན་ཆེའོ། །

7 本尊皆具相好諸功德。

觀修本尊時應當知道，不論是寂靜尊或是忿怒尊等諸色身，皆是從遠離一切過患、具足一切功德之無變法身無動搖中所顯現。所以壇城中之一切主眷，皆需觀為具足相好圓滿之功德。另外，於基位之時，諸有情即是佛之自性；道位之時，觀修紅白菩提自性之日月、子音母音為相好圓滿之體性；果位時則證得報身之相好莊嚴。《時輪根本續》中說：「最勝之尊主，三十二妙相，八十隨形好，此等身中有，遍主妙果位，諸咒師應修。」[1]倘若不明此理，以貪欲心觀修父母尊雙運；以嗔恨心觀修忿怒尊，欲令對方心生怖畏；以愚癡心觀修具野獸頭、無相好莊嚴之本尊，則與觀修女妖、王魔、毒龍等無異，而有極大之過患。

1 德格版《丹珠爾》，77卷126頁封面6行，《時輪根本續》第五品。

(5.8) མདོ་རྒྱུད་ལས་གསུངས་ལྷ་རྣམས་གཙོ་བོར་བྱ། །

མདོ་སྔགས་གང་གི་ལུགས་ཀྱི་ལྷ་སོགས་བྲི་བཞེངས་དང་བསྒོམ་པ་ལའང་ཐམས་ཅད་མཁྱེན་པའི་ཡེ་ཤེས་མ་ཐོབ་པ་དེ་སྲིད་དུ་རང་རྒྱུད་ལ་སྒྲིབ་པ་ཡོད་ཕྱིར། ཉམས་དང་རྨི་ལམ་སོགས་ཀྱི་མཐོང་སྣང་གི་རྣམ་པ་གཙོ་བོར་མི་བྱ་སྟེ།

མདོ་རྒྱུད་དང་མཐུན་ངེས་པ་མ་གཏོགས་པར་གཞན་ཡིད་ཆེས་ཀྱིས་གཙོ་བོར་རམ་ཚད་མ་མི་བཟུང་བར་ཐམས་ཅད་མཁྱེན་པའི་ཡེ་ཤེས་ཀྱིས་ཡང་དག་བསྟན་པའི་མདོ་དང་རྒྱུད་ལས་ཇི་ལྟར་གསུངས་པའི་ལྷ་རྣམས་གཙོ་བོར་བྱ་དགོས་ཏེ། ཐམས་ཅད་མཁྱེན་པ་ལས་གཞན་མཆོག་ཏུ་གྱུར་པ་སུ་ཡང་མེད་པའི་ཕྱིར་རོ། །

དེས་ན་ས་བཅུའི་དབང་ཕྱུག་མགོན་པོ་བྱམས་པས་ཀྱང་། ཇི་ལྟར་སྒྲོན་སློག་ནོར་བུ་ཉི་ཟླ་ལ། །

བརྟེན་ནས་མིག་དང་ལྡན་པས་ལྟ་བ་བཞིན། །

དེ་བཞིན་དོན་ཆེག་ཆོས་སྤོབས་འོད་མཛད་པ། །

ཐུབ་ལ་བརྟེན་ནས་འདི་ཉིད་རབ་ཏུ་བཤད། །ཞེས་དང་།

གང་ཕྱིར་རྒྱལ་ལས་ཆེས་མཁས་འགའ་ཡང་འཇིག་རྟེན་འདི་ན་ཡོད་མིན་ཏེ། །

མ་ལུས་དེ་ཉིད་མཆོག་ནི་ཚུལ་བཞིན་ཀུན་མཁྱེན་གྱིས་མཁྱེན་གཞན་མིན་པ། །

དེ་ཕྱིར་དྲང་སྲོང་རང་ཉིད་ཀྱིས་བཞག་མདོ་སྡེ་གང་ཡིན་དེ་མི་དཀྲུག། །

ཐུབ་ཚུལ་བཤིག་ཕྱིར་དེ་ཡང་དམ་ཆོས་ལ་ནི་གནོད་པ་བྱེད་པར་འགྱུར། །ཞེས་གསུངས་སོ། །

དེའི་ཕྱིར་རང་བཟོ་དང་གཟུ་ལུམ་ལ་རྣམ་པ་ཀུན་ཏུ་བརྟེན་པར་མི་བྱའོ། །

༡ དབང་པོ་རབ་ལ་ཚོ་ག་རྒྱས་པ་དགོས།

(5.9)དཀྱིལ་འཁོར་དང་ཚོ་ག་ཡང་རྟུལ་ཚོན་ལ་སོགས་པ་ཚོ་ག་ཡན་ལག་དང་བཅས་པ་རྒྱས་པར་བྱས་པའི་རྟེན་འབྲེལ་ཕུན་སུམ་ཚོགས་པས། ཡོན་ཏན་དང་བྱིན་ལས་བསམ་གྱིས་མི་ཁྱབ་པ་འབྱུང་བའི་རྒྱུར་འགྱུར་བ་ལ་སོགས་པའི་དགོས་པ་ཆེས་མང་བའི་ཕྱིར་སྟོང་དང་རྟེན་འབྱུང་དབྱེར་མེད་པའི་ཟབ་མོའི་དོན་ཉམས་ལོག་ཏུ་ཆུད་པའི་དབང་པོ་རབ་ཏུ་གྱུར་པ་ལ་ལྷག་པར་ཚོ་ག་རྒྱས་པ་དགོས་ཏེ། དེས་འབྲས་བུ་ཕུན་སུམ་ཚོགས་པ་བསམ་གྱིས་མི་ཁྱབ་པའི་དངོས་གྲུབ་རྣམ་པ་གཉིས་མྱུར་དུ་འགྲུབ་པའི་ཕྱིར་རོ། །

8 經續所說本尊為主要。

在對顯密任何傳規之本尊等[1]進行繪畫、造像及觀修時，在自己尚未證得遍知智慧之前，不要以自己在覺受和夢境等中所見之形相作為主尊，因為自心仍有遮障，必須要與經續當中所說的本尊一致。此外不可僅憑信心就將其他本尊作為主尊或正量，要以遍智佛陀所宣講之清淨經續中之本尊為主。因為遍智佛陀乃為最殊勝，無有能超越者。十地自在的怙主彌勒也說：「依燈電摩尼，日月等諸明，一切有眼者，皆能見境界。依佛法光明[2]，慧眼者能見，以法有是利，故我說此法。」[3]以及「較佛尤善巧，此世中無有，無餘上真實，遍智如理知，非餘不應擾，仙人自立經，壞能仁規故，彼則損正法。」[4]所以絕不能依止一切自造與杜撰之本尊。

9 利根應修廣詳之儀軌。

對於壇城和儀軌，如果能廣詳地進行彩砂繪製等儀軌及其支分，則能夠具足緣起，成為不可思議功德及事業之因。因為有諸多必要性之故，對於空性緣起無別之甚深法義有所體悟之上等根器者，更須要依靠廣軌，如此則能迅速圓滿獲得不可思議共、不共之成就。

---

1 顯教中如釋迦摩尼佛等，密乘中如自己根本上師等。

2 佛法光明指的是，諸法各異之自性無誤認識之四方面(四無礙智)：法無礙解、義無礙解、詞無得解和辯才無礙解。

3 德格版《丹珠爾》，123卷72頁封底4行，《寶性論》。後魏中印度三藏・勒那摩提譯《究竟一乘寶性論》《大正藏》T31n1611。

4 德格版《丹珠爾》，123卷72頁封底6行，《寶性論》，索達吉堪布譯本。

༡༠༽ སྤྲོས་པ་ཐམས་ཅད་བབས་ཀྱི་རྟེན་འབྲེལ་ཡིན།

(5.10)དེ་ཡང་ཕྱི་སྣོད་ཀྱི་ཆགས་གནས་འཇིག་གསུམ་དང་། ནང་རྡོ་རྗེའི་ལུས་ཀྱི་ཆགས་གནས་འཇིག་གསུམ་དང་། གཞན་རྟེན་དང་བརྟེན་པའི་ལྷའི་དཀྱིལ་འཁོར་བསྐྱེད་གནས་སྡུད་པའི་སྤྲོས་པ་ཇི་སྙེད་པ་ཐམས་ཅད་གཤིས་སམ་བབས་ཀྱི་རྟེན་འབྲེལ་ཡིན་པའི་ཕྱིར། སྦྱང་གཞི་སྣོད་བཅུད་ཡེ་ནས་གཞི་ལྷུན་གྲུབ་ཀྱི་དཀྱིལ་འཁོར་ཆེན་པོར་བཞུགས་པ། སྣོད་བཅུད་ཐ་མལ་དུ་འཛིན་པ་ལ་སོགས་པའི་སྦྱང་བྱ་རྣམས། སྦྱོང་བྱེད་འོག་གཞི་འབྱུང་བ་རིམ་བརྩེགས་ལ་སོགས་པའི་བསྐྱེད་པ་དང་རྫོགས་པའི་རིམ་པ་སྒོམ་པས་སྦྱངས་ཏེ། སྦྱང་འབྲས་ཁ་སྦྱོར་ཡན་ལག་བདུན་ལྡན་གྱི་རྡོ་རྗེ་འཆང་མངོན་དུ་བྱེད་པའི་ལམ་མཆོག་ཕྱི་ནང་གཞན་གསུམ་དབྱེར་མེད་གསང་བ་རྡོ་རྗེ་རྒྱལ་པོའི་ཁྱད་ཆོས་ཟད་དུ་བྱུང་བ་ཡིན་ནོ། །

(5.11) རྡོ་རྗེའི་ལུས་ནི་ཟབ་མོའི་འཁོར་ལོར་བཞེད། །

རྡོ་རྗེ་ཐེག་པའི་ལུགས་ཀྱི་ཆོས་ཐམས་ཅད་ལ་རྡོ་རྗེའི་སྒྲ་སྦྱོར་བ་ཐབས་ཤེས་མཉམ་རོལ་གྱི་དོན་ཡིན་ལ།

དེ་ཡང་རྡོ་རྗེ་རྩེ་མོ་ལས། སྲ་ཞིང་སྙིང་པོ་ཁོང་སྟོང་མེད། །གཅད་དང་གཞིག་པར་བྱ་བ་མིན། །

བསྲེག་པར་བྱ་མིན་འཇིག་མེད་པས། །སྟོང་ཉིད་ནི་རྡོ་རྗེར་བརྗོད་པར་བྱ། །ཞེས་གསུངས་པ་བཞིན་གཞོམ་གཞིག་ལ་སོགས་པ་དང་བྲལ་བའི་གཉིས་སུ་མེད་པའི་ཡེ་ཤེས་ཆེན་པོ་ལ་རྡོ་རྗེ་ཞེས་བྱ་ལ། དེ་ལྟ་བུའི་རང་བཞིན་གྱི་རྡོ་རྗེའི་ལུས་འདིའི་རྩ་རླུང་ཐིག་ལེའི་གནས་ཚུལ་ནི་རྒྱལ་བ་ཐམས་ཅད་ཀྱི་སྐུ་གསུང་ཐུགས་རྡོ་རྗེ་སྐུ་གསུམ་གྱི་དཀྱིལ་འཁོར་གདོད་ནས་ལྷུན་གྱིས་གྲུབ་ཅིང་རྒྱུན་མི་ཆད་པའི་ཟབ་མོའི་འཁོར་ལོར་ཡེ་ནས་གནས་པར་བཞེད་པ་ཡིན་ཏེ།

གསང་བ་རྒྱ་མཚོ་ལས།

ཤེས་བྱའི་དཀྱིལ་འཁོར་མ་ལུས་འདི་དག་ཐམས་ཅད་ནི། །

སྐུ་གསུམ་ཡོངས་སུ་གྲུབ་པ་གསང་སྔགས་ཐེག་པ་སྟེ། །

སྐུ་གསུམ་ཉིད་ལ་འཇུག་པ་ལམ་གྱི་ཐེག་པ་ཡིན། །

སྐུ་གསུམ་འདུ་འབྲལ་མེད་པ་རྡོ་རྗེའི་ཐེག་པའོ། །ཞེས་གསུངས་པའི་ཕྱིར་རོ། །

༡༢༽ གནས་ལུགས་འགག་ཞིག་རྡོ་རྗེ་འཆང་གིས་སྨྲས།

(5.12)དེ་ལྟར་སྟོན་པའི་ཟབ་དོན་ལ་ཡང་སྣོད་མིན་ལོག་ལྟ་སྒྲོ་སྐུར་མཁན་དང་། དཔེ་མཐོང་ཙམ་གྱིས་ཉམས་ལེན་གཞན་ལ་སྟོན་པས་གསང་སྒོ་འཚོལ་ཞིང་མན་ངག་གི་གནད་འཆུག་པར་བྱེད་པའི་གཟུ་ལུམ་ཅན་དག་གི་ཕུང་ཁྲོལ་སྤང་བ་ལ་སོགས་པའི་ཆེད་དུ་རྒྱུད་ལུང་མན་ངག་ཟབ་མོ་རིམ་བརྒྱུད་བྱིན་བརླབས་མངའ་བའི་རྡོ་རྗེ་སློབ་དཔོན་ཉམས་སྒྲོང་དང་ལྡན་པ་མཉེས་པར་བྱས་པ་ལས་རྟོགས་པར་བྱ་བའི་སླད་དུ་ཟབ་མོའི་གནས་ལུགས་འགག་ཞིག་རྡོ་རྗེ་འཆང་གིས་ཐུགས་བརྩེ་བས་རྒྱུད་དཀྲུགས་ལུང་བཅུས་མན་ངག་གབ་ཅིང་སྦས་པར་མཛད་པའི་ཕྱིར་ན་རང་བཟོ་དང་ཕོ་ཚོད་སྤངས་ཏེ་མཁས་གྲུབ་གཉིས་ལྡན་རྡོ་རྗེ་སློབ་དཔོན་ལ་ཡང་དག་པར་གཏུག་པར་བྱའོ།

10 一切戲論是自性緣起。

外器世間、內金剛身的成住壞，以及所依能依的本尊壇城之生起、安住、收攝等所有一切戲論，皆是自性之緣起。淨基是情器世間，本來即安住於基位任運之大壇城；所淨是對情器世間之凡庸執著等等；透過修持能淨之地基大種層疊等生起、圓滿次第而令清淨；清淨之果即是現證七支和合[1]的金剛持果位。此殊勝道，是外內他三無別之秘密金剛王之稀有特點。

11 金剛身即甚深壇城輪。

在金剛乘的傳統中，對於一切法皆冠以「金剛」之名，意在表現其方便智慧雙運之體性。如同《金剛頂續》中所說：「堅固並且非中空，非能切斷非能壞，非能焚燒非能滅，空性金剛如是稱。」[2]無有壞滅之無二大本智即稱為金剛。如此金剛身中的脈氣明點，即是一切諸佛身語意三金剛身之壇城，本來任運、無有間斷之甚深輪，從本初以來即安住。《秘密海》中說：「一切所知壇城無遺餘，皆為圓成勝義之三身，密咒乘即修證三身道，三身無有離合金剛乘。」

12 某些實相金剛持隱藏。

對於如此甚深之義理，非器者可能會產生邪見、毀謗，也有輕率者僅僅略看書本即為他人宣說，將導致洩露密法、錯解口訣等等之禍事發生。因此，金剛持以大悲心將某些甚深實相，打亂續部次序、顛倒文字，並隱藏其口訣。然而，若能令具傳承加持力及覺證之金剛上師歡喜，則能了知續部甚深口訣。因此應當斷除杜撰和驕慢，依止兼具博學與成就之清淨金剛上師。

---

1 和合七支：受用圓滿支，和合支，大樂支，無自性支，大悲遍滿支，利生無間支和永住無滅支。

2 德格版《丹珠爾》，84卷149頁封面7行，《秘密大瑜伽怛特羅金剛頂》。

༡༣༽ ལས་དང་འདུག་ཚུལ་འགའ་ཞིག་སྨན་རྒྱུད་ཟབ།

(5.13)ལུས་འདི་ཉིད་ཆགས་གནས་འཇིག་པ་དང་རྩ་རླུང་ཐིག་ལེའི་གནད་སོགས། བཅོས་ཚུལ་དང་བཅས་པ་གསལ་བར་རྡོ་རྗེ་ཐེག་པ་ལས་གསུངས་ཤིང་། དེར་སྨྲས་ཤིང་ཆེས་མི་གསལ་བའང་ཤིན་ཏུ་ཞིབ་རྒྱས་སུ། ཉེས་གསུམ་འཁྲུགས་པ་ལ་སོགས་པ་འདུ་བ་རྣམ་བཞིའི་ནད་སོགས་འབྱུང་བ་གསོ་ཐབས་དང་བཅས་པའི་ལས་དང་། གནས་ཚུལ་ལམ་འདུག་ཚུལ་འགའ་ཞིག་ལའང་སློབ་དཔོན་དཔའ་བོས་ཡན་ལག་བརྒྱད་པ་སོགས་སྨན་གྱི་མདོ་རྒྱུད་དུ་ཆེས་གསལ་བར་སྟོན་པས་ཟབ་པའང་ཡོད་དོ། །

༡༤༽ གཞན་གྱི་མི་ཟབ་པ་རྣམས་འདིར་ཟབ་སྟེ།

(5.14)དཔེར་ན་འཁོར་ལོ་བསྒྱུར་རྒྱལ་འབྱུང་བ་ལ་ཡང་ཐོག་མར་རྒྱལ་རིགས་སུ་སྐྱེས་ནས་རིམ་པར་སྟོབས་རྩལ་རྫོགས་པ་ལ་ལྟོས་དགོས་པ་བཞིན་དུ་ཡིན་པས་ན། གཞན་གྱིས་མི་ཟབ་པར་འདོད་པ་རྣམས་ཀྱང་རང་ལུགས་འདིར་ནི་སྐབས་སུ་འགྲོ་བ་ནས་སྡེ་སྣོད་གསུམ་དང་བསླབ་པ་གསུམ་ཉམས་སུ་བླངས་པ་གསུམ་དང་། རྒྱུ་འབྲས་ཀྱི་ཐེག་པ་གཉིས་དང་། རྒྱུད་སྡེ་བཞི་དང་དབང་བཞི་རྣམས་མས་རིམ་ནས་དང་། སྨིན་འཇུག་གཉིས་ལས་དང་། གྲོལ་ལམ་དང་ཆགས་ལམ་གཉིས་ལས་དང་། བསྐྱེད་རྫོགས་གཉིས་དང་། རྫོགས་རིམ་མཚན་བཅས་མཚན་མེད་གཉིས་ལས་དང་པོ་རྣམས་ཟབ་པར་འདོད་དེ་གོང་མ་གོང་མའི་ལམ་སྐེགས་སམ་གཞི་རྟེན་དུ་གྱུར་པའི་འོག་མ་འོག་མ་རྣམས་མེད་ན་རྨང་རྡོ་མེད་པའི་མཁར་དང་ཡང་ཐོག་དང་བ་གམ་དང་འདྲ་བས་གོང་མའི་ཡོན་ཏན་མི་ཐོབ་པའི་ཕྱིར།ཁང་པའི་གྲལ་དུ་ཚུད་ཅིང་ཡོན་ཏན་ཐམས་ཅད་ཀྱི་གཞི་རྟེན་དུ་གྱུར་པའི་སྐབས་འགྲོ་ནས་ལམ་མས་རིམ་གྱིས་ཉམས་སུ་ལེན་པར་ཟབ་སྟེ།

བརྟག་གཉིས་ལས།

དང་པོར་གསོ་སྦྱོང་སྦྱིན་པར་བྱ། །ཞེས་སོགས་གསུངས་སོ། །

དེས་ན་བློ་ཐོག་རྣམ་བཞི་སོགས་རིམ་པར་སྐྱིང་ནས་མ་བསམ་པའི་ཆོས་པ་དེ་ཀ། ད་ལྟའི་ཆོས་བྱེད་མཁན་ལྟར་ཁ་ནས་ཆོས་གཏམ་གཏོང་ཞིང་ལག་ཏུ་རྒྱ་འབྲས་ཁྱད་དུ་གསོད་ཅིང་མི་དགེ་སྡིག་པ་ཁོ་ན་སྤྱོད་པ་འདི་འདྲར་འགྱུར་སྲིད་པས་ཟབ་པར་དགོངས་སོ། །དེ་ལྟར་ན་དགོངས་པ་གཅིག་པ་འདིའི་བརྗོད་དོན་ཐམས་ཅད་དེ་ཁོ་ན་ལྟར་གཙོ་བོར་སྟོན་པའི་གནད་འདི་གོ་ན་གཞུང་འདིའི་དོན་གོ་བར་འགྱུར་པར་བཤད་དོ། །

13 某些事理醫典義更深。

此身之成住壞、脈氣明點之要點，以及療病之方法等等，皆清楚地記載於金剛乘中。但是對於有些隱晦或是特別細微的風膽涎錯亂等四聚之病症，關於產生以及療法，還有對於某些特殊情形，在馬鳴菩薩所作《八支》[1]等醫典中也有明白宣說。是故醫典中也有甚深之內容。

14 他說不深我說是深道。

一位轉輪聖王，雖然生於王族之中，仍須次第學習、圓滿技力。同樣的，他人認為是不深奧的諸法義，於自宗中則認為是深法。從皈依開始，三藏、三學或三戒、因果二乘、四續部、四灌頂、願行菩提心、解脫道與貪道、生圓二次第、有相與無相之圓滿次第，對於以上諸法，皆承許前者是深法。因為前者是後者之階梯或基礎，若無前者，則如無地基之空中樓閣一般，不能獲得後者之功德。是故，進入佛門並且獲得一切功德的基礎要從皈依開始，而後從下而上次第實修。如《二品續》中說：「先授以長淨。」[2]如今某些修行人，心中不去次第思維轉心四法等法門，徒有修行者之樣貌，口中說著法語，然而行為上輕蔑因果，唯造惡業。若不審慎，則可能與他們相同，因此說這些是深法。整部《正法一意》所說的就是這一點，如果明白此要點的話，就能明白全文。

1 八支：全身病支、兒童病支、婦女病支、魔鬼病支、創傷支、中毒支、延壽支、補陽支。

2 《二品續》中說：「先授以長淨，其後十學處，復說毗婆沙，經部亦如是，復次瑜伽行，其後示中觀，密咒悉知已，方示喜金剛。」

(5.15) དེ་མེད་རྩ་རླུང་གདམས་པས་སངས་མི་རྒྱ། །

འདི་ཡང་གོང་མའི་འཁྲུལ་པ་སྔེ་སྐམས་ཀྱི་གདང་བུ་བཞིན་དུ་ལམ་རྣམས་མས་རིམ་ནས་ཉམས་སུ་ལེན་ཅིང་། ཚུལ་ཁྲིམས་དང་གྲོལ་ལམ་ལ་སོགས་པ་ཟབ་མོའི་མན་ངག་དེ་དག་མེད་པར་རྩ་རླུང་ཐིག་ལེའི་གདམས་པ་སོགས་ལ་ཐོག་མ་ནས་ཞུགས་པས་འཚང་མི་རྒྱ་བར་སྨྲོས་ཅི་འཚལ། གནས་སྐབས་ཞི་བདེའི་འབྲས་བུ་ཙམ་ཡང་མི་འབྱུང་བ་སྟེ།

འཇིག་རྟེན་མགོན་པོས། ཆགས་པ་སྤྱོད་པའི་སྦྱོར་ཐབས་སུམ་བརྒྱ་དྲུག་བཅུ་དང་། །

རྩ་རླུང་ཐིག་ལེའི་གནད་རྣམས་ཟབ་པ་མ་ཡིན་ཏེ། །

དེ་དག་འོད་གསལ་དབྱིངས་སུ་དག་ན་ཐུབ་པའི་ཆོས། །

རྒྱལ་བས་གསང་སྔགས་ཟབ་པའི་གནད་དུ་གསུངས་པ་ཡིན། །

གཞན་དུ་མུ་སྟེགས་འཁོར་བའི་སྒྲུབ་ཐབས་སུ། །

ནན་ཏན་ཆེན་པོའི་བཀའ་སྩལ་ཡང་ཡང་གསུངས། །ཞེས་གསུངས་པའི་ཕྱིར།

དེས་ན་ཕྱི་རོལ་མུ་སྟེགས་པ་ལའང་རྩ་རླུང་སྒོམ་པ་ཡོད་ཀྱང་འཁོར་བ་ལས་མི་འདའ་ཞིང་མ་ཟད་མངོན་ཤེས་དང་རྫུ་འཕྲུལ་ཐོབ་པ་ལ་ཡང་འདོད་ཆགས་དང་བྲལ་དགོས་པ་ལ། ཁ་ལ་ངེད་ཀྱི་འདི་གསང་སྔགས་ཆགས་ཅན་པོ་ཉའི་ལམ་ཟབ་ཡིན་པ་སྐད་ཟེར་ནས། སྐྱིད་སུ་གེ་ལ་བརྟེན་ནས་སྨྲམ་བུ་པོར་ཚོང་བྱེད་པ་ལྟ་བུའི་ཉམས་ལེན་རྒྱུ་འབྲས་ཁྱད་དུ་གསོད་ཅིང་ཕམ་པ་དང་རྩ་ལྟུང་བག་ཡངས་སུ་སྤྱོད་པ་རྣམས་ནམ་མཁའི་མེ་ཏོག་མོ་གཤམ་གྱི་བུ་མོའི་རྒྱན་བཞིན་དུ་ཐུན་མོང་གི་དངོས་གྲུབ་ཙམ་ཡང་མི་ཐོབ་སྟེ།

ཡེ་ཤེས་གྲུབ་པ་ལས།

ལུས་ཀྱིའབུད་པ་གང་ཡིན་དང་། །སྦྱད་པ་འབྱུད་པར་བྱེད་པ་དག །

དེ་དག་ཁྱད་པར་མ་མཐོང་སྟེ། །དེ་ཉིད་མཐོང་བའི་རྣལ་འབྱོར་པས། །

སྦྱད་པ་ཡི་ནི་བྱ་བ་མིན། །ཞེས་དང་།

ཀྱེ་རྡོ་རྗེ་ལས།

དེ་མེད་པས་ནི་བདེ་མེད་འགྱུར། །

བདེ་བ་མེད་ན་དེ་མེད་འགྱུར། །ཞེས་དང་།

རིག་འཛིན་ཆོས་གྲགས་ཀྱིས།

ཇི་ལྟར་ཞེ་ན་ད་ལྟའི་རྟོགས་ལྡན་པ། །

ཆགས་ལམ་སྤྱོད་རྣམས་སྲིད་པ་ཀུན་སྤེལ་ནས། །

བཟའ་ཚང་ཁྱུར་ལོངས་ཏུ་འདོད་དམྱལ་བའི་གནས། །

འབད་པས་ཉོ་བ་འདི་རྣམས་མ་མཐོང་ངམ། །ཞེས་གསུངས་པའི་ཕྱིར་རོ། །

15 無彼修持氣脈難成佛。

上述的修道次第如梯級一般，應當由下而上次第修持，並且具足戒律及解脫道等甚深口訣。否則，如果一開始即進入脈氣明點等的修學，不用說成佛，連暫時的安樂之果亦不能生。吉天頌恭說：「貪行和合三百六十法以及脈氣明點並非甚深法，若能將彼等清淨於光明界中，則是能仁之法。佛陀說此為密咒要義，其餘則是外道輪迴法，如是再三強調而宣說。」[1]外道中也有氣脈之修持，但仍未能解脫於輪迴。就算僅僅是想要獲得神通和神變，也必須離於貪欲。某些人口中說著「這是密咒乘甚深的貪欲使者道」，而做著如「饑荒時賤賣毛毯」一般的修行，輕蔑因果，恣意觸犯他勝罪和根本墮，這樣的修行，就如同虛空之花、石女之女兒身上的裝飾一般，連共通的成就也得不到。《本智成就》中說：「所謂身體之鼓風，以及風箱之吹火，二者看似無差別，然見真義瑜伽士，不做風箱之修持。」[2]《喜金剛》說：「無彼則無樂，無樂則無彼。」[3]法王仁津卻札也說：「何故今之具證者，弘諸貪道於世間，夫婦同住號叫獄，諸勤勉者不見否？」[4]

---

1 2017年在印度出版的《吉天頌恭文集》第三函，《帕摩竹巴傳》第505頁A7行。

2 德格版《甘珠爾》，51卷45頁封底2行，《密宗修習智成之儀軌》。

3 德格版《甘珠爾》，80卷15頁封底6行，《佛說大悲空智金剛大教王儀軌經》。

4 2017年在印度出版的《吉天頌恭文集》第六函，《一意難釋》第384頁A4行。

(5.16) བཀའ་དང་འགལ་བའི་ཉམས་སྨྱོང་ལོག་རྟོག་ཡིན།།

ཉམས་སྨྱོང་དང་ཆོས་ལའང་བདུད་ཀྱི་བར་ཆད་ཀྱིས་དངོས་ཉམས་རྨི་ལམ་དུ་ལུང་སྟོན་པ་དང་མངོན་ཤེས་དང་རྫུ་འཕྲུལ་དང་ཉམས་ཆོས་ལ་སོགས་པ་སྲིད་པས་ཡང་དག་པ་དང་ཡང་དག་མ་ཡིན་སྣ་ཚོགས་པ་ལྟར་སྣང་མང་བས་ཐམས་ཅད་མཐྱེན་པར་ཚད་མ་གྱུར་བའི་བཀའ་མདོ་རྒྱུད་དང་དེའི་དགོངས་འགྲེལ་ཚད་ལྡན་དང་འགལ་བའི་ཉམས་སྨྱོང་དང་ཉམས་ཆོས་ཐམས་ཅད་ལོག་རྟོག་འབའ་ཞིག་ཡིན་ཏེ། ཕྱི་རོལ་མུ་སྟེགས་པའི་གྲུབ་མཐའ་ཐམས་ཅད་སྟོན་ནང་པའི་སྒོམ་ཉེས་པ་ལས་བྱུང་བ་ཡེ་ཤེས་རྒྱས་པའི་མདོ་ལས་གསུངས་པ་དང་། སྒོམ་ཆེན་པའི་ཉམས་སྨྱོང་གོ་ལོག་ཏུ་སོང་བ་རྣམས་ནི་བདུད་ལས་སུ་ཡུམ་ལས་གསུངས་པའི་ཕྱིར་དང་།

རྐོད་ཚང་སྣ་ཚོགས་རང་གྲོལ་གྱིས།

བདེ་གསལ་མི་རྟོག་ལ་སོགས་དང་། །མངོན་ཤེས་གསལ་སྣང་རྫུ་འཕྲུལ་སོགས། །

ལྟར་སྣང་ཟག་བཅས་ཡོན་ཏན་རིགས། །ཅི་ཙམ་བྱུང་ཡང་རློམ་སེམས་དང་། །

ཞེན་འཛིན་ང་རྒྱལ་མ་ཞུགས་པ། །འདི་ཉིད་ལྷག་པར་གལ་ཆེ་གདའ། །

ཉམས་སྣང་ལམ་རྟགས་འདི་འདྲ་ཡིས། །སྒོམ་ཆེན་བསླུས་པ་མང་བར་མཐོང་། །ཞེས་དང་།

པག་མོ་གྲུ་བས།

ཉུས་མཐུ་ཆེ་བའི་གང་ཟག་དེ། །

གྲོང་ཚོག་གི་མུ་སྟ་གཏད་པ་ཡིན། །

རྨི་ལམ་རྗེ་བའི་སྒོམ་ཆེན་དེ། །

འདྲེ་རྒྱལ་འགོང་གི་(གིས་)འགུགས་ཁྲིད་བྱེད་པ་ཡིན། །ཞེས་དང་།

རིག་འཛིན་ཆོས་གྲགས་ཀྱིས།

རང་ཉིད་ལོག་འཁྲུལ་ལམ་དུ་ཞུགས་ཟིན་ནས། །

གཞན་ཡང་ལམ་དེར་འཁྲིད་པ་དེང་སང་མང་། །ཞེས་གསུངས་པས་ཡང་དག་པའི་བཤེས་གཉེན་དང་། ཆོས་ལ་བརྟེན་པ་ལེགས་སུ་འདོད་པ་དག་གི་སྙིང་དོན་དུ་བྱ་བ་ཡང་དག་པ་པོ་ནའོ། །

16 覺受違背佛語即邪念。

於覺受和法門之中，也可能有魔做障礙而於現實、覺受、夢境之中為作授記，或者獲得神通、神變、教法等等，有各種各樣清淨與不清淨的顯現。因此，與遍知佛陀的經續教言量以及正確的註釋不相符合的覺受與教法皆是邪分別。

《智慧廣經》中說，外道之一切宗派，皆是由過去修行佛法時趨入邪路所產生。

《大般若經》中亦說，大修行者錯解諸覺受，則成魔業。

果倉·那措讓卓說：「樂明無念等等及，神通光明神變等，相似有漏功德類，老參亦多為此欺。」[1]

帕摩竹巴說：「彼大能力之士夫，已為經懺牽鼻走；夢兆明晰之久修，已為鬼王所勾招。」

仁津卻札說：「自己入於邪路後，復引他人入邪路，如今此事甚多見。」[2]因此，唯有依止清淨的善知識和佛法，方才是正途。

---

1 1979年在印度甘托克出版的《果倉那措讓卓文集》第3函，第3章11頁B5行。

2 2017年在印度出版的《吉天頌恭文集》第六函，384頁B13行。《一意難釋》。

༡༧༽ དགོངས་པ་ཐམས་ཅད་འགལ་མེད་ཤེས་པར་དགོས།

(5.17)ལུང་སྡེ་སྣོད་གསུམ་དང་ལམ་བསླབ་པ་གསུམ་ལམ་སྡོམ་པ་གསུམ་སོགས། གཡག་ཞར་གྱི་རྔ་ལྟར་ཕྱོགས་རེར་ཞེན་པའི་སྟོན་སློམ་གཟུ་ལུམ་ཅན་དུ་མ་སོང་བར། དགོངས་པ་ཐམས་ཅད་འགལ་མེད་དུ་ཤེས་པ་དང་གཞུང་ལུགས་ཐམས་ཅད་གདམས་པར་འཆར་བའི་ཉམས་ལེན་དགོས་པ་ཡིན་ཏེ། རྗེ་འགྲོ་བའི་མགོན་པོ་དཔལ་སྤྱུལ་རིན་པོ་ཆེས།

གཞུང་ལུགས་གདམས་པར་ཤར་བའི་ཉམས་ལེན་དགོས། །ཞེས་གསུངས་པ་བཞིན་ནོ། །དེས་ན་ཚུལ་ཁྲིམས་དང་གསང་སྔགས་འགལ་བར་བཟུང་ནས་ཚུལ་ཁྲིམས་འདོར་བ། མཐོ་དམན་གང་དུ་འདུག་ཀྱང་ཚུལ་འཆལ་ཡིན་ཕྱིར་རང་ལུགས་འདིར་ནི་དེ་ལྟར་འགལ་བར་གཏན་ནས་མི་བཞེད་དོ། །

༡༨༽ གདམས་ངག་ལྟར་མིན་བཀའ་ལྟར་འོང་བར་བཞེད།

(5.18)ཉམས་སུ་ལེན་བྱ་ཡང་འདི་ལྟར་ཉམས་སུ་བླངས་ན་འབྲས་བུ་འདི་ལྟར་འབྱུང་ཞེས། སློམ་སྒྲུབ་ཀྱི་ལག་རྗེས་བསྟན་པ་རྣམས་ཀྱང་མེད་ཐབ་ཆོས་སུ་སོང་བའི་གདམས་ངག་ལྟར་ཇི་ལྟར་ཉམས་ལེན་བྱས་ཀྱང་འབྱུང་བ་མིན་ལ། རྒྱལ་བའི་བཀའ་ཚད་མ་གསུམ་དང་དེ་དང་མི་འགལ་བའི་གདམས་པ་ཚད་ལྡན་ལྟར་ཉམས་སུ་བླང་ན། བྱིན་རླབས་ཀྱི་ཚན་ཁ་ཤིན་ཏུ་ཆེ་བས་བསླུ་བ་མེད་པར་འོང་བའམ་འབྱུང་བར་འགྱུར་བ་ཡིན་ཕྱིར། དེ་ཉིད་ཉམས་ལེན་དུ་བྱ་བར་རང་ལུགས་ཀྱི་བཞེད་པ་བླ་ན་མེད་པ་ཡིན་པས་ན། མཁས་གྲུབ་གོང་མའི་གཞུང་ལུགས་འཁྲུལ་མེད་ལས་སོ་སྐྱེས་འཁྲུལ་པ་བས་ཀྱང་ཞིང་འཁྲུལ་གྱི་གཏམ་ལ་རེ་བའི་འགྲམ་ཆུ་མི་ལྡང་བར་གདམས་སོ། །

17 應知一切佛意皆無違。

對於三藏、三學、三戒等，不能如同瞎了一隻眼的犛牛，吃草時只看到單邊草一般，片面、輕率地進行講修，應知一切旨意皆無有相違，一切經典皆為口訣而實踐之。如同眾生怙主巴楚仁波切說：「經典乃是口訣應踐行。」因此，若認為戒律與密咒相違而捨棄戒律，不論高下都是犯戒，自宗中絕不主張二者有相違。

18 符合佛語方為真口訣。

對於行持，若僅模仿成就者之事跡，修著號稱「如是修，就有如是果」的所謂的「甚深口訣」，無論如何修習也不會產生結果。依靠具三正量之佛陀親語教誡，以及符合佛語之清淨口訣而修持的話，則決定能獲大加持力，無有欺誑[1]。如是修行乃自宗之無上主張。因此，除了博學成就祖師們的無誤論著以外，不應寄望於凡夫錯上加錯的言論。

1 現量，比量，佛經裡面沒有相違。

(5.19) སྐྱོན་མེད་ཏིང་འཛིན་ཁམས་གསུམ་འཁོར་བའི་རྒྱུ། །

ཉམས་སུ་བླངས་པའི་ཏིང་ངེ་འཛིན་ཡང་། བདེ་བའི་ཏིང་ངེ་འཛིན་རྒྱ་མཚོ་ལྟ་བུ་ལུས་ལ་རལ་གྲིས་བཏྲབ་ཀྱང་བདེ་བའི་རང་བཞིན་དུ་འོང་བ་ཆགས་པར་མ་སོང་བ་དང་། གསལ་བའི་ཏིང་འཛིན་ཁང་སྟོང་དུ་གླ་བ་ཤར་བ་ལྟ་བུ་ལུས་ཕྱི་ནང་དང་ཉིན་མཚན་ཁྱད་པར་མེད་པའི་གསལ་ཉམས་འཛིན་པར་མ་སོང་བ་དང་། མི་རྟོག་པའི་ཏིང་ངེ་འཛིན་རྟོག་པ་ཕྲ་མོ་ཙམ་མི་འགྱུ་བ་ལྟ་བུ་མི་རྟོག་པའི་ཉམས་བློས་བྱས་སུ་མ་སོང་བས་སྐྱོན་མེད་པའི་ཏིང་ངེ་འཛིན་གསུམ་པོ་དེ་ཡང་། རིམ་པར་འདོད་གཟུགས་གཟུགས་མེད་དེ་ཁམས་གསུམ་འཁོར་བའི་རྒྱུ་སྟེ། དེ་དང་དེར་གོལ་བར་འགྱུར་བ་ལས་སྤྲོས་བྲལ་བློ་འདས་ཕྱག་རྒྱ་ཆེན་པོ་ནི་མ་ཡིན་ཏེ།

ཇི་སྐད་དུ།

རློངས་པས་སྒོམ་པ་གང་ཡིན་པ། །

རློངས་པས་རློངས་པ་ཐོབ་པར་འགྱུར། །ཞེས་དང་།

ཕག་མོ་གྲུ་པས།

འཛིན་མེད་འོད་གསལ་མ་ཤར་ནས། །

བདེ་གསལ་ཉམས་ཀྱི་ཞེན་པ་ཅན། །

བློ་གཞན་བསྒོམ་གྱི་དགོས་པ་མེད། །

གཟུགས་མེད་ལྷ་རུ་སྐྱེ་རྒྱུའོ། །ཞེས་སོ། །

དེས་ན་མེའི་རྟགས་སུ་དུ་བ་འབྱུང་བ་བཞིན་ལས་དང་པོ་བ་ལ་ཉམས་དེ་གསུམ་འབྱུང་ཤས་ཆེ་བས། སྐྱོན་ཡོན་གང་དུ་མི་ལྟ་བར་བསྒོམས་པས་ཉམས་དེ་དག་ནས་གཟོད་སེམས་ལས་འདས་པའི་ཡེ་ཤེས་སྤྲོས་པ་ཐམས་ཅད་བྲལ་བ་མངོན་སུམ་དུ་རྟོགས་པ་ནི་ཕྱག་རྒྱ་ཆེན་པོ་ཡིན་ཏེ།

སློབ་དཔོན་ཏོག་ཙེ་པས། དུབ་པ་སེམས་ཀྱི་མགྲོན་པོ་དག །སྤྲོས་དང་བྲལ་བར་ངལ་གསོས་ཤིག །

སོ་མ་གཉུག་མ་རང་བབས་འདི། །བློ་འདས་ཕྱག་རྒྱ་ཆེན་པོ་ཡིན། །ཞེས་གསུངས་པའི་ཕྱིར།

༢༠༽ སྐུ་གསུམ་རེ་རེ་ལ་ཡང་གཞན་གཉིས་ཚང་།

(5.20)ཕྱི་ནང་གཞན་གསུམ་ཐམས་ཅད་སྐུ་གསུམ་གྱི་རང་བཞིན་དུ་ཡེ་ནས་བཞུགས་པ་གནས་ཚུལ་ཡིན་པས། སེམས་ཉིད་ལ་མཚོན་ན་ངོ་བོ་སྟོང་པ་ཆོས་སྐུ། དེའི་མདངས་འགགས་མེད་ལོངས་སྐུ། རིག་རྩལ་སྣ་ཚོགས་པ་སྤྲུལ་སྐུའི་རང་བཞིན་ཡིན་པ་བཞིན་དུ་སྐུ་གསུམ་རེ་རེ་ལའང་གཞན་གཉིས་གཉིས་ཚང་བ་ཡིན་ཏེ། སྐུ་གསུམ་དབྱེར་མེད་བདེ་བ་ཆེན་པོའི་རང་བཞིན་ཡིན་པའི་ཕྱིར་རོ། །

19 無誤禪定三界輪迴因。

修持中之禪定有三種：一、樂受三摩地。如同大海般，即便刀劍加諸於身，亦成為樂受之自性，然而卻並未產生貪著。二、明受三摩地。如同空屋中升起月亮，內外通透、日夜無有差別，然而卻不執著於此。三、無念三摩地。絲毫分別念亦不生起，而且並非心之造作。縱然是此等無有錯誤的樂、明、無念三種禪定，亦可能成為投生於欲界、色界、無色界之因，極易入於歧途，並非是離戲、超越心識之大手印。如云：「愚癡之行者，唯修得愚癡。」[1]以及帕摩竹巴說：「無執光明若不現，貪戀樂明覺受者，無須他慧之修習，乃生無色界之因。」因此，如同有火之處即有煙生，初學者於此三者的覺受有些部分會很強烈，對此不應視為功德或過患，持續修行，以耐心安忍超越此等覺受，直到現證超越心識、離一切戲論的智慧，方才是大手印。阿闍黎朵則巴說：「疲倦心之諸賓客，請暫離戲而休息，鮮潔本來此原狀，超越心識大手印。」

20 三身各具三身於其中。

一切外（器世間）、內（有情身）、他（法性之壇城）三者，皆本來安住於三身之自性。以心性為例，體性空即法身、光明無滅即報身、種種覺力即化身，三身各自亦具其他二身，因為三身無別是大樂之自性。

1 此處係依據德格版《甘珠爾》，51卷45頁封面2行，《密宗修習智成之儀軌》之文句修改。堪布昆巴的釋論原文是：「糊塗者不論修什麼，皆修得糊塗惡果。」

(5.21) གསང་སྔགས་ལ་ནི་ཚུལ་ཁྲིམས་མེད་ཀ་མེད། །

དེ་ལ་ཆོ་གཅིག་གིས་རྡོ་རྗེ་འཆང་གི་གོ་འཕང་ཐོབ་པར་བྱེད་པ་ལ། སྐྱོན་ཐམས་ཅད་སྤོངས་པ་དང་ཡོན་ཏན་ཐམས་ཅད་སྒྲུབ་པ་ཚུལ་ཁྲིམས་རིན་པོ་ཆེ་ཁོ་ན་ལ་རག་ལས་པས་ན། གསང་སྔགས་རྡོ་རྗེ་ཐེག་པའི་ལུགས་ལ་ནི་ཚུལ་ཁྲིམས་རྣམ་པར་དག་པ་ཞིག་མེད་ཀ་མེད་དམ་མེད་ཐབས་མེད་པ་ཡིན་ཏེ།

ཀྱེ་རྡོར་ལས། དང་པོར་གསོ་སྦྱོང་སོགས་དང་།

དམ་པ་དང་པོའི་རྒྱུད་ལས། རྡོ་རྗེ་འཛིན་པ་རབ་འབྱིང་ཐ་མ་གསུམ་གསུངས་པ་དང་།

རྡོ་རྗེ་རྩེ་མོ་ལས། སོ་སོར་ཐར་དང་བྱང་ཆུབ་སེམས། །རིག་འཛིན་སྔགས་ཀྱི་དམ་ཚིག་སྟེ། །

སྡོམ་པ་གསུམ་དང་ལྡན་པ་ནི། །རྣལ་འབྱོར་ཁྲུས་ཀྱི་དང་པོ་ཡིན། །ཞེས་དང་།

དཔུང་བཟང་གིས་ཞུས་པ་ལས། རྒྱལ་བ་ངས་གསུངས་སོ་སོ་ཐར་པ་ཡི། །

ཚུལ་ཁྲིམས་རྣམ་དག་འདུལ་བ་མ་ལུས་ལས། །

སྔགས་པ་ཁྱིམ་པས་རྟགས་དང་ཆོ་ག་སྤང་། །

ལྷག་མ་རྣམས་ནི་ཉམས་སུ་བླང་པར་བྱ། །ཞེས་དང་།

བསླབ་པ་གསུམ་གྱི་མདོ་ལས།

ཚུལ་ཁྲིམས་བརྟེན་ནས་ཏིང་ངེ་འཛིན་འབྱུང་བ།

ཏིང་ངེ་འཛིན་ལ་བརྟེན་ནས་ཤེས་རབ་འབྱུང་བར་གསུངས་པ་ལགས་སོ། །

འཇམ་དཔལ་རྩ་རྒྱུད་ལས། ཚུལ་ཁྲིམས་འཆལ་ལ་ཐུབ་དབང་གིས། །སྔགས་གྲུབ་པར་ནི་མ་གསུངས་ཏེ། །

མྱ་ངན་འདས་གྲོང་འགྲོ་བ་ཡི། །ཡུལ་དང་ཕྱོགས་ཀྱང་མ་ཡིན་ནོ། །ཞེས་དང་།

ཏིང་འཛིན་རྒྱལ་པོ་ལས། ཚུལ་ཁྲིམས་འཆལ་བས་ངན་འགྲོར་དེ་འགྲོ་ལ། །

ཐོས་པ་མང་པོས་དེ་ལ་སྐྱོབ་མི་ནུས། །ཞེས་དང་།

ཇི་སྐད་དུ། གང་ཞིག་རབ་ཏུ་བྱུང་ཡང་ཡོན་ཏན་སྟོད་མ་གྱུར། ། སྐྲ་དང་ཁ་སྤུ་བྲེག་ཀྱང་དགེ་སྦྱོང་ཚུལ་མ་ཞུགས། །

རབ་བྱུང་དེ་ནི་རབ་བྱུང་མ་ཡིན་ཁྱིམ་པའང་མིན། །དེ་ནི་ཆུ་མེད་ཁྲོན་པ་རི་མོའི་མར་མེ་བཞིན། །ཞེས་གསུངས་པའི་ཕྱིར།

ལུང་འགལ་བ་གསུམ་བྲལ་ལ་ཡིད་བརྟེན་པར་བྱས་ཏེ། རྣམ་པར་དག་པའི་སོ་ཐར་གྱིས་གཞི་བཟུང་། བྱང་སེམས་ཀྱིས་ཁོག་ཕུབ། གསང་སྔགས་ཀྱིས་ཉོ་བརྟོན་ཏེ་སྡོམ་གསུམ་འགལ་མེད་དུ་ཉམས་སུ་ལེན་པར་བྱ་བ་ཤིན་ཏུ་གཅེས་སོ། །

21 修持密乘戒律不可缺。

如果想要於一生之中就證得金剛持的果位，唯有依靠斷除一切過患、成就一切功德的戒律珍寶。因此在密咒金剛乘之中，清淨的戒律是必不可少。如《二品續》中說：「先授以長淨」[1]等等。《時輪根本續廣釋》中說：「持金剛者有上中下三等。」[2]《金剛頂續》中說：「別解脫和菩薩戒，持明密咒之誓言，此三戒律若具有，沐淨瑜伽為最先。」[3]《妙臂菩薩所問經》裡說：「我所宣說清淨別解脫戒律中，在家咒師除了出家相和布薩儀軌之外，其餘一切皆當修習。」[4]《三學經》裡說：「依戒則生定，依定則生慧。」[5]《文殊師利根本續》中說：「佛陀說彼破戒者，修習密咒不能成，乃至欲入涅槃城，境與方向亦皆錯。」[6]《月燈三昧經》中說：「破戒入惡趣，多聞無能救。」[7]又如云：「並非出家即是功德器，鬚髮盡剃亦不算沙門，彼出家若不僧又不俗，則如枯井圖畫之油燈。」[8]是故，應當斷除違背佛語之三種過失，以清淨別解脫戒作為基礎，以菩薩戒為綱要，以密乘戒砥礪琢磨，如此三戒無有相違而實修之，此乃極為重要。

---

1 德格版《甘珠爾》，80卷27頁封面7行，《空行母金剛帳續王品》。

2 德格版《丹珠爾》，12卷182頁A6行。《時輪根本續廣釋》。

3 德格版《甘珠爾》，84卷199頁B5行。《秘密大瑜伽怛特羅頂》。

4 德格版《甘珠爾》，96卷119頁A7行。《妙臂菩薩所問續》。

5 德格版《甘珠爾》，88卷157頁封面4行，《大方廣菩薩藏文珠師利根本續》。

6 德格版《甘珠爾》，88卷157頁封面4行，《大方廣菩薩藏文珠師利根本續》。

7 德格版《甘珠爾》，55卷27頁封面6行，《月燈三昧經》。

8 德格版《丹珠爾》，98卷174頁A3行。這個教言在《思擇焰》裡有類似語句，其他地方未找到。

༼༢༢༽ འདོད་པས་བར་དུ་གཅོད་པ་མདོ་སྔགས་གཅིག

(5.22) གཟུགས་སྒྲ་དྲི་རོ་རེག་བྱ་སྟེ་འདོད་ཡོན་ལྔ་ལ་ཞེན་པས་རང་གར་སྤྱོད་ན། མངོན་མཐོ་ངེས་ལེགས་ལ་བར་དུ་གཅོད་པར་བྱེད་པ་ལ་མདོ་སྔགས་གཉིས་དགོངས་པ་གཅིག་པར་གསུངས་ཏེ། གང་ངས་བར་ཆད་ཀྱི་ཆོས་སུ་དམ་བཅས་པ་ལ་འགྲོ་བ་སུས་ཀྱང་རྒོལ་བར་མི་ནུས་པར་གསུངས་པ་དང་། འདུལ་བའི་གཞུང་རྣམས་ལས། འདོད་པ་ནི་དུག་དང་དགྲ་དང་སྦྲུལ་གདུག་པ་ལ་སོགས་པ་དང་འདྲ་བར་གསུངས་པ་དང་། ཡུམ་ལས། འདོད་པས་ནི་ཚངས་པའི་འཇིག་རྟེན་དུ་སྐྱེ་བ་ལ་བར་དུ་གཅོད་ན་སྒྱུ་ངན་ལས་འདས་པ་ལ་ལྟ་ཅི་སྨོས། ཞེས་སོགས་དང་། དགྱེས་མཛད་བརྟག་པ་གོང་མ་ལས། རྡོ་རྗེ་སྙིང་པོས་ཞུས་པ། བཅོམ་ལྡན་འདས་མ་དག་པ་ནི་གང་ལགས། བཀའ་སྩལ་པ། གཟུགས་ལ་སོགས་པ་ལྔའོ། །ཞེས་དང་། དུས་འཁོར་དུ་བརྟུལ་ཞུགས་ཉེར་ལྔའི་སྐབས་སུ་ཡང་། ཡུལ་ལྔ་ལ་ཞེན་པར་བྱས་ན་དམ་ཚིག་ཉམས་པར་གསུངས་པ་ལ་སོགས་པའི་ཕྱིར་རོ། །

དེས་ན་དོན་འདི་ལྟ་བུ་ཐུགས་སུ་ཆུད་པའི་འཇིག་རྟེན་མགོན་པོ་ནུས་པའི་མཐར་ཕྱག་པ་མགོན་པོ་བིར་ྺ་པ་དང་མཉམ་ཡང་། ཐུབ་པའི་བསྟན་པ་ལ་སྐུ་བསྙེན་པར་རྫོགས་པར་མཛད་པ་ཡིན་ནོ། །

22 貪欲乃是道障顯密同。

若耽著於色聲香味觸之五妙欲而恣意享用的話，將成為增上生和決定勝的障礙。對於這點，顯密之意趣一如。佛陀說：「對於我說是障礙的諸法，任誰也無法反駁。」[1]律經中也說貪欲如毒藥、如仇敵、如毒蛇等等[2]。《大般若經》中說：「貪欲尚能障礙投生梵天界，障礙涅槃更何待言？」[3]《二品續》之第一品中，金剛藏菩薩問佛言：「世尊，何為不淨？」佛曰：「色等五蘊是也。」[4]《時輪根本續》中提到二十五種禁行[5]時也說：「若耽著五境將衰損誓言」[6]等等。因此，了知此等意趣的怙主吉天頌恭，即便是擁有與能力究竟的畢瓦巴相等的證悟，仍然於佛教中領受了比丘戒。

---

1 德格版《甘珠爾》，59卷282頁A5行。《聖大乘口訣經》。

2 德格版《甘珠爾》，2卷310頁封面7行，《根本說一切有部毘奈耶出家事》

3 德格版《甘珠爾》，14卷73頁封面3-4行《大般若波羅蜜多經》。

4 德格版《甘珠爾》，80卷11頁封面1行，《空行母金剛帳續王品》。

5 二十五種禁行是：五惡作：1殺生，2妄語，3 偷盜，4邪亂，5飲酒。五非行：6賭博，7吃有罪之飯，8亂語閒談，9斷除部多之法，10斷除蠻人法。五種殺：11殺小孩，12殺男人，13殺女人，14殺牛，15破壞佛塔。五種瞋怒：16瞋友伴，17瞋上師，18瞋佛，19瞋僧伽，20嗔信任自己者。五種貪戀：21色，22聲，23香，24味，25觸。

6 德格版《甘珠爾》，77卷67頁封面3行，《時輪根本續》。12卷147頁封底4行，《時輪根本續義解》。

འདི་ཐད་རྒྱལ་འབྱོར་རྡོ་རྗེ་མ་ལས། འོ་ན་གསང་སྔགས་སུ་འདོད་པ་རྣམས་ལ་བསྟེན་པས་འགྲུབ་པར་གསུངས་པ་ཅི་ཡིན་སྙམ་ན། གང་ཟག་གཉེན་པོ་སྟོབས་དང་ལྡན་པས་འདོད་ཡོན་གྱི་དབུས་སུ་གནས་ཀྱང་། པདྨ་འདམ་གྱིས་མ་གོས་པ་ལྟ་བུར་དེ་དག་གི་རྒྱུད་ལ་མ་གོས་པ་ལ་དགོངས་ནས་བསྟེན་པར་གསུངས་ཏེ། འདི་ནི་སྔང་བྱ་གཉེན་པོས་སྔངས་ནས་ལམ་བསྒྱོད་པར་བྱེད་པ་མཚན་ཉིད་པ་རོལ་ཏུ་ཕྱིན་པ་བས་བརྒྱ་འགྱུར་རམ་སྟོང་འགྱུར་གྱིས་ཀྱང་མི་ཚད་པ་ཤིན་ཏུ་དཀའ། ཚུལ་འདི་ལྟ་བུའི་ཉམས་ལེན་གཅིག་ལ་བརྟེན་ན་ཚེ་གཅིག་གིས་སངས་རྒྱས་འབྱུང་བ་ཡིན་ཏེ། རྒྱལ་པོ་ཨིནྡྲ་བོ་དྷི་ལྟ་བུ་ཡིན། ཞེས་དང་། རིག་འཛིན་ཆོས་གྲགས་ཀྱིས། རྡོ་རྗེའི་གསུང་གོང་མ་དེའི་དོན་མི་གོ་ན་ཡང་། འདིར་ཡང་ཡེ་བཀག་ཡེ་གནང་གི་དགོངས་པ་སོགས་ཀྱི་དོན་བསྡུས་ན། འདི་ལྟར་འདོད་པ་བསོད་ཉམས་ཀྱི་མཐའ་སྤངས་ཕྱིར་གྱི་ན་ལས་མ་གནང་། ཞེན་མེད་དུ་སྤྱོད་པས་ཆོག་པར་དགོངས་ནས་གང་ཡང་གནང་ལ་ཆོག་ཤེས་དགོས་པར་གསུངས་པ་དང་།སྔགས་སུ་འདོད་ཡོན་རྣམས་རིམ་གཉིས་ཀྱི་ངང་ནས་ཞེན་མེད་དུ་སྤྱད་ཀྱི་འདོད་པས་མིན་ཏེ། ཞེས་དང་། དགོས་པ་གལ་པོ་ཆེ་གཞན་དོན་ལ་འགྱུར་ངེས་པ་ནི། ཐེག་པ་གསུམ་ཀ་ནས་མ་བཀག་ཏེ།

འདུལ་བ་ཀཱ་རི་ཀ་ལས། དངུལ་དང་གསེར་གྱི་རྣམ་པ་ལེན་བྱེད་ན། །ཉེས་བྱས་འགྱུར་རོ་གོས་དང་རྒྱགས་ཕྱིར་དང་། །

ལུས་ཀྱི་ཕྱིར་དང་དེ་བཞིན་སྨན་ཕྱིར་རམ། །ཆོས་དང་ལྡན་པའི་ཕྱིར་ནི་ལྟུང་བ་མེད། །ཞེས་དང་།

བྱང་སེམས་སྐབས་སྐྱུད་པ་ལས། འདོད་ཡོན་ལྔ་ལ་སྤྱོད་ཀྱང་ཀུན་མཁྱེན་ཡིད་བྱེད་དང་ལྡན་ན།

ཚུལ་ཁྲིམས་ཀྱི་ཕར་ཕྱིན་ལ་གནས་པ་ཡིན་པར་གསུངས་པ་དང་།

སྤྱོད་འཇུག་ལས། དེ་ལྟར་རིག་བྱས་གཞན་དོན་ལ། །བཀག་པ་རྣམས་ཀྱང་དེ་ལ་གནང་། །ཞེས་དང་།

སྔགས་ཀྱི་སྐབས་སུ། དེང་ནས་བརྩམས་ཏེ་བུ་ཁྱོད་ཀྱིས། །གཟུགས་སྒྲ་དྲི་རོ་རེག་ལ་སོགས། །

འདོད་ཡོན་ལྔ་ལ་སྤྱོད་པར་གྱིས། །སོགས་གསུངས་པའི་ཕྱིར།

མདོར་ན་ཆོས་ལྡན་གྱི་བྱ་བའི་བར་ཆད་དུ་འགྲོ་ན་ནི་སྡོམ་པ་གསུམ་ཀར་འདོད་ཡོན་རྣམས་ཡེ་ནས་བཀག་ལ། ཆོས་ལྡན་གྱི་བྱ་བའི་གྲོགས་སུ་འགྲོ་ན་ནི་འདོད་ཡོན་རྣམས་ཡེ་ནས་གནང་སྟེ། ཨིནྡྲ་བོ་དྷི་ལ་སོགས་པ་ལྟ་བུའོ། །ཡུལ་དང་གཉེན་པོ་གཉིས་མེད་དུ་རྟོགས་པ་ནི་སྤྲོས་མེད་ཀྱི་སྤྱོད་པ་ཞེས་གང་ཡང་གནང་བཀག་སྐབས་མེད་པ་ནི་གྲུབ་པའི་མཐའ་མཆོག་ཏུ་བཟང་བ་ཡིན་ལ། གོང་དུ་བཤད་པ་རྣམས་ནི་དེ་ལྟར་མ་རྟོགས་པའི་དབང་དུ་བྱས་སོ།

對此，瑜伽行者多傑謝拉寫到：「有人問：密咒乘中所謂『依諸妙欲而成就』是何義？答曰：對於具有對治力的行者而言，雖然處於妙欲之中，卻如同蓮花一般出淤泥而不染，心不為諸妙欲所染污。此法相較於以對治法斷除所斷之波羅蜜多性相乘而言，難度是前者百倍千倍所不能及。依此法修習，能夠即生成佛，例如國王因扎菩提。」[1]仁津卻札說：「即使對於上文中所說金剛語之意義還不瞭解，簡單來說，此處本來遮止、本來開許的意義，就是為了斷除對妙欲之貪著，除了粗劣之受用以外皆不開許；反之，若是能夠無有耽著地知足於受用，則無論何者皆是開許的。」[2]密乘中說：「應於生圓二次第之境界中，無有貪執地受用，而不是以貪心受用。」[3]

不過，若是有極大的必要性，能夠利益他者，那麼三乘中都不遮止。例如《戒律三百頌》中說：「若持金與銀，是則成過患。然為衣食故，為身為藥故，順法故無墮。」[4]《般若一萬八千頌》中說：「雖然受用五妙欲，若是能具足遍知作意，則是安住於持戒波羅密多。」[5]《入菩薩行論》裡說：「如是為利他，佛亦開諸遮。」[6]密乘中說：「從今而始子汝應，於色聲香味觸等，諸五妙欲做受用」[7]等等。總之，若成為修行正法之障礙，則於三戒之中本來即遮止；若成為修行正法之助伴，則本來開許，如國王因扎菩提等人般。[8]

---

1 德國漢堡圖書館，敬安·謝拉炯內《一意廣解》；164頁1行。

2 2007年在印度出版的《一意》第三集，228頁8行，《一意難釋》。

3 2007年在印度出版的《一意》第六集，223頁3行，《一意難釋》。

4 德格版《丹珠爾》，116卷71頁封底5行，《戒律三百頌》。這個教義在《一意》內明確提到，「若有些比丘取用金銀，惡成矣，若為法而衣食，善則經常取用」。

5 德格版《甘珠爾》，31卷180頁A3行。《般若一萬八千頌》。

6 德格版《丹珠爾》，105卷13頁封底2行，《入菩薩行論》。

7 德格版《甘珠爾》，21卷221頁封底1行，《勝樂灌頂之儀軌總攝》。

8 2007年在印度出版一意第三集，229頁7行，《一意難釋》，因渣菩提傳；233頁17行，《一意難釋》，毗瓦巴傳。

།ཞེས་བཤད་ལ་ཚུལ་དེ་དག་དང་བསྟུན་ནས་གང་ཡང་དགག་བྱ་ཉོན་མོངས་པའི་གཉེན་པོར་འགྲོ་བ་དང་། དགོས་པ་རང་རྒྱུད་མི་འཆིང་བ་དང་དེར་མ་ཟད་ཡོན་ཏན་ཡར་ལྡན་དུ་འགྲོ་བ་སུ་ལ་ཡང་ཡེ་གནང་ཞེས་ཉེས་པ་མེད་ཅེས་དང་། དེ་ལས་བཟློག་ན་ཡེ་བཀག་ཞེས་སྤང་བྱ་ཡིན་ཞེས་པ་ལས་གནས་སྐབས་གང་ཟག་གི་བྱེ་བྲག་ལ་ལྟོས་ནས་གནང་བཀག་དང་བཅས་རང་གི་ཐོག་པ་ཐ་དད་མེད་པར་བསྟན་པ་མ་ཡིན་པར་དོན་གནད་མཐུན་པར་སྣམ་ཀྱང་། ཡུན་རིང་སྦྱངས་བརྩོན་གྱིས་དགོངས་པའི་ཞེ་ཕུག་གཏིང་ནས་རྟོགས་པར་མཁས་པའི་སྐལ་བ་བཟང་དུ་བྱའོ། །

༢༣༽ ཐུགས་ཀྱི་མི་དགེ་དགེ་བར་འགྱུར་སྐབས་མེད།

(5.23) དེའི་ཕྱིར་སྲོག་གཅོད་པ་དང་། རྐུ་བ་དང་འདོད་ལོག་ཆང་འཐུང་བ་དང་བླ་མ་ལ་སྨོད་པ་ལ་སོགས་པ་ཐུགས་ལམ་གྱི་རྩ་བ་དང་། ཡན་ལག་གི་ལྟུང་བར་གྱུར་བའི་མི་དགེ་བ་ཇི་སྙེད་པ་ཐམས་ཅད། རྣམ་པ་ཀུན་ཏུ་སྤང་བྱར་གཏན་ནས་མི་འགྱུར་ཞིང་གང་དུའང་དགེ་བ་འབའ་ཞིག་པར་འགྱུར་བའི་གནས་སྐབས་ནི་སོ་བྱང་གཉིས་ལའང་མེད་དོ།།

若能了悟對境與對治無二，即是離戲之行持，此時無有任何開許或遮止，是最善之宗義。所以上面所說，是對於未具如此證悟者而言。依於此理，一切皆成為煩惱的對治。自心不僅無有繫縛，而且功德將增長，對誰亦是本來開許、無有過患。反之，「本來遮止」即是應斷，是暫時上針對補特伽羅之差別而宣說開許與遮止。具善緣之智者，應長久薰修，則能於心中生起對此理之真實證悟。

23 密乘不善亦不轉為善。

因此殺生、偷盜、邪淫、飲酒、毀謗上師等密咒乘之根本以及支分墮罪的一切不善，於一切時中皆是應斷，於別解脫戒和菩薩戒中也絕不會變成善。

(5.24) འདུལ་བར་མི་དགེ་ཐུགས་སུའང་དགེར་མི་འགྱུར།།

དེ་བཞིན་དུ་རྩ་བ་བཞི་དང་ཆང་སོགས་འདུལ་བར་ལྟུང་བ་ལྟ་བུར་གྱུར་པའི་མི་དགེ་བ་ཇི་སྙེད་པ་ཐམས་ཅད་ཀྱང་། ཐབས་ཀྱིས་མ་ཟིན་པར་ཐུགས་ལམ་སུའང་ཉོན་མོངས་རང་མཚན་པས་དགེ་བར་རམ་དགེར་མི་འགྱུར་ཏེ་རྩ་ལྟུང་གི་ཉེས་པས་རང་གཞན་གྱི་དོན་དུ་སྒྲུབ་པ་གང་བྱས་ཐམས་ཅད་ཀུན། ཡང་དག་པའི་གྲུབ་འབྲས་མེད་པར་མ་ཟད་ཡུལ་ཁམས་དབང་དུ་སྡུད་པ་བྱས་པས་ཀྱང་། དགྲ་ཉེ་སྡང་བ་ལ་སོགས་པ་ལོག་པར་སོང་ནས་ཚེ་འདིར་ཚེ་ཐུང་ནད་མང་ནོར་ཡལ་དགྲས་འཇིགས་ལ་སོགས་པ། མི་འདོད་པའི་ཕྱོགས་ཐམས་ཅད་ཁབ་ལེན་གྱིས་རྡོ་བཞིན་ངམ་ངམ་ཤུགས་ཤུགས་ཀྱིས་འདུ་བ་དང་། འདོད་པའི་ཕྱོགས་ཐམས་ཅད་འཇའ་ཚོན་གྱི་རྗེས་སུ་སྣེགས་པ་ལྟར་སྒྱུར་དུ་ཡལ་བར་འགྱུར་ཞིང་ཕྱི་མ་དོ་རྗེ་མེད་པའི་རྡོ་རྗེའི་དམྱལ་བར་ཡུན་རིང་དུ་འཚེད་པར་འགྱུར་བའི་ཕྱིར་རོ།།

འོ་ན་གསང་བ་འདུས་པ་ལས། ཁྱོད་ཀྱིས་སྲོག་ཆགས་གསད་པར་བྱ། །བརྫུན་གྱི་ཚིག་ཀྱང་སྨྲ་བར་བྱ། །

མ་བྱིན་པ་ཡང་ཁྱོད་ཀྱིས་བླང་། །ཕ་རོལ་བུད་མེད་བསྟེན་པར་བྱ། །ཞེས་དང་།

རྒྱུད་ལས། ཆང་མེད་པ་ལ་དངོས་གྲུབ་མེད། །ཡེ་ཤེས་ཡང་ནི་དེ་བཞིན་ནོ། །ཞེས་པ་ལ་སོགས་པ་མ་གསུངས་སམ་ཞེ་ན།

དེ་ནི་ཤིན་ཏུ་གསུངས་མོད། འོན་ཀྱང་རྡོ་རྗེ་ཐེག་པ་རྡོ་རྗེའི་ཚིག་རྣམས་མཐའ་དྲུག་དང་ཚུལ་བཞིས་དགོངས་དོན་ཇི་ལྟ་བ་བཞིན་དུ་རྟོགས་པར་བྱ་བ་ལས། ཕྱོགས་རེའི་ཚིག་ལ་འཆེལ་ནས་གཟུ་ལུམ་གྱིས་ཟུ་ཚུགས་པོ་ནས་མི་འོང་སྟེ། དེ་ཡང་དགོངས་དང་དགོངས་མིན་ལྟ་བུར་མཆོན་ན།

དཔེར་ན་གཏན་ལ་ཕབ་པ་ལས། ཇི་ལྟར་ཤིན་ཏུ་ཕ་མ་ལ། །བསྡིགས་སྡང་བཅས་པས་རྗེས་སུ་གཞོལ། །

ཇི་ལྟར་ཉམས་སུ་བླངས་པ་དག །མཚམས་མེད་སེམས་ཅན་དམྱལ་བར་ལྟུང་། །ཞེས་དང་།

དེའི་དོན་ཡང་དེ་ལས། འདོད་ཆགས་པ་ནི་མ་ཞེས་བྱ། །མ་རིག་པ་ནི་ཕ་ཞེས་བྱ། །

བསྡིགས་སྡང་བཅས་པས་རྗེས་འཇུག་ན། །མཚམས་མེད་སེམས་ཅན་དམྱལ་བར་ལྟུང་། །ཞེས་དང་།

ཇི་སྐད་དུ། ཕ་དང་མ་ནི་བསད་བྱས་ཤིང་། །ཁྲམ་ཟེ་གཙང་མ་གཉིས་བཟུང་ནས། །

རྒྱལ་པོ་ཡུལ་འཁོར་བཅས་བཅོམ་ན། །མི་དེ་དག་པར་འགྱུར་ཞེས་བྱ། །ཞེས་པ་ལ་སོགས་པ་གསུངས་པ་ལྟ་བུ་ཡིན་ལ། གོང་དུ་གསང་འདུས་སུ་གསུངས་པའི་དགོངས་པ་ཅན་གྱི་དོན་ཡང་།

བཤད་རྒྱུད་དགོངས་པ་ལུང་བསྟན་པ་ལས། མ་བྱིན་ལེན་པ་བྱང་ཆུབ་སེམས། །ཀུན་རྫོབ་བསྟན་པ་རྫུན་སྨྲ་བ། །

སྲུང་པོ་སྲོག་ཆགས་གྱུར་པ་སྟེ། །ཚངས་པའི་གནས་བཞི་བུད་མེད་ཡིན། །ཞེས་དང་།

གཞན་ཡང་དེ་ཉིད་ལས། དགོངས་པ་ཡིས་ནི་བཤད་པ་ལ། །བྱིས་པ་རྣམས་ནི་ཡི་གེར་རྟོག །

རྡོ་རྗེ་ཐེག་པར་གནས་ཁྱོད་ཀྱང་། །ཚོས་ཉིད་དེ་ཡང་མི་ཤེས་སོ། །ཞེས་དང་།

24 律中不善密中不成善。

同樣的，四根本墮與飲酒等律部中之一切不善，若未以方便攝持，於密咒道中亦是煩惱之自相，不能轉為善。因為是根本墮罪之故，自利他利之一切事業，不但不能得到清淨的結果，縱使暫時得以攝受一方，亦將成為仇敵，並且此世短命、多病、破財、敵人來犯，此等一切不如意事，亦將如磁鐵吸針一般自然聚集而來。一切所欲求之事，將如天邊之彩虹一般，迅速隱沒，後世於金剛地獄中長時忍受煎熬。

有人問：「然而《密集金剛續》中說：『汝應行殺生，亦應說妄語，復當不予取，受用他人婦』以及其他續中說：『無酒無成就，智慧亦如是』等等，不是有這些說法嗎？」[1]答曰：確實有。但是金剛乘之金剛句要依六邊四理而如法領會，不可片面錯解詞義而斷章取義。此處可就是否具密意（了義、不了義）而言之。例如《大般涅槃經》中說：「如對於父母，恭敬且順從，如是實踐者，墮無間地獄。」[2]其真實意義是，「貪欲謂為母，無明謂為父，恭順隨從之，則入無間獄。」[3]又有說：「殺父並殺母，捉二婆羅門，害國王眷屬，此人轉清淨」[4]等等，皆是具密意而說的。上面《密集金剛續》中所說的真實意義，於釋續《密意授記續》中解釋說：「不予取是菩薩心，宣說世俗是妄語，諸蘊即是謂眾生，四梵住是為婦女。」[5]又說：「具諸密意所宣說，愚童依文而解義，汝雖入於金剛乘，於此法性亦不識。」[6]

---

1 德格版《甘珠爾》，78卷298頁封底4行，《勝樂戒生續》。

2 德格版《甘珠爾》，52卷166頁封面4行，《大般涅槃經》第五品。

3 德格版《甘珠爾》，52卷166頁封面5行，《大般涅槃經》第五品。

4 德格版《甘珠爾》，78卷67頁封面1行，《秘密大瑜伽怛特羅頂詰釋》。

5 德格版《甘珠爾》，81卷200頁封面1行，《密意解釋怛特羅》。

6 德格版《甘珠爾》，81卷200頁封面4行，《密意解釋怛特羅》。

ཆང་ཡང་འཇིག་རྟེན་མགོན་པོས། བདེ་ཆེན་རོ་ཡི་བཏུང་བ་ལ། །ཆང་ཞེས་རྣམ་པར་བཤད་པ་དང་། །ཞེས་དང་།

ལྷ་མ་ལས། དགོངས་པའི་ཚིག་ལ་རྨོངས་པ་རྣམས། །གསུངས་པའི་དོན་འདི་མ་རྟོགས་ནས། །

གསུངས་པ་འདི་ལས་གཞན་མིན་ཞེས། །དེ་ནི་ཇི་བཞིན་སྒྲར་འཛིན་ཏོ། །ཞེས་གསུངས་པའི་ཕྱིར་རོ། །

དེས་ན་ཆང་ལྷ་བུ་ལ་དཔེར་མཚོན་ན། ཁ་དོག་འོ་མ་ལྷ་བུ་ལ་དྲི་རོ་ནུས་པ་བདུད་རྩིར་བསྒྱུར་ཏེ། འཐུང་བའི་མོད་ལ་ར་རོ་བ་མེད་པར་མ་ཟད་རང་བྱུང་ལྷན་ཅིག་སྐྱེས་པའི་ཡེ་ཤེས་རྟོགས་ཤིང་ཆགས་སྡང་དབྱིངས་སུ་ནུབ་པར་ནུས་པ་སྟེ། བྲམ་ཟེ་ཆེན་པོས་ཐོད་ཆང་ལ་བརྟེན་ཏེ་ཕྱག་རྒྱ་ཆེན་པོ་རྟོགས་པ་དེ་ལྷ་བུ་བྱུང་ན་དམ་ཚིག་ཏུ་བཏུང་བར་གསུངས་ལ།

དེ་འདྲ་བྱུང་ན་སོ་བྱང་དུ་ཡང་འགལ་བར་མི་འགྱུར་བས་ཡེ་གནང་ཆེན་པོ་ཡིན་ལ། དེ་ལྟར་མ་ཡིན་པར་ཚིག་ཙམ་ལ་འཆལ་ཞིང་ཆང་བདུད་རྩིར་སྒྱུར་མ་ནུས་ཀྱང་སྔགས་ཀྱི་ཚིག་ཙམ་ལ་བརྟེན་ནས་འཐུང་ན་ཉེས་པ་མེད་ཟེར་ཡང་།

འཇིག་རྟེན་མགོན་པོས། ཅིས་ཀྱང་མི་མཐུང་བ་མ་ཚུགས་པར་ཆང་འཐུང་འདོད་ཀྱང་བསྒྱུར་བའི་ནུས་པ་རང་ལ་མེད་ན། གསང་སྔགས་གསར་རྙིང་གཉིས་ཀ་ནས་དྲི་ཆེན་འདི་བདུད་རྩི་ལྔའི་ཆེ་ཤོས་སུ་གསུངས་པ་དེ་ཙམ་དུ་ཆང་ལ་བདུད་རྩི་མ་གསུངས་ཀྱང་། རང་ཆང་འཐུང་འདོད་པའི་ཕྱིར་བླང་དོར་མགོ་སློམ་ལ་ཆང་དང་བདུད་རྩི་ཆེན་པོ་ཆ་མཉམ་པར་བསྲེས་ལ་བཏུང་དང་། དེ་དྲི་ང་བས་མི་ནུས་ན་བདུད་རྩི་ཞེས་པ་ཕྱོགས་ན་མེད་དེ། དུག་ཡིན་པས་དེ་བསྟེན་ན་ཚེ་འདི་ཕྱིར་ཕུང་ཁྲོལ་ཆེན་པོར་འགྱུར་བས་གསང་སྔགས་སུ་ཡང་བཀག་ཏེ།

སྡོམ་འབྱུང་ལས།

ཨོཾ་ཨཱཿཧཱུྃ་ཞེས་བྱ་སྔགས་ཀྱིས། །ཞེས་པ་ནས། ཚོགས་ཡང་དག་ལྡན་པས་སྤྱད། །ཅེས་པའི་བར་གྱིས། ཆང་བདུད་རྩིར་བསྒྱུར་ནུས་ན་འཐུང་གི་མི་ནུས་ན་དུག་ཏུ་འགྱུར་བས། དངོས་གྲུབ་ཉམས་ཤིང་དམ་པས་སྨོད་པ་དང་རྣལ་འབྱོར་མ་རྣམས་ཁྲོས་ནས་བགེགས་དང་ནད་སོགས་ཀྱིས། འདིར་ཡང་མནར་ལ་ཕྱི་མར་དམྱལ་བ་ དུ་འབོད་དུ་འཚེད་པ་ལ་སོགས་པའི་ཉེས་པ་དཔག་ཏུ་མེད་པས་སྔགས་པས་སྤངས་དགོས་པར་གསུངས་པའི་ཕྱིར་རོ། །གཞན་རྣམས་ཀྱང་ཚུལ་འདི་ཁོ་ནས་རྟོགས་པར་བྱའོ། །

對於飲酒，吉天頌恭開示道：「飲用大樂味，說為是飲酒。」[1]密意授記續中說：「蒙味者於密義句，所說意趣未明了，說為此義非他義，此乃執著於文字。」[2]以酒舉例言之，如能將其顏色轉為如牛奶一般，而氣味能力轉成甘露，此甘露雖然飲下，不僅不會醉酒，還能了悟俱生智慧，並且令貪嗔消融於法界[3]。如同大婆羅門飲顱酒而通達大手印一般，這是於三昧耶中而飲。若能如此，則於別解脫戒和菩薩戒亦無相違，就是「本來開許」。否則，僅僅搬弄文字而說：「縱然不能轉變成甘露，依止密乘儀軌而喝酒，並無過患。」對此，吉天頌恭說：如果無論如何非要喝酒不可，想要喝酒而自己沒有轉化的能力的話，密乘新舊兩派，皆說大香（糞便）是五甘露之首，但沒有說酒為甘露。因此，如果自己想喝酒，則可平等取捨，將酒與大香混合而飲。如果因臭氣熏天而喝不下的話，則絕對不是甘露，而是毒藥，飲之能令此生來世悉皆敗壞，是故密乘中亦禁止[4]。如果依靠《勝樂戒生續》中「口誦嗡阿吽……行清淨之儀軌」[5]，而能將酒轉變為甘露的話，則可飲下。沒有此能力的話，則是毒藥，將導致成就衰損、為正士夫所指責、令諸瑜伽母忿怒而做諸障礙和疾病、來世墮於哭號地獄受苦等無量過患，因此密咒師應當斷除之。其餘依照此理則可了知。

---

1 2017年在印度出版的《吉天頌恭文集》第一函，293頁16行。

2 德格版《甘珠爾》，81卷168頁封底4行，《密意解釋怛特羅》。

3 2017年在印度出版的《吉天頌恭文集》第四函，493頁4行。

4 德國漢堡圖書館，敬安・謝拉炯內《一意廣釋》裡；168頁4字行，

5 德格版《甘珠爾》，88卷299頁封面1行，《勝樂戒生續》。

དེས་ན་དགག་དགོས་མི་བརྩི་བར། རྣལ་འབྱོར་པ་བསྐྱེད་རྫོགས་ཀྱི་ལྷ་དགོངས་དང་ལྡན་པ། འདོད་ཡོན་གྱིས་མི་གོས་པར་སྤྱང་བ་དབང་བསྒྱུར་ནུས་པ་སེང་གེ་ལྷ་བུ་དྷཱ་རྗེ་དྲིལ་བུ་པ་དང་། བིར་ཝ་པ་ལ་སོགས་པའི་གྲུབ་ཐོབ་དེ་ལྷ་བུ་ལ་ཉུང་གི དེ་ལྟར་མིན་པ་སྤྱོད་པ་བོང་རྐན་ལྷ་བུ་མཐུ་མེད་རྣམས་ཀྱིས་བྱས་ན་རང་ཕུང་གཞན་བརླག་ཏུ་འགྱུར་བས།

སྤྱོད་པ་དུས་ཚོད་དང་འབྲེལ་དགོས་པར་འགྲེལ་བ་དྲི་མེད་འོད་ལས།

ལས་དང་པོ་པས་རྣལ་འབྱོར་པའི་བྱ་བ་མི་བྱའོ། །

རྣལ་འབྱོར་པས་གྲུབ་པའི་བྱ་བ་མི་བྱའོ། །

གྲུབ་པས་ཐམས་ཅད་མཁྱེན་པའི་བྱ་བ་མི་བྱའོ། །ཞེས་དང་།

སངས་རྒྱས་གཉིས་པ་དཔལ་ཨོ་རྒྱན་ཆེན་པོའི་ཞལ་སྔ་ནས།

ཕྱི་ལྟར་ལག་ལེན་མདོ་སྡེའི་ལུགས་སུ་སྲུང་། །

རྒྱུ་འབྲས་སྤང་བླང་ཞིབ་པའི་དགོས་པ་ཡོད། །

ནང་ལྟར་གསང་སྔགས་ཐུན་མོང་ལུགས་སུ་སྲུང་། །

བསྐྱེད་རྫོགས་དོན་དང་འབྲེལ་བའི་དགོས་པ་ཡོད། །

གསང་བ་གསང་ཆེན་ཨ་ཏིའི་ལུགས་སུ་སྲུང་། །

ཚེ་གཅིག་འོད་སྐུར་གྲོལ་བའི་དགོས་པ་ཡོད། །ཞེས་གསུངས་པ་ལྟར་ཉམས་སུ་ལེན་པར་བྱའོ།

(5.25) ཉོན་མོངས་དག་འབྲས་བདེ་བར་གཤེགས་པ་ཉིད། །

དེ་ལྟར་དབང་གིས་སྨིན་ཅིང་དབང་སྒོག་རྒྱུད་ལ་འཛིན་པའི་དམ་ཚིག་སྡོམ་པ་གསུམ་གྱི་བླང་དོར་སྲོག་ལྟར་བསྲུང་ནས། གྲོལ་བྱེད་རིམ་གཉིས་ཀྱིས་གློ་བུར་གྱི་དྲི་མ་ཉོན་མོངས་པ་ལྔ་ལ་སོགས། ས་བོན་བག་ཆགས་དང་བཅས་པ་མཐའ་དག་བྲལ་བའམ་དག་པའི་འབྲས་བུ་སྐུ་གསུམ་མམ་བདེ་བར་གཤེགས་པ་རིགས་ལྔ་ཉིད་ཡིན་ཏེ།

ཀུན་ཏུ་ཁ་སྦྱོར་གྱི་རྒྱུད་ལས།

གཏི་མུག་རྣམ་དག་བསྒོམ་པ་ཡིས། །རྣམ་པར་སྣང་མཛད་ཉིད་དུ་འགྱུར། །

ཞེ་སྡང་རྣམ་དག་བསྒོམ་པ་ཡིས། །མི་བསྐྱོད་པ་ནི་ཉིད་དུ་འགྱུར། །

འདོད་ཆགས་རྣམ་དག་བསྒོམ་པ་ཡིས། །སྣང་བ་མཐའ་ཡས་ཉིད་དུ་འགྱུར། །

ཕྲག་དོག་རྣམ་དག་བསྒོམ་པ་ཡིས། །དཔའ་བོ་དོན་ཡོད་གྲུབ་པར་འགྱུར། །

ང་རྒྱལ་རྣམ་པར་དག་པ་ཡིས། །རིན་ཆེན་འབྱུང་ལྡན་ཉིད་དུ་འགྱུར། །ཞེས་གསུངས་པས་དག་པ་དང་བསྒོམ་པ་དང་འགྱུར་ཞེས་པས། ཐབས་ཀྱིས་མ་ཟིན་པའི་ཉོན་མོངས་རང་མཚན་པ་ཉིད་སྐུ་དང་ཡེ་ཤེས་དང་ལམ་དུ་མི་བཞེད་པར། དེ་དག་ལ་སྦྱིབ་བྱེད་དུ་འདོད་པས་ལམ་གྱིས་སྦྱངས་ཏེ་སྐུ་དང་ཡེ་ཤེས་མངོན་དུ་འགྱུར་བ་བཞེད་དོ། །

因此，若是具有生圓次第見地的瑜伽士，能夠不為妙欲所染，於現象得自在，如雄獅一般，例如金剛鈴尊者與毗瓦巴等等大成就者，則不須遮止。否則，不具此能力而如同老驢般不自量力的話，將會害己害人。行持也需要視時機而定，《釋論無垢光》裡說：「初學者莫做瑜伽士之行，瑜伽士莫做成就者之行，成就者莫做遍智佛陀之行。」[1]第二佛陀烏金蓮花生大士說：「外依契經而行持，因果取捨細觀察；內依共通密咒行，結合生圓之意義；密依大密阿底宗，一生虹光身解脫。」[2]應當如此而修持。

25 煩惱清淨之果即善逝。

這樣以灌頂成熟心續，守護灌頂命力三戒誓言之取捨，如護己命，透過能解脫之二次第，清淨一切客塵五煩惱等及其種子與習氣，就能證得清淨之果——佛陀之三身或五方佛。《和合續》裡說：「修愚癡清淨，成大日如來，修嗔恨清淨，成不動如來，修貪欲清淨，成無量光佛，修嫉妒清淨，成不空成就，修我慢清淨，成寶生如來。」[3]由於這裡提到「清淨」、「修」、「成」，所以未經方便攝持之煩惱自相不是佛身、本智和道路，而是障礙，要透過修道令其清淨，現證佛身和本智。

---

1 德格版《甘珠爾》，12卷237頁封底2行，《律上分》。

2 夏嘎措主熱珠：（2002年）《措主熱珠文集）中《淨相變化的經卷》8卷617行，四川青海民族出版社。

3 德格版《甘珠爾》，79卷157頁封面1行，《正相合大怛特羅》。

(5.26) མཐུ་བསྟན་ཙམ་ལས་མངོན་སྤྱོད་གནང་བ་མེད།།

སྒྲོལ་བ་ཡང་རྡོ་རྗེ་ཐེག་པའི་དགོངས་སྤྱོད་ཟབ་མོ་འདི་འདྲའོ་ཞེས་མཐུ་རྩལ་གྱི་ཆེ་བ་བསྟན་པ་ཙམ་ལས། མངོན་སྤྱོད་དྲག་པོ་ཅི་དགར་གཞན་གྱི་སྲོག་གཅོད་པར་གནང་བ་མེད་དེ།

འཇམ་དཔལ་རྩ་རྒྱུད་ལས།

སྙིང་རྗེ་མཆོག་ལྡན་སངས་རྒྱས་དང་།།

བྱང་ཆུབ་སེམས་དཔའ་རྫུ་འཕྲུལ་ཆེ།།

ཐུགས་རྣམས་མཐུ་བསྟན་དོན་དུ་ནི།།

ལས་རྣམས་ཐམས་ཅད་བསྟན་པ་ཡིན། །ཞེས་གསུངས་སོ།།

དེས་ན་སྒྲོལ་བ་ལ་དང་པོ་སྦྱོར་བ་ཞི་སྔང་དུ་སོང་ནས། དངོས་རྗེས་ཡང་དེའི་རྗེས་སུ་འགྲོ་བས། འབྲས་བུ་ཡང་དམྱལ་བ་འགྲོ་ངེས་པར་བྱེད་མི་

ཉུང་སྟེ།

འཇམ་དཔལ་རྩ་རྒྱུད་ལས། སྔོན་བྲམ་ཟེ་ཙ་ནག་ཀྱ་ཞེས་པས་ཡི་དམ་བཅོམ་ལྡན་འདས་གཤིན་རྗེའི་གཤེད་ཀྱི་ལྷའི་བསྙེད་རིམ་ལ་བརྟན་པ་ཐོབ་

ནས། ལྷ་སྣངས་ཙམ་གྱིས་འགུགས་རེངས་བསྐྱོད་པ་ལ་སོགས་པའི་མངོན་སྤྱོད་དྲག་པོ་བྱས་པས་དམྱལ་བར་སྐྱེས་པར་གསུངས་ན། དྲེགས་པ་རང་རྒྱུད་པའི་

སྒོ་ནས་མངོན་སྤྱོད་དྲག་པོ་སྨྲས་ཅི་དགོས། དཔལ་ནཱ་རོ་པས་ཀྱང་དགྲ་ལ་མངོན་སྤྱོད་ཀྱི་མཐུ་བྱས་ཆེ། ཡེ་ཤེས་ཀྱི་མཁའ་འགྲོ་མ་གཉིས་བྱོན་ནས་ཁྱོད་

སྡིག་པ་འདི་ལྟ་བུ་མ་བྱེད། ཅེས་བཀའ་བསྐྱོན་པས་བཤོལ་དགོས་བྱུང་ན་གཞན་གྱིས་ལྟ་ཡང་ཅི།

དེས་ན་གཤིན་རྗེ་མེ་ཏྲ་ཙེའི་རྒྱུད་ལས། རང་རིག་གསལ་བའི་ཐུགས་རྗེ་ཡིས།།

ཉོན་མོངས་བསྒྲལ་བ་མ་གཏོགས་པ།།

ཞེ་སྡང་གདུག་པའི་སེམས་ཀྱིས་སྒྲོལ།།

དམྱལ་བའི་སྐྱེ་བ་མཐར་མེད་ལེན། །ཞེས་དང་།

རིག་འཛིན་ཆོས་གྲགས་ཀྱིས། དེང་སང་ཕྱོགས་རེའི་ངན་སྔགས་ཀྱི་ན་བས།།

གཞན་སྲོག་གཅོད་ལ་སྔགས་པར་རློམ་རྣམས་ཀྱི།།

བཞུགས་གནས་རྡོ་རྗེ་ཁབ་རྩེའི་ཞིང་ཁམས་བཟང་། །ཞེས་གསུངས་པའི་ཕྱིར་ན་ཁྱོད་མཐུ་ཆེའོ་ཟེར་ན་དགའ་ལ། ཁྱོད་སྔོམ་པ་མེད་ཟེར་ན་མི་

དགའ་བ་དང་། ང་ཁྱོད་དང་། དགྲ་གཉེན་གྱི་ཆགས་སྡང་དང་། འཇིག་རྟེན་ཆོས་བརྒྱད་འདི་ཉིད་བསྒྲལ་ནས་སྤང་དགོས་སོ།།

26 除示咒力不得行誅法。

關於誅法，除了為了展示「甚深金剛乘之密意行持具有如是大威力」之外，不能任意行使誅法斷他人性命。《文殊根本續》中說：「悲心殊勝之佛陀，及諸菩薩大神變，為示諸咒大力故，展示一切諸事業。」[1]因此，行誅業時，如果前行的動機是嗔恨心，正行結行也緊隨其後，那麼果報必將是墮入地獄。《文殊根本續》裡提到，往昔有婆羅門名「雜那伽」，依本尊文殊閻魔敵，獲得生起次第堅固，僅僅以眼勢進行鉤招、定身、驅逐等等之威猛法，就導致死後墮入地獄[2]，以傲慢心行誅法則更不必說。那洛巴祖師對敵人行誅法時，兩位智慧空行母親自降臨，斥責道：「莫造此罪。」因此而作罷[3]。祖師尚且如此，其他人則更不能恣意而為。《密魯澤閻王續》裡說：「除以明覺大悲心，而行度脫煩惱事，若以瞋心行度脫，將生無間那落迦。」仁津卻札說：「如今某些惡劣密咒士，斷他人命自詡為咒師，將生金剛針尖之地獄。」[4]因此，別人說自己咒力大時則心生歡喜，說自己無有持戒時則心中不悅，對自他、怨親的貪嗔，以及世間八法等等，都要遠離而斷除之。

1 德格版《甘珠爾》，88卷309頁封面4行，《大方廣菩薩藏文殊師利根本儀軌經》。

2 德格版《甘珠爾》，88卷307頁封底1行，《大方廣菩薩藏文殊師利根本儀軌經》。

3 德國漢堡圖書館，敬安・謝拉炯內《一意廣釋》；173頁8行。

4 2007年在印度出版的《一意》第六集，388頁5行，《一意難釋》。

འོ་ན་རྡོ་རྗེ་ཐེག་པར་སྦྱོང་བའི་མཚོན་སྦྱོད་དགོས་གསུངས་པ་ཅི་ཞེ་ན། དེ་ནི་གང་སྦྱོང་བའི་ཡུལ་ལ་ཡང་ཞིང་བཅུ་ཚང་བ་ལས་རང་གི་ལས་ངན་གྱི་ལན་ཆགས་སློན་པའི་རང་གཟུགས་རྐུ་འཕྲོག་ལ་སོགས་བྱེད་པའི་དགྲ་བོ་འདི་ཙམ་མིན་ལ། དེ་ལ་ཡང་ཐབས་ལ་མཁས་པའི་ཐུགས་རྗེ་ཐབས་སྣ་ཚོགས་པས་ཅི་ལྟར་ཐེད་ཀྱང་མི་ཉན་པར་ལས་ངན་བཟློག་ཏུ་མི་གཏུབ་ན་མཚོན་སྦྱོད་ཀྱི་ཤུགས་ཀྱིས་སྦྱོང་དགོས་ལ། གང་གིས་སྦྱོང་མཁན་ཡང་རང་འདོད་ཡིད་བྱེད་གཏན་ནས་མེད་པར་སྙིང་རྗེ་ཆེན་པོ་འབའ་ཞིག་གིས་གསོད་པ་གསོ་ངེས་པར་ནུས་པའི་རྣལ་འབྱོར་པས།

ཚུལ་ཇི་ལྟར་སྦྱོང་ན། ཐོག་མར་དགྲ་གཉེན་དུ་འཛིན་པའི་འགོང་པོ་ངར་འཛིན་གྱི་དགྲ་ཆེན་ལྷ་དགོངས་ཀྱིས་བསྒྲལ་བར་རྟོགས་པས་བདག་བསྒྲལ་ནས། མཚོན་སྦྱོད་ཀྱི་ལས་ཐབས་ཚད་དུ་ཕྱིན་པས་ཕ་རོལ་པོའི་ལས་ངན་རྒྱུན་བཅད་དེ། རྣམ་ཤེས་འོག་མིན་དུ་གནས་སྤར་ཐབ་ངེས་པའི་ཐུགས་རྗེས་གཞན་བསྒྲལ་ནས། དོན་གཉིས་ལྷུན་གྱིས་གྲུབ་པར་འགྱུར་བ་ནི་རྒྱ་གར་གྱི་གྲུབ་པའི་དབང་ཕྱུག་ཆེན་པོ་ལྷ་བུའི་སྤྱོད་ཡུལ་དུ་གསུངས་ཏེ།

རྒྱུད་ལས། ཐོག་མར་བདག་ཉིད་རྟོགས་སོགས་བསྒྲལ། །ཞེས་དང་།

ཕུར་པ་རྩ་བའི་དུམ་བུ་ལས།

སྙིང་རྗེས་བསྒྲལ་བའི་དམ་ཚིག་ནི། །

བསད་ཅིང་མནན་པ་ཉིད་མིན་ཏེ། །

ཕུང་པོ་རྡོ་རྗེའི་བདག་ཉིད་དེ། །

རྣམ་པར་ཤེས་པ་རྡོ་རྗེར་བསྒོམ། །ཞེས་གསུངས་སོ། །

(5.27) རྡོ་རྗེ་དཀྱིལ་བ་མཐར་མེད་ལ་སོགས་ཡིན། །

རྡོ་རྗེ་ཐེག་པའི་ལུགས་ལ་ཆོས་ཐམས་ཅད་ལ་རྡོ་རྗེའི་སྒྲ་སྦྱོར་བ་ཡིན་ཕྱིར། འདིར་ཡང་རྡོ་རྗེ་དཀྱིལ་བ་ཞེས་པ་ནི་དེ་ལས་མཐར་དུ་མེད་པའམ་ཕྱུག་བརྩལ་དེ་ལས་ཆེ་བ་གཞན་མེད་པས་མཐར་མེད་པ་ཡིན་ལ་རབ་ཏུ་ཚ་བ་ལ་སོགས་པ་ལའང་དེའི་སྒྲ་འཇུག་པ་ཡིན་ཞིང་དེར་སྐྱེ་བའི་རྒྱུ་ཡང་དཔག་ཏུ་མེད་ཅིང་ཁྱད་པར་གསང་སྔགས་ཀྱི་དམ་ཚིག་བླ་མ་སྨོད་པ་ལ་སོགས་པ་ཡིན་ཏེ།

སྙིང་པོ་རྒྱན་གྱི་རྒྱུད་ལས།

མདོ་སོགས་བསྟན་པའི་དཀྱིལ་བ་ཏུ། །

སློབ་དཔོན་སྨོད་པར་བྱེད་པ་དེ། །

གནས་པར་འགྱུར་བར་ང་ཡིས་བསྟན། །ཞེས་གསུངས་སོ། །

那麼，金剛乘裡為何說應行度脫之誅法呢？應行度脫之對境，要是具足十惡之怨敵，並非是因自己宿世惡業成熟而對自己實施偷竊搶奪之敵人。對於十惡之敵，首先也應當以慈悲方便而做種種勸阻，若彼不聽，無法挽救其惡業的話，才行使誅法而度脫之。行誅法的瑜珈士也絕對不能有滿足自己欲求的想法，而唯獨是以大悲心而行度脫，度脫之後也要具有令其復生的能力。以何種方式度脫呢？首先，對於產生怨親執著的厲鬼——我執大敵，當以見地度脫，即以證悟解脫我執。然後以到量的度脫事業，將對方的惡業心續切斷，而且必能將其心識引導至奧明剎土，這樣就是以大悲心令他解脫，二利任運成就，如同印度大成就自在者們的行境一般。續部裡說：「首先應以證悟解脫自己。」[1]《普巴根本續小品》裡說：「悲心救度之誓言，非為殺害與壓伏，蘊乃金剛之自性，觀修心識為金剛。」[2]

27 金剛地獄即是阿鼻獄。

金剛乘中，對一切法都冠以「金剛」的名字，所謂的「金剛地獄」就是無有比它痛苦更大的了，也就是無間地獄或阿鼻地獄，有時也稱為極熱地獄等。投生金剛地獄之因有無量種，特別是衰損密乘三昧耶，如毀謗金剛上師等。《吉祥金剛心莊嚴續》裡說：「若人毀謗阿闍黎，我說彼人將住於，經中所說之地獄。」[3]

---

1 德格版《甘珠爾》，98卷129頁封底1行，《秘密心髓真性決定》。

2 德格版《甘珠爾》，8卷44頁封底1行，《根本說一切有部毘奈耶》。

3 德格版《甘珠爾》，82卷54頁封底6行，《吉祥金剛心莊嚴怛特羅》。

༢༨༽ སློབ་དཔོན་རྒྱུད་ཆོད་མཐོ་ན་སྦྱར་དུ་འདྲེན།

(5.28) རྡོ་རྗེ་སློབ་དཔོན་མཚན་ཉིད་ལྡན་པ་རྙོགས་པ་ཚོད་དུ་ཕྱིན་པའི་རྒྱུད་ཆོད་མཐོ་བར་གྱུར་ན། དེ་ལས་དབང་བསྐུར་ཚད་ལྡན་ཐོབ་ནས། སློབ་དཔོན་ལ་སློབ་མ་དམ་ལས་ཉམས་ན། ཐར་དམ་ཆུ་བླུད་པ་དེ་ཡང་དམ་ལ་གནས་ན་ཡེ་ཤེས་སེམས་དཔའ་དང་། འགལ་ན་གཤེད་དུ་གྱུར་ནས་ཆོ་བསྟུངས་ཏེ། རྡོ་རྗེ་དམྱལ་བར་གནས་སྐབས་སུ་ལྷུང་ན་ཡང་གཞན་དང་མི་འདྲ་བར་འབྲེལ་བ་ཟབ་མོའི་སྟོབས་ཀྱིས་སྦྱར་དུ་འདྲེན་ཅིང་ཐར་པར་འགྱུར་ཏེ། དགོངས་པ་འདུས་པའི་མདོ་ལས། སློབ་དཔོན་ཐུབ་དཀའ་གཞོན་ནུས་ཐར་པ་ནག་པོ་དང་། དན་ཕག་གཉིས་ལ།

ཇི་བཞིན་ཉིད་འདི་མ་བཅོས་ན།།

དངོས་པོ་བཞི་ལ་གནས་སྐྱད་ཀྱང་།།

ནམ་མཁའ་ལ་ནི་སྤྲིན་བཞིན་ཏེ།།

འདི་ནི་རྣལ་འབྱོར་དམ་པའི་ལམ། །ཞེས་ཆོས་བསྟན་པ་ན། ཐར་པ་ནག་པོས་སྒྲ་ཇི་བཞིན་དུ་བཟུང་ནས་སྤྱད་པས་དམྱལ་བར་ལྷུང་བ་དན་ཕག་གིས་ཐར་བར་མཛད་པ་དང་། ལེགས་སྐར་བཅོམ་ལྡན་འདས་ཀྱིས་ཐར་བར་མཛད་པ་བཞིན་ནོ། །གཞན་ཡང་པོ་ཏོ་པས་འགྲེལ་ས་དེར་བརྟེན་ནས་ལྡང་པ་ལྟར་མཆོག་གསུམ་གང་ལ་ཞེས་པ་སོང་བ་དེར་བརྟེན་ནས་བཤགས་དགོས་པར་གསུངས་པ་བཞིན་དུ། རྡོ་རྗེ་སློབ་དཔོན་དང་འགལ་ན་དེ་ཉིད་ཀྱིས་འདྲེན་པ་ལས་གཞན་གང་གིས་ཀྱང་དྲངས་མི་ནུས་པར་དགོངས་ལ། དེའི་རྒྱུ་མཚན་ཡང་དམ་ཚིག་རྣམ་བཤད་རྣམས་ལས། སློབ་དཔོན་དང་འགལ་ན་དེ་ཉིད་ལ་བསྟེན་ནས་བཤགས་དགོས་ལ། མི་བཞུགས་ན་སྲས་དང་དེའང་མེད་ན་འདྲ་འབག་གི་དྲུང་དུ་བཤགས་དགོས་པར་གསུངས་པ་རྣམས་དོན་གཅིག་ཏེ། དེ་ལྟར་བཤགས་པས་དམ་ཚིག་ཉམས་པ་སོར་ཆུད་ནས་ཐུགས་རྗེ་འཇུག་པའི་ཡུལ་དུ་གྱུར་ན་འདྲེན་པར་མཛད་པའི་ཕྱིར་རོ། །འདི་ཡང་གནོད་པའི་ལས་ཀྱིས་དམྱལ་བར་ལྷུང་བ་དང་བཟང་པོའི་འབྲེལ་སྟོབས་ཀྱིས་དྲངས་བ་ཡིན་པས་ཐར་དང་མི་འགལ་ལོ། །གསང་སྔགས་གནད་བསྡུས་ཀྱི་སྐབས་ཏེ་ལྔ་པའོ།། ||

28 上師證量高超速得度。

弟子如果從具足性相、證量高超之金剛上師處獲得了具格灌頂，就應當持守金剛誓言。如果嚴持誓言，則灌頂時所賜的誓言水，就是智慧薩埵；若衰損誓言，則將成為仇敵而令壽命短促，並且墮於金剛地獄。彼時，因為有與眾不同的甚深聯繫，上師會速來導引並令其解脫。例如《經部密意集合經》中，阿闍黎突嘎宣努（難勝童子）對塔巴納波（黑解脫）和登巴二人開示：「此真如性無整治，縱然造作四大罪，亦如浮雲不染空，此是清淨善妙道。」[1]彼時塔巴納波依字面意思而行持，導致墮於地獄，後由登巴前往救度令解脫。以及，佛陀救度善星比丘的故事。[2]此外，博多巴說，如同在哪裡跌倒就要將身體支撐在那裡而站起來一般，對於三寶中的何者造了罪，就要對其進行懺悔。若違背金剛上師，除非此師前往，他人誰也沒有能力引導。其原因，在解釋三昧耶誓言的論典中說：「若違背上師，就須對上師行懺悔；若上師已不在世，須對其子嗣懺悔；若無有子嗣也無，則須於其像前懺悔。」因為如此懺悔則能令三昧耶修復，將自己轉為上師慈悲之對境，而加以引導之故。另外，是因破誓之業而墮入地獄，又因善緣之力而獲得引導，善惡各有其因果，故與前文所說無違。

---

1 德格版《甘珠爾》，97卷137頁封底7行，《一切善逝之心密之智慧義之精華金剛莊嚴之續》。

2 2007年在印度出版的《一意》第三集，356頁18行，《一意難釋》。

དྲུག་པ་ནི།　　6. ལྷ་སྒོམ་སྤྱོད་པ་གནད་བསྡུས་ཀྱི་ཚོམས།

(6.1) དམ་པའི་ཆོས་གང་བརྒྱུད་པར་འབྲེལ་པ་ཟབ། །

དེ་ལ་གཏན་བདེ་བྱང་ཆུབ་སྒྲུབ་པར་འདོད་པའི་སྐལ་བ་བཟང་པོའི་སྐྱེས་བུ་རྣམས་ལ།　མེད་དུ་མི་རུང་བའི་གཞི་གཅིག་པུར་གྱུར་པ།　གང་ལ་བསྟེན་ན་མངོན་མཐོ་དང་ངེས་ལེགས་ཀྱི་ཡོན་ཏན་ཚད་མེད་པ་ནི་འབྱོར་བས།　འཚེངས་པར་འགྱུར་བའི་དགེ་བའི་བཤེས་གཉེན་ཡང་དག་པ་ལ་བསྟེན་དགོས་ཏེ།

སྡུད་པ་ལས། བླ་མ་མཁས་པ་རྣམས་ལ་རྟག་ཏུ་བསྟེན་པར་བྱ། །

ཅི་ཕྱིར་ཞེ་ན་མཁས་པའི་ཡོན་ཏན་དེ་ལས་འབྱུང་། །ཞེས་དང་།

རྒྱུད་ལས།

སྐྱ་བ་འཛིན་པ་མེད་པར་ནི། །

གྲུ་ནི་ཕ་རོལ་བགྲོད་མི་ནུས། །

ཡོན་ཏན་ཐམས་ཅད་རབ་རྫོགས་ཀྱང་། །

བླ་མ་མེད་པར་སྲིད་མཐར་མིན། །ཞེས་གསུངས་སོ། །

དེ་ཡང་ཇི་ལྟ་བུ་ཞིག་ལ་བསྟེན་དགོས་ཞེ་ན། ཚུལ་ཁྲིམས་དག་པས་སྡོམ་པ་གསུམ་མིག་འབྲས་ལྟར་བསྲུང་བས་བླང་དོར་གྱི་བཅས་མཚམས་ལས་མི་འདའ་བར་སྡོམ་པ་དང་དམ་ཚིག་ལྡན་པ་དང་།　ཤེས་རབ་དག་པས་མདོ་རྒྱུད་ཀྱི་དོན་ལ་མཁས་ཤིང་ཉམས་མྱོང་གི་དགོངས་པ་དང་ལྡན་པ་དང་།　ལྷག་བསམ་དག་པས་གཞན་དོན་ཁོ་ན་ཁུར་ཁྱེར་གྱི་སྙིང་རྗེ་ཆེན་པོ་དང་ལྡན་པས་བསམ་སྦྱོར་ཕུན་སུམ་ཚོགས་ཤིང་།　རིམ་བརྒྱུད་ཀྱི་བྱིན་བརླབས་ལྡན་པ་ལ་སོགས་པ་མདོ་རྒྱུད་ནས་ཇི་ལྟར་གསུངས་པའི་མཚན་ཉིད་དང་ལྡན་པའི་བླ་མ་དམ་པ།　སྒོ་གསུམ་གཡོ་སྒྱུ་མེད་པས་མཉེས་པ་གསུམ་གྱིས་བསྟེན་ལ།　དེའི་མི་མཐུན་པའི་ཕྱོགས་གང་ལ་བསྟེན་པ་ཙམ་གྱིས།　རང་རྒྱུད་ཀྱི་སྡོམ་པ་དང་དམ་ཚིག་འཆལ་ཞིང་བླང་དོར་ལ་ལྟ་བའི་ཤེས་རབ་ཀྱི་མིག་ལྡོང་པར་འགྱུར་བ་དང་།　ཆགས་སྡང་མེ་དཔུང་འབར་བས་རང་གཞན་གྱི་རྒྱུད་བསྲེག་པར་བྱེད་པས།　བསམ་སྦྱོར་ངན་པའི་སྡིག་པའི་བཤེས་གཉེན་ནག་པོའི་རྒྱ་ལག་ཏུ་གྱུར་པ་དང་། སྡིག་པའི་གྲོགས་པོ་རྣམས་ཧ་ལའི་དུག་ལྟར་སྤངས་ཏེ་དམ་པའི་ཆོས་བསྒྲུབ་དགོས་ལ།

第六品 總攝見修行要義品

1 正法以有傳承為深要。

對於想要成就永恆安樂菩提妙果之善緣諸士夫，不可或缺的根基是具德善知識。唯有依靠善知識，才能獲得增上生和決定勝之無量功德，因此要依止合適的清淨善知識。《般若一萬八千頌》中說：「諸賢善弟子，當恆常恭敬依止諸上師智者[1]，何以故？智者功德由此出生故。[2]」密續中說：「若無有船夫，不能至彼岸，雖曉一切法，無師難解脫。」[3]那麼應當依止何種上師？根據顯密經典之所說，具德上師之性相乃：戒律清淨，守護三戒如護眼目；明取捨之理，無有違犯，具足戒律和三昧耶誓言；智慧清淨，通達顯密經義，並且具足覺受經驗；意樂清淨，唯以利他為己任，具大悲心，是故願行圓滿；並且具有傳承之加持等等。對如此之上師，當以三門恭敬，以三喜承事而依止之。若行任何違逆上師之事，將導致自心戒律及誓言之衰損、失壞明察取捨之慧眼、貪瞋之火熾燃、焚燒自他之心續，成為思行下劣惡知識之黨羽。因此應如遠離烏毒般遠離諸惡友，而修行正法。

---

1 德格版《甘珠爾》，31卷171頁封面1行，《聖大般若波羅蜜多一萬八千頌經》。

2 這句是作者補充的。

3 德格版《甘珠爾》，51卷51頁封面2行，《密宗修習智成儀軌》。

དེ་ལའང་ཡང་དག་པ་དང་ལྷར་སྣང་དུ་གྱུར་པ་མང་བས་ལེགས་པར་བརྟག་སྟེ་བླང་དོར་བྱས་ནས། མདོ་སྔགས་ཀྱི་དམ་པའི་ཆོས་གང་ཡིན་ཀྱང་བཅོམ་ལྡན་འདས་དང་རྡོ་རྗེ་འཆང་ནས་རིམ་པར་བྱིན་རླབས་ཀྱི་དང་མ་ཡལ་ཞིང་ལུང་རིགས་ཀྱི་ཟམ་མ་ཆད་པས། རང་བཟོ་དང་ཕོ་ཆོད་ཀྱིས་ཚོང་འདུས་ཀྱི་འོ་མ་བཞིན་དུ་མ་སོང་བར། ཡིད་ཆེས་པའི་བརྒྱུད་པ་མ་ཆད་པར་འབྲེལ་པའི་གདམས་པ་དེ་ནི་ཟབ་ཅིང་ངོ་མཚར་བ་ཡིན་ལ། ཁྱད་པར་དུ་རྡོ་རྗེའི་ཐེག་པ་ནི། དེ་བཞིན་གཤེགས་པའི་བཀའ་ཚད་མ། རྡོ་རྗེ་འཛིན་པའི་མན་ངག་ཚད་མ། རྣལ་འབྱོར་དབང་ཕྱུག་གི་ཉམས་མྱོང་ཚད་མ། རྟེན་ཅིང་འབྲེལ་འབྱུང་གི་ལོ་རྒྱུས་ཚད་མས་མན་ངག་གི་ཁུངས་ཀ་ཚང་ཞིང་། དབང་གི་ཆུ་བོ་མ་ནུབ་པ། རིམ་གཉིས་ཟབ་མོའི་སྨིན་ཁྲ་མ་ལོག་པས་མཆོག་གཟིགས་གི་རྒྱུད་པ་བར་མ་ཆད་པར། དམ་ཉམས་དང་འདྲེས་ཁྱེར་གྱིས་ལྷད་མ་ཞུགས་པའི་གདམས་པ་ནི་བྱིན་རླབས་ཀྱི་ཚན་ཁ་གཞན་ལས་ཟབ་ཅིང་ཆེ་བའི་ཕྱིར་ན། དེ་ལྟ་བུའི་ཆོས་ལ་ཉམས་སུ་ལེན་པར་བྱ་བ་ལས། དེ་ལས་བཟློག་ཅིང་མིང་ཟབ་ཆོས་སུ་སོང་བ་རྣམས་ལ་ཡིད་རྟོན་པར་མི་བྱའོ། །ཞེས་གདམས་ཏེ།

རྗེ་ཕག་མོ་གྲུ་པས།

དང་པོ་ཉམས་མྱོང་སྐྱེས་ན་ཡང་། །

མི་རྟག་སྤྲིན་དང་གློག་དང་མཚུངས། །

ཉོན་མོངས་ང་རྒྱལ་སྐྱེ་བའི་རྒྱུ། །

གདམས་ངག་ཁ་པོ་ཆེ་ན་ཡང་། །

བརྒྱུད་པ་མེད་པ་མུ་སྟེགས་ཡིན། །ཞེས་གསུངས་སོ། །

復次，因為有許多虛有其表的假上師，所以要善加觀察取捨。不論顯密何法，皆須是從薄伽梵與金剛持所次第傳承，加持力無有消散，並且教理之河、信心之續流無有間斷，並非如同集市上販售的牛奶般摻雜虛假，如此清淨的教授方為深奧且稀有。尤其是金剛乘，具足善逝如來的教言量、金剛持的口訣量、瑜伽自在者之覺受量、緣起之歷史量，因此具足究竟口訣，灌頂之河不乾枯，甚深二次第之妙藥無有不調，證悟之傳承不斷，是破誓者和邪魔所不能雜染之口訣，其加持力較他者更深廣，故應修此等聖法。與此相反的，就算自詡為「甚深法」，也不要相信。至尊帕摩竹巴說：「最初雖生諸覺受，亦是無常如雲電，煩惱我慢生起因，縱然誇口談竅訣，無有傳承即外道。」

(6.2) འཁོར་འདས་ཆོས་ཀུན་རང་གི་སེམས་སྣང་ཙམ། །

ཆོས་དེ་ཡང་ཉམས་སུ་ལེན་པ་ལ་ལྟ་བས་གཏན་ལ་ཕབ་དགོས་པས། འཁོར་བ་དང་མྱང་འདས་ཀྱི་ཆོས་ཐམས་ཅད་ཀུན་རྨི་ལམ་གྱི་སྣང་བ་བཞིན་དུ། རང་གི་སེམས་ཀྱི་བག་ཆགས་བཟང་ངན་དེ་དང་དེར་སྣང་བ་ཙམ་ལས་ཕྱི་རོལ་དུ་གྲུབ་པ་རྡུལ་ཙམ་ཡང་མེད་དེ།

མདོ་ལས། བག་ཆགས་ཀྱིས་ནི་དཀྲུགས་པའི་སེམས། །དོན་དུ་སྣང་བ་ཤིན་ཏུ་འབྱུང་། །ཞེས་དང་།

ཇི་སྐད་དུ། དངོས་གཅིག་ཡོད་ནི་ཐ་དད་ཕྱིར། །དོན་མ་གྲུབ་པར་འདོད་པ་ཡིན། །ཞེས་དང་།

སློབ་དཔོན་འཕགས་པས། སེམས་ཀྱི་རྡོ་རྗེའི་བསྟོད་པ་ལས།

སེམས་ཐོབ་པའི་བྱང་ཆུབ་སྟེ། །

སེམས་ནི་འགྲོ་བ་ལྔ་པོ་ཡིན། །

བདེ་དང་སྡུག་བསྔལ་མཚན་ཉིད་དག །

སེམས་ལས་མ་གཏོགས་རྩུང་ཟད་མེད། །ཅེས་དང་།

ས་ར་ཧས། སེམས་ཉིད་གཅིག་པུ་ཀུན་གྱི་ས་བོན་སྟེ། །གང་ལ་སྲིད་དང་མྱ་ངན་འདས་འཕྲོ་བ། །

འདོད་པའི་འབྲས་བུ་སྟེར་བར་བྱེད་པ་ཡི། །ཡིད་བཞིན་ནོར་འདྲའི་སེམས་ལ་ཕྱག་འཚལ་ལོ། །ཞེས་དང་། དེའི་ཕྱིར་ཕྱིའི་ཡུལ་མ་གྲུབ་པ་བཞིན་དུ་སེམས་ཀྱང་མེད་དེ།

བྱམས་པས། གཟུང་བ་མེད་ན་དེར་འཛིན་མེད། །ཞེས་དང་།

དེ་ལྟར་སྐྱེ་འབྱམས་གཤིས་ཐོར་གྱི་གོ་ཡུལ་ཚིག་ཙམ་དུ་མ་སོང་བར་ཡང་དག་པའི་རྟོགས་པ་ཞིག་བྱུང་ན། རྒྱུ་འབྲས་ལ་ཡིད་ཆེས་ཤིང་། དགྲ་གཉེན་ཆགས་སྡང་ལ་སོགས་པའི་ཆོས་བརྒྱད་ལ་འཛིན་པ་མེད་པ་དང་། བདག་གཞན་མཉམ་པ་རྟོགས་པས་བདག་བས་གཞན་གཅེས་ཀྱིས། གཞན་དོན་ཁུར་ཁྱེར་གྱིས་སྣང་སེམས་དབང་དུ་བསྒྱུར་བས། ཐབས་མཁས་ཀྱིས་བྱང་ཆུབ་སེམས་དཔའི་སྤྱོད་པ་ལ་དབང་འབྱོར་བའི་ལག་རྗེས་ཚོགས་མེད་པར་དེ་ལ་འབྱུང་བར་ངེས་པས། དཔེར་ན་རྗེ་བཙུན་བཞད་པ་རྡོ་རྗེ་ལྟ་བུ་ལ་སོགས་པ་བཀའ་བརྒྱུད་རིན་པོ་ཆེ་གོང་མ་བཞིན་དུ་དགྲ་གཉེན་རིང་དུ་བཏང་ཞིང་། ལུས་སྲོག་ལྟོས་མེད་དུ་བོར་ཏེ་ཚེ་བློས་བཏང་ནས་མི་མེད་དབེན་པའི་རི་ལ་སྒྲུབ་པའི་རྒྱལ་མཚན་བཙུགས་ཏེ། བསྟན་འགྲོའི་དོན་ཆེན་བྱུང་བ་ཡིན་པའི་ཕྱིར། རྩ་བ་བོར་ནས་ཡལ་ག་མི་ཚོལ་བར་སེམས་ཀྱི་གདར་ཤ་ཆོད་ངེས་པར་ལྟ་བས་གཏན་ལ་ཕབ་ནས། ཉམས་ལེན་གྱིས་སེམས་འདི་ཉིད་འདུལ་བ་ཤིན་ཏུ་གལ་ཆེ་སྟེ།

ཀླུ་སྒྲུབ་ཀྱིས། བསླེངས་དང་བྲལ་ལ་མང་དུ་གསོལ་ཅི་འཚལ། །

ཕན་པའི་གདམས་ངག་དོན་པོ་འདི་ལགས་ཏེ། །

ཁྱོད་ཀྱིས་ཐུགས་དུལ་མཛོད་ཅིག་བཅོམ་ལྡན་གྱིས། །

སེམས་ནི་ཆོས་ཀྱི་རྩ་བ་ལགས་པར་གསུངས། །ཞེས་གསུངས་སོ། །

2 輪涅諸法唯自心顯現。

為了實修正法，需要抉擇見地。輪迴與涅槃之一切萬法，皆是如夢如幻，除了自心善惡習氣及其所顯現之外，無有絲毫自性成立之外境。經中說：「習氣所擾動，心現諸外境。」[1]以及「一物見各異，非真實成立。」[2]龍樹菩薩在《金剛心讚》裡說：「悟心即菩提，心即五趣眾，苦樂諸性相，心外無纖毫。」[3]薩拉哈說：「心乃萬法之種子，投射輪迴與涅槃，能賜所求之果實，頂禮此心如意寶。」[4]

一如外境不成立般，心亦無有。彌勒菩薩說：「無所執故無能執。」[5]若能不落於人云亦云、失其本真的文字理解，並且產生清淨之證悟，則能於因果生起深信，並且於怨親貪瞋等世間八法無有執著。了悟自他平等，而珍視他人更勝自己，以利他為己任，對於外顯及內心獲得自在，必定能以善巧方便，無有困難的圓滿菩薩行。如至尊喜笑金剛密勒日巴等噶舉祖師般，遠離怨親，不顧身命，捨棄此生而於寂靜無人的山中，豎立實修之法幢，為教眾之大利益，不做捨本逐末之事，抉擇心之實相、確立見地，以實修調伏此心，此為至要。龍樹菩薩說：「離畏何須更繁述，有益竅訣此義藏，汝當調心世尊說，心乃諸法之根本」[6]

---

1 德格版《甘珠爾》，49卷165頁封面6行，《大乘入楞伽經》。

2 德格版《丹珠爾》，134卷16頁封面2行，無著《攝大乘論》。

3 德格版《丹珠爾》，1卷69頁封底6行，龍樹菩薩《金剛心讚》。

4 德格版《丹珠爾》，51卷72頁封底5行，薩拉哈《道歌集》。

5 德格版《丹珠爾》，85卷89頁封面2行，獅子賢《聖般若波羅蜜多八千頌解脫現觀嚴明》。

6 德格版《丹珠爾》，173卷46頁封面4行，龍樹菩薩《勸戒親友書》。唐・義淨法師譯本：「何假多陳述，除惱略呈言，事由情可伏，聖談心是源。」

(6.3) རྒྱུ་འབྲས་སྐད་ཅིག་བསམ་པའི་རང་གཟུགས་ཡིན། །

དེས་ན་བདེ་སྡུག་ལ་སོགས་པའི་རྒྱུ་འབྲས་ཇི་སྙེད་པའི་ཆོས་ཐམས་ཅད། དགེ་སྡིག་ལ་སོགས་པ་སྐད་ཅིག་མའི་བསམ་པའི་རང་གཟུགས་སུ་འདི་དང་ཕྱི་མའི་བདེ་སྡུག་ཐམས་ཅད་འབྱུང་བ་ཡིན་ཏེ།

འཇམ་དཔལ་ཞིང་གི་ཡོན་ཏན་བསྟན་པ་ལས།

ཆོས་རྣམས་ཐམས་ཅད་རྐྱེན་བཞིན་ཏེ། །འདུན་པའི་རྩ་ལ་རབ་ཏུ་གནས། །

གང་གིས་སྨོན་ལམ་ཅི་བཏབ་པ། །དེ་འདྲའི་འབྲས་བུ་ཐོབ་པར་འགྱུར། །ཞེས་དང་།

དྲན་ཉེར་ལས། དེ་ལ་སེམས་ནི་རི་མོ་མཁན་ལྟ་བུ་ཡིན་ནོ། །ཞེས་དང་།

ཁྱད་པར་འཆི་ཁའི་མཚམས་སྦྱོར་གཙོ་ཆེ་སྟེ། དཔེར་ན་བྲན་མོ་མ་བུ་གཉིས་ཕན་ཚུན་བྱམས་སེམས་སུ་གྱུར་པས་མཚམས་སྦྱོར་གྱིས་ཚངས་པའི་འཇིག་རྟེན་དུ་སྐྱེས་པ་དང་། ཆོས་རྒྱལ་མྱ་ངན་མེད་ཀྱིས་དགེ་བ་རྒྱ་ཆེན་པོར་བྱས་ཀྱང་འཆི་ཚེ་ཞེ་སྡང་གིས་མཚམས་སྦྱོར་གྱིས་ངན་སོང་དུ་སྐྱེས་པ་ལྟ་བུ་ལ་སོགས་པ་ཡིན་ཏེ།

ཉི་མའི་སྙིང་པོའི་མདོ་ལས།

སུ་ཞིག་ཐ་མའི་དུས་ཚེ་གནོད་སེམས་བྱུང་། །རྟག་ཏུ་ཕྲག་དོག་སེར་སྣ་ཁྲོས་པ་ལ། །

བསམ་གཏན་མི་སྐྱོབ་སངས་རྒྱས་མཆོད་པས་མིན། །ཚུལ་ཁྲིམས་མི་སྐྱོབ་དགོན་པར་གནས་པས་མིན། །ཞེས་གསུངས་པའི་ཕྱིར་རོ། །

(6.4) གཤིས་ལ་མི་གནས་བསྒྲུས་པས་འགྱུར་མི་སྲིད། །

དེ་ལྟར་བསམ་པའི་རང་གཟུགས་ཀྱི་སྣང་བ་ཐམས་ཅད་སེམས་ཡིན་ན་ཡང་། བག་ཆགས་བརྟེན་བྱུང་གི་སྣང་བ་དེ་ལ། དཔེར་ན་མེའི་ཚ་བ་དང་ཆུའི་གཤེར་བ་གཤིས་སམ་རང་མཚན་དེ་ལ་ཞོག་ཏེ་བསྒྲུས་པས་དེར་འགྱུར་བར་མི་སྲིད་པ་བཞིན་དུ། ཐ་སྙད་དུ་དགེ་སྡིག་ཡང་སོ་སོར་རང་མཚན་མ་འདྲེས་པར་གནས་པའི་ཕྱིར། འབྲས་བུ་བདེ་སྡུག་ཡང་སོ་སོར་འབྱུང་བ་གནས་ཡིན་གྱི་ལྡོག་པ་གནས་མིན་པས། གཤིས་སམ་རང་མཚན་ལ་མི་གནས་པ་དགེ་བ་ལ་སྡིག་པ་དང་། སྡིག་པ་ལ་དགེ་བར་སེམས་པའི་འདུ་ཤེས་ཀྱིས་བསྒྲུས་པས་དེར་འགྱུར་མི་སྲིད་དེ། དུག་ལ་སྨན་དང་སྨན་ལ་དུག་ཏུ་བསྒྲུས་ཀྱང་མི་ཕན་པར་རང་འབྲས་སོ་སོར་འབྱུང་བ་བཞིན་ནོ། །

དེ་ཡང་དྲན་ཉེར་ལས། མེ་ནི་གྲང་བར་འགྱུར་ཡང་སྲིད། །རླུང་ནི་ཞགས་པས་ཟིན་པར་སྲིད། །

ཉི་ཟླ་ཐང་ལ་ལྷུང་ཡང་སྲིད། །ལས་ཀྱི་རྣམ་སྨིན་བསླུ་མི་སྲིད། །ཅེས་སོ། །

དེ་ལྟར་ཆོས་ཐམས་ཅད་རང་སེམས་ལས་གཞན་དུ་མ་གྲུབ་ཅིང་། སེམས་ཉིད་ཡང་གདོད་ནས་སྤྲོས་བྲལ་ནམ་མཁའ་ལྟ་བུའི་ངང་ལས། དགེ་སྡིག་རྒྱུ་འབྲས་བསླུ་བ་མེད་པའི་རྟེན་འབྱུང་དུ་འཆར་བར་བསྟན་པའི་གནད་འདིས་ནི། སྣང་བ་རང་སེམས་ལོག་ལྟར་མི་འགྱུར་བའི་གེགས་སེལ་བསྟན་པ་ཡིན་ནོ། །

3 因果是剎那思維體性。

因此，苦樂等一切因果法，皆於善惡等剎那心之思維中[1]，出生此生及來世之一切苦樂。《文殊佛剎功德莊嚴經》裡說：「諸法屬因緣，樂欲為根本，如彼所希願，獲果亦如是。」[2]《正法念處經》裡說：「業如工畫師。」以及「尤其臨終之際最重要。」[3]例如婢女與主母二人彼此以慈心相待，感得臨終投生梵天界[4]；以及如阿育王（無憂王）雖廣行善業，然臨終時以瞋怒故，墮入惡趣等故事般[5]。《聖大方廣日藏經》裡說：「任誰臨終生害心，恆常妒貪心瞋怒，禪定供佛無能救，持戒蘭若無能救。」[6]

4 本性若無造作亦難成。

一切顯相雖然是心，但是須依習氣緣起而顯現，例如火熱、水濕之性質或自相，是不可能改變的。同樣的，在世俗名言上，善惡亦不相混淆而存在。所以，苦樂的果實也是各自產生，絕無反轉之可能，若非其本性或自相，希望轉善成惡或轉惡成善，是不可能實現的。如同將毒視為藥或將藥視為毒是毫無益處一般，各自之果必定各自出生。復次《正法念處經》裡說：「即使火變冷，即使風可捉，縱日月墮地，業報絕無欺。」如是，萬法除自心外無有成立，心性亦本來離戲，猶如虛空，而從中顯現出善惡因果無欺之緣起。了知此要義，能消除關於顯現唯心的邪見障礙。

---

1 思維之本色分兩種；具法思維之本色與自性思維之本色，于具法思維之本色分三種；現在思維之本色、轉無死身思維之本色，臨終思維之本色，等等這些。

2 德格版《甘珠爾》，41卷279頁封面4行，《大聖文殊師利菩薩佛剎功德莊嚴經》。

3 德格版《甘珠爾》，60卷139頁封面6行，《維摩詰所說經》。

4 2017年在印度出版的《吉天頌恭文集》第三函，349頁13行，《一意難釋》。

5 2017年在印度出版的《吉天頌恭文集》第三函，348頁1行，《一意難釋》。

6 德格版《甘珠爾》，66卷229頁封面7行，《大方等大集經》。

(6.5) མཚན་ཉིད་མི་ལྡན་ཡོན་ཏན་སྐྱེད་མི་ནུས།།

མཚན་ལྡན་གྱི་བླ་མ་མ་གཏུགས་པར་ཡོང་བས་ཡོང་བ་འཁྲིད་པ་དང་སྟོད་སྟོང་ནས་སྟོད་སྟོང་དུ་འབྲུ་སོགས་མི་འཐོབ་བ་བཞིན་དུ། རང་རྒྱུད་མདོ་སྔགས་ཀྱི་ཡོན་ཏན་གྱིས་མ་སྨིན་པར་གཞན་རྒྱུད་སྨིན་པར་མི་ནུས་པས་ན། མཚན་ཉིད་དང་མི་ལྡན་པའི་བླ་མས་སློབ་མའི་རྒྱུད་ལ་མདོ་སྔགས་ཀྱི་ཐོས་བསམ་སྒོམ་གསུམ་གྱི་ཡོན་ཏན་སྐྱེད་མི་ནུས་པས་དེ་འདྲ་ལ་མི་བསྟེན་པར་སྤངས་དགོས་ལ།

དེ་ཡང་རྒྱལ་དབང་ཀློང་ཆེན་པས།

བསོད་ནམས་གྲགས་འདོད་བླ་མ་བཟང་པོ་མིན།།

ནོར་རྫས་ཆེར་འཛིན་ཆོས་སྒྲུབ་བཟང་པོ་མིན།།

མི་ཆོས་གཙོར་འཛིན་རབ་བྱུང་བཟང་པོ་མིན།།

བདག་ལྟ་ཕྱོགས་འཛིན་རྣལ་འབྱོར་བཟང་པོ་མིན། །ཞེས་དང་།

འགྲོ་བའི་མགོན་པོ་དཔལ་སྤྲུལ་རྡོ་རྗེ་འཆང་གིས།

རང་རྒྱུད་མ་ཐུལ་གཞན་རྒྱུད་འདུལ་དུ་རེ།།

རང་ངོ་མ་འཕྲོད་ངོ་སྤྲོད་རོ་ལ་འདེབས།།

རང་མགོར་མ་ཐོན་རོ་མགོ་ཅ་ཅོ་འདོན།།

གར་འགྲོ་མི་ཤེས་འགྲོ་ལ་ལམ་སྟོན་ཐེར། །ཞེས་པ་ལ་སོགས་པའོ།།

དེས་ན་དང་པོ་བླ་མ་བརྟག་ལ་མཁས་པ་དང་། བར་དུ་བླ་མ་བསྟེན་ལ་མཁས་པ་དང་། ཐ་མར་དགོངས་དོན་བསླབ་ལ་མཁས་པར་བྱ་བ་ལས། གར་ཐོད་ཐོད་དུ་ཁྱི་དང་སྒོ་བ་འཕྲད་པ་ལྟར་མི་བྱ་བར། དང་པོ་ཉིད་ནས་བརྟག་སྟེ་བླང་དོར་བྱ་བ་ལས། ཆོས་ཀྱིས་འབྲེལ་ཟིན་ནས་མཚན་ཉིད་མི་ལྡན་ཡང་མཚན་ལྡན་བཞིན་དུ་གུས་པས་མཉེས་པར་མ་བྱས་ན་མཚན་ལྡན་གཞན་ལ་གུས་པས་བསྟེན་ཀྱང་ཡོན་ཏན་རྒྱུད་ལ་མི་སྐྱེ་ཞིང་ངན་སོང་དུ་འགྲོ་བར་རྒྱུད་ལས་གསུངས་སོ།།

5 不具性相則不生功德。

若無具足性相的上師[1]，則是一盲引眾盲，如同將一個空杯倒入另一個空杯一般，一無所獲。自心相續的顯密功德尚未成熟的話，也不能使他人心續成熟。不具性相的上師，不能使弟子的心續中出生顯密的聞思修功德，所以不應依止。尊勝龍欽巴說：「追求福德名望非良師，廣持財物非好修行者，重視世法非好出家人，偏執我見非好瑜伽士。」[2]也如同眾生怙主巴楚金剛持所說：「自心未調而望調他心，未見自心卻為他指示，自不能立妄圖助他人，不識方向卻為他指路。」因此，最初應當善於觀察上師，中間善於依止上師，最後善於學習其密意，而不要如同狗遇著肉一般，隨隨便便、無有善巧。所以，於最開始就應仔細觀察，決定是否取捨。至於得法後，縱使上師不具性相，也要如具相上師般恭敬承事，令其喜悅。若不如此而行，轉而對於其他具相上師恭敬依止，也不能於心續中生起功德，更會墮入惡趣。此乃密續裡所說。

1 2017年在印度出版的《吉天頌恭文集》第三函，131頁3行，「不能成佛，是因為金剛上師和弟子之間沒有圓滿緣起」上師的德性資格有也很多，至尊帕摩主巴說；簡言之說；具有三種法妙寶，稱為具三種法，若問那些是三種功德；能以大智之方式引導修道，能以大悲心方式肩負有情痛苦，於此生一毫毛也不顧，此三種。

2 阿宗印本，1999年？3卷34頁3行，《訣竅藏》。

(6.6) རྟོགས་པ་སྐྱེད་ཐབས་མོས་གུས་ཁོ་ནར་ངེས།།

ཚེ་གཅིག་གིས་སངས་རྒྱས་ཐོབ་པའི་ཉེ་ལམ། ཟབ་མོའི་གནས་ལུགས་མཐར་ཐུག་པ་བདེ་ཆེན་ལྷན་ཅིག་སྐྱེས་པའི་ཡེ་ཤེས། འོད་གསལ་ཕྱག་རྒྱ་ཆེན་པོའི་རྟོགས་པ་རང་རྒྱུད་ལ་སྐྱེད་ཐབས་མདོ་རྒྱུད་ལས་ཇི་སྙེད་གསུངས་པ་རྣམས་ཀྱི་ནང་ནས་གཙོ་བོ་ལམ་ཟབ་བླ་མའི་མོས་གུས་ཁོ་ནར་ངེས་པ་ཡིན་ཏེ།

མགོན་པོ་བྱམས་པས། རང་བྱུང་རྣམས་ཀྱི་དོན་དམ་དེ། །དད་པ་ཉིད་ཀྱིས་རྟོགས་བྱ་ཡིན།།

ཉི་མའི་དཀྱིལ་འཁོར་འོད་འབར་བ། །མིག་མེད་པས་ནི་མཐོང་བ་མེད། །ཅེས་དང་།

ཀྱཻ་རྡོ་རྗེ་ལས། གཞན་གྱིས་བརྗོད་མིན་ལྷན་ཅིག་སྐྱེས།།

གང་དུ་ཡང་ནི་མི་རྙེད་དེ།།

བླ་མའི་དུས་ཐབས་བསྟེན་པ་ཡིས།།

བདག་གིས་བསོད་ནམས་ལས་ཤེས་བྱ། །ཞེས་དང་།

དུས་འཁོར་ལས། བསྐལ་པ་དུས་གསུམ་ཐམས་ཅད་དུ། །དཀོན་མཆོག་གསུམ་ལ་མཆོད་པ་དང་།།

སྲོག་ཆགས་བྱེ་བའི་ཚེ་སྐྱབས་པས། །ཚེ་འདིར་སངས་རྒྱས་མི་ཐོབ་སྟེ།།

ཡོན་ཏན་རྒྱ་མཚོ་བླ་མ་ལ། །དང་བའི་ཡིད་ཀྱིས་མཉེས་བྱས་ན།།

མཆོག་དང་ཐུན་མོང་དངོས་གྲུབ་ནི། །ཚེ་འདི་ཉིད་ལ་ངེས་པར་ཐོབ། །ཅེས་དང་།

འཇིག་རྟེན་མགོན་པོས།

རྡོ་རྗེ་འཆང་ཆེན་བླ་མ་ལ།།

ཆོས་སྐུའི་འདུ་ཤེས་མ་སྐྱེས་ན།།

མཉམ་ཉིད་རྟོགས་པའི་ལྷ་ཁམ་ཡང་།།

རང་དང་གོང་མས་ཁྲིལ་བར་ཟད། །ཅེས་སོ།།

6 證悟唯依敬信此一法。[1]

一生成佛之捷徑，是於心續中生起甚深究竟實相——大樂俱生本智，即光明大手印之證悟。在顯密一切經典所說的證悟方法之中，最重要的是恭敬虔信於上師。怙主彌勒菩薩說：「自生諸勝義，以信心悟解，日輪光顯耀，無眼故無見。」[2]《喜金剛》裡說：「俱生非他詮，何處亦不得。應知依上師，方便及福德。」[3]《時輪》裡說：「一切三時劫，供養於三寶，救千萬眾生，此生不得佛；於功德海師，淨信以悅之，共不共成就，此生決定得。」吉天頌恭說：「於大金剛持上師，法身之想若不生，誇言證悟平等境，自與祖師受嘲笑。」[4]

---

1 2007年在印度出版的《吉天頌恭文集》第三函，281頁4行，《一意難釋》。弟子具有三種功德是；無我慢故至為敬禮，樂聽勸誥順受而行，喜悅作行至形壽盡。

2 德格版《丹珠爾》，123卷61頁封底5行，《寶性論》。

3 德格版《甘珠爾》，80卷10頁封面2行，《佛說大悲空智金剛大教王儀軌經》。

4 2017年在印度出版的《吉天頌恭文集》第二函，244頁21行。

(6.7) ལྟ་བའི་མཆོག་གྱུར་རྟོགས་པ་དང་ལྡན་པ། །(6.8) ཆེན་པོ་གསུམ་གྱིས་མ་རེག་རྟོགས་པའི་མཆོག །

དེ་ཡང་གྲུབ་མཐའི་བྱེ་བྲག་གིས་ལྟ་བའི་ཁྱད་པར་མང་དུ་མཆིས་ཀྱང་། ཀློས་བྱས་གོ་ཡུལ་དུ་མ་སོང་བ་ལྟ་བའི་མཐར་ཐུག་མཆོག་ཏུ་གྱུར་པ་ནི། འཁོར་འདས་ཀྱི་ཆོས་ཐམས་ཅད་ཀྱི་གནས་ལུགས། འཛིན་སྟངས་ཀྱིས་ལྟ་བའི་སྤྲོས་པ་ཐམས་ཅད་ཞི་བའི་འོད་གསལ་སེམས་ལས་འདས་པའི་ཡེ་ཤེས་རྗེན་པར་མངོན་སུམ་དུ་རྟོགས་པ་དེ་ལ། གནས་ལུགས་དོན་གྱི་ལྟ་བ་རྟོགས་པ་དང་ལྡན་པ་ཞེས་བྱ་ལ།

རྟོགས་པ་དེ་ཡང་ཉན་ཐོས་ཀྱིས་རྟུལ་དང་ཤེས་པ་ཆ་མེད་གཉིས་དང་། སེམས་ཙམ་པས་རང་རིག་དང་། རང་རྒྱུད་པས་མེད་དགག་ཏུ་ལྟ་བའི་འཛིན་སྟངས་ལྟ་ཞོག མཚན་ཉིད་ཐེག་པའི་ལྟ་བའི་མཐར་ཐུག་དབུ་མ་ཆེན་པོ་དང་། གསང་སྔགས་གསར་མའི་ལྟ་བའི་མཐར་ཐུག་ཕྱག་རྒྱ་ཆེན་པོ་དང་། གསང་སྔགས་སྙིང་མའི་ལྟ་བའི་མཐར་ཐུག་འོད་གསལ་རྫོགས་པ་ཆེན་པོ་སྟེ། ཆེན་པོ་གསུམ་གྱིས་མ་རེག་པ་སྟེ། སྤྲོས་བྲལ་དང་། གསལ་སྟོང་དང་། རིག་སྟོང་སོགས་སུ་ལའང་སྒྲ་རྟོག་གིས་ཞེན་པའམ་ལྟ་བའི་འཛིན་སྟངས་དང་བྲལ་བ། གཉུག་མ་ལྷན་ཅིག་སྐྱེས་པའི་སེམས་ཉིད་རང་བྱུང་གི་ཡེ་ཤེས། བློ་འདས་སྨྲ་བསམ་བརྗོད་མེད་ཆེན་པོ། གཉིས་སྣང་ནུབ་པའི་ཚུལ་གྱིས་མངོན་སུམ་དུ་མཐོང་བ་ནི། རྟོགས་པའི་མཆོག་མ་མཐོང་བའི་མཐོང་བ་ཆེན་པོ་ཡིན་

ཏེ།

སྡུད་པ་ལས། ཕུང་འདི་སྟོང་ཞེས་རྟོག་ནའང་བྱང་ཆུབ་སེམས་དཔའ་ནི། །

མཚན་མ་ལ་སྤྱོད་སྐྱེ་མེད་གནས་ལ་དད་མ་ཡིན། །ཞེས་དང་།

སློབ་དཔོན་འཕགས་པས།

གང་གིས་ཐུགས་བརྩེ་ཉེར་བཟུང་ནས། །

ལྟ་བ་ཐམས་ཅད་སྤང་པའི་ཕྱིར། །

དམ་པའི་ཆོས་ནི་སྟོན་མཛད་པ། །

གོ་ཏ་མ་དེ་ལ་ཕྱག་འཚལ་ལོ། །ཞེས་དང་།

བློ་འདས་ཕྱག་རྒྱ་ཆེན་པོ་ཡིན། །ཞེས་པ་ལ་སོགས་པ་གསུངས་པའི་ཕྱིར་རོ། །འདིས་ནི་དོན་དམ་པའི་གནས་ལུགས་མཐར་ཐུག་པ་འཕགས་པའི་མཉམ་བཞག་གི་ངོས་ན། ཕྱག་རྫོགས་དབུ་མ་གསུམ་གང་དུའང་འཛིན་སྟངས་མེད་པར་བསྟན་གྱི། འོན་ཀྱང་དེ་གསུམ་ཆར་གནས་ལུགས་ཀྱི་ལྟ་བ་གཏན་ལ་དབབ་ཚུལ་གྱི་ཟབ་སྐྱུར་མེད་པ་དང་། དེ་དག་གིས་གནས་ལུགས་ཀྱི་ལྟ་བ་མི་རྟོགས་པར་བསྟན་པ་མ་ཡིན་པར་ཤེས་པར་བྱའོ། །

7 具足證悟乃最勝見地。8 三大未能觸及勝證悟 。

雖然各個教派在見地上有許多差別，能夠不落於心識思維的對境，才是最勝最究竟之見地、輪涅萬法之實相。遠離一切見地執著之戲論，超越心意之思維而令光明本智赤裸現前，這才是證悟了實相真實義之見地。

對於此證悟，無論是承許外境無方分微塵、內識無時分剎那為勝義諦之聲聞乘、承許自證分為勝義諦之唯識師，以及承許「無遮」[1]見地之中觀自續派，皆未能觸及。甚至連法相乘的究竟見地大中觀、新譯密乘的究竟見地大手印，以及舊譯密乘的究竟見地光明大圓滿，此「三大」亦不能觸及，因為離戲、明空、覺空等意義，皆離於言語思維的執取或見地的執著。此超越心識、離言絕思之奧義，唯有消弭二顯執著方能現見，乃是了悟之極至，無見之大見。《般若攝頌》裡說：「若執此蘊空行相，菩薩未信無生處。」[2]龍樹菩薩說：「誰以大悲心，為破諸見故，宣說聖妙法，頂禮喬達摩。」[3]以及「大手印者離思慮。」等等之故。然而應當知道，這裡是說在究竟勝義實相、聖者等持位中，對於大手印、大圓滿、大中觀三者無有任何執取，並非說這三者抉擇實相見地之方式不深奧、不迅速，也不是說以這些方式不能證悟實相見地。

1 遮而不立，例如虛空。

2 德格版《甘珠爾》，31卷163頁封底6行，《聖大般若波羅蜜多一萬八千頌經》。意思是：若執五蘊為空，則仍行於有相之中，於無生大空性甚深處未生起定解。

3 德格版《丹珠爾》，96卷18頁封底7行，《根本中論頌般若》。

(6.9) ཐོས་བསམ་སྒོམ་པའི་སྟོང་ཉིད་ཤོར་གོལ་ཡིན།།

གནས་ལུགས་དེ་ཡང་བླ་མའི་མན་ངག་ཚད་ལྡན་ལ་སོགས་པས། བློ་ལས་འདས་པའི་ཡེ་ཤེས་རྗེན་པ་ཟེ་ལྷ་བ་མ་རྟོགས་པར། བློས་བྱས་ཀྱི་ཐོས་བསམ་བསྒོམ་པའི་སྟོང་ཉིད་བསྒོམ་པ་ནི། སྟོང་ཉིད་གཤིས་དང་། རྒྱས་འདེབས་དང་། གཉེན་པོར་དང་། ལམ་དུ་ཤོར་བའམ་འཆོར་ས་བཞི་དང་། བདེ་གསལ་མི་རྟོག་པ་གསུམ་གྱིས་ཁམས་གསུམ་དུ་གོལ་བས་གོལ་ས་གསུམ་སྟེ་ཤོར་གོལ་དུ་འགྲོ་བ་ཡིན་པས་འཛིན་སྣང་ཐམས་ཅད་དང་བྲལ་བར་མི་འགྱུར་ཏེ།

བྱམས་པ་མགོན་པོས། ཐ་སྙད་ཐོས་པའི་ཡུལ་མིན་ཏེ། །དོན་དམ་ཡིན་ཕྱིར་བསམ་བྱའི་མིན།།

ཆོས་ཉིད་ཟབ་ཕྱིར་འཇིག་རྟེན་པའི། །བསྒོམ་པ་ལ་སོགས་ཡུལ་མ་ཡིན། །ཞེས་སོགས་དང་།

ཏིང་འཛིན་རྒྱལ་པོ་ལས། འཇིག་རྟེན་དག་ན་ཏིང་འཛིན་སྒོམ་བྱེད་ཀྱང་།།

དེ་ནི་བདག་ཏུ་འདུ་ཤེས་གཞིག་མི་བྱེད།།

དེ་ཡི་ཉོན་མོངས་ཕྱིར་ཡང་རབ་ཏུ་ལྡང་།།

ལྷག་སྤྱོད་ཀྱིས་ནི་ཏིང་འཛིན་འདིར་བསྒོམས་བཞིན། །ཞེས་དང་།

སློབ་དཔོན་ཡེ་ཤེས་སྙིང་པོས། སྐྱེ་མེད་དང་ནི་སྟོང་ཉིད་དང་། །བདག་མེད་ཅེས་བྱར་སྟོང་པ་ཉིད།།

བདག་ཉིད་དམན་པ་གང་སྒོམ་པ། །དེ་དེ་སྒོམ་པར་བྱེད་པ་མིན། །ཞེས་དང་།

ཀུན་མཁྱེན་ཀློང་ཆེན་པས།

ཚུལ་འདི་མི་ཤེས་སྟོང་པ་ཕྱང་ཆད་པ།།

ཅིག་ཏུ་ཡོད་མེད་མཐའ་བྲལ་ཞེས་སྨྲ་ཡང་།།

བྲལ་གཞི་མི་ཤེས་སྲིད་རྩེའི་ལྷ་བ་ཅན།།

བསྟན་པ་འདི་ལས་ཕྱི་རོལ་གྱུར་པས་ཕྱིར།།

ནམ་མཁའི་ཡིད་ཅན་ཐལ་བས་བྱུགས་པར་ཟུང་། །ཞེས་དང་།

འཇིག་རྟེན་མགོན་པོས།

རང་སེམས་མི་སྒོམ་སེམས་ཀྱི་ཡུལ་མི་སྒོམ།།

སྒོམ་དུ་མེད་པ་ཡང་ནི་མི་སྒོམ་སྟེ།།

མ་སྒོམ་པ་ཡི་སྒོམ་ཞིག་འོང་བ་ཡི།།

རེ་བ་དེ་ཡང་སྒོམ་པར་མི་བྱའོ། །ཞེས་གསུངས་སོ།།

9 聞思修之空性有歧路。

此實相是依靠上師的正量口訣教授等，證悟超越心識的赤裸本智。如果以造作的方式修習聞思修的空性，則容易入於四種歧路：以空性為自然、以空性為封印、以空性為對治、以空性為修道[1]。樂、明、無念三種禪定，也有入於三界（欲界、色界、無色界）之歧途，因此並非離於一切執著。

怙主彌勒菩薩說：「細微故非聽聞境，勝義故非思量境，法性深故並非是，世間所修諸行境。」[2]

《月燈三昧經》裡說：「世間人雖修空性，然於我想未能除，彼人煩惱更轉盛，如勝行師所修定。」[3]

龍樹菩薩說：「無生以及空，無我皆空性。若觀劣體性，彼離空性觀。」[4]

遍知龍欽巴說：「不識此理斷滅空，雖說離於有無邊，不識本性生有頂，反違佛教成外道，虛空作意可塗灰。」[5]吉天頌恭說：「不修自心或心境，於此無修亦不修，願能無修而修之，此等期望亦不修。」[6]

---

1 以空性為自然，將導致撥無因果、無有前生後世之邪見。以空性為封印，將導致認為萬法為實有，然為空性所封印、禁止之邪見。以空性為對治，將導致認為萬法本來為有，後來被空性對治而變成無之邪見。以空性為修道，將導致認為修空性時則無，不修空性時則有之邪見。

2 德格版《丹珠爾》，123卷63頁封底4行，《寶性論》。

3 德格版《甘珠爾》，55卷27頁封面7行，《月燈三昧經》。

4 德格版《丹珠爾》，35卷40頁封面5行，龍樹菩薩《菩提心釋》。

5 阿宗印本，1999年？1卷37頁封面3行，《如意藏》。此句是說持斷滅空之見地未能脫離輪迴，而是投生有頂天之因。如同以白灰塗抹身體、唯一觀修虛空之外道一般。

6 2017年在印度出版《吉天頌恭文集》第1函，467頁12行。

(6.10) ཐོས་བསམ་སྒོམ་པའི་སྟོང་ཉིད་ཤོར་གོལ་ཡིན།།

དེ་ལྟར་བླ་མ་དམ་པའི་མན་ངག་ལ་སོགས་པས། ལྟ་བ་སེམས་ལས་འདས་པའི་ཡེ་ཤེས་སེམས་ཉིད་ཆོས་སྐུར་རང་ངོ་འཕྲོད་ཅིང་རྟོགས་པ། དེ་ཀའི་ངང་ལ་བཟོ་བཅོས་དང་བྲལ་བར་མ་ཡེངས་མ་བརྗེད་པར་དུས་རྟག་པར་སྐྱོང་ཤིང་གོམས་པར་བྱེད་པ་སྒོམ་པ་སྟེ།

རྗེ་ཆེན་པོས། སྒོམ་པ་མ་ཡིན་གོམས་པ་ཡིན།།

གོམས་པ་གློང་དུ་གྱུར་ན་ཡིན། །ཞེས་དང་།

རྒྱལ་བའི་དབང་པོ་ཀློང་ཆེན་པས།

རང་ངོ་འཕྲོད་ཀྱང་གོམས་འདྲིས་མ་བྱས་ན།།

རྣམ་རྟོག་དགྲས་ཁྱེར་གཡུལ་ངོའི་བུ་ཆུང་འདྲ། །ཞེས་གསུངས་པའི་ཕྱིར།

མི་མེད་དབེན་པའི་རི་ཁྲོད་དུ་ཆེ་བཞག་ཆུང་བསྒྱུར་གྱིས་བྱ་བ་དགུ་ཕྱུགས་སུ་བཏང་ནས། ཐུན་བཞིའི་རྣལ་འབྱོར་གྱིས་དེ་ཁོ་ནར་བསྒོམ་པར་བྱ་བ་ཤིན་ཏུ་གཅེས་པའི་གནད་ཀྱིས་མན་ངག་གོ།

(6.11) སྤྱོད་པ་བླང་དོར་བྲལ་བ་ཚུལ་ཁྲིམས་བཞེད།།

དེའི་སྤྱོད་པ་ལ་ཡང་། ལྟ་བ་ནམ་མཁའ་དང་འདྲ་བ་དགེ་སྡིག་རྒྱུ་འབྲས་ལས་འདས་པས། སྤྱོད་པ་ཡང་དགེ་སྡིག་བླང་དོར་མེད་དེ། དགེ་སྡིག་མེད་པ་ཤན་པ་ལྟ་བུ། གཙང་གཙོག་མེད་པ་ཁྱི་ཕག་ལྟ་བུ། གཟའ་གཏད་མེད་པ་སྨྱོན་པ་ལྟ་བུ། ངོ་ཚ་མེད་པ་བུ་ཆུང་ལྟ་བུ། ཉམས་ང་མེད་པ་སེང་གེ་ལྟ་བུར་དགོས་ཏེ།

ངོ་ཏ་ཛོ་རྗེའི་མགུར་ལས། བུ་ཆུང་གདོལ་པའི་སྤྱོད་པར་ལྟོས།།

ཤ་ཟ་སྨྱོན་པ་གང་དགར་ཐོང་།།

སྙེམས་དང་བྲལ་བའི་སེང་གེ་ལྟར།།

བུང་བ་མེ་ཏོག་རྒྱུ་ལ་ལྟོས། །ཞེས།

10 熟習所悟乃是真禪修。

依靠於殊勝上師的口訣等，指認並證悟到本來面目、超越心意識之本智心性法身，於彼狀態中，離於造作、無有散亂、不令忘失而恆時保任串習，這就是修持。至尊帕摩竹巴說：「不是觀修是串習，串習即成為通達。」尊勝龍欽巴說：「雖然識得本面若不修，猶如幼童入妄念戰場。」[1]是故，當於無人之僻靜山間，放下萬緣，棄捨九事[2]，以四座瑜伽專一修持真如。這是非常重要的口訣。

11 行為離於取捨為持戒。

關於行持[3]，有人說：見地如同虛空，超越善惡因果，行為也沒有善惡取捨。所謂無善惡如屠夫般，無淨穢如豬狗般，無目的如瘋子般，無羞恥如孩童般，無恐懼如獅子般。如同《金剛道歌》裡說：「看那小孩屠夫行，食肉瘋子隨意為，如離驕矜之獅子，看那蜜蜂遊花叢。」[4]

1 阿宗印本，1999年？3卷35頁封底6行，《竅訣藏》。

2 九事——身三事：外世間事，內頂禮和轉經等，密身之手印等；語三事，外世間言語，內日修唸誦，密緣觀唸誦；意三事：外種種尋思，內觀修慈悲，密本尊生次第。

3 吉天頌恭說；所謂行為取捨是；惡趣和痛苦一切的來源不能取，天人界與解脫道次戒律妙寶不能捨，此謂之時；不善不能取和善不能捨，這麼說的。於合意處無貪欲不能取，不合意處無嗔不能捨，此謂之時；見地與證悟高但離於取不善行，不作捨善之行，應知於謂取時貪之，於謂捨時瞋之，應知離貪瞋二者之行，彼行最善。

4 2009年在印度德拉敦市直貢噶舉派強久林出版，《瑪爾巴譯師文集》第 1函，223頁3行。《金剛道歌集》。

འདྲེན་ཅིང་དགེ་སྡིག་མེད་ཅེས་སྨྲ་ཞིང་སྤྱོད་པ་ཡང་དེ་ལྟར་བྱེད་པ་མང་ན་ཡང་། འདིར་ནི་ཐོག་མེད་ནས་ཆགས་སྡང་གཉིས་ལ་གོམས་པས་འཁོར་བར་འཁྱམས་པ་ཡིན་པས་དེ་གཉིས་སྤང་དགོས་ལ། དེས་ན་ཕན་བདེའི་འབྱུང་གནས་ཚུལ་ཁྲིམས་རིན་པོ་ཆེ་ལ་སོགས་པའི་དགེ་བ་བསྒྲུབ་པར་དཀའ་བ་རྣམས་ལ་མི་དགའ་བས་འདོར་ཞིང་། འདོད་ཡོན་ལྷ་ལ་འཚོལ་ཏོག་ཏུ་སྤྱོད་པའི་མི་དགེ་བ་སྤང་བར་དཀའ་བ་རྣམས་ལ་འདོད་པས་དང་དུ་ལེན་ན། བླང་དོར་མེད་པའམ་བྲལ་བའི་སྤྱོད་པ་ཅིའི་ཕྱིར་ཡིན་ཏེ་མིན་ལ། དེ་འདྲའི་བླང་དོར་མེད་པའི་སྤྱོད་པ་རྣམས་ནི་ཆགས་སྡང་གི་སྤྱོད་པ་ངན་སོང་གི་རྒྱུ་ཡིན་པས་མི་བྱ་བར། སྒྲུབ་བརྒྱུད་དམ་པའི་རང་ལུགས་ཀྱི་སྤྱོད་པ་བླང་དོར་དང་བྲལ་བ་ནི་དགག་སྒྲུབ་ཀྱི་བསླབ་པ་ཚུལ་ཁྲིམས་རིན་པོ་ཆེར་བཞེད་དེ། དེས་འདི་ཕྱིར་སྡུག་བསྔལ་གྱི་རྒྱུར་གྱུར་པའི་ཆགས་སྡང་ལ་སོགས་པ་སྡོམ་པ་གསུམ་དང་འགལ་བའི་ཚུལ་འཆལ་དང་དུ་མི་ལེན་པ་དང་། མཐོ་རིས་དང་ཐར་པའི་ལམ་སྡོམ་པ་གསུམ་གྱི་ཚུལ་ཁྲིམས་མི་འདོར་བ་དང་། ཟས་གོས་ལོངས་སྤྱོད་དགྲ་གཉེན་གང་ལ་ཡང་ཆགས་སྡང་གིས་བླང་དོར་མི་བྱ་བ་སྟེ།

བརྟག་གཉིས་ལས། བཟའ་བཅའ་དེ་བཞིན་བཏུང་བ་ཉིད། །ཇི་ལྟར་རྙེད་པ་རབ་ཏུ་བཟའ། །

ཡིད་འོང་མི་འོང་རྣམ་རྟོག་ཕྱིར། །ཞེན་པ་ཙམ་དུ་མི་བྱའོ། །ཞེས་དང་།

བྲམ་ཟེ་ཆེན་པོས་ཀྱང་། བུང་བ་མེ་ཏོག་རྒྱུ་ལ་ལྟོས། །ཞེས་དང་།

རྒྱལ་བ་ཐམས་ཅད་སྐྱབ་ཀྱིས་གསོ་སྦྱོང་ལས།

ཇི་ལྟར་བུང་བ་མེ་ཏོག་ལས། །ཁ་དོག་དྲི་ལ་མི་གནོད་པར། །

ཁུ་བ་བཞིབས་ནས་འཕུར་བ་ལྟར། །དེ་བཞིན་ཐུབ་པ་གྲོང་དུ་རྒྱུ། །ཞེས་གསུངས་པ་ལྟར།

གང་ལ་ཡང་བདག་ཏུ་འཛིན་པས་ཆགས་སྡང་མེད་པར་སྤྱོད་ཅིང་རྒྱུ་བ་ནི། བླང་དོར་བྲལ་བ་སྤྱོད་པའི་མཆོག་ཏུ་གསུངས་པ་ཡིན་ནོ། །མདོར་ན་ནག་པོ་ཁ་འཐྲམས་བདུད་ཀྱི་ལྟ་བར་མ་སོང་བར། ཇི་ལྟར་ལྟ་བ་མཐོ་ཡང་ལྟ་སྤྱོད་ཡ་མ་བྲལ་བར་རྒྱུ་འབྲས་ལ་ཞིབ་པའི་སྤྱོད་པ་དགོས་ཏེ།

རྒྱུད་གསང་བ་གཅོད་པ་ལས།

ལྟ་བ་མི་ལྡན་སྤྱོད་པ་དང་། །

སྤྱོད་པ་མི་ལྡན་ལྟ་བ་གཉིས། །

འདི་ནི་གསང་སྔགས་དམ་སྲི་སྟེ། །

མནར་མེད་སེམས་ཅན་དམྱལ་བར་སྐྱེ། །ཞེས་གསུངས་པའི་ཕྱིར་རོ། །

如此般說著無有善惡，並且也如是行持的行者雖然有很多，然而於自宗中則認為，正是因為無始以來串習於貪瞋，才流轉於輪迴之中，所以應斷除此二者。因此，對於利樂生源之戒律妙寶等善行，覺得很難受持，心不歡喜，就捨棄之；而對於五妙欲之貪愛，覺得很難斷除，就放任享受，這是完全錯誤的無取捨之行，實際上是貪瞋之行、惡趣之因。殊勝實修傳承的自宗中所承許的「行持當離於取捨」，是指破立之學處——戒律妙寶。於今生後世中，不應取受痛苦貪瞋等與三戒相違之行為，不應捨棄善趣與解脫之道——三戒之戒律。對於衣食受用、怨親等等任何方面都不因貪瞋而作取捨。《二品續》裡說：「食物與飲品，所獲皆享用，優劣妄念故，不應做貪戀。」[1]大婆羅門薩羅哈也說：「看那蜜蜂游花叢。」《別解脫經》裡說：「如那蜜蜂游花叢，無傷花色與香味，吸取花蜜即飛離，能仁如是游村邑。」[2]無論何時何處，皆無有我執之貪瞋，這才是殊勝的離於取捨之行。總之，莫墮入謗口空談之魔見。無論見地如何高超，見行二者亦不應脫節，於因果審慎而行。《密行續》裡說：「不具見地之行為，不具行為之見地，此乃密乘破誓魔，將墮無間之地獄。」[3]

1 德格版《甘珠爾》，80卷7頁封底2行，《空行母金剛帳續王品》。

2 德格版《甘珠爾》，5卷20頁封面6行，《根本說一切有部毘奈耶》。

3 德格版《甘珠爾》，79卷189頁封面6行，《吉祥一切秘密斷怛特羅王》。

༡༢༽ ལྟ་སྒོམ་སྤྱོད་གསུམ་ཐ་དད་མེད་པར་གཅིག

(6.12) དེ་ལྟར་ལྟ་སྒོམ་གཉིས་ཁྱད་པར་དུ་བྱེད་པའི་སྤྱོད་པ་ཚུལ་ཁྲིམས་རིན་པོ་ཆེ་སྟེ། དེ་གསུམ་ངོ་བོར་དབྱེར་མེད་ཅིང་། ཆགས་སྡང་ལ་སོགས་པའི་ཉོན་མོངས་པ་ཐམས་ཅད་དང་བྲལ་བ་ལ་ཐ་དད་མེད་པར་གཅིག་སྟེ། གཅིག་དགྲར་གཅིག་མི་འགྱུར་བས་ཕན་ཚུན་ཁྱད་པར་དུ་བྱེད་པའི་གྲོགས་སུ་འགྲོ་བས་སྤྱོད་པ་མི་བརླང་པར་ཞིབ་པར་གདམས་སོ། །དེ་ལྟར་ན་ལྟ་སྒོམ་སྤྱོད་པ་སོགས་ལ་ཡང་དག་དང་ལྟར་སྣང་གི་ཁྱད་པར་ཤེས་ནས་ལྟར་སྣང་བ་སྤངས་བར་གསུངས་ལ། དེ་ཡང་རྒྱལ་བ་གཉིས་པ་ཀློང་ཆེན་ཞབས་ཀྱིས་ཀྱང་།

ལྟ་བ་ཐོལ་མ་གདེང་དུ་མ་ཚུད་པའི། །

གཡམ་རྒྱུག་སྤྲོས་བྲལ་འདིས་ཀྱང་རང་སེམས་སླུ། །

སྒོམ་པ་ཐོལ་མ་གནད་དུ་མ་བསྣུན་པའི། །

ཐླུན་བསྒོམ་ཡིད་དཔྱོད་འདིས་ཀྱང་རང་སེམས་སླུ། །

སྤྱོད་པ་ཐོལ་མ་བག་དང་མི་ལྡན་པའི། །

སྨྱོ་སྤྱོད་ཙམ་པོ་འདིས་ཀྱང་རང་སེམས་སླུ། །

དམ་ཚིག་ཐོལ་མ་ཉེས་ལྟུང་མི་འཛེམ་པའི། །

བསྲུང་སྡོམ་ངོ་ལྐོག་འདིས་ཀྱང་རང་སེམས་སླུ། །

ཐོས་བསམ་ཐོལ་མ་སངས་རྒྱས་མི་འདོད་པའི། །

ང་མཁས་གྲགས་འདོད་འདིས་ཀྱང་རང་སེམས་སླུ། །

འབྲས་བུ་ཐོལ་མ་སེམས་ཉིད་མ་རྟོགས་པའི། །

ཕྱི་དུས་ཡིད་སྨོན་འདིས་ཀྱང་རང་སེམས་སླུ། །

བསླུ་བྲིད་དབང་དུ་མ་སོང་ཤིན་ཏུ་གཅེས། །ཞེས་མན་ངག་གི་ཡང་སྙིང་དུ་གསུངས་སོ། །

12 見修行三無別為一體。

以見、修增上之行持，即是戒律大寶，見、修、行三者體性無別，能夠斷除一切貪瞋等煩惱，所以是一體。應當無有相違、相輔相成而修持之。如此則能分辨真假見、修、行等之差別，去偽存真。第二佛陀龍欽巴說：「見地莫入虛偽處，誇口離戲誠自欺。虛偽修行失要點，愚修伺察亦自欺。虛偽行儀不警覺，粗魯瘋行亦自欺。虛偽誓言不謹慎，表面持戒亦自欺。虛偽聞思不求佛，求智者名亦自欺。未悟自心虛偽果，希求來世亦自欺。莫隨虛偽甚為要。」[1]此為口訣之精華也[2]。

---

1 阿宗印本，1999年？79卷189頁封面6行，《竅訣藏》。

2 達波仁波切(岡波巴大師)的《顯現隱秘心性之口訣》中說：「總之，倘若內心之懷疑未斷絕，則必將展現於行為之中，此乃法性。」

(6.13) ཕྱག་ཆེན་ཚུལ་ཁྲིམས་གནད་གཅིག་ཁྱད་པར་ཆོས། །

དེ་བཞིན་དུ་ཚུལ་ཁྲིམས་རིན་པོ་ཆེ་དེ་ནི་རང་རྒྱུད་ཀྱི་ཉེས་སྐྱོན་ཐམས་ཅད་སྤོང་ཤིང་། ཡོན་ཏན་ཐམས་ཅད་འབྱུང་བའི་གཞི་རྟེན་ཡིན་པ་ལ་སོགས་པའི་ཕྱིར། ཕྱག་རྒྱ་ཆེན་པོ་དང་ཚུལ་ཁྲིམས་རིན་པོ་ཆེ་གནད་གཅིག་པ་ཡིན་ཞེས་སྟོན་པ་འདི་ཉིད་ནི། འཇིག་རྟེན་མགོན་པོའི་ཁྱད་པར་འཕགས་ཆོས་བླ་ན་མེད་པའི་བཞེད་པ་ཡིན་ཏེ།

ཏིང་འཛིན་རྒྱལ་པོ་ལས། ཏིང་འཛིན་རྒྱལ་པོ་སྟོང་པ་འདི་སྒོམ་པ། །

ཚུལ་ཁྲིམས་དག་པའི་མགོ་ལ་དེ་འདུག་སྟེ། །

ཆོས་རྣམས་རང་བཞིན་རྟག་ཏུ་མཉམ་བཞག་ན། །

བྱིས་པ་མི་རིག་{རིགས་}བརྩོན་པས་མི་ཤེས་སོ། །ཞེས་དང་།

འཇིག་རྟེན་མགོན་པོའི་ཞལ་སྔ་ནས་ཀྱང་། བུ་རང་དང་འདྲ་བའི་སློབ་མ་རྣམས། །

མཐར་ཐུག་སྔོབས་བཅུ་མ་ཐོབ་བར། །

ལུས་སྲོག་ཕྱི་མར་བྱུས་ཀྱང་སླ། །

སྟོན་པས་གསུངས་པའི་ཚུལ་ཁྲིམས་དང་། །

སྐད་ཅིག་ཙམ་ཡང་མ་འབྲལ་ཞིག །

{འདས་དང་མ་བྱོན་ད་ལྟར་དང་། །

ཕྱོགས་བཅུ་ཀུན་ན་བཞུགས་པ་ཡི། །

རྒྱལ་བ་ཐམས་ཅད་གཅིག་གྱུར་པ། །

དཔལ་ལྡན་ཕག་མོ་གྲུ་པ་ཡིས། །

ལུས་ཀྱི་ཚུལ་ཁྲིམས་རྣམ་དག་ན། །

ལུས་ཀྱི་ཏིང་འཛིན་རྣམ་དག་ཐོབ། །

ལུས་ཉིད་གྲོལ་བའི་ཤེས་རབ་ཐོབ། །

ངག་དང་སེམས་ཀྱང་དེ་བཞིན་ཏེ། །

སེམས་དང་ཤེས་རབ་རྣམ་གྲོལ་བ། །

13 大手印與戒律要義一。

同樣地，因為戒律妙寶是斷除自心相續一切過患、出生一切功德的基礎等緣故，大手印與戒律妙寶之要義是一。此是吉天頌恭之不共殊勝見解。《月燈三昧經》裡說：「三摩地王空性定，乃由清淨戒律生，諸法自性常等持，愚童不識枉精勤。」[1]吉天頌恭也說：「如我一般諸弟子，未得十力究竟前，縱使身命碎為塵，本師所說之戒律，剎那之間亦莫離[2]。過去現在及未來，所有十方安住之，一切佛陀總集體，吉祥帕摩竹巴說，身之戒律若清淨，則獲身之清淨定，則獲解脫此身慧，語意二門亦同彼，心與智慧得解脫。

1 德格版《甘珠爾》，55卷13頁封底1行，《月燈三昧經》

2 「過去未來與現在」起，「十力自在是戒律」為止，有增補。

མ་ཐོབ་ཐོབ་པ་ཚུལ་ཁྲིམས་ཡིན། །

ཐོབ་པ་བརྟན་པ་ཚུལ་ཁྲིམས་ཡིན། །

བརྟན་པ་ཐོགས་འདོན་ཚུལ་ཁྲིམས་ཡིན། །

མཐར་ཐུག་སངས་རྒྱས་ཆོས་ཀྱི་སྐུ། །

སྟོབས་བཅུའི་དབང་ཕྱུག་ཚུལ་ཁྲིམས་ཡིན། །ཞེ

ང་ལ་ཉེ་བ་གཞན་མེད་པས། །

བུ་སློབ་རྣམས་ལ་སྨྲ་བ་ཡིན། །

སྙིང་གཏམ་ཁ་ཆེམས་འདི་ལས་མེད། །ཅེས་དང་།

ཚུལ་ཁྲིམས་ཉིད་ལས་གཞན་པའི་སྟོང་པ་ཉིད། །

འཇིག་རྟེན་མགོན་པོས་གསུངས་རེ་ང་འདིར་ཤེ། །ཞེས་དང་།

ཕྱག་རྒྱ་ཆེན་པོ་ནམ་མཁའ་ཡངས་པ་ལ། །

དག་པའི་ཚུལ་ཁྲིམས་སྲུང་བ་མི་ཤོང་ཞིང་། །

ཉེས་སྐྱོན་མཐའ་དག་ཤོང་བར་གྱུར་པ་འདི། །

མཐོང་དང་བསྒོམ་པས་སྤོང་བར་མི་འགྱུར་ཞིང་། །ཞེས་དང་། ཆོས་འདི་ལྟ་བུ་ཤེས་པས་བོད་ཡུལ་འདིར། བསྟན་པའི་སྐོར་ཞུགས་ཐམས་ཅད་ལས་ང་འདྲ་མགོ་གང་གིས་མི་ཚད། ལུས་གང་གིས་ཀྱང་ཁྱད་པར་དུ་འཕགས་པ་ཡིན་ཞེས་གསུངས་པས་ཕ་སེང་གེའི་བུ་སེང་གེའི་རིགས་དང་ལྡན་པས་སེང་སྐད་འདོན་དགོས་པ་ལ། དཔེར་ན་དྲིལ་ཨུས་དང་པོ་རྟའི་སྐད་དང་། བར་དུ་བོང་སྐད། མཐར་དེ་གཉིས་གང་ཡང་མིན་པའི་རང་སྐད་ཅིག་འོང་བ་བཞིན་དུ། དང་པོ་ཕྱག་ཆེན་དང་ཚུལ་ཁྲིམས་གཅིག་པའི་སེང་སྐད་དང་། བར་དུ་མི་གཅིག་པ་སྤྱིའི་བཤད་པ་ཕ་སྐད། མཐར་དེ་གཉིས་གང་ཡང་མིན་པའི་རྟ་མིན་བོང་མིན་གྱི་མ་ཞིང་དྲེའུ་རང་སྐད་ལྟ་བུ་དེ། རང་ཅག་རྗེས་འབྲང་གི་སྲས་རྣམས་ཀྱིས་མི་འདོན་ཅིང་པ་རྗེས་བུ་ཡིས་ཟིན་པར་བྱ་དགོས་ཏེ། དེ་ཡང་།

「未得令得是戒律，得已堅固是戒律，堅固增上是戒律，究竟成就佛法身，十力自在是戒律。如是教誡我賜予，最親近之諸徒眾，忠言遺訓除此無。」[1]以及「如果三界怙主曾說存在一個有別於戒律的空性，那我就立刻死去。」[2]以及「大手印之廣闊虛空中，不能容納持守清淨戒，反能容受一切諸過患？見修道上斷除此邪見。」[3]以及「了知如是法（大手印和戒律要義為一）故，在此藏地，與一切修行者比起來，吾不但高出一頭，更高出一整個身子。」[4]

是故，雄獅之子是獅子之種姓，應做獅子吼，而不應如同騾子先學馬叫，中間又學驢叫，最後成為兩者皆非的叫聲。同樣的，若開始時做大手印戒律為一之獅子吼，中間變成種種人云亦云之狐鳴，最後將成為二者皆非的騾子叫聲。我等追隨者，不應如此，而應當子承父業。如云：

1 2017年在印度出版《吉天頌恭文集》第1函，288頁6行。《三戒顯明》。

2 2017年在印度出版《吉天頌恭文集》第2函，8頁12行。《金剛心要論》（རྡོ་རྗེ་སྙིང་པོ་ཞེས་བྱ་བའི་བསྟན་བཅོས།）。

3 2017年在印度出版的《吉天頌恭文集》第一函，288頁2行，《三戒顯明》。

4 德國漢堡圖書館裡有在的敬安・謝拉炯內《一意廣釋》書本裡；38頁封面4行。

ཕ་གཅིག་ཆོས་རྗེ་རིན་ཆེན་ཡིན།།

ཞང་ཉེའི་རྗེས་སུ་མི་འབྲང་འཚལ།།

ཕ་སྐད་སྟོང་ཉིད་རྒྱུ་འབྲས་ཡིན།།

སེང་གེས་ཝ་སྐད་མི་འདོན་འཚལ།།

ཕ་ཡུལ་རི་ཁྲོད་དབེན་གནས་ཡིན།།

ཡུལ་ཤོར་གྲོང་དུ་མི་འཁྱམ་འཚལ།།

ཕ་མཁར་སྡོམ་གསུམ་གཞན་གཅིག་ཡིན།།

མཁར་མི་མེད་ཡན་པར་མི་བཞག་འཚལ།།

ཕ་ཞིང་ཕྱག་རྒྱ་རྣམ་བཞི་ཡིན།།

བུ་སོ་ནམ་འབད་རྩོལ་མི་བཞག་འཚལ།།

ཕ་གོས་བསླབ་གསུམ་རིན་ཆེན་ཡིན།།

བུ་གོས་མེད་གཅེར་ཉལ་མི་བྱེད་འཚལ།།

ཕ་ནོར་ཚོགས་གཉིས་ནོར་བུ་ཡིན།།

ནོར་བུ་ཕྱི་དོར་མི་བཞག་འཚལ།།

ཕ་གཉེན་འགྲོ་དྲུག་སེམས་ཅན་ཡིན།།

འགྲོ་དྲུག་བློ་ཡིས་མི་གཏོང་འཚལ།།

ཕ་དགྲ་ཉོན་མོངས་ཉེས་ཚོགས་ཡིན།།

དགྲ་མགོ་ཡན་དུ་མི་གཏང་འཚལ།།

ཕ་མཚོན་བརྩོན་ཆོས་སྲུམ་ཆོས་ཡིན།།

མཚོན་ཤུབས་མེད་ཡན་པར་མི་བཞག་འཚལ། །ཞེས་དང་། དེ་ལྟར་རྒྱུ་འབྲས་ལ་ཞེབ་པའི་ཚུལ་ཁྲིམས་ལ་གཅེས་སྤྲས་སུ་གདམས་སོ།།

「獨父法主大珍寶，祈莫跟隨舅父去，鄉音是空性因果，雄獅莫發狐鳴聲，故鄉是安靜山間，莫離故鄉游城邑，父城是三戒一如，莫任城民四散空，父田是四種大印[1]，子莫勤奮於商賈，父衣是三學妙寶，子莫無衣而裸眠，父財是二資糧寶，子莫拂去此財寶，父親眷是六道眾，莫要捨棄六道眾，父敵是煩惱諸賊，取敵首級莫放過，父十兵器是三法，莫令神器封刀鞘。[2]」[3]應如此審慎於因果戒律。

1 四印有兩種意義：1）法印、大手印、業印、誓言印。2） 斷除並懺罪惡業、未做者不做、善業未做者應做、已做更增上。

2 2002年在印度直貢噶舉主寺強久林出版《敬安．謝拉迥內文集》，325頁A5行。

3 最後這兩句是增補上去的。

(6.14) ཕྱག་ཆེན་ཡོན་ཏན་ཀུན་གྱི་བདག་ཉིད་དེ། །

དེ་ལྟར་ཡང་གཞི་རྒྱུད་ངོ་བོ་སྟོང་པ་སྤྲོས་པ་དང་བྲལ་བའི་བདེ་གཤེགས་སྙིང་པོ། ཉི་མ་དང་ཟེར་བཞིན་ཡོན་ཏན་ཐམས་ཅད་ལྷུན་གྱིས་གྲུབ་པ་གཞི་ཕྱག་རྒྱ་ཆེན་པོ་དང་། དེ་ཉིད་སྒྲིབ་པ་ཅི་རིགས་པ་དང་བྲལ་བ་མངོན་དུ་གྱུར་པ། སྤྲིན་ཅི་རིགས་པ་དང་བྲལ་བའི་ཉི་མ་དང་ཟེར་བཞིན། སྤངས་དང་རྟོགས་པའི་ལམ་གྱི་ཡོན་ཏན་རྫོགས་ཤིང་ལྡན་པ་ལམ་ཕྱག་རྒྱ་ཆེན་པོ་དང་། སྤྲིན་མཐའ་དག་དང་བྲལ་བའི་ཉི་མ་དང་ཟེར་བཞིན། དེ་ཉིད་སྒྲིབ་གཉིས་མཐའ་དག་ལས་གྲོལ་བའི་དག་པ་གཉིས་ལྡན་མཐར་ཐུག་པ་ནི། འབྲས་བུ་ཕྱག་རྒྱ་ཆེན་པོ་ཆོས་ཀྱི་སྐུ་སྟེ། ཡེ་ནས་ཡོན་ཏན་ལྷུན་གྱིས་གྲུབ་པའི་ཕྱིར་ཕྱག་རྒྱ་ཆེན་པོ་ནི་གཞི་ལམ་འབྲས་བུ་གསུམ་ཡོན་ཏན་ཀུན་གྱི་བདག་ཉིད་ཡིན་ཏེ། །

རྒྱུད་ལས། རིན་ཆེན་སེམས་ལས་ཕྱིར་གྱུར་པའི། །

སངས་རྒྱས་མེད་ཅིང་གང་ཟག་མེད། །ཞེས་དང་།

སྡུད་པ་ལས། ཕ་རོལ་ཕྱིན་ལྔ་བྱང་ཆུབ་ཡོན་ཏན་ཇི་སྙེད་པ། །

དེ་དག་ཀུན་ཀྱང་ཤེས་རབ་ཕ་རོལ་ཕྱིན་ལས་སྐྱེ། །ཞེས་སོ། །

(6.15) མཉམ་པར་བཞག་ལས་ཡོན་ཏན་ཐམས་ཅད་འབྱུང་། །

བླ་སློབ་ཀྱི་རྟེན་འབྲེལ་ལེགས་པར་ཚོགས་ཤིང་། གདམས་ངག་ཚུལ་བཞིན་དུ་ཤེས་ནས། དེའི་དོན་ལ་རྩེ་གཅིག་ཏུ་མཉམ་པར་གཞག་སྟེ་སྒོམ་པ་ལས། རྗེས་ཐོབ་ཏུ་དགྲ་གཉེན་ལ་ཆགས་སྡང་ལ་སོགས་པ་ཆོས་བརྒྱད་མགོ་སྙོམ་པ་དང་། གཞན་ལ་བརྩེ་བའི་སྙིང་རྗེ་འབྱོང་བ་ལ་སོགས་པའི་ཡོན་ཏན་ཐམས་ཅད་འབྱུང་བར་ངེས་ཏེ།

ཞི་བ་ལྷས། ཞི་གནས་རབ་ཏུ་ལྡན་པའི་ལྷག་མཐོང་གིས། །

ཉོན་མོངས་རྣམ་པར་འཇོམས་པར་ཤེས་བྱས་ནས། །

ཐོག་མར་ཞི་གནས་བཙལ་བྱ་དེ་ཡང་ནི། །

འཇིག་རྟེན་ཆགས་པ་མེད་ལ་མངོན་དགས་འགྲུབ། །ཞེས་དང་།

ཀླུ་སྒྲུབ་ཀྱིས། ཤེས་རབ་མེད་པར་བསམ་གཏན་ཡོད་མིན་ཏེ། །

བསམ་གཏན་མེད་པ་ཡང་ནི་ཤེས་རབ་མེད། །

གང་ལ་དེ་གཉིས་ཡོད་པས་སྲིད་པ་ཡི། །

རྒྱ་མཚོ་གནག་རྗེས་ལྷ་བུར་འཚོལ་བར་བགྱི། །ཞེས་སོ། །

14 大手印即一切功德體。

基位大手印是基位時心相續體性空寂、離戲之如來藏，如同太陽與陽光一般，任運成就一切功德。以道位大手印去除種種遮障，令其現前，如同無有浮雲遮蔽之太陽與陽光，圓滿具足斷證功德。果位大手印，如同遠離一切浮雲之太陽與陽光一般，解脫二障、具二清淨，即是究竟之法身。本初以來功德任運成就，因此大手印是基、道、果一切功德之體性。密續裡說：「除心妙寶外，無佛無眾生。」[1]《般若攝頌》裡說：「五度所有菩提之功德，彼等皆從智慧度所生。」[2]

15 根本定中一切功德生。

上師與弟子之緣起善妙聚集，並且如法習得口訣之後，則應在座上專一禪修其義，如是則一定能於後得位時出生一切功德，不為親疏怨憎等世間八法所動，以慈心善待一切眾生。寂天菩薩說：「具足寂止之勝觀，能盡摧滅諸煩惱，知已應先求寂止，彼由無貪世間成。」[3]龍樹菩薩說：「當知無慧無禪定，無有禪定亦無慧，何者定慧兼有之，輪迴海成蹄跡水。」[4]

---

1 德格版《甘珠爾》，80卷44頁封面4行，《空行母金剛帳續王品》6品。

2 德格版《甘珠爾》，31卷166頁封面3行，《聖大般若波羅蜜多一萬八千頌經》84品。

3 德格版《丹珠爾》，105卷23頁封底1行，《入菩薩行論》。

4 德格版《丹珠爾》， 173卷45頁封底4行，《勸戒親友書》。

༡༥༽ རྒྱུ་ནི་མ་བསྒྲུབས་ཡོན་ཏན་འབྱུང་མི་སྲིད།

(6.16)དེ་ཡང་མཉམ་བཞག་ཡང་དག་པས་རྗེས་ཐོབ་ཏུ་སྙིང་རྗེ་ལ་སོགས་པ་ཕྱོགས་རེས་དང་མངོན་ཞེན་ཅན་དུ་སོང་བའི་དུག་འདོན་ཅིང་ | སྣང་ལ་རང་བཞིན་མེད་པས་སྙིང་རྗེ་དང་སྦྱིན་སོགས་ཐབས་ཀྱི་ཆ་ཐམས་ཅད་ཕྲ་ཞིང་ཕྲ་བ་ནས་ཁྱད་དུ་མི་གསོད་པར་བསོད་ནམས་ཀྱི་ཚོགས་ཅི་བསོག་བྱེད་ལ། དེས་མཉམ་བཞག་གི་ཡེ་ཤེས་གོང་ནས་གོང་དུ་ན་འཕར་བར་འགྱུར་བས་ན། ཚོགས་གཉིས་ཟུང་འཇུག་གི་རྒྱུ་ནི་ཇི་ལྟ་བ་བཞིན་མ་སྒྲུབ་པར། སྒྲིབ་གཉིས་ལས་གྲོལ་བའི་ལམ་དང་འབྲས་བུའི་ཡོན་ཏན་འབྱུང་བ་མི་སྲིད་པས། ཚོགས་གཉིས་ཟུང་འཇུག་གི་ཉམས་ལེན་ལ་བརྩོན་པས་འབད་པར་བྱ་དགོས་ཏེ། ཇི་སྐད་དུ།

ཇི་སྲིད་ཚོགས་གཉིས་དམ་པ་མ་བསགས་པར། །

དེ་སྲིད་སྐུ་གཉིས་དམ་པ་ཐོབ་མི་འགྱུར། །ཞེས་སོ། །

༡༦༽ སྟོང་ཉིད་རྟོགས་ན་རྒྱུ་འབྲས་ཉིད་དུ་ཤར།

(6.17) དེ་ལ་ཡང་སེམས་ཀྱི་ངོ་བོ་མཐོང་ཞིང་རྟོགས་ན་དེ་ལ་དགེ་སྡིག་གི་ཕན་གནོད་མེད་པས། དགེ་བ་སྒྲུབ་ཏུ་མེད་ཅིང་སྡིག་པ་ཡང་སྤོང་དུ་མེད་པ་རྒྱུ་འབྲས་ལས་འདས་པ་ནམ་མཁའ་ལྟ་བུ་ཡིན་པས། དེ་ཀ་པོ་ནས་ཚོག་ལ་སང་འཆི་ཚེ་བུམ་ནང་གི་ནམ་མཁའ་དང་ཕྱིའི་ནམ་མཁའ་གཉིས་འདྲེས་པ་བཞིན་དུ། དེ་ལྟ་བུའི་གཞི་ལམ་གྱི་འོད་གསལ་གཉིས་དབྱེར་མེད་འདྲེས་ནས་འཁོར་བར་མི་འཇུག་པ་ཐོད་པ་མགོ་ལ་མི་འཛོག་ཅེས། དགེ་སྡིག་རྒྱུ་འབྲས་མེད་པ་གསང་བ་པའི་གྲུབ་མཐར་འཕྱན་པ་མ་ཚོར་བར་ལུང་རིགས་མང་པོ་འདྲེན་པའི་རྟོགས་ལྡན་ཆེན་པོར་རློམ་པ་མང་དུ་མཆིས་ཀྱང་།

16 若不修因功德無能生。

透過清淨之根本定，能令後得位之悲心等功德不雜染偏私或貪執之毒，以顯而無自性之方式，對於悲心及佈施等一切方便法門，於最微細處亦不輕視，累積廣大福德資糧。而廣大福德資糧又能令根本定之智慧輾轉增上，如此則成為二資糧雙運。若不如此，不能出生解脫二障之道位與果位功德，所以應勤勉於二資糧雙運之修持。如云：「若未累積殊勝二資糧，則彼殊勝二身不成就。」

17 若悟空性更慎明因果。

有許多人說：「如果了悟了自心本性，因為心性中無有善惡之利害，所以就沒有了修善斷惡，如虛空般，超越因果。未來死亡之時，如同瓶中之虛空與外界之虛空合二為一一般，基位光明與道位之光明無二相融，不再入於輪迴，不再投生血肉之軀。」還引用諸多教理作為佐證，自認為是大成就者。

འདིར་ནི་བཀའ་ཕྱག་རྒྱ་པོ་གཅིག་འདྲེས་ཀྱི་སྒྲུབ་བརྒྱུད་དམ་པའི་རིང་ལུགས་ལ་ནི། སྟོང་དང་རྟེན་འབྱུང་མཉམ་པ་ཆེན་པོའི་སྟོང་ཉིད་ཅི་ཙམ་དུ་རྟོགས་ན། དེ་ཙམ་དུ་དགེ་སྡིག་རྒྱུ་འབྲས་ཕྲ་ཞིབ་ནས་བླང་དོར་ཉིད་དུ་བྱེད་པའམ་ལྡང་བར་འགྱུར་བས་རྒྱུ་འབྲས་ཁྱད་དུ་མི་གསོད་དེ།

ཐོན་པས་ཞུས་པའི་མདོ་ལས། བྱང་ཆུབ་སེམས་དཔའ་ལྷ་ཡི་ཙོད་པན་གྱིས།

རྒྱ་ལ་རྟེན་པ་མཁས་པ་བཙོམ་ལྡན་འདས། །མཐའ་གཉིས་ལྷ་བ་རྟག་ཏུ་མི་མངའ་བ། །

ལས་ཀྱི་རྣམ་སྨིན་འབྲས་བུ་ཁོ་ན་གསུང་། །ལྷ་བའི་མུན་བྲལ་ཁྱོད་ལ་ཕྱག་འཚལ་ལོ། །ཞེས་དང་།

ཏིང་འཛིན་རྒྱལ་པོ་ལས། ཆོས་ཉིད་ལས་ཀྱི་རྣམ་སྨིན་མེད་ཤེས་ཀྱང་། །

དགེ་དང་མི་དགེའི་ལས་ནི་ཆུད་མི་ཟ། །ཞེས་དང་།

མདོ་ལས། སྟོང་ཉིད་གང་ཤེས་དེ་ནི་བག་ཡོད་པའོ། །ཞེས་དང་།

བྱང་ཆུབ་སེམས་འགྲེལ་ལས། ཆོས་རྣམས་སྟོང་པ་འདི་ཤེས་ནས། །ལས་དང་འབྲས་བུ་སྟེན་པ་གང་། །

དེ་ནི་ངོ་མཚར་བས་ངོ་མཚར། །རྨད་དུ་བྱུང་འདི་རྨད་དུ་བྱུང་། །ཞེས་དང་།

རྗེ་མི་ལས་རྗེ་སྒམ་པོ་པ་ལ། ཡར་སངས་རྒྱས་ལ་རེ་བ་མེད་ཀྱང་དཀར་པོའི་ཆོས་སྤྱོད་རྒྱུན་མི་བཅད།

མར་ངན་སོང་ལ་དོགས་པ་མེད་ཀྱང་སྡིག་པ་ཕྲ་བ་ནས་འཛེམ། ཞེས་དང་།

ཛོ་བོ་རྗེས། སྟོང་ཉིད་རྟོགས་ན་ལས་རྒྱུ་འབྲས་ལ་འཛེམ་དུ་འགྲོ། །ཞེས་དང་།

實際上，這些人已落入無有善惡因果之秘密派（即順世外道）而不自知。然而在此噶當與大手印合修之殊勝實修傳承中，行者對於空性與緣起大平等之空性有多麼高超的證悟，就要對善惡因果有多麼仔細地取捨，萬萬不可輕蔑因果。《大樹緊那羅王所問經》中，天冠菩薩說：「世尊善解諸因緣，恆常斷離二邊見，唯說異熟與果報，離見地闍我頂禮！」[1]《三摩地王經》裡說：「雖知法性無有異熟果，但於善與不善不失壞。」[2]以及經中說：「若人知空性，則彼不放逸。」[3]《菩提心釋》裡說：「已知諸法空，宣說以業果，奇妙大奇妙，稀有甚稀有。」[4]至尊密勒日巴對至尊岡波巴說：「上不希求於佛果，但行白法不間斷；下於惡趣雖無懼，仍於小惡常警醒。」[5]阿底峽尊者說：「了悟空性則更謹慎於業因果。」[6]

---

1 德格版《甘珠爾》，58卷256頁封底5行，《大樹緊那羅王所問經》或《佛說伅真陀羅所問如來三經》。

2 德格版《甘珠爾》，58卷231頁封底6行，此句未見於《三摩地王經》，係出自《弘道廣顯三昧經》。

3 德格版《甘珠爾》，58卷230頁封底2行，此句未見於《三摩地王經》，係出自《弘道廣顯三昧經》。

4 德格版《丹珠爾》，35卷41頁封底4行，龍樹菩薩《菩提心釋》。

5 2004年在拉薩出版，《直貢教藏》，《岡波巴傳》裡；13卷458頁3行。

6 1973年在拉達克土登策仁的印出版的1卷15頁封底1行，《菩薩道次第論》。

དྭགས་པོས།   ང་ལ་རྣལ་འབྱོར་བ་ཟེར་ཏེ། ང་ནི་ལས་རྒྱུ་འབྲས་ལ་ཤིན་ཏུ་འཛེམས་པ་ཡིན།
ངའི་བླ་མ་རྣམས་ཀྱི་མན་ངག་ཡིན། ཞེས་དང་།

ཕག་མོ་གྲུ་བས། ཁ་ལྟ་རྒྱང་པར་མ་སོང་ཞིང་། །སྙིང་ནས་རྩ་བ་ཆོད་གྱུར་ཏེ། །
རོ་གཅིག་གི་ངང་ལ་འབྱམས་གྱུར་ན། །རྒྱུ་འབྲས་ཀུན་མངོན་དུ་གྱུར་པ་ཡིན། །ཞེས་དང་།

འཇིག་རྟེན་མགོན་པོས།   སྟོང་ཉིད་རྟོགས་པའི་ཤེས་རབ་ལ། །མཐར་ཐུག་འབྲས་བུར་རློམ་བྱེད་ཅིང་། །
ལས་འབྲས་ཁྱད་དུ་གསོད་པ་རྣམས། །གཉིས་མེད་ཟུང་འཇུག་ཆེན་པོ་ཡིས། །
ཡུལ་དང་ཡུལ་ཅན་གཉིས་མེད་པར། །རྒྱུ་འབྲས་མངོན་དུ་གྱུར་མཛད་གསོལ། །ཞེས་དང་།

ཨོ་རྒྱན་རྡོ་རྗེ་འཆང་གིས། ང་ལྟ་བ་ནམ་མཁའ་བས་ཀྱང་མཐོ། །ལས་རྒྱུ་འབྲས་བག་ཕྱེ་བས་ཀྱང་ཞིབ། །ཅེས་དང་།

རྒྱལ་བའི་དབང་པོ་ཀློང་ཆེན་པས། །
སངས་རྒྱས་འདོད་ལ་གཅེས་པ་རྣམ་དྲུག་ནི། །སླུ་མར་རྟོགས་ཀྱང་རྒྱུ་འབྲས་འཛེམ་པ་གཅེས། །
ངེས་ཤེས་ཐོབ་ཀྱང་ཁྱད་གསོད་མེད་པ་གཅེས། །གྲོགས་སུ་འཆར་ཡང་དབེན་པར་གནས་པ་གཅེས། །
སྒོམ་མེད་གོ་ཡང་རྣམ་རྟོག་འདུལ་བ་གཅེས། །མཉམ་རྗེས་མེད་ཀྱང་ཐ་མལ་མ་ཤོར་གཅེས། །
གནས་ལུགས་རྟོགས་ཀྱང་ལུང་རིགས་ཞུན་ཐར་གཅེས། །མཐོན་པོར་ཕྱིན་ཡང་འདི་དྲུག་མ་འབྲལ་གཅེས། །ཞེས་སོགས་གསུངས་པ་པ་གདམས་པ་རྣམ་པར་དག་པ་ཟབ་མོའོ། །

(6.18) རྟོགས་ལྡན་ལ་ཡང་ཐབས་ལམ་ལྷག་པར་དགོས། །

གནས་ལུགས་ཕྱག་རྒྱ་ཆེན་པོའི་རྟོགས་པ་དང་ལྡན་པ་ལ་ཡང་། རང་རྒྱུད་ཀྱི་ཡོན་ཏན་གོང་འཕེལ་དུ་འགྲོ་བ་དང་། དེ་ལ་བརྟེན་ནས་གཞན་དོན་དུ་བརྩེ་བའི་སྙིང་རྗེ་ཆེན་པོ་རྩོལ་མེད་དུ་འབྱུང་བས།   འདུལ་བྱའི་ཆེད་དུ་གཏུམ་མོ་ལ་སོགས་པ་ཆོས་དྲུག་དང་།   སྦྱིན་པ་ལ་སོགས་པའི་ཐབས་ལམ་རྣམས་ལྷག་པར་དགོས་ཏེ།

མགོན་པོ་བྱམས་པས།   མགོ་ལ་སེམས་ཅན་ཁུར་ཆེན་ཁྱེར་བ་ཡི། །
སེམས་ཅན་མཆོག་ནི་དལ་གྱིས་འགྲོ་མི་མཛེས། །
བདག་གཞན་སྡུ་ཚོགས་འཆིང་བས་རབ་བཅིངས་པས། །
བརྩོན་པ་བརྒྱ་འགྱུར་དུ་ནི་བྱ་བ་རིགས། །ཞེས་དང་།

ཀླུ་སྒྲུབ་ཀྱིས།
དེ་ལྟར་རྣལ་འབྱོར་པ་རྣམས་ཀྱིས། །
སྟོང་པ་ཉིད་ནི་བསྒོམ་བྱས་ན། །
བློ་ནི་གཞན་དོན་ལ་དགའ་བར། །
འགྱུར་བ་ཉིད་དུ་ཐེ་ཚོམ་མེད། །ཞེས་སོ། །

岡波巴大師說：「我即所謂瑜伽士，我於因果甚謹慎，是諸上師之口訣。」[1]帕摩竹巴說：「誇口空談無意義，要從心底做抉擇，浩瀚一味境界中，兒啊因果悉現前。」[2]吉天頌恭說：「自詡已得究竟果，證悟空性之智慧，輕視業果諸行者，祈以無二大雙運，境與有境無二中，於業因果得現觀。」[3]蓮花生大士說：「我的見地比天還要高，但業因果比麵粉還細。」[4]尊勝龍欽巴說：「諸凡求成佛者有六要，雖悟幻化仍慎因果要，雖得定解更不輕浮要，得成助伴[5]更居僻靜要，雖悟無修更伏妄念要，無上下座不落凡庸要，雖證實相更研教理要，成就再高[6]莫離此六要。」此乃甚深口訣。

18 雖具證悟更須方便道。

如果已經具有了實相大手印的證悟，將會自然生起利他的大悲心。因此，為了自相續功德的增上，以及為了調伏化機的緣故，更需要修持拙火等那洛六法[7]及佈施等方便道。怙主彌勒菩薩說：「荷負眾生擔，懈怠醜非勝，為解自他縛，精進應百倍。」[8]龍樹菩薩說：「如是瑜伽士，若修此空性，無疑必將會，心喜利他行。」[9]

---

1 1997年在印度德里出版，《了義大手印教法》之《大手印顯明之口訣》4卷92頁封底2行。

2 《帕摩竹巴本生讚》。

3 2017年在印度出版的《吉天頌恭文集》第一函，9頁8行。

4 阿宗印本，1999年？79卷20頁A2行，《竅訣藏》。

5 成助伴的意思是五妙欲成助伴。

6 成就再高的意思是—見、行、修等成就再高。

7 那洛六法；臍火瑜伽、光明、幻身、中有、遷識、夢修。

8 德格版《丹珠爾》，123卷4頁封底4行，無著《大乘經莊嚴論》。

9 德格版《丹珠爾》，52卷210頁封面7行，阿闍黎龍樹《物寶性修行》。

༡༩༽ རིག་སྤྱོད་ཁྱད་དུ་འཕགས་པའི་ཚུལ་ཁྲིམས་ཡིན།

(6.19) དེ་ལྟར་ལྷ་དགོངས་མཆོག་དུ་གྱུར་པ་རྣམས་ཀྱིས། གནས་ལུགས་ཕྱག་རྒྱ་ཆེན་པོའི་རིག་པའི་ཡེ་ཤེས་བོགས་འདོན་གྱི་སྤྱོད་པ་ཟབ་མོ་ཡང་། ཉོན་མོངས་པ་དང་རྣམ་རྟོག་གི་མཚན་འཛིན་བརྟུལ་ནས། རིག་པ་ཡེ་ཤེས་ཀྱི་སྟོབས་ལ་ཞུགས་པར་བྱེད་པ་ལ་རིག་པ་བརྟུལ་ཞུགས་ཀྱི་སྤྱོད་པ་ཞེས་བྱ་ལ། དེ་ལྟ་བུའི་རིག་པ་བརྟུལ་ཞུགས་ཀྱི་སྤྱོད་པ་ཁྱད་པར་དུ་འཕགས་པ་ནི་ཚུལ་ཁྲིམས་རིན་པོ་ཆེ་འདི་ཉིད་ཡིན་ཏེ། རང་རེའི་བརྒྱུད་པ་འདིའི་རྣལ་འབྱོར་བཞིའི་རྟོགས་པ་གོང་འཕེལ་དུ་བྱེད་པ་དང་། ས་ལམ་གྱི་སྣང་རྟོགས་ཇི་སྙེད་པའི་ཡོན་ཏན་གྱི་གཞི་རྟེན་བྱེད་པ་དང་། ངོ་ཚ་མེད་པ་ཐོ་ཅོའི་སྤྱོད་རྩིང་ནི་སླ་བ་དང་། དགག་སྒྲུབ་ཀྱི་བསླབ་པ་ཕྲ་ཞིང་བསྲུང་བར་དཀའ་བས་དཀའ་སླའི་ཁྱད་པར་དང་། རྒྱ་གར་གྱི་མགོན་པོ་ཀླུ་སྒྲུབ་ལ་སོགས་པ་དང་། བོད་ཀྱི་རྗེ་སྒམ་པོ་པ་ལ་སོགས་པ་རིག་སྤྱོད་འདི་ཉིད་ཀྱིས། ཀུན་གྱི་གཙུག་ནོར་དུ་གཞན་ལས་ཁྱད་པར་འཕགས་ཤིང་། ཕྲིན་ལས་རྒྱ་ཆེ་བས་བསྟན་འགྲོ་ལ་ཕན་པ་ཤིན་ཏུ་ཆེ་བར་གྱུར་པ་ལ་སོགས་པ་དེ་དག་གི་ཕྱིར། ཚུལ་ཁྲིམས་རྣམ་པར་དག་པ་ཉེས་བྱས་ཕྲ་བས་ཀྱང་མ་གོས་པར་བསྲུང་བ་བརྟུལ་ཞུགས་ཀྱི་མཆོག་ཡིན་པའི་ཕྱིར། འཇིག་རྟེན་མགོན་པོས། ང་འབྲུ་རྒྱ་གར་གྱི་གྲུབ་ཐོབ་བིར་ཝ་པ་དང་མཉམ་པའི་རྟོགས་ལྡན་འདི་ད་ལྟ་རབ་ཏུ་བྱུང་བའི་ཚུལ་དུ་བྱོན་པ་ང་འབྲུ་པོ་རྒོད་པ་ཡིན་ནོ། །ཞེས་གསུངས་སོ། །རིག་འཛིན་ཆོས་གྲགས་ཀྱིས། དེས་ན་ཉམས་རྟོགས་མཐོ་ཡང་ཚུལ་ཁྲིམས་དང་ལྡན་གཅིག་ཉམས་སུ་བླངས་ན་རྒྱལ་བསྟན་ལ་ཕན་པ་ཆེ་ཡི། དེང་སང་འགའ་ཞིག་བརྟུལ་ཞུགས་ཀྱི་སྤྱོད་པ་ཡིན་པར་ཁས་འཆེ་ཞིང་། རྡོ་རྗེ་ཐེག་པའི་གཞུང་ལས་མ་གསུངས་པའི་མཚོན་ཆ་སོགས་ཐོགས་ནས། ལས་རྒྱུ་འབྲས་ཁྱད་དུ་གསོད་ཅིང་ལུས་སྲོག་ཐེད་ལ་བོར་བའི་ཐོ་ཅོའི་སྤྱོད་པ་མ་རུང་པས། ལྷ་ཀླུ་སོགས་སྡེ་བརྒྱད་དཀྲུགས་ཤིང་ཁྲི་ལྟར་འཁྲུམས་ཏེ། སྙིང་རྗེ་ཏིལ་འབྲུ་ཙམ་ཡང་མེད་པས་དྲིན་འཁོར་མེད་ཀྱི་མ་རྒན་སེམས་ཅན་རྣམས་ཀྱི་ཤ་ཁྲག་ལ་བརྗམས་ཤིང་། སྲོག་ལ་འཚེ་བ་རྟོགས་ལྡན་དུ་རློམ་པའི་བརྟུལ་ཞུགས་དེ་ལས་ཆེས་ལྷག་པར་ཁྱད་པར་དུ་འཕགས་ཤིང་ཉམས་སུ་ལེན་པར་གལ་ཆེ་བ་ལ་དགོངས་སོ། །ཞེས་གསུངས་སོ། །

19 持守戒律即持明禁行。

具有如此殊勝見地者，增長實相大手印明覺智慧的甚深行持是，禁止煩惱與妄念的相執，行於明覺智慧力，故名為「禁行」。此殊勝明覺禁行，就是戒律大寶本身。因為戒律大寶能令自宗之四瑜伽[1]證悟增上，是一切地道斷證功德之基礎；而且無有羞慚的瘋癲之行容易做，破立之微細戒律學處卻難持。印度的龍樹菩薩以及藏地的至尊岡波巴等祖師，皆以此明覺禁行而超勝於他人，成為眾中之頂嚴，以廣大事業給教眾帶來了極大的利益。因此，持戒清淨，不染微細過患，是最勝之禁行。吉天頌恭說：「具有與印度成就者畢瓦巴大師相等的證悟，現今更示現清淨比丘相，我是大丈夫。」仁津卻札說：「因此，覺證高超者若更能奉持戒律，則對佛教之利益最大。現今某些自詡為修持禁行，手持著金剛乘典籍中未曾宣說的武器等物，毀謗業因果且輕視生命，以極為惡劣魯莽之行為，如野狗般四處漫遊，擾亂天龍八部，連芝麻般大小之悲心也沒有，貪婪啖食大恩如母有情之血肉，傷害生命，還自詡為得道者之禁行。因此一定要捨棄此等行為，如法修持。此點甚為重要。」[2]

---

1 四瑜伽即噶舉派修習大印之道：專一、離戲、一味、無修。

2 2007年在印度出版的《吉天頌恭文集》第六函，268頁4行，《一意難釋》。

༢༠༽ ཆོས་གསུམ་མི་ལྡན་ཉན་རང་ཁྱད་པར་མེད།

(6.20) སྤྱོད་པ་ལ་ཡང་བླ་སྲུ་ཀུའི་སྤྱོད་པ་ཞེས་པ་ཟ་ཉལ་བཤང་གཅི་འདོར་བའི་འདུ་ཤེས་གསུམ་མ་གཏོགས་པ་གཞན་མེད་པར་མཉམ་བཞག་གི་དུས་འདའ་བ་ལ་ཡང་ཆོས་གསུམ་ངེས་པར་ལྡན་དགོས་པས་མི་ལྡན་དུ་མི་རུང་སྟེ། སློབ་དཔོན་འཕགས་པས་རྫ་བུམ་ལ་ཆགས་པས་གནོད་སྦྱིན་མོ་མ་འགྲུབ་པ་དང་། སློབ་དཔོན་ཆོས་མཆོག་གིས་ཆགས་ཤིང་ཀླད་ལ་བསྐོར་བས་ཚུལ་ཁྲིམས་ཀྱི་བདེན་པའི་སྨོན་ལམ་ཇི་བཞིན་མ་བྱུང་བ་ལྟ་བུ་ཡིན་པས། སངས་རྒྱས་ཀྱི་ཆོས་ཚད་མེད་པ་འགྲུབ་པའི་རྒྱུར་ངེས་པར་མེད་ཐབས་མེད་པའི་ཆོས་ཉེས་བྱས་ཕྲ་བ་ནས་མ་གོས་པའི་ཚུལ་ཁྲིམས་རིན་པོ་ཆེ་དང་། དེ་བཞིན་དུ་བརྒྱུད་ལྡན་བླ་མའི་གདམས་ངག་ཟབ་མོ་ཤེས་ནས་དབེན་པའི་རི་ཁྲོད་དུ་ཚུལ་བཞིན་དུ་བསྒྲུབ་པ་དང་། ཁྱད་པར་དུ་སྙིང་རྗེ་ཆེན་པོས་གཞན་དོན་འབའ་ཞིག་དོན་གཉེར་གྱི་ལྷག་བསམ་བྱང་ཆུབ་སེམས་མེད་ན་ཉན་རང་དང་ཁྱད་པར་མེད་པས་གཞན་ཕན་སྟོང་ཉིད་སྙིང་རྗེ་ཅན་བྱང་ཆུབ་ཀྱི་སེམས་ཏེ་ཆོས་གསུམ་ངེས་པར་ཚང་དགོས་པ་ཡིན་ནོ། །ལྷ་སྒོམ་སྤྱོད་པ་གནད་བསྡུས་ཀྱི་སྐབས་ཏེ་དྲུག་པའོ། །

20 不具三法無異於二乘。

關於行持，也有所謂「布蘇固」之行，即除了吃、睡、大小便三事之外，不作餘事，唯以修定度日。此種修持更須具備三法，不可或缺。龍樹菩薩因為對一陶罐有貪心，導致藥叉母[1]之修持不能成就。阿闍黎法勝因為將手杖於頭頂旋轉故，以致以戒律真諦力所作之祈願未能如願成就[2]。成就無量佛法之正因，不可或缺的是不染微細惡作的戒律妙寶，同樣地，從具傳承上師處領受了甚深口訣後，應當於僻靜的山間，如法修持。尤其應具足大悲心，以及唯求利他之清淨菩提心。若無菩提心，則與聲聞獨覺無異。因此利他心、具慈悲之空性、菩提心，此三法必須要具足。

---

1 聖者龍樹擁有一支非常美麗的陶瓶，時常拿起玩賞並為其塗上油脂，置於陽光下，因為這樣的貪愛生起之故，遲遲無法修成藥叉母之法；一日，陶瓶因故摔碎，使得執著之境消失，而後得以成就彼法。（堪千尼瑪蔣稱）

2 法勝法師是《量抉擇論釋‧正理具足》的作者，持守清淨淨戒、並是因明學的專家，在他完成自己的著作後，一日心中生起「自己著作了一本多麼好的著作」的歡溢之情，而將一杖木拋擲於空中。平日裡因為他持守淨戒之故，所作祈願皆能隨想而成，但在擲杖木於空後，祈願未如往昔一般成辦，於是意識到是自己的驕慢所致。（堪千尼瑪蔣稱、敬安‧仁欽強秋《一意廣釋》）

བདུན་པ་ནི། 7. འབྲས་བུ་གནད་བསྡུས་ཀྱི་ཚོམས།

(7.1) སངས་རྒྱས་ས་ན་བདེན་གཉིས་རྣམ་དབྱེར་མེད། །

འཁོར་འདས་ཀྱིས་བསྡུས་པའི་ཆོས་ཇི་སྙེད་པའི་གཉིས་ཆོས་ཀྱི་སྤྲོས་པའི་བག་ཆགས་ཕྲ་བ་ཡང་ཞི་བས། སྦུད་ཤིང་ཟད་པའི་མེ་བཞིན་དུ་སེམས་དང་སེམས་བྱུང་གི་རྒྱུ་བ་མ་ལུས་པར་ལོག་སྟེ། གཉིས་མེད་ཟུང་འཇུག་མཉམ་པ་ཆེན་པོའི་ངོ་བོར་སངས་རྒྱས་པའི་ས་ན། རང་བྱུང་གི་ཡེ་ཤེས་མཐའ་དང་བྲལ་བ་ཤེས་བྱ་ཀུན་དུ་གཟིགས་ཀྱང་། བདེན་གཉིས་ལ་སོགས་པའི་གཉིས་ཆོས་ཀྱི་སྤྲོས་པའི་རྣམ་དབྱེར་ཅི་ཡང་མེད་དེ།

མདོ་ལས།

སྐྱེ་བ་མེད་པ་བདེན་པ་གཅིག་ཡིན་ན། །

དེ་ལ་ཁ་ཅིག་བདེན་པ་བཞི་ཞེས་འཛེར། །

བྱང་ཆུབ་སྙིང་པོར་འདུག་ནས་བདེན་གཅིག་ཀྱང་། །

གྲུབ་པར་མ་མཐོང་བཞི་ལྟ་གང་ལ་ཞིག །ཞེས་དང་།

རྒྱུད་ལས།

ཀུན་རྫོབ་དང་ནི་དོན་དམ་དག །

རྟོག་པ་གཉིས་དང་རྣམ་པར་བྲལ། །

གང་དུ་ཡང་དག་འདྲེས་གྱུར་པ། །

དེ་ནི་ཟུང་དུ་འཇུག་པར་བཤད། །ཅེས་སོ། །

(7.2) མཁྱེན་པའི་ཡེ་ཤེས་གཉིས་མེད་མཐའ་དང་བྲལ། །

དེ་ལྟ་བུའི་མཁྱེན་པའི་ཡེ་ཤེས་ལ་ཐོག་ཆས་དབྱེ་ན། ཆོས་ཐམས་ཅད་ཀྱི་གནས་ལུགས་ཆོས་ཉིད་ཇི་ལྟ་བ་བཞིན་དུ་མཁྱེན་པ་ཇི་ལྟ་མཁྱེན་པའི་ཡེ་ཤེས་དང་། རྒྱུ་འབྲས་ལ་སོགས་པའི་རྟེན་འབྲེལ་ཟབ་མོ་ཆོས་ཅན་ཇི་སྙེད་པ་མ་ལུས་པ། སྐྱུ་རུ་ར་སྔོན་པ་ལག་མཐིལ་དུ་བཞག་པ་བཞིན་དུ། མ་འདྲེས་པར་སོ་སོར་མཁྱེན་པ་ཇི་སྙེད་གཟིགས་པའི་ཡེ་ཤེས་ཏེ། དེ་ཡང་གཉིས་ཆོས་ཀྱི་སྤྲོས་པ་མེད་པས་མཐའ་དང་བྲལ་བ་མཉམ་པ་ཉིད་དེ།

སྒྱུ་འཕྲུལ་དྲྭ་བ་ཆེན་པོ་ལས། ཐམས་ཅད་ཡེ་ཤེས་ཀུན་རིག་མཆོག །

རྣམ་པར་ཤེས་པའི་ཆོས་ཉིད་འདས། །

ཡེ་ཤེས་གཉིས་མེད་ཚུལ་འཆང་བ། །

རྣམ་པར་རྟོག་མེད་ལྷུན་གྱིས་གྲུབ། །ཅེས་སོ། །

第七品 總攝果位要義品

1 佛地無有二諦之分別。

對於輪迴涅槃所攝一切萬法，皆能遠離二法之戲論，連最微細的習氣也消除，如薪盡火滅一般，心與心所之流轉無餘還滅，這即是無二雙運大平等的佛果地。於此境界之中，自生本智無邊照見一切萬法，然而無有絲毫二諦等二法之戲論分別。經中說：「無生若是一諦法，對此某人稱四諦，於此菩提藏[1]之中，未見一諦豈有四？」[2]密續裡說：「世俗與勝義，離於二分別，何處清淨合，說彼是雙運。」[3]

2 佛之智慧無二離諸邊。

佛陀之智慧，如果就其不同面向而言，有如實了知萬法實相的如所有智，以及無餘了知因果等甚深緣起，如視掌中庵摩羅果一般無有混淆各個了知的盡所有智。並且無有二法之戲論，所以是離邊、平等的。《大幻化網》裡說：「一切本智普明尊，超越心識之本性，執持無二之本智，無分別念任運成。」[4]

---

1 「菩提藏」有兩種意思：金剛座和佛陀果位。參見敬安．謝拉迴內的《答問一百九十三則》251頁B4行（2007年在印度出版的《一意文集》第七函），以及蔣貢工珠的《口訣藏》第3卷（1971年在尼泊爾西青寺出版），《菩薩道註解》第1頁A4行。

2 德格版《甘珠爾》，55卷251頁封底4行，《佛說首楞嚴三昧經》。

3 德格版《甘珠爾》，81卷274頁封底6行，《現誦大瑜伽怛特羅吉祥金剛鬘一切怛特羅心髓秘密分別》。

4 德格版《甘珠爾》，77卷6頁封面1行，《佛說文殊師利一百八名梵讚》。

(7.3) སྒྱུ་མ་ལྟ་བུའི་ཆོས་ལས་ཡང་དག་འདས། །

སངས་རྒྱས་དེ་ནི་ཟུང་འཇུག་འོད་གསལ་འདུས་མ་བྱས་པས་རབ་ཏུ་ཕྱེ་བ་ཡིན་པས། རྐྱེན་ལས་སྣང་བ་ལ་སོགས་པ་སྒྱུ་མ་ལྟ་བུའི་འདུས་བྱས་ཀྱི་ཆོས་རྣམས་ལས་ཡང་དག་པར་འདས་པ་ཡིན་ཏེ།

ཡེ་ཤེས་སྣང་བ་རྒྱན་གྱི་མདོ་ལས། ཆོས་ཀུན་སྒྱུ་མ་ལྟ་བུ་སྟེ། །སྒྱུ་མ་ཉིད་ཀྱང་མཆིས་མ་ལགས། །

སྒྱུ་མའི་ཆོས་ལས་རྣམ་གྲོལ་བ། །མི་རྟེན་ཁྱོད་ལ་ཕྱག་འཚལ་ལོ། །ཞེས་སོ། །

(7.4) སངས་རྒྱས་དུས་རྣམས་རྟག་ཏུ་ཚོད་མར་བཞུགས། །

སངས་རྒྱས་རྣམས་ནི་དུས་རྣམས་རྟག་ཏུ་བདེན་གཉིས་དབྱེར་མེད་ཅིག་ཅར་གཟིགས་པའི་ཚོད་མར་བཞུགས་པ་ལས་གཡོ་བ་སྐད་ཅིག་ཙམ་ཡང་མེད་དེ།

མདོ་ལས། གླང་ཆེན་བཞུགས་ཀྱང་མཉམ་པར་བཞག །གླང་ཆེན་གཟིམས་ཀྱང་མཉམ་པར་བཞག །

གླང་ཆེན་གཤེགས་ཀྱང་མཉམ་པར་བཞག །ཞེས་དང་།

རྒྱུད་ལས། སངས་རྒྱས་ནས་གང་གསུངས་པ་དེ་དེ་བཞིན་ཏེ།

གཞན་དུ་མི་འགྱུར་བས་ལྷ་དང་བཅས་པའི་འཇིག་རྟེན་གྱི་ཚོད་མ་སྟེ།དེ་ནི་མི་བསླུ་བའོ། །ཞེས་སོ། །

(7.5) བྲལ་བའི་འབྲས་བུ་ཡེ་ཤེས་ཐུགས་ཅན་བཞེད། །

དེ་ལ་སེམས་སེམས་བྱུང་ཐམས་ཅད་འགག་ཀྱང་། ཡེ་ཤེས་མེད་པར་མི་འགྱུར་བར་སྒྲིབ་གཉིས་ཀྱི་བག་ཆགས་དང་བཅས་པའི་གཟུང་འཛིན་ཐམས་ཅད་དང་བྲལ་བའི་འབྲས་བུ། གསལ་བ་རབ་ཀྱི་མཐར་ཐུག་པའི་མ་འདྲེས་པ་བཅོ་བརྒྱད་ལས།ཆགས་ཐོགས་མེད་པའི་ཡེ་ཤེས་ཀྱི་ཐུགས་ལྡན་པ་ཅན་དུ་བཞེད་དེ།

མདོ་ལས། དེ་བཞིན་གཤེགས་པ་ནི་སེམས་དང་ཡིད་དང་།

རྣམ་པར་ཤེས་པ་དང་ཡང་བྲལ་ལ་ཏིང་ངེ་འཛིན་གྱི་གནས་ཀྱང་མི་འདོར་རོ། །ཞེས་དང་།

བྱམས་པས། མཁྱེན་པའི་སྐད་ཅིག་གཅིག་གིས་ནི། །ཤེས་བྱ་དཀྱིལ་འཁོར་ཀུན་ཁྱབ་ཅན། །ཞེས་དང་།

སློབ་དཔོན་དཔའ་བོས། རྣམ་རྟོག་མི་མངའ་ཅི་ཡང་ས་ལེ་མཁྱེན། །ཞེས་སོ། །

3 真實超越如幻之諸法。

佛陀是雙運光明無為法，真實超越於依緣而顯的一切如幻有為法，《入諸佛境界智光明莊嚴經》裡說：「一切法如幻，幻性亦不存，於幻法解脫，頂禮無著者。」[1]

4 佛陀恆時住於正量中。

諸佛恆時安住於照見二諦無別之正量中，無有剎那動搖。經中說：「大象住亦平等住，大象睡亦平等睡，大象行亦平等行。」[2]密續裡說：「佛所言說悉皆真如，無有變異，故乃世間及諸天的正量，無有欺誑。」[3]

5 承許離繫果為具智慧。

於佛境界之中，雖然寂滅一切心與心所，但不會沒有智慧，是遠離二障與習氣在內的一切能所執著的離繫果德。承許其為明分之究竟，並且具有十八不共法[4]中無貪執[5]的智慧心。經中說：「世尊住於離於心、意、識[6]之禪定無有間斷。」[7]阿闍黎智藏說：「智慧於一剎那間，遍滿所知之壇城。」[8]阿闍黎馬鳴說：「無有妄念萬法明晰知。」[9]

---

1 德格版《甘珠爾》47卷300頁封底2行，《佛說大乘入諸佛境界智光明莊嚴經》。

2 找不到這個，但是同樣的意思見德格版《甘珠爾》79卷189頁封底1行，《吉祥一切秘密斷怛特羅王》裡說；大象起亦平等起，大象坐亦平等坐。

3 德格版《甘珠爾》，87卷42頁封面7行，《聖金剛手灌頂大怛特羅》。

4 十八不共法；行所攝六，證所攝六，事業所攝三和時所攝三，總共十八。

5 所謂貪執就是；貪就是煩惱障，執就是所知障。

6 德格版《甘珠爾》，39卷145頁封面2行，《大寶積經・密跡金剛力士會》。

7 心、意、識三者各異之說。德格版《甘珠爾》50卷40頁封底7行，《大乘密嚴經》；或德格版《甘珠爾》，49卷162頁封底7行《大乘入楞伽經》。

8 德格版《丹珠爾》，107卷14頁封底6行，靜命論師《二諦分別釋》。

9 德格版《丹珠爾》，1卷104頁封底5行，《三寶讚》。

(7.6) ཆོས་སྐུ་ཡོན་ཏན་མཛད་པ་ཕྲིན་ལས་བཅས།།

དེ་ལྟ་བུའི་སངས་རྒྱས་ཟག་མེད་ཀྱི་ཡོན་ཏན་འདུས་མ་བྱས་བསམ་གྱིས་མི་ཁྱབ་པའི་རང་བཞིན་ཡེ་ཤེས་ཆོས་ཀྱི་སྐུ་ལས་མ་གཡོས་བཞིན་དུ། མཚན་དཔེ་ལ་སོགས་པའི་ཡོན་ཏན་མངའ་བའི་ལོངས་སྐུ་ངེས་པ་ལྔ་ལྡན་དང་། དེ་ལས་མཆོག་གི་སྤྲུལ་སྐུ་ལ་སོགས་པ་གང་ལ་གང་འདུལ་དུ་སྣང་བས། ཕན་བདེའི་མཛད་པ་དང་ཕྲིན་ལས་ཕུན་སུམ་ཚོགས་པ་དང་བཅས་པའི་རང་བཞིན་སྐུ་གསུང་ཐུགས་མི་ཟད་པ་རྒྱན་གྱི་འཁོར་ལོར་མཁའ་ཁྱབ་ཏུ་དུས་རྟག་པར་བཞུགས་པ་ཡིན་ཏེ།

ཇི་སྐད་དུ། ནམ་མཁས་ཇི་སྙེད་ཁྱབ་གྱུར་པ། །སྐྱུས་ཀྱང་དེ་སྙེད་ཁྱབ་པ་ལགས།།

སྐུ་ཡིས་ཇི་སྙེད་ཁྱབ་གྱུར་པ། །འོད་ཀྱིས་ཀྱང་ནི་དེ་སྙེད་ཁྱབ།།

འོད་ཀྱིས་ཇི་སྙེད་ཁྱབ་གྱུར་པ། །གསུང་གིས་ཀྱང་ནི་དེ་སྙེད་ཁྱབ།།

གསུང་གིས་ཇི་སྙེད་ཁྱབ་གྱུར་པ། །ཐུགས་ཀྱིས་ཀྱང་ནི་དེ་སྙེད་ཁྱབ། །ཞེས་དང་།

རྒྱུད་བླ་མ་ལས།

ཇི་ལྟར་སྤྲིན་མེད་མཁའ་ཡི་ཟླ་བའི་གཟུགས།།

སྟོན་ཀའི་ཆུ་སྟོན་མཚོར་ནི་མཐོང་བ་ལྟར།།

དེ་བཞིན་རྒྱལ་སྲས་ཚོགས་ཀྱི་{ཀྱིས་}ཁྱབ་བདག་གཟུགས།།

རྫོགས་སངས་དཀྱིལ་འཁོར་ནང་དུ་མཐོང་བར་འགྱུར། །ཞེས་སོ།།

6 法身功德具足諸事業。

從佛陀之無漏無為功德、不可思議之智慧法身如如不動之中，顯現具足相好圓滿等功德的五決定報身，從報身中又隨機應化種種殊勝化身，並圓滿成辦利生事業。佛陀之身語意遍滿虛空，恆常安住於無盡莊嚴輪。如云：「虛空既遍滿，身更同遍滿，身既遍滿已，光更同遍滿，光既遍滿已，語更同遍滿，語既遍滿已，意更同遍滿。」[1]《寶性論》中說：「無雲之月色，秋碧湖中見，佛子遍主色，佛壇城中見。」[2]

1 德格版《甘珠爾》，39卷130頁封底3行，《大寶積經・密跡金剛力士會》。

2 德格版《丹珠爾》，123卷66頁封底4行，彌勒《寶性論》。

(7.7) མཐར་ཐུག་སངས་རྒྱས་ས་ནའང་ཐུགས་བསྐྱེད་ཡོད། །

ས་དང་ལམ་གྱི་སྤྲངས་རྟོགས་མཐར་ཐུག་པའི་སངས་རྒྱས་ཀྱི་ས་ནའང་། སངས་རྒྱས་རྣམས་ནི་སྟོང་ཉིད་སྙིང་རྗེའི་སྙིང་པོ་ཅན་མཉམ་པ་ཆེན་པོའི་བྱང་ཆུབ་སེམས་ཀྱི་ངོ་བོར་སངས་རྒྱས་པས་ན། བྱང་ཆུབ་ཀྱི་སེམས་ཐོབ་པ་མ་ཉམས་པ་དང་། གཞན་དོན་དུ་ཐབས་ལ་མཁས་པའི་རྣམ་རོལ་ཚད་མེད་པས་ཡང་ནས་ཡང་དུ་ཐུགས་བསྐྱེད་ཚུལ་ཡང་ཡོད་དེ།

ཀླུ་སྒྲུབ་ཀྱིས།

བྱང་ཆུབ་སེམས་ཀྱི་བདག་ཉིད་དངོས། །

དཔལ་ལྡན་རྡོ་རྗེ་རྣམས་བཏུད་དེ། །ཞེས་དང་།

བྱམས་པས།

སེམས་བསྐྱེད་དེ་ནི་ས་རྣམས་ལ། །མོས་དང་ལྷག་བསམ་དག་པ་དང་། །

རྣམ་པར་སྨིན་པ་གཞན་དུ་འདོད། །དེ་བཞིན་སྒྲིབ་པ་སྤྲངས་པའོ། །ཞེས་དང་།

ཡབ་སྲས་མཇལ་བའི་མདོ་ལས།

དཔའ་བོ་རྣམས་ནི་ཐབས་མཁས་ཏེ། །སེམས་ཅན་རྣམས་ལ་ཐུགས་བརྩེ་ཞིང་། །

སེམས་ཅན་ཡོངས་སུ་སྨིན་མཛད་ཕྱིར། །དཔའ་བོ་ཆེན་པོ་རྣམ་པར་འཕྲུལ། །

བྱེ་བ་བརྒྱད་ཅུར་རྒྱལ་བ་ཉིད། །སངས་རྒྱས་ཉིད་དུ་བསྟན་གྱུར་ཀྱང་། །

ད་དུང་ཆོག་པའི་འདུ་ཤེས་བསལ། །བྱང་ཆུབ་མཆོག་ཏུ་ཐུགས་ཀྱང་འཇུག །

སྟོང་གསུམ་དྲུག་བཅུ་རྩ་གཅིག་གི །སངས་རྒྱས་ཞིང་རྣམས་དག་མཛད་པས། །

ཇི་ལྟར་ཐུབ་པ་ཐབས་མཁས་པ། །རྒྱལ་བ་ཁྱོད་ནི་ཀུན་གྱིས་འཚལ། །

ད་དུང་དང་པོ་ཐུགས་བསྐྱེད་པར། །དེ་དང་དེར་ནི་ཡོངས་བསྟན་ཏེ། །

ད་དུང་དུ་ཡང་འདྲེན་པ་ཁྱོད། །སངས་རྒྱས་མང་པོ་སྟོན་པར་མཛད། །ཞེས་དང་།

7 究竟佛地中亦有發心。

究竟圓滿地道之斷證功德，佛陀是於空悲雙運大平等藏之菩提心體性中成佛。因此諸佛之菩提心無有衰損，並且為利他故，以善巧方便一再地示現發心。龍樹菩薩說：「菩提心之真實體，敬禮具德金剛眾。」[1]彌勒菩薩說：「信行與淨依，報得及無障，發心依諸地，差別有四種。」[2]《父子合集經》裡說：「聖主釋師子，具勇猛精進，憐愍於世間，現不思議事。彼牟尼世尊，過去已曾作，八十俱胝佛，成熟諸有情，常以大悲心，嚴淨佛國土，淺識不能知，種種善方便。不捨初發心，隨機而應現，亦於未來世，復現無量身。」[3]

---

1 德格版《丹珠爾》，35卷38頁封底2行，龍樹菩薩《菩提心釋》。

2 德格版《丹珠爾》，123卷4頁封底2行，無著《大乘經莊嚴論》。

3 德格版《甘珠爾》，42卷33頁封面4行，《父子合集經》。

བཤད་རྒྱུད་གཉིས་མེད་རྣམ་རྒྱལ་ལས།

སེམས་ཅན་སྣ་ཚོགས་འདུལ་དོན་དུ། །

སངས་རྒྱས་རྣམས་ནི་ཡང་དང་ཡང་། །

སེམས་བསྐྱེད་འགྱུར་བས་ལམ་སྤྱངས་ཏེ། །

མཛད་པ་དུ་མའི་ཆོ་འཕྲུལ་རྣམས། །

རྒྱུན་མི་འཆད་ཕྱིར་སེམས་བསྐྱེད་པའོ། །

དྲི་མེད་སེམས་ནི་རྣམ་ཀུན་དུ། །

རང་རིག་ཡེ་ཤེས་ཐོགས་མེད་པས། །

འགག་པ་མེད་ཅིང་སྐྱེ་མེད་ཀྱང་། །

སེམས་ཅན་དོན་དུ་འཁོར་ཞིང་ལྡིང་། །

བྱང་ཆུབ་སེམས་ནི་མི་ཟད་པ། །

དེ་ཕྱིར་ཕྲིན་ལས་རྒྱུན་མི་འཆད། །ཅེས་སོ། །

(7.8) ཐུགས་ནི་རྟག་ཆད་ལྷ་བ་ཚུན་ལའང་འབྱུང་། །

སངས་རྒྱས་ཀྱི་ཐུགས་གཉིས་སུ་མེད་པའི་ཡེ་ཤེས་ཀྱིས་ནི། མཐའ་ཡས་པའི་སེམས་ཅན་རྣམས་རང་རང་གང་ལ་གང་འདུལ་གྱི་ཐབས་མཁྱེན་པས། དེ་དང་མཐུན་པར་ཕྲིན་ལས་འཇུག་པས་ན། ཐ་ན་རྟག་ཆད་ཀྱི་ལྷ་བ་ཅན་ཚུན་ལའང་འབྱུང་བའམ་འཇུག་པར་འགྱུར་ཏེ།

མྱང་འདས་ལས། ཡོང་བ་མ་ལགས་ཡོང་བ་ལྟར། །ཞ་བོ་མ་ལགས་ཞ་བོ་ལྟར། །

བྱིས་པ་མ་ལགས་བྱིས་ཚུལ་གྱིས། །སེམས་ཅན་རྣམས་ནི་སྨིན་པར་མཛད། །

བརྒྱ་བྱིན་ཚངས་པའི་ཆ་བྱད་དང་། །ལ་ལར་བདུད་ཀྱི་ཆ་བྱད་ཀྱིས། །

སེམས་ཅན་རྣམས་ཀྱི་དོན་མཛད་ཀྱང་། །འཇིག་རྟེན་རྣམས་ཀྱིས་རྟོགས་མི་ནུས། །ཞེས་དང་།

ཇི་སྐད་དུ།

གང་གི་རང་བཞིན་ཆགས་སྡང་རྣམ་བྲལ་ཡང་། །

གདུལ་བྱའི་དོན་ཕྱིར་ཁྲོ་ལ་ཁྲོ་བ་དང་། །

འདོད་ཆགས་ཅན་ལ་ཆགས་ཆེན་ལྟར་སྟོན་དང་། །

བྱང་ཆུབ་མཆོག་གནས་དེ་ལ་ཕྱག་འཚལ་ལོ། །ཞེས་སོ། །

《釋續無二尊勝》中說：「為度種種有情故，諸佛世尊數數現，發心而修菩提道，示現諸多之事業，無有間斷而發心。無垢心於恆時中，自明本智無始故，雖然無滅亦無生，為眾生事常回返，菩提之心無盡故，因此事業無間斷。」[1]

8 常見斷見也有佛之意。

佛陀之無二智慧，能夠依照無邊眾生各各之根基，而以善巧方便行使隨順之事業，甚至於常見斷見中亦能趨入。《涅槃經》裡說：「非盲示現眼盲般，非殘示現殘疾般，非童示現如童子，為能成熟諸眾生。或作帝釋梵天形[2]，或作妖魔之外表，為作眾生之利益，世人無有能知曉。」[3]如云：「本性雖無貪與嗔，為利眾生現忿怒，於具貪者現大貪，頂禮彼勝菩提位。」[4]

1 德格版《甘珠爾》，82卷148頁封底3行《吉祥金剛心莊嚴怛特羅》。

2 德格版《甘珠爾》，52卷33頁，《大般涅槃經》。德格版《甘珠爾》42卷33頁封底4行，《父子合集經》，也有相近內容。

3 德格版《甘珠爾》，42卷33頁封面7行，《父子合集經》，也有相近內容。

4 德格版《丹珠爾》，第36函，110頁A3行。《入修持行》。

(7.9) ཤེས་བྱར་སྲིད་ཚད་སངས་རྒྱས་བྱ་བ་བྱེད།།

དེ་ལྟ་བུའི་སངས་རྒྱས་ཀྱི་ཐབས་ལ་མཁས་པའི་རྣམ་རོལ་ཚད་མེད་བསམ་གྱིས་མི་ཁྱབ་པའི་ཕྲིན་ལས་དེའང་། སྣང་ཚུལ་བཟང་པོ་ཤ་སྟག་ལས་དམན་པའི་ཚུལ་དུ་མི་སྣང་བ་ཡང་མ་ཡིན་པར་གདུལ་བྱའི་ཁམས་བཞིན་དུ། ཤེས་བྱར་སྲིད་ཚད་ཀྱི་བཟང་ངན་ཀུན་ཏུ་སྣང་བས་སངས་རྒྱས་ཀྱི་བྱ་བའམ་ཕྲིན་ལས་བྱེད་པ་ཡིན་ཏེ། སངས་རྒྱས་བྱང་སེམས་ཉན་རང་དང་ཚངས་པ་ནས་གདོལ་བ་ཤན་པ་སྨད་འཚོང་མ་སྐྱེགས་ཅན་དང་བྱ་དང་རི་དྭགས་ལ་སོགས་པ་དང་། གྲུ་དང་ཟམ་པ་ཟས་ལ་སོགས་པའི་བེམ་པོར་སྣང་བའི་ཚུལ་གྱིས་ཕྲིན་ལས་ཅིར་ཡང་མཛད་དེ། དཔེར་ན་སྤྲུལ་དང་ཞལ་ཟས་ཀྱིས་སེམས་ཅན་དཔག་མེད་གྲོལ་བར་མཛད་པར་དྲི་མ་མེད་པར་གྲགས་པས་བསྟན་པའི་མདོ་ལས་གསུངས་པ་ལ་སོགས་པ་ལྟར་ཤེས་པར་བྱ་བ་དང་།

མདོ་ལས། འཇམ་དཔལ་ཡང་སངས་རྒྱས་ཀྱི་ཞིང་འདི་ན་གཞན་མུ་སྟེགས་ཅན་སྤྱོད་པ་བ་དང་། ཀུན་ཏུ་རྒྱུ་གང་དག་སྣང་བ་འདི་ཡང་དེ་བཞིན་གཤེགས་པའི་བྱིན་གྱི་རླབས་དང་། ཐབས་མཁས་ཀྱི་ཡུལ་བསམ་གྱིས་མི་ཁྱབ་པ་ཡིན་པར་རིག་པར་བྱའོ། །ཞེས་དང་།

འཕགས་པ་སྡུད་པ་ལས། རྒྱལ་བའི་ཉན་ཐོས་པ་དག་ཇི་སྙེད་ཆོས་སྟོན་དང་།།

འཆད་དང་རིགས་པ་དག་དང་ལྡན་པར་བརྗོད་པ་དང་།།

མཆོག་འཕགས་བདེ་བ་བྱེད་དང་དེ་ཡི་འབྲས་ཐོབ་པ།།

དེ་དག་ཀུན་ཀྱང་དེ་བཞིན་གཤེགས་པའི་མཐུ་ཡི་བུའི་མཐུ། །ཞེས་པ་ལ་སོགས་པ་བཞིན་ནོ།།

གཞན་ཡང་། རིག་འཛིན་ཆོས་གྲགས་ཀྱིས། རྒྱུད་གསང་བའི་སྙིང་པོ་ལས།

སྲིད་གསུམ་ཡེ་ནས་སངས་རྒྱས་ཤིང་། །ཐམས་ཅད་མ་ལུས་ཆོས་སོ་ཅོག།

སངས་རྒྱས་ཉིད་ལས་གཞན་པ་མེད། །སངས་རྒྱས་ཉིད་ལས་གཞན་པའི་ཆོས།།

སངས་རྒྱས་ཉིད་ཀྱིས་མི་རྙེད་དོ། །ཞེས་པའི་གཏམ་ངོ་མཚར་ཆེ་བ་དེ་ལྟར་ཡང་ཡོད་ལ།།

ཞེས་གསུངས་པའི་ཕྱིར་རོ།།

དེ་ལྟར་དུ་ཡང་བཤད་ན་ཆོག་མོད། རེ་ཞིག་དེ་ཙམ་ཏེ་སྤྲོས་པས་ཆོག་གོ།

9 佛行事業遍一切所知。

佛陀以具足善巧方便之無量幻化，行使不可思議之事業，並非只是顯現善妙之形相，而是因應化機，顯現一切萬法。無論好惡，佛陀之事業皆遍佈其中。佛陀透過一切形相，從佛、菩薩、聲聞、獨覺、梵天，到首陀羅、屠夫、妓女、外道、鳥獸等，乃至船、橋、食物等物，皆可廣行佛事。例如《維摩詰所說經》裡所說，以香和食物而做佛事，解脫無量眾生的故事等[1]。經中說：「文殊師利！應知於此剎土中，諸外道行者如彌曼差聲論師、裸形托缽派等等任何顯現，亦是佛陀善逝的加持。應知佛善巧方便之境不可思議。」[2]《般若一萬八千頌》裡說：「於諸佛子聲聞等，闡明及以正理說，行最勝樂證彼果，此皆如來威德力。」[3]又，仁津卻札說：「《幻化網秘密藏續》中說：『三界本即諸佛剎，一切無餘皆妙法，覺悟之外無他法，佛亦不曾獲得故。』[4]真乃大稀奇之語。」[5]如此解說亦可，不再贅述。

1 德格版《甘珠爾》，60卷221頁封面2行，《諸法本無經/諸法無行經》。

2 德格版《甘珠爾》，57卷97頁封面2行，《大薩遮尼幹子所說經》。

3 德格版《甘珠爾》，31卷163頁封面1行，《聖大般若波羅蜜多一萬八千頌經》。

4 德格版《甘珠爾》，98卷200頁封底5行，《秘密心髓真性決定》。

5 2007年在印度出版的吉天頌恭的文集六集14行，《一意難釋》。

༡༠༽ ཆོས་དབྱིངས་ཀུན་ཏུ་འཚང་རྒྱ་དགོས་པར་བཞེད།

(7.10)སངས་རྒྱས་དེ་ཡང་ཆོས་ཐམས་ཅད་ཀྱི་གནས་ལུགས་དེ་བཞིན་ཉིད་དང་ཕྱོགས་དང་རིས་སུ་མ་ཆད་པར་མཉམ་པར་བརྟུལ་བའི་ངོ་བོར་སངས་རྒྱས་པ་ཡིན་པས། ཆོས་ཀྱི་དབྱིངས་ཀྱི་འབྱམས་ཀླས་པ་ཀུན་ཏུ་འཚང་རྒྱ་དགོས་པར་བཞེད་པ་ལས་ཕྱོགས་དང་རིས་སུ་མ་ཆད་༼རིས་སུ་ཆད་༽པས་ཚོད་བཟུང་བར་མི་བྱ་སྟེ། མདོ་ལས། ཚངས་པ་དེ་བཞིན་གཤེགས་པས་ཡོངས་སུ་ཆད་པའི་རྣམ་པས་ཚོད་དང་ལྡན་པར་བྱང་ཆུབ་མངོན་པར་རྫོགས་པར་སངས་རྒྱས་པ་མ་ཡིན་གྱི། དེ་བཞིན་གཤེགས་པས་ཡོངས་སུ་མ་ཆད་པའི་རྣམ་པས་ཆོས་ཐམས་ཅད་མཉམ་པ་ཉིད་ཀྱི་རྣམ་པས་ཚོད་མེད་པར་བྱང་ཆུབ་མངོན་པར་རྫོགས་པར་སངས་རྒྱས་སོ། །ཞེས་དང་། དེ་བཞིན་དུ། དེ་བཞིན་གཤེགས་པ་གཅིག་གིས་ཀྱང་མཁའ་ཁྱབ་ཀྱི་ཞིང་གི་རྡུལ་ཕྲ་རབ་ཇི་སྙེད་དུ་རྡུལ་རེ་རེར་ཡང་དག་པ་དང་མ་དག་པའི་ཞིང་དང་མཛད་པ་མཐའ་ཡས་པ་དག་རྫོགས་པར་སྟོན་ཀྱང་། རྡུལ་རགས་པར་མི་འགྱུར་ལ་ཞིང་ཡང་ཆུང་བར་མི་འགྱུར་བའི་དེ་བཞིན་གཤེགས་པའི་རྣམ་པར་འཕྲུལ་པ་བསམ་གྱིས་མི་ཁྱབ་པའི་མཛད་པ་སྟོན་ཚུལ་རྣམས་རྒྱས་པར་སངས་རྒྱས་ཕལ་པོ་ཆེ་ལ་སོགས་པ་ངེས་དོན་གྱི་མདོ་རྒྱུད་རྣམས་ལས་གསུངས་པ་བཞིན་ནོ། །

༡༡༽ རྒྱུ་མེད་སྤྲུལ་པ་མི་སྲིད་རང་རྒྱུད་པ།

(7.11)སངས་རྒྱས་ལ་སོགས་པའི་སྤྲུལ་པའི་རྣམ་གྲངས་ཇི་སྙེད་པ་ཡང་རྒྱུ་མེད་པའི་སྤྲུལ་པ་མི་སྲིད་པའི་ཕྱིར། སྤྲུལ་པ་ཐམས་ཅད་རང་རྒྱུད་པ་ཞེས་བྱ་སྟེ་རྒྱུ་རྐྱེན་ལས་བྱུང་བ་ལ་བརྡ་དེ་སྐད་སྦྱར་བ་ལས་གཞན་དུ་གོ་བར་མི་བྱའོ། །སྤྲུལ་པའི་རྣམ་གྲངས་ཡང་། །ཡུམ་རྒྱས་པ་ལས།

རབ་འབྱོར་ཆོས་ཐམས་ཅད་སྤྲུལ་པ་སྟེ། ཁ་ཅིག་ཉོན་མོངས་པ་དང་། ཁ་ཅིག་ལས་དང་། ཁ་ཅིག་ཉན་རང་དང་། སངས་རྒྱས་ཀྱི་སྤྲུལ་པའོ། །ཞེས་གསུངས་པ་བཞིན་ནོ། །

(7.12) སངས་རྒྱས་ཞེས་བྱ་རྟེན་ཅིང་འབྲེལ་འབྱུང་སྐུ། །

དེ་ལ་སངས་རྒྱས་ཞེས་བྱ་བ་ནི་རྒྱུ་ཚོགས་གཉིས་ཟུང་འཇུག་གི་ལམ་གྱིས། སྒྲིབ་གཉིས་རྩ་བ་ནས་སྤང་བའི་དོན་གཉིས་མཐར་ཕྱིན་པའི་སྐུ་གཉིས་ཟུང་འཇུག་གི་ཡེ་ཤེས་ཆོས་ཀྱི་སྐུ་ལས་མ་གཡོས་བཞིན་དུ། གདུལ་བྱའི་ལེགས་སྨོན་སྟོབས་སུ་གྱུར་པའི་རྟེན་ཅིང་འབྲེལ་བར་འབྱུང་བ་ལས་གཟུགས་ཀྱི་སྐུ་ཅིར་ཡང་སྣང་ཞིང་མཐོང་བ་ཡིན་ཏེ།

བྱམས་པས། ཇི་ལྟར་བཻཌཱུར་ས་གཞི་གཙང་མ་ལ། །ལྷ་དབང་ལུས་ཀྱི་གཟུགས་བརྙན་སྣང་བ་ལྟར། །

དེ་བཞིན་འགྲོ་སེམས་ས་གཞི་གཙང་མ་རུ། །ཐུབ་པའི་དབང་པོའི་སྐུ་ཡི་གཟུགས་བརྙན་འཆར། །ཞེས་སོ། །

དེས་ན་རང་རྒྱུད་དག་པ་ལ་འབད་པར་བྱའོ། །ཞེས་གདམས་སོ། །

10 法界周遍皆圓滿成佛。

佛陀所了悟乃萬法之實相，於無有偏私的大平等性中成佛。因此，於一切浩瀚法性中皆應成正等覺，於各種方面皆無有中斷，不應理解為有所侷限。經中說：「梵天！如來非是以有限、有量之行相而證菩提，如來以無限、無量之行相而證菩提。」[1]因此，一如來於遍空剎土之一一微塵上，皆圓滿示現清淨與不淨之剎土與無邊事業，而微塵沒有變大，剎土沒有變小。如來之不可思議幻化，廣詳應見《華嚴經》[2]等顯密了義經典。

11 無因不得化身皆自續。

佛陀等一切化身，並非是無因之幻化，因此一切化身皆是自續[3]，亦即由因緣而成，此詞莫作他解。關於化身之種類，如《大般若經》中說：「須菩提，一切法皆幻化，有煩惱之化身、業之化身，乃至有聲聞、獨覺、佛陀之化身。」[4]

12 佛陀乃是緣起所生身。

所謂佛陀，是以二資糧雙運之道而根除二障、究竟二利，二身雙運之智慧法身如如不動，依於化機的善願力之緣起，顯現種種色身。彌勒菩薩說：「如淨琉璃地，現天王身影，眾生淨心地，映現佛身影。」[5]因此應當精勤於淨化自心續。

---

1 德格版《甘珠爾》，58卷46頁封底7行，《海意菩薩所問淨印法門經》。

2 德格版《甘珠爾》，38卷359頁封面1行、360頁封面6行，《普賢菩薩行願讚》。

3 自續有三種不同意義：1、自續派；2、持宗義者；3、依因緣而生之一切法。

4 德格版《甘珠爾》，24卷394頁封面6行，《大般若波羅蜜多經》，原經文僅有部分文句。

5 德格版《丹珠爾》，123卷68頁封底2行，彌勒《寶性論》。

(7.13) སྨོན་འཇུག་ལོངས་སྤྲུལ་རྒྱུ་རྟ་བཞེད་པའང་ཡོད། །

སངས་རྒྱས་དེའང་བྱང་ཆུབ་སེམས་ལས་འབྱུངས་ཤིང་དེ་ལ་སྨོན་འཇུག་གཉིས་ལས། རིམ་པ་ལྟར་སྤྲུལ་སྐུ་དང་ལོངས་སྐུ་བྱུང་བར་གསུངས་པ་ལྟར་སྤྱིར་ཡིན་ན་ཡང་།

བཟང་པོ་སྤྱོད་པ་ལས།

ནམ་མཁའི་མཐར་ཐུག་གྱུར་པ་ཇི་ཙམ་པར། །

སེམས་ཅན་མ་ལུས་མཐའ་ཡང་དེ་བཞིན་ཏེ། །

ཇི་ཙམ་ལས་དང་ཉོན་མོངས་མཐར་གྱུར་པ། །

བདག་གི་སྨོན་ལམ་མཐའ་ཡང་དེ་ཙམ་མོ། །ཞེས་གསུངས་པ་བཞིན།

སེམས་ཅན་མཁའ་ཁྱབ་སངས་རྒྱས་ཐོབ་པར་སྨོན་པའི་སེམས་རྒྱ་ཆེ་བ་ནམ་མཁའ་ལྟ་བུ་ལས། མཁའ་ཁྱབ་ཏུ་ཞིང་དང་སྐུའི་ཁྱབ་ཅིང་སྐུ་ལའང་ཞིང་ཁམས་བསམ་གྱིས་མི་ཁྱབ་པ་རྫོགས་པའི་ལོངས་སྐུ་དང་། འཇུག་སེམས་སྦྱིན་སོགས་དགེ་ཚོགས་ཚད་མེད་པ་ལས་གང་འདུལ་གྱི་སྤྲུལ་པའི་སྐུ་འབྱུང་བར་འགྱུར་བ་དེའི་ཕྱིར། རིམ་པ་ལྟར་སྨོན་འཇུག་གཉིས་ལོངས་སྐུ་དང་སྤྲུལ་སྐུ་འབྱུང་བའི་རྒྱུ་རྟ་བཞེད་པའང་མི་འགལ་བར་ཡོད་པ་ཡིན་ནོ། །དེ་ལྟར་འདི་དང་གོང་གི་ཆོས་དབྱིངས་ཀུན་ཏུ་སོགས་ཚིག་རྐང་གསུམ་དང་བཞི་པོ་གནད་གཅིག་པས་ཕན་ཚུན་འབྲེལ་བ་ཅན་ཡིན་ནོ། །

(7.14) སྐུ་གསུམ་ཟ་དད་མེད་ཅིང་བཞུགས་པ་ཡིན། །

དེ་ལྟར་ན་དག་པ་གཉིས་ལྡན་གྱི་སངས་རྒྱས་རྣམས་ཟག་མེད་ཀྱི་ཡེ་ཤེས་འདུས་མ་བྱས་ཀྱིས་རབ་ཏུ་ཕྱེ་བའི་ཆོས་ཀྱི་སྐུ་དང་། མཚན་དཔེས་རྒྱན་པའི་ངེས་པ་ལྔ་ལྡན་ལོངས་སྐུ་དང་། མཛད་པ་བཅུ་གཉིས་སྟོན་པའི་མཆོག་གི་སྤྲུལ་པའི་སྐུ་ལ་སོགས་པ་སྟེ། སྐུ་གསུམ་དུ་འདུ་ལ་སྐུ་གསུམ་པོ་དེ་ཡང་དོན་ལ་ངོ་བོ་དབྱེར་མེད་པས་ཟ་དད་དུ་མེད་ཅིང་འདུ་འབྲལ་མེད་པར་བཞུགས་པ་ཡིན་ཏེ།

བྱམས་པས།

སྐུ་གསུམ་དག་གིས་སངས་རྒྱས་ཀྱི། །

སྐུ་བསྡུས་པར་ནི་ཤེས་བྱ་སྟེ། །ཞེས་སོ། །

13 願行菩提心乃報化因。

佛陀亦從菩提心所生，菩提心有願菩提心與行菩提心二者，一般來說，由願菩提心出生化身，由行菩提心出生報身。然而，如同《普賢行願品》裡說：「乃至虛空世界盡，眾生及業煩惱盡，如是一切無盡時，我願究竟恒無盡。」[1]願遍空有情證得佛果之願菩提心，廣大如虛空，其中具有遍虛空之剎土和佛身，且於佛身中，更有不可思議剎土、圓滿報身；以行菩提心行佈施等等無數善業累積資糧，從而能夠隨機應化，以化身調伏有情。因此，次第發起願、行二菩提心，是報身與化身出生之因。此與前說亦無相違。此金剛句和前文「法界周遍皆圓滿成佛」等三句，要義相同、互相關聯。

14 三身無二無別而安住。

一切諸佛具二清淨、無漏本智無造作之法身，和相好莊嚴具五決定的報身，以及十二相成道的殊勝化身，皆攝集於三身，而三身實際上是體性無別、無有離合。故彌勒菩薩說：「應知一切佛，皆攝於三身。」[2]

---

1 德格版《甘珠爾》，38卷361頁封面6行，《普賢菩薩行願讚》。

2 德格版《丹珠爾》，123卷11頁封底3行，無著《大乘經莊嚴論》。

(7.15) སངས་རྒྱས་ཐམས་ཅད་སེམས་ཅན་རྒྱུད་ལ་བཞུགས།།

དུས་གསུམ་གྱི་སངས་རྒྱས་ཐམས་ཅད་དགོངས་པ་མཉམ་ཞིང་སོ་སོ་མ་ཡིན་པར། ཐ་མི་དད་པའི་དབྱིངས་དང་ཡེ་ཤེས་དབྱེར་མེད་པའི་འོད་གསལ་ཆེན་པོ། སྲིད་ཞི་མཉམ་པ་ཉིད་ཀྱི་ཡེ་ཤེས་དེ་ཉིད་ངེས་པ་དོན་གྱི་སངས་རྒྱས་ཀྱི་ཡེ་ཤེས་སྐུའམ་རྡོ་རྗེའི་སྐུ་ཡིན་ལ། དེ་ཡང་རང་གི་ངོ་བོར་དུས་གསུམ་མཉམ་པ་ཉིད་ཀྱི་ཆོས་ཀྱི་དབྱིངས་སམ་ཡང་དག་པའི་མཐའ་ལས་རྟག་ཏུ་གཡོ་བ་མེད་ནའང་། དེ་ཉིད་སྙིང་རྗེ་ཆེན་པོ་དང་ངོ་བོ་ཉིད་ཀྱིས་འདུ་འབྲལ་མེད་པས། ཕལ་པ་ནས་རྒྱུན་མཐའི་སེམས་དཔའ་ཆེན་པོའི་བར་གྱི་སེམས་ཅན་གྱི་རྒྱུད་ཇི་སྙེད་པ་ལ་གཟིགས་པའི་ས་ལ་བཞུགས་པ་སྟེ། ཞི་བའི་དབྱིངས་སུ་ཕྱོགས་གཅིག་པར་མི་གནས་པ་ཕྱོགས་དུས་ཀྱིས་བསྡུས་པའི་འཇིག་རྟེན་དང་འཇིག་རྟེན་ལས་འདས་པའི་དཀྱིལ་འཁོར་ཀུན་ཏུ། ཕན་བདེ་མི་ཟད་པའི་རྒྱུར་གཞོམ་གཞིག་དང་བྲལ་བར་བཞུགས་པ་ནི་རྟག་ཁྱབ་ལྷུན་གྱིས་གྲུབ་པའི་དེ་བཞིན་གཤེགས་པའི་ཚུལ་སྟེ།

མདོ་ལས། འདས་པ་དང་མ་བྱོན་པ་དང་། ད་ལྟར་གྱི་སངས་རྒྱས་བཅོམ་ལྡན་འདས་རྣམས་ཀྱི་ཡེ་ཤེས་ལ་གནས་པ། མྱ་ངན་ལས་འདས་པ་ལ་མི་གནས་པ། ཡང་དག་པ་ཉིད་ཀྱི་མཐའ་ལ་གནས་པ། སེམས་ཅན་ཐམས་ཅད་ལ་གཟིགས་པའི་ས་ལ་བཞུགས་པ་སྟེ། ཞེས་དང་།

མགོན་པོ་བྱམས་པས། ཐུགས་རྗེ་ཆེན་པོས་འཇིག་རྟེན་མཁྱེན། །འཇིག་རྟེན་ཀུན་ལ་གཟིགས་ནས་ནི། །

ཆོས་ཀྱི་སྐུ་ལས་མ་གཡོས་པར། །སྤྲུལ་པའི་རང་བཞིན་སྣ་ཚོགས་ཀྱིས། །ཞེས་དང་།

དག་ལས་རིང་དང་ཉེ་རྣམས་ལས། །འཇིག་རྟེན་རྒྱལ་བའི་དཀྱིལ་འཁོར་དུ། །

ཆུ་དང་ནམ་མཁའ་ཟླ་གཟུགས་བཞིན། །དེ་མཐོང་བ་ནི་རྣམ་པ་གཉིས། །ཞེས་དང་།

གདུལ་བྱའི་ཁམས་དང་འདུལ་བའི་ཐབས་དང་ནི། །གདུལ་བྱའི་ཁམས་ཀྱི་གདུལ་བའི་བྱ་བ་དང་། །

དེ་ཡི་ཡུལ་དང་དུས་སུ་གཤེགས་པ་ལ། །ཁྱབ་བདག་རྟག་ཏུ་ལྷུན་གྱིས་གྲུབ་པར་འཇུག །ཞེས་དང་།

གང་ཞིག་བརྒྱ་བྱིན་ཪ་དང་སྤྲིན་བཞིན་དང་། །ཚངས་ཉིད་རིན་ཆེན་ཡིད་བཞིན་ནོར་རྒྱལ་བཞིན། །

སྒྲ་བརྙན་ནམ་མཁའ་ས་གཞིན་སྲིད་པའི་བར། །འབད་མེད་གཞན་དོན་མཛད་དེ་རྣལ་འབྱོར་རིག །

ཅེས་གསུངས་པ་བཞིན་ནོ། །

15 一切諸佛安住眾生心。

三世一切諸佛，同一心意，是法性與智慧無別之大光明境。此輪涅平等之智慧，就是了義的佛陀智慧身或金剛身。又，佛於自體性三時平等之法性或真實際中恆無動搖，體性大悲，無有離合。從凡夫到最後有際之菩薩，一切有情之心續，諸佛悉皆照見，不住寂滅，於十方三世之一切世間與出世間之壇城中，無有壞滅地安住為無盡利樂之因，這即是恆常、遍滿、任運成就之如來境界。經中說：「住於過去、現在、未來之諸佛陀世尊，住於智慧，不住涅槃，住真實際，住於照見一切眾生之地。」[1]

彌勒菩薩說：「大悲知世間，照見諸世間，法性不動搖，幻化諸事業。」[2]以及「離淨遠近者，世間佛壇城，如水空月色，見彼有二種。」[3]以及「化界化方便，化界調化事，彼境應時往，遍主恆任運。」[4]以及「如帝釋鼓雲梵日，寶王迴響虛空地，瑜伽師知無功用，利他乃至生死際。」[5]

1 德格版《甘珠爾》，55卷10頁封底1行，《月燈三昧經》。

2 德格版《丹珠爾》，123卷64頁封底2行，《寶性論》。

3 德格版《丹珠爾》，123卷67頁封面5行，《寶性論》。

4 德格版《丹珠爾》，123卷67頁封面6行，《寶性論》。

5 德格版《丹珠爾》，123卷71頁封面5行，《寶性論》。

གཞན་ཡང་ཚིག་རྐང་གཅིག་གིས་ཀྱང་གཞི་ལམ་འབྲས་གསུམ་དབྱེར་མེད་པ་ལ་སོགས་པ་གང་དུ་བཤད་ཀྱང་མི་འགལ་བར་མ་ཟད། ཟབ་གནད་ཁྱད་འཕགས་དུ་མ་སྟོན་པ་ནི་རྡོ་རྗེའི་གསུང་གི་ཁྱད་ཆོས་ཐུན་མོང་མ་ཡིན་པའི་ཆོས་ཉིད་ཡིན་པའི་ཕྱིར། ཐམས་ཅད་ཀྱང་གང་དུ་ཡང་བཤད་དུ་ཡོད་ལ་འདི་ཡང་གཞི་འབྲས་དབྱེར་མེད་པའི་དོན་བསྡུས་ཤིང་ཡེ་སངས་རྒྱས་པའི་རང་བཞིན་དུ་བསྟན་པ་སྟེ།

མདོ་ལས། དག་པ་དང་བ་འོད་གསལ་བ། །

མི་འཁྲུགས་འདུས་མ་བྱས་པ་ནི། །

བདེ་བར་གཤེགས་པའི་སྙིང་པོ་སྟེ། །

ཡེ་ནས་གནས་པའི་ཆོས་ཉིད་དོ། །ཞེས་དང་།

རྒྱུད་ལས།

འགྲོ་བ་འདི་ཀུན་སངས་རྒྱས་ལྷའི་བདག་ཉིད། །

གར་མཁན་དག་དང་རི་མོ་བཟང་ལྟར་སྣང་། །

གང་དུ་བདེ་ཆེན་ཞེས་བྱ་གཅིག་པུ་ཉིད། །

གཅིག་པུའི་ཉམས་ནི་དུ་མས་གར་མཛད་དོ། །ཞེས་དང་།

སྒྱུ་འཕྲུལ་དྲྭ་བ་ཆེན་པོའི་རྒྱུད་ལས།

ཡེ་ཤེས་སྣང་བ་ལམ་མེ་བ། །

འགྲོ་བའི་མར་མེ་ཡེ་ཤེས་སྒྲོན། །

གཟི་བརྗིད་ཆེན་པོ་འོད་གསལ་བ། །ཞེས་གསུངས་པ་བཞིན་ནོ། །

འབྲས་བུ་གནད་བསྡུས་ཀྱི་སྐབས་ཏེ་བདུན་པའོ། ། །།

另外，每一金剛句皆宣說基、道、果三無別等意趣，如何解說亦不相違。不僅如此，更開示許多殊勝之甚深要點。這就是金剛語的不共特點。一切金剛語，無論如何解說皆有其深意，並且是在宣說基、果無別之要義以及本來即佛陀之自性。經中說：「清淨光明境，不動且無為[1]，此乃如來藏[2]，即本住法性[3]。」密續裡說：「眾生皆是五方佛，猶如舞者及美畫，於此唯一大樂性，一覺受中眾遊舞。」[4]《大幻化網續》裡說：「本智顯明光璀璨，眾生明燈智慧炬，威奕璀璨大光明。」[5]

1 德格版《甘珠爾》，55卷46頁封面3行，《月燈三昧經》。

2 未見於德格版《甘珠爾》和《丹珠爾》。

3 德格版《丹珠爾》，109卷73頁封面2行，阿底峽《入二諦》。

4 德格版《甘珠爾》，79卷40頁封面4行，《瑜伽母普行》。

5 德格版《甘珠爾》，77卷4頁封底1行，《佛說文殊師利一百八名梵讚》。

གསུམ་པ་མཇུག་གི་དོན་ལ་གསུམ་སྟེ།

རྒྱ་མཚན་བརྗོད་སྟེ་སྨྲས་ཀྱི་ཐུ་བོ་བསྟན་པ་དང་། གང་ཞིག་གང་གི་ སྐྱུད་པ་པོ་བསྟན་པ་དང་། དེ་ཡི་དགེ་བ་བསྟན་འགྲོའི་ཆེད་དུ་བསྔོ་བའོ། །

དང་པོ་ནི། རྒྱ་མཚན་བརྗོད་སྟེ་སྨྲས་ཀྱི་ཐུ་བོ་བསྟན་པ་དང་།

ཇི་ལྟར་འཇིག་རྟེན་འདི་ན་ཕ་ཡི་བུ། །ཡོངས་སྤྱོད་ཕལ་པའི་འབྱོར་བ་ལྡན་གྱུར་ཀྱང་། །

ཕ་ཡི་ཁྱད་ནོར་གཞན་ལ་མེད་པ་དག །མ་ཐོས་མི་འཛིན་དེ་ནི་སྨད་པ་ལྟར།

ཇི་ལྟར་ན་འཇིག་རྟེན་འདི་ན་ཕ་བཟང་པོ་ཡི་བུ་རྣམས་ལ་ཟས་གོས་ནོར་དབྱིག་ལ་སོགས་པའི་ལོངས་སྤྱོད་ཕལ་པའི་འབྱོར་བ་རྒྱ་ཆེ་ཞིང་བསྒྲུང་སྤེལ་གྱི་བློ་ཡང་སྟོབས་དང་ལྡན་པར་གྱུར་ཀྱང་། ཕ་བཟང་པོ་དེ་ཡི་ཁྱད་པར་གྱི་ནོར་མཆོག་ཏུ་གྱུར་པ་ཕལ་བ་གཞན་སུ་ལ་ཡང་མེད་པའི་ཡིད་བཞིན་ནོར་བུ་ལ་སོགས་པ་ཕ་རང་གི་སྙིང་ལྟར་འཆང་བ་དག་ལ་ནི། འཆང་བའི་ཚུལ་ལྟ་ཅི། མིང་ཙམ་ཡང་མ་ཐོས་པས་མི་འཛིན་པའམ་མི་ཤེས་པའི་བུ་དེ་ནི་ཕ་ཡི་གཅེས་ནོར་མ་ཆོར་དུ་སོང་བས། ཤིན་ཏུ་སྨད་པའི་གནས་སུ་གྱུར་པ་ཡིན་པ་ལྟར།

དེ་བཞིན་མཚུངས་མེད་འཇིག་རྟེན་མགོན་པོ་ཡིས། །མངོན་དུ་མཛད་པའི་ཁྱད་པར་ཆོས་འདི་དག །

སྡོན་ཆད་མ་གྲགས་ཕྱི་དུས་འཇིག་རྟེན་འདིར། །རྗེས་འབྲང་སྨྲས་ཀྱིས་མི་འཛིན་དེ་དང་མཚུངས། །

དོན་དེ་བཞིན་དུ་འགྲན་ཟླ་དང་བྲལ་བའི་མཚུངས་པ་མེད་པ་འཇིག་རྟེན་གསུམ་གྱི་མགོན་པོ་མཆོག་དེ་ཡིས་ཚད་མའི་ལམ་ནས་མངོན་སུམ་དུ་མཛད་པའི་ཁྱད་པར་གྱི་ཆོས་ཐུན་མོང་མ་ཡིན་པ། ལུང་སྡེ་སྣོད་གསུམ་མམ་བཞིས་བསྡུས་པའི་ཉམས་ལེན་སྡོམ་པ་གསུམ་པོ་ཙུང་ཟད་ཀྱང་མི་འགལ་བར་མ་ཟད་ཡོན་ཏན་ཡར་ལྡན་དུ་ཚང་ཞིང་ཁྱད་པར་དུ་རྩལ་ཁྲིམས་ཀྱི་བསླབ་པ་ཉམས་ལེན་གཙོ་བོར་སྟོན་ཚུལ་འདི་དག་ལྟ་བུའི་བརྗོད་བྱེད་ཀྱི་ཚིག་ཤུང་ལ། བརྗོད་བྱའི་དོན་ཟབ་པ་གདངས་ལྡོངས་སུ་སྡོན་ཆད་སུ་ལའང་གསལ་བར་མ་གྲགས་ལ། ཕྱི་མ་ཕྱི་མའི་དུས་ཀྱི་འཇིག་རྟེན་འདིར་མགོན་པོ་གང་གི་རྗེས་འཇུག་གམ་རྗེས་འབྲངས་ཀྱི་ཆོས་སྨྲས་རྣམས་ཀྱིས། བཤད་སྒྲུབ་ཀྱིས་མི་འཛིན་པར་སྟོད་པར་འགྱུར་བ་ནི་ཚུལ་ཐྲ་མ་དེ་དང་མཚུངས་པ་ལྷག་པར་ངོ་ཚ་དང་རབ་ཏུ་བྲལ་བས་དམ་པ་རྣམས་ཀྱིས་ཤིན་ཏུ་སྨད་པའི་གནས་སུ་གྱུར་པ་ཡིན་ཏེ།

ཇི་སྐད་དུ།

ཡུལ་གང་ན་ནི་ཡོངས་རྫོགས་མཁས་པ་མེད། །

རྒྱ་མཚོ་ལས་བྱུང་ནོར་བུ་དེར་མི་ཐྲིན། །

ནོར་བུ་ཆུ་ཤེལ་རིན་ཐང་ཆེ་བ་ལ། །

བ་ལང་རྫི་ནི་ཞུལ་གསུམ་སྦྱིན་ཞེས་ཟེར། །ཞེས་པའི་དོ་ཟླ་ཡང་མ་ཡིན་ནོ། །

第三，結語。分三：一、囑咐上首弟子；二、宣說集結者；三、一切善業迴向教法與眾生。

第一、囑咐上首弟子。

如同於此世間父之子，雖於財富受用皆富足，

然於他人所無父之寶，不聞不持子必受非議。

在此世間，作為一位富貴長者的兒子們，雖然已擁有一切衣食財寶等凡常之受用，並且具有繼承家業之能力，但是如果對於慈父如心命般所守護、他人所無有之不共摩尼寶，連名字都未曾聽聞，也不去探尋，更毋庸說傳持，那麼實在是應當呵責。

如是無匹吉天頌恭之，親自所述不共此妙法，

昔所未聞於未來世中，後學子若不持亦如彼。

同樣的，無比覺巴吉天頌恭以正量之道而現證之殊勝不共法，不但毫無違反三藏或四藏所攝的一切三戒修持，更具足殊勝功德，特別是主要所宣說的戒學之修持，其能詮之詞句簡要，而所詮之義理深奧。在此之前在雪域西藏誰也未曾如此清楚宣說。因此，後世吉天頌恭的追隨者或法嗣們，如果懈怠而未能講修此殊勝教法，則如同前面的例子一般，是極其羞恥之事，亦是大德所斥責的對象。如同諺語說：「若無聰慧諸智者，海生珍寶無人識，摩尼水晶諸珍奇，牧人售以三捆柴。」珍寶與柴草是不能相提並論的。

དེ་ཕྱིར་རིགས་ལྡན་ཕ་ཡི་གདུང་འཚོབ་པ། །རིགས་འཚོལ་གཞན་ལ་སྨོད་པར་མི་བྱེད་ཅིང་། །
གྲགས་ལྡན་དེ་ཡི་བཞེད་པའི་ཐུགས་དགོངས་རྣམས། །ནན་ཏན་ཆེན་པོས་འཛིན་པ་ངོ་མཚར་ཆེ། །

རྒྱུ་མཚན་དེ་ཡི་ཕྱིར་ན་རྒྱལ་བ་མཆོག་དེའི་རིགས་དང་ལྡན་པའམ་རྗེས་འཇུག་གི་སྲས་སུ་གྱུར་པ་ཕ་ཡི་གདུང་འཚོབ་པར་བཞེད་པ་དག་གིས། དེ་འདྲའི་རིང་ལུགས་བཞག་ནས་གཞན་ལུགས་སྔོམ་གསུམ་འགལ་བ་འཛིན་པའི་རྗེས་བརྗོད་ཀྱི་བྲག་ཆར་འཚོལ་བར་གྱུར་པས་རིགས་འཚོལ་བ་གཞན་པ་དག་ལ་ཡང་ཆོས་དང་གང་ཟག་ལ་བརྟེན་པའི་ཉེས་པ་ཤིན་ཏུ་ལྕི་བར་གསུངས་ཕྱིར་སྨོད་པར་མི་བྱེད་ཅིང་རྗེས་སུ་མི་འབྲང་བར། སྣན་པའི་བ་དན་དཀར་པོ་ས་གསུམ་ན་མངོན་པར་མཐོ་བའི་གྲགས་པ་དོན་ལྡན་དེ་ཡི་བཞེད་པའི་ཐུགས་དགོངས་ཟབ་ཅིང་བརླིང་བའི་རྡོ་རྗེའི་གསུང་རྣམས་ལ། དང་པོ་རང་ཉིད་ཀྱིས་ཡུན་རིང་པོར་ཐོས་པའི་ཤེས་རབ་ཀྱིས་ལེགས་པར་གཏན་ལ་ཕབ་ཅིང་། བསམ་པའི་ཤེས་རབ་ཀྱིས་སྒྲོ་འདོགས་ལེགས་པར་ཆོད་པར་བྱས་ཏེ། སྒོམ་པའི་ཤེས་རབ་ཀྱིས་མངོན་སུམ་དུ་བྱས་ཤིང་བསྟན་དོན་ཁུར་ཁྱེར་གྱིས་ནན་ཏན་ཆེན་པོས་བཤད་སྒྲུབ་གཉིས་ཀྱིས་འཛིན་པར་མཛད་པའི་དམ་པ་རྣམས་ནི། རིགས་ཅུས་མངའ་ཐང་ཇི་ལྟར་འདུག་ཀྱང་ཕྱོགས་དུས་ཀྱི་ཆོས་ཀྱི་སྐྱུན་ལྡན་དམ་པའི་སྐྱེས་བུ་རྣམས་ཀྱིས་ཨ་ལ་ལ་ཧོ་ཞེས། ངོ་མཚར་ཆེ་བའི་བསྟོད་བསྔགས་ཀྱི་གནས་སུ་གྱུར་ཅིང་ལྷར་བཅས་སྐྱེ་རྒུའི་མཆོད་སྡོང་གཞན་ལས་མཆོག་ཏུ་གྱུར་པ་ཡིན་ནོ། །

བསྟན་འཛིན་ཆོས་མཛད་སྐྱེས་བུ་དམ་པ་རྣམས། །བུ་སྟོང་ནང་དུ་འཁོར་ལོས་སྒྱུར་རྒྱལ་གྱི། །
མཚན་ལྡན་སྲས་ནི་ཁྱད་པར་འཕགས་པ་བཞིན། །བསྟན་པའི་སྐོར་ཞུགས་ཀུན་གྱི་ནང་ན་མཛེས། །

དེས་ན་གཞན་དོན་ཁུར་ཁྱེར་གྱིས་ལྷག་བསམ་རྣམ་དག་གིས་རྒྱལ་བསྟན་རིན་པོ་ཆེའི་སྙིང་པོ་མདོ་སྔགས་ཟུང་འབྲེལ་གྱི་ལམ་བཟང་འཛིན་སྐྱོང་སྤེལ་བས་བཤད་སྒྲུབ་ཆོས་བཞིན་མཛད་པའི་སྐྱེས་བུ་དམ་པ་རྣམས་ནི། དཔེར་ན་རྒྱལ་པོ་ཆེན་པོར་བུ་སྟོང་ཡོད་པའི་ནང་དུ་འཁོར་ལོ་བསྒྱུར་རྒྱལ་གྱི་རང་བཞིན་མཆོན་པར་ནུས་པའི་མཚན་དང་ལྡན་པའི་སྲས་ནི། སྲས་གཞན་ལས་ཁྱད་པར་དུ་འཕགས་པ་བཞིན་དུ། མདོ་སྔགས་སོ་སོའི་བསྟན་པའི་སྐོར་ཞུགས་པ་ཀུན་གྱི་ནང་ན་ཡོན་ཏན་གྱི་ཆོས་ཁྱད་པར་དུ་འཕགས་པས་འཛིག་རྟེན་ན་མཛེས་པས་གསལ་བར་གྱུར་པ་ཡིན་ནོ། །

是故具足種姓繼承者，勿謗指責他人錯種姓，

聲譽祖師所許諸密意，勤勉受持實為大稀有。

因此，具此勝者種姓之後學佛子，應繼承父親之傳承。此等人若捨棄自宗，而追隨錯亂執持三戒之他宗，複誦謬誤之語言，將導致種姓錯亂，更會誤導其他依止者，故有極重罪過。因此，對於他宗不毀謗也不追隨，而於此譽滿三界之高大白幡、祖師所主張之密意、微妙深奧諸金剛語，先應以自己長久之聞慧而善加抉擇，以思慧斷除疑惑，而後以修慧實現之。肩負教法利益，嚴謹地持掌講修之事業。如此之正士夫眾，不論是何種姓、有無權勢，都將令十方三世具法眼諸聖者發出「阿拉拉伙」不可思議讚歎之聲，成為天人等一切有情之最勝供養處。

掌教修法殊勝諸士夫，有如轉輪聖王千子中，

具格王子最極超勝般，入於教法門內最美妙。

因此，堪能肩負利他事業，以清淨意樂護持發揚聖教妙寶心要、顯密雙運之妙道，如法護持講修事業之正等士夫眾，是入於顯密各個法門行者之中，功德尤為超勝者。如同一國王之千位王子之中，具有轉輪王相之具器太子超勝於其他王子一般，無疑為世間之善妙莊嚴。

གཉིས་པ་ནི། གང་ཞིག་གང་གི་སྒྲུད་པ་པོ་བསྟན་པ་དང་།

ཐུན་མོང་མ་ཡིན་དམ་པའི་སྙིང་པོ་དང་། །རབ་འབྱམས་ཐུབ་པའི་བཀའ་ལ་མ་རྨོངས་པས། །

ཕྱི་རོལ་རྒོལ་བ་ངན་པའི་ཕ་ཚོགས་ཀྱིས། །གངས་ཅན་སེང་གེ་ལྟ་བུའི་ཉམ་ང་མེད། །

གཉིས་པ་ནི། གང་ཞིག་ཐུན་མོང་མ་ཡིན་པ་འབྲས་བུ་རྡོ་རྗེའི་ཐེག་པ་བསྟན་པ་དམ་པའི་སྙིང་པོ་དང་། རབ་འབྱམས་ཐུབ་པའི་བཀའ་ཐུན་མོང་བ་རྒྱ་མཚན་ཉིད་ཀྱི་ཐེག་པ་དགོངས་འགྲེལ་དང་བཅས་པ་ལ་མ་རྨོངས་པས། བདེན་དོན་གཟིགས་པའི་ཚད་མས་སྐྱུ་བར་ནས་བརྟོན་ཏེ། འཁོར་གྱི་དབུས་སུ་མི་འཇིགས་པའི་སེང་གེའི་སྒྲ་བསྒྲགས་པའི་རྡོ་རྗེའི་གསུང་གནང་བ་རྣམས་ལ། ཆོས་དང་མཐུན་པའི་ཕྱི་རོལ་དུ་རྒོལ་བ་རྟོག་གེ་བ་ངན་པའི་ཕ་ཚོགས་ཀྱིས་བརྫི་བར་མི་ནུས་པས།

རིགས་མཐུན་འཁོར་དང་སྣ་ཚོགས་གདུལ་བྱ་ལ། །མ་འདྲེས་ཆོས་ཀྱི་ཁྱད་པར་ལེགས་བསྟན་པ། །

དམན་དང་མཆོག་གི་བྱེ་བྲག་རབ་ཕྱེ་སྟེ། །སྙན་པའི་སྒྲ་ཆེན་འབྲུག་སྒྲ་ཕྱོགས་བཅུར་སྒྲོགས། །

གངས་ཅན་གྱི་རི་རྩེར་སེང་གེ་འགྱིང་པ་ལྟ་བུར་འཇིགས་པས་ཉམ་ང་མེད་པས་འཇིག་རྟེན་གསུམ་གྱི་མགོན་པོ་མཆོག་དེས་ཟབ་དོན་གྱི་སྣོད་དུ་གྱུར་པའི་རིགས་མཐུན་གྱི་འཁོར་དང་དུ་མར་གྱུར་པའི་སྣ་ཚོགས་པའི་གདུལ་བྱ་རྣམས་ལ། རང་རང་གི་ཁམས་དབང་གིས་ཇི་ཙམ་བཟོད་པར་མ་འདྲེས་པར་ཆོས་ཀྱི་སྒོའི་ཁྱད་པར་ལེགས་པར་བསྟན་པ། ཐུན་མོང་བ་དམན་པ་དང་ཐུན་མོང་མ་ཡིན་པའི་ཁྱད་ཆོས་མཆོག་གི་བྱེ་བྲག་གིས་རབ་ཏུ་ཕྱེ་སྟེ། གསུང་དབྱངས་སྙན་པས་དམ་པའི་ཆོས་ཀྱི་སྒྲ་ཆེན་པོ་འབྲུག་གི་སྒྲ་ལྟར་ཕྱོགས་བཅུར་སྒྲོགས་པར་མཛད་པ་ཡིན་ནོ། །

དེ་ལྟར་ཟབ་ཅིང་རྒྱ་ཆེན་བླ་མེད་པའི། །དགོངས་པ་རྒྱ་མཚོ་ཆེ་ལྟར་ཡངས་པ་ལས། །

སྐྲ་རྩེའི་ཆུ་ཐིགས་ཙམ་ཞིག་སྨྲས་པ་འདི། །བན་སྡོམ་ཤེས་རབ་འབྱུང་གནས་བདག་གིས་བྲིས། །

དེ་ལྟར་ཆོས་ཀྱི་དབྱིངས་སྤྲོས་པ་ཐམས་ཅད་དང་བྲལ་བའི་དབྱིངས་ཡེ་ཤེས་ཟུང་འཇུག་མཉམ་པ་ཉིད་ཆེན་པོ་ལས་བརྩམས་སྟེ་ཟབ་ཅིང་། རྟེན་འབྱུང་འགགས་པ་མེད་པའི་རྒྱུ་འབྲས་བསླུ་མེད་ལས་བརྩམས་པའི་རྒྱ་ཆེ་བའི་རང་བཞིན། ཟབ་གནད་དུ་མའི་མན་ངག་གིས་བརྒྱན་པའི་ཆོས་ཀྱི་སྒོ་བླ་ན་མེད་པའི་དགོངས་པ་རྒྱ་མཚོ་ཆེན་པོ་རྒྱ་ཆེ་ཞིང་གཏིང་ཟབ་པ་ལྟར་ཡངས་ཤིང་ཟབ་པ་བསམ་གྱིས་མི་ཁྱབ་པ་བཀའ་སྩལ་པ་ལས། སྐྲ་རྩེ་བརྒྱར་བཤགས་པའི་རྩེའི་ཆུ་ཐིགས་ཙམ་ཞིག་བཀའ་ཡི་བསྡུས་པར་སྨྲས་པ་འདི་ཉིད། མགོན་པོ་གང་གི་ཆོས་སྲས་སུ་གྱུར་པའི་བན་སྡོམ་ཤེས་རབ་འབྱུང་གནས་བདག་གིས། ལྷག་པའི་བསམ་པས་རྒྱལ་བ་གཉིས་པའི་རིང་ལུགས་མཚུངས་པ་མེད་པ་མི་ཉམས་ཤིང་ཕྱི་རབས་ཀྱི་རྗེས་འཇུག་རྣམས་ཀྱི་ཉམས་ལེན་དུ་བྲིས་པ་ཡིན་ནོ། །

第二、宣說集結者。

對於不共殊勝心要法，以及浩瀚佛語不蒙昧，

惡見外道論敵野狐群，猶如雪嶺雄獅無畏懼。

三界之怙主吉天頌恭，對於不共果乘金剛乘之殊勝心要、共通因相乘之浩瀚佛語，以及諸論典註釋皆無有疑惑，以見諦正量之語而宣說，如雪山頂上威武的雄獅一般無有畏懼，於眾中發出無畏獅子吼金剛語，論敵攻訐者之狐群所不能為害。

對於同族眷屬及化機，無淆宣說諸法之特點，

殊勝下劣差別明辨已，悅耳妙音如雷遍十方。

吉天頌恭為堪能成為甚深法教之法器、相同種姓之化機眷屬等，依彼等之根器，無有混淆地宣說所能容受之殊勝法門。清楚的區分共通劣乘與不共之殊勝法，以悅耳妙音宣說正法，如雷鳴般響徹十方。

如是甚深廣大無上之，密意如同大海極廣闊，

僅為毛尖一滴此宣說，僧人謝拉迥內我今書。

從遠離一切戲論之法性、法界與本智雙運大平等性中，顯現甚深無滅緣起、無欺之因果。此無上法門之密意，為諸多要義口訣所莊嚴，如大海般深廣。從此不可思議之教誡中，僅以毛尖之百分而取其一滴，集結成此教言，是由怙主吉天頌恭之法子、比丘謝拉迥內我，以清淨意樂，為令第二佛陀之無比傳承不衰損，並且為了利益後世追隨者之實修而造。

གསུམ་པ་ནི། དེ་ཡི་དགེ་བ་བསྔན་འགྲོའི་ཆེད་དུ་བསྔོ་བའོ། །

རྣམ་དག་གངས་རི་ལྟར་དཀར་དགེ་བ་འདིས། །རིན་ཆེན་བསྟན་པ་ཕྱོགས་བཅུར་རྒྱས་པ་དང་། །

འཇིག་རྟེན་མི་ཤེས་གཏི་མུག་རྣམ་བྲལ་ཞིང་། །མཐར་ཕྱིན་སངས་རྒྱས་ཡེ་ཤེས་ཐོབ་པར་ཤོག །

དེ་ལྟར་ལྷག་པའི་བསམ་པ་རྣམ་པར་དག་པ་ཉེས་སྐྱོན་དང་བྲལ་བའི་གངས་ཀྱི་རི་ལྟར་རབ་ཏུ་དཀར་བའི་དགེ་བ་འདིས་མཚོན། བདག་གཞན་རྣམས་ཀྱིས་དུས་གསུམ་བསགས་ཡོད་ཀྱི་དགེ་ཚོགས་ཀུན་བསྔོམས་ནས། འགྲོ་ཁམས་རྒྱ་མཚོ་ཇི་སྲིད་གནས་ཀྱི་བར་དུ་རྒྱལ་བསྟན་རིན་པོ་ཆེ་སྤྱི་དང་། ཁྱད་པར་རིན་ཆེན་དཔལ་གྱི་བསྟན་པ་ཕྱོགས་བཅུར་བཤད་སྒྲུབ་ཀྱིས་ཀུན་ཏུ་དར་རྒྱས་སུ་འཕེལ་（ཀུན་ཏུ་འཕེལ་）ཞིང་རྒྱས་པ་དང་། འཇིག་རྟེན་པ་ཐམས་ཅད་ཀྱི་ཕུང་ཁྲོལ་མ་ལུས་པའི་རྩ་བར་གྱུར་པའི་མི་ཤེས་པ་ བླང་དོར་གྱི་གནས་ལ་རྨོངས་པའི་གཏི་མུག་ལ་སོགས་ཉོན་ཤེས་ཀྱི་སྒྲིབ་པ་རྣམས་རྩ་བ་ནས་བྲལ་ཞིང་། དོན་གཉིས་མཐར་ཕྱིན་པའི་སངས་རྒྱས་ཀྱི་ཡེ་ཤེས་ཆོས་ཀྱི་སྐུ་རིང་པོར་མི་ཐོགས་པར་མྱུར་དུ་ཐོབ་པར་ཤོག་ཅིག་ཅེས་སྨོལ་བའོ། །དེ་ལྟར་འདི་ན་རྗོ་རྗེའི་གསུང་སྨྲུན་སྔ་བས་བཀོད་པ་བཞིན་གཞིར་བཞག་ཏུ་དཀོན་མཆོག་ཕྲིན་ལས་རྣམ་པར་རྒྱལ་བའི་ཐེས་ཚིགས་བཅད་དུ་སྤེལ་བ་ལ་ཉེར་མཁོར་འབྲུ་གཉེར་དུ་བྱས་པ་ཡིན་ནོ།། །།

འདིར་སྨྲས་པ། གང་ཞིག་འདི་ཡང་རྟེན་ཕྱིར་མ་ལགས་གྲགས་ཕྱིར་མིན། །

དོན་ཆེན་མཐོང་མིན་ཉེ་མ་ཕྱུལ་ཕྱིར་འང་དེ་བས་མིན། །

ཅི་སྣང་ཅེ་ན་གཞི་གསུམ་ལྷ་མིའི་མཆོད་སྡོང་ཆེར། །

བཤད་སྒྲུབ་ནོར་བུའི་དོ་ཤལ་འཇིག་རྟེན་ཀུན་ཏུ་གྲགས་འབར་བ། །

ཐུབ་བསྟན་ཆོས་འཕེལ་མཛེས་རྒྱན་སྡོན་མེད་གཅིག་པུ་བར། །

བསྟན་པའི་ཉེ་མས་ཐུགས་བསྐྱེད་དང་བཞེས་ཆེར་སྨིན་ཆོ། །

འཆད་ཉན་ལ་ཡང་འཇུག་བདེའི་ཉེ་མཁོར་སྨན་སྣང་དུ། །

རྣམ་དཀར་བསམ་པས་སྤེལ་ཕྱིར་སུ་ཞིག་འདོར་བར་འོས། །

དེ་ཚུལ་དེ་བཞིན་ཕྱོགས་དུས་ཀུན་ན་འཐྲི་གུང་པའི། །

第三、一切善業迴向教法與眾生。

極淨皓如雪山此善業，祈願珍寶法教遍十方，

世間無明愚癡悉遠離，究竟佛果本智願獲證。

此等具足清淨意樂、如同潔白雪山的白善之業，加上自他眾生三世所積集之一切善聚資糧，祈願於如海有情眾生未空之前，佛教珍寶整體，特別是寶吉祥之教法，於十方皆以講修事業而發揚光大。願能根斷世間一切災禍之根源，即迷惑於取捨之無明愚癡等煩惱障與所知障，並且迅速證得自他二利究竟之佛陀本智法身。

此乃根據近侍謝拉迴內所書金剛句原文基礎上，由昆秋赤列南嘉整理為偈頌而做必要之補充。

頌曰：

如是非為財物亦非為名氣，非圖一己私利亦非閑無事，

若問何故乃為人天大明燈，講修珍寶瓔珞美譽滿世間。

土登群培唯一美飾前所無，滇貝尼瑪發菩提心大願時，

為令易於講聞所需必備故，清淨意樂而書故不應捨棄。

བསྟན་དང་བསྟན་འཛིན་རྣམས་ལ་སྲུང་པོས་ལྷག་བསམ་གྱིས། །

ཕ་ཆོས་ཕ་རྗེས་བུ་ཡིས་འཛིན་ལ་ཐལ་མོའང་སྦྱར། །

དེ་སྐད་དེ་དག་དགྱེས་སྤྱན་གཡོ་ལ་ཅིས་མི་སྤྲོ། །

རྒྱལ་བའི་ཆོས་ཚུལ་མདོ་སྔགས་མ་ལུས་ཇི་སྙེད་པར། །

ཆོས་འདུལ་ཉི་མ་བསྟན་རྩའི་སྙིང་པོ་མི་འགལ་བའི། །

ཟབ་དོན་ཆེས་བསྙེན་མི་འཛིགས་སེང་གེའི་སྒྲ་ཆེན་ལས། །

གཙང་གཙུག་མེད་པའི་ཞ་སྐད་མི་འདོན་བཀས་བཅད་དེ། །

གང་ལ་རང་གཞུང་འགྲེལ་བའི་ལུང་རིགས་གཙོར་བྱས་པས། །

རང་མཐོང་ཆེ་བས་རང་བཟོ་བྱས་པ་མེད་ནའང་། །

ཅུང་ཟད་བསྒྲུགས་ཕྱིར་ཕྱིས་བློ་རྨོངས་པའི་གཞན་དབང་གིས། །

ནོངས་པར་གྱུར་གང་རྩ་གསུམ་བཟོད་ལ་དག་ཚངས་སྨོལ། །

རྣམ་དཀར་བསམ་པར་ཉེས་པའི་སྐབས་མེད་དེ་ཕྱིར་དགེ། །

གང་འདིས་མཚོན་པའི་རང་བཞིན་དགེ་བ་ཀུན་བསྡོམས་ནས། །

མཁའ་ཁྱབ་ཞིང་དུ་རྒྱལ་བསྟན་བཤད་སྒྲུབ་གྱིས་བཟུང་སྟེ། །

འགྲོ་ཁམས་མ་ལུས་བྱང་ཆུབ་མཆོག་ལ་འགོད་ཕྱིར་བསྔོ། །

གང་ལ་དབྱིངས་ནས་རྩ་གསུམ་རྒྱལ་བ་ཇི་སྙེད་པས། །

ཚངས་དབྱངས་གསུང་གིས་མཐུན་འགྱུར་དགེ་བའི་བཀྲ་ཤིས་ཀྱིས། །

ངོ་མཚར་ལྷ་ལམ་འགེངས་ནས་འཛིག་རྟེན་སྣང་བྱེད་པར། །

བླ་མ་རྩ་གསུམ་རྒྱལ་བ་རྒྱ་མཚོས་དེང་འདིར་སྨོལ། །

對於直貢教法以及持教眾，子承父業傳持發揚父法者，
丐僧我以敬意合掌並禮敬，是故彼等亦應欣喜樂見此。
佛陀顯密一切法教無遺餘，如日教戒根本心要無違逆，
發出甚深奧義無畏獅子吼，並非不分淨穢優劣狐鳴聲，
本論釋義乃以教理為主要，無有狂妄自大亦無自編造，
略為宣說稚童若因愚昧故，產生過失祈請三根本寬宥。
無有剎那惡念故為白淨善，以此表徵結合自他善聚集，
佛教講修遍滿於虛空剎土，眾生無餘證得菩提而迴向。
法性界中一切佛陀三根本，梵音宣流隨順賢善而吉祥，
稀有遍滿虛空顯現於世間，上師三根佛陀海會今速賜。

དམ་པའི་ཆོས་དགོངས་པ་གཅིག་པའི་གསལ་བྱེད་ལུང་རིགས་སྙིང་པོའི་གཏེར་ཞེས་བྱ་བ་འདི་ཡང་། རྒྱལ་བ་གཉིས་པ་དཔལ་སྤྲུལ་རིན་པོ་ཆེ་སོགས་མཁས་གྲུབ་དུ་མའི་ཞབས་པད་ཀྱིས་རེག་ཅིང་། ཁྱད་པར་དུ་འཁོར་ལོའི་མགོན་པོ་བཀའ་དྲིན་མཚུངས་པ་མེད་པ་མཁས་བཙུན་གྲུབ་པའི་དབང་ཕྱུག་ཆེན་པོ་ཨོ་རྒྱན་བསྟན་འཛིན་ནོར་བུའི་ཞབས་བརྟེན་ཏེ་བར་བཟུང་བའི་སློབ་འབངས་ཡོངས་ཀྱི་ཐ་ཤལ་སྨྲ་ཧོ་ཤྲུ་ཏ་པ་ཤཱཀྱའི་བཙུན་གཟུགས་ཀུ་སུ་ལུ་པ་ས་མཉྫ་ཧྲདྭ་ཧྲཀྵ་ཀིརྟིར་འཕོད་པས་རབ་བྱུང་བཅོ་ལྔ་པའི་དགེ་བྱེད་ཅེས་པ་ཆུ་ཕོ་སྟག་གི་ལོའི་ཆུ་སྟོད་ཟླ་བའི་ཐུབ་པའི་དབང་པོས་འཇིག་རྟེན་སྣང་བར་མཛད་པའི་ཆོས་འཁོར་གྱི་ཐོག་མའི་དུས་ཆེན་དགེ་བར་སྒྲུབ་བརྒྱུད་དབེན་རིར། ༄སྤྱན་སྔ་བ་ཤེས་རབ་འབྱུང་གནས་དང་། རིག་འཛིན་ཆོས་གྲགས་ཀྱི་གསུང་རྣམས་གཞིར་བཞག་ཏུ་གྲུབ་པར་བགྱིས་པ་འདིས་ཀྱང་རྒྱལ་བ་འབྲི་གུང་པའི་བསྟན་པ་ཕྱོགས་བཅུར་དར་ཞིང་རྒྱས་པའི་རྒྱུར་གྱུར་ཅིག
།ཛཡནྟུ།

《顯明正法一意教理精華藏》此釋論，乃是頂戴第二佛陀巴楚仁波切等等諸多博學成就者之蓮足，特別為是世間之怙主，無比大恩，博學殊勝之成就大自在，烏金滇津諾布所慈悲攝受之弟子，鄙陋貧丐，釋迦之僧，古蘇魯巴・薩曼大巴扎（普賢）・達瑪基帝（法稱），於第十五勝生之水公虎年箕宿月，於佛陀初轉法輪之吉日，修傳直貢屬地寂靜山，在近侍謝拉迴涅與仁津卻札所作的原本之基礎上而作。願此成為勝者直貢巴之教法廣弘十方之因。勝利吉祥。此母本是永珍仁波切土登彭措之書庫中所存，西藏除此本外再未見到其他。又因時局變遷之緣故，部分文字已不甚清楚，望後來大德詳加抉擇，感恩。善哉，善哉，善哉！

附錄

༄ སྨྱུན་སྔ་རིན་ཆེན་བྱང་ཆུབ་ཀྱི་རྣམ་ཐར།

སྨྱུན་སྔ་རིན་ཆེན་བྱང་ཆུབ་ནི་སྨྱུན་སྔ་ཤེར་འབྱུང་གི་སྐུ་མཆེད་འོག་མ། འདན་སྟོད་དུ་སྐུ་འཁྲུངས། དབུས་སུ་ཕྱིན་ནས་སྐྱོབ་པ་འཇིག་རྟེན་གསུམ་མགོན་དང་སྨྱུན་སྔ་ཤེར་འབྱུང་བསྟེན། རབ་ཏུ་བྱུང་བས་མཚན་རིན་ཆེན་བྱང་ཆུབ་ཏུ་གསོལ།

བརྒྱུད་པའི་ཆོས་མ་ལུས་པ་ཐུགས་སུ་ཆུད་དེ་མཁས་དང་གྲུབ་པའི་བདག་ཉིད་ཆེན་པོར་གྱུར། དཔལ་དྭགས་ལྷ་སྒམ་པོར་གདན་འཛིན་གནང་བའི་ཚེ་ན།

རྣམ་ཐར་གྱིས་སྦྱིན་བདག་བྱས་ཏེ་གསེར་མང་པོ་གཏེར་ནས་བཞེས། དྭགས་པོ་ཁྲི་སྐོར་དུ་དུད་ཚང་རེར་གསེར་སྲང་རེ་གནང་སྟེ། དགེ་འདུན་ལ་བསོད་སྙོམས་འབུལ་བར་བསྐུལ་བར་མཛད་པས་ཀུན་གྱིས་དང་ལེན་ཞུས་ཏེ་བསོད་སྙོམས་ཕུལ།

སློབ་མར་གྱུར་པའི་དགེ་འདུན་པ་རྣམས་སྦྱངས་པའི་ཡོན་ཏན་བཅུ་གཉིས་ལ་བཀོད་ཅིང་རྟག་ཏུ་སྒྲུབ་པ་མཛད།འཁོར་དགེ་སློང་གཅིག་སྟོ་ཡང་ལྔ་བརྒྱ་ཙམ་ཡོད་ཅེས་གྲགས།

ཁོང་གི་མཛད་པའི་གསུང་རབ་མང་དུ་ཡོད་པར་གྲགས་ཀྱང་དེང་གི་ཆར་བཞུགས་པ། དོན་བརྒྱུད་ཀྱི་བསྟན་པ་གསལ་བར་མཛད་པ་ལས།

ཁྱད་ཆོས་དགོངས་པ་གཅིག་པའི་བསྟན་བཅོས་ཀྱི་འགྲེལ་བ་ནོར་བུ་རིན་པོ་ཆེའི་རིགས་མཐའ་དག་མ་ཚང་བ་མེད་པའི་གཏེར་མཛོད་བསམ་གྱིས་མི་ཁྱབ་པ་ཞེས་བྱ་བ་མཛད་ཅིང་། ཕྱིས་སུ་རིན་བྱང་མ་ཞེས་གྲགས་པ་དེ་དང་། ཁོག་དབུབ་འདི་གཉིས་ལས་གཞན་མཇལ་ཡུལ་དུ་མ་བཞུགས།

འཁྲུངས་འདས་ཀྱི་ལོ་ཚིགས་དང་རྣམ་ཐར་རྒྱས་པ་ནི་དེང་གི་ཆར་མཇལ་རྒྱུ་མེད། འདི་ནི་འབྲི་གུང་ཆོས་འབྱུང་ལས་བཏུས་པ་ཡིན་ནོ། །

敬安・仁欽強秋略傳

敬安・仁欽強秋是敬安謝拉迴內的弟弟，出生在典度，他來到衛藏（前藏）依止覺巴吉天頌恭和敬安謝拉迴內為師，出家法名仁欽強秋。他無有遺漏地領悟了傳承法教，成為博學成就之大士。於吉祥達拉岡波寺執掌法座之時，財神毗沙門天王做其施主，故從伏藏中獲得了很多金子。分給達波萬戶區每個家庭一兩金子，並呼籲大家在僧眾化緣時做供養，眾皆歡喜供養。教授給一切他的弟子十二頭陀行，並且恆常修持。弟子之中僅比丘就有五百之多。他的著作據說有許多，但現存的是，從了義傳承法教中著作了《正法一意釋論・珍寶悉聚不可思議藏》，其後還著有《仁強瑪》和《綱要》。除此之外並未見到其他著作。生卒年以及廣詳的傳記，現已不存。以上內容是從《直貢法源》中摘出。

རྫོགས་ཆེན་མཁན་པོ་ཀུན་བཟང་དཔལ་ལྡན།

མཁན་ཆེན་ཀུན་བཟང་དཔལ་ལྡན་ཆོས་གྲགས་སམ་མཁན་ཆེན་ཀུན་དཔལ་རིན་པོ་ཆེ་ནི། མདོ་ཁམས་རྫ་ཆུ་ཁར་1872ལོ་འཁྲུངས་ཤིང་། ཁྱིམ་དབུལ་པོ་ཞིག་ཡིན་པས་འཚོ་བའི་དཀའ་ཁག་ཆེ་བས་སྐུ་ན་ཆུང་དུས་དཀའ་བ་དཔག་ཏུ་མེད་པར་སྤྱད། ཆོས་རྗེ་དཔལ་སྤྲུལ་རིན་པོ་ཆེ་ཐུན་མིན་གྱི་རིགས་བདག་ཏུ་བསྟེན།

ཞབས་ལྷམ་མེད་པར་ཁ་བ་དང་ལྷགས་པ་སོགས་ཀྱི་ནང་དུ་རྒྱུན་པར་ཆོས་ཞུར་ཞབས་རྗེན་དུ་ཕེབས་པས་ཞབས་སེར་ཀ་གས་པའི་བར་ནས་ཁྲག་འཛག་པ་སོགས་ཨ་བུས་གཟིགས་པས་ལྷུགས་ཐུགས་གནང་ནས།

ཀུན་དཔལ་ཁྱོད་སྙིང་རུས་ཀྱིས་སློབ་སྦྱོང་གྱིས་དང་། ཐུག་པོ་མི་ཡོང་སོགས་ཐུགས་བརྩེས་ཞལ་ཏ་མང་པོ་གནང་། སྙིང་རུས་ཀྱིས་ཉིན་མཚན་མེད་པར་སློབ་གཉེར་སྦྱངས་བརྩོན་མཛད།

མཚན་མོ་མར་མེ་སྒྲོན་པའི་མར་ཁུ་མེད་པས་མཚན་ཐོག་ཐག་ཏུ་ཟླ་བའི་འོད་ལ་ཕེབས་ཏེ་སྦྱངས་བརྩོན་གནང་། ཟླ་སྒྲིབ་རི་ལ་ཡར་ཡར་འགྲོ་བ་དང་ཁོང་ཡང་ཕྱག་དཔེ་གཟིགས་ཏེ་ཡར་ཡར་ཕེབས་པས་ནམ་ལང་དུས་རི་རྩེ་ལ་སླེབས་ནས་ཡོད།

ཆོས་གྲོགས་རྣམས་ཀྱིས་འཇིག་རྟེན་ན་མི་དང་ཉི་མ་གཉིས་ཉིན་མོ་རི་རྩེ་ལ་ནོར་འཚོ་བར་འགྲོ། ཀུན་དཔལ་དང་ཟླ་བ་དང་གཉིས་མཚན་མོ་རི་རྩེ་ལ་ཕྱག་དཔེ་འཚོ་བར་འགྲོ་ཞེས་བཞད་གད་བྱེད་མཁན་ཡང་བྱུང་།

ཉིན་ཞིག་ཡིའི་མཇལ་ཞིག་ཨ་བུའི་མདུན་མི་ཞིག་གིས་ཕུལ་བར་ཀུན་དཔལ་ནས་ཨ་བུ་ཚང་ངས་སྔོན་འགྲོ་འབུམ་ལྔ་ཞིག་བསགས་རྒྱུར་མཇལ་འདི་ང་ལ་གནང་རུང་ངམ་ཞུས་པར། ཅུང་ཟད་ཐུགས་བསམ་གྱིས་འོ་ཤིན་ཏུ་རུང་། འཇིག་རྟེན་འདིར་ཅི་ཡང་སྲིད་པས་ཉིན་ཞིག་ཁྱོད་ཀྱིས་ངའི་མཇལ་འདི་བཟུང་སྟེ་ད་ལྟ་འདི་འདྲ་བ་སློག་རྩལ་ཅན་མ་ཡིན་པར། དགེ་འདུན་སྟོང་ཕྲག་མང་པོའི་དབུར་ས་གཞི་ཕྱོགས་རྒྱས་ཁྱབ་ཅིང་སོགས་གསུངས་ནས་སྨོད་ཡོང་བ་ཞིག་ སྲིད་གསུངས།

ཕྱིས་ཀ༔ཐོག་སྟོང་གྲྭ་ཆེན་མོའི་ཚོགས་དབུར་བྱང་སྡོམ་གནང་ནས་ཡན་ལག་བདུན་པར་མཇལ་ཕུལ་སྐབས་སྔོན་བླ་མས་ང་ལ་གསུངས་པ་དེ་མ་འོངས་ལུང་བསྟན་དངོས་ཡིན་འདུག །ངའི་བླ་མ་དུས་གསུམ་སྒྲིབ་མེད་དུ་གཟིགས་པའི་སངས་རྒྱས་ཡིན་ཞེས་ཕྱག་ཐལ་སྦྱར་གྱིས་སྤྱན་ཆབ་བསིལ་བཞིན་གསོལ་བ་འདེབས་པར་མཛད།

དུས་རྒྱུན་དུ་བླ་མ་སངས་རྒྱས་དངོས་མཐོང་གི་དད་པས་བསྟེན་པས་ཨ་བུས་འོད་གསལ་རྫོགས་པ་ཆེན་པོའི་རྒྱུད་ལུང་མན་ངག་མང་པོ་གནང་། འཇམ་མགོན་མི་ཕམ། ཨོན་བསྟན་འཛིན་ནོར་བུ་སོགས་བཤེས་གཉེན་མང་པོ་ལས་དབུ་ཕར་འདུལ་མངོན་སོགས་གསན་བསམ་དཔག་མེད་གནང་།

རྫ་ལྷུང་མ་རི་ཁྲོད་སོགས་སུ་སྒྲུབ་པ་སྙིང་པོར་གཞོལ། སྐུ་ཚེ་ཕལ་ཆེ་བར་ཉིན་རེར་ཆོས་ཐུན་བཅུ་ཕྲག་ཙམ་ཆག་མེད་གནང་། གསུང་རྩོམ་ཡང་སྤྱོད་འཇུག་མན་ངག་ལྟར་བཀྲལ་བའི་འགྲེལ་ཆེན་དང་། འདུལ་བའི་སྙིང་འབུམ་ཆེན་མོ། དགོངས་གཅིག་འགྲེལ་བ་སོགས་བརྩམས་པར་མཛད། མཐར་1943ལོར་དགུང་གྲངས་དོན་གཅིག་པར་ཞི་བར་གཤེགས། ༼མཁན་ཆེན་ཉི་མ་རྒྱལ་མཚན་ནས་ཕྱོགས་སྒྲིག་བྱས།༽

佐欽堪布．昆桑巴滇略傳

堪千昆桑巴滇卻札，或堪千昆巴仁波切，於1872年生於多康地區雜曲卡的一個貧窮家庭，因生活貧困，自幼便遭遇無量辛苦。後依止法王巴楚仁波切作為其不共之頂嚴，雖然無鞋可穿，在風雪交加等惡劣天氣中，仍然日復一日風雪無阻前去求法，以致雙腳開裂淌血等等，阿普（巴楚仁波切）看到時，賜予：「昆巴你應繼續努力用功，將不會痛苦！」等許多慈悲開示。以大勇猛心不分晝夜地努力學習，夜晚油燈燃盡，則至月光下而整夜精進，月影朝山頂上移動，他也就一邊看書一邊跟著月光往山上走，直到早上天亮時，方從山頂回來。有一些法友們開玩笑說：「世間人和太陽二位是白天去山上放牛，昆巴和月亮二位則是晚上去山上『放書』」。

有一天，有人供養給阿普尊者一個銅曼達盤，那時昆巴請求阿普倉：「我要修五十萬前行，這個曼達盤可不可以賜給我？」尊者稍微想了一下後說：「當然可以，此世界上什麼都有可能。可能有一天你會拿著我的曼扎，不是現在這樣子穿著破爛皮襖，而是坐在數千僧人之上，口中唱誦著『香水塗飾花朵鋪滿地……』。」後來在噶陀千僧大會上，堪布昆巴為大眾傳授菩薩戒。在做七支供曼達時候說：「以前上師對我未來的授記是真實的，我的上師是無礙洞見三世的佛陀。」言畢，合掌流淚而祈請。

因為恆常視師為佛而虔信地依止之故，阿普傳授給他許多光明大圓滿的密續教義與口訣。從文殊怙主米滂仁波切、烏金丹增諾布等多位善知識前，聞思《中觀》、《般若》、《戒律》、《俱舍論》等無量經典，於雜江瑪之山間等靜處專一修持，一生中大部分時間每天教十多堂課程無有間斷，著作有《入行論口訣廣解》、《戒律十萬大論》、《一意注釋》等。於1943年七十一歲時圓寂。

（堪千尼瑪蔣稱／整理）

參考書目

《甘珠爾佛說部》

（1）

藏文經名：འཕགས་པ་བསོད་ནམས་ཐམས་ཅད་བསྡུས་པའི་ཏིང་ངེ་འཛིན་ཅེས་བྱ་བ་ཐེག་པ་ཆེན་པོའི་མདོ།

中文經名：《集一切福德三昧經》

梵文經名：Ārya sarvapuṇya samuccaya samādhi nāma mahāyāna sutra.

原頁碼：德格(甘珠）56卷70頁封底2行－121頁封底7行。

（2）

藏文經名：དེ་བཞིན་གཤེགས་པ་ཐམས་ཅད་ཀྱི་ཁྲོ་བོའི་རྒྱལ་པོ་འཕགས་པ་མི་གཡོ་བ་དེའི་སྟོབས་དཔག་ཏུ་མེད་པ་རྩལ་ཕོད་པ་འདུལ་བར་གསུངས་པ་ཞེས་བྱ་བའི་རྟོག་པ།

中文經名：《說一切如來忿怒王聖不動無量力豪毅調伏儀軌》

梵文經名：Ārya acala mahākrodharājasya sarvatathāgatasya balāparimita vīra vinaya svākhyāto nāma kalpa.

原頁碼：德格（甘珠）86卷，261頁封底1行－322頁封面7行。

（3）

藏文經名：འདུལ་བ་ཕྲན་ཚེགས་ཀྱི་གཞི།

中文經名：《根本說一切有部毘奈耶雜事》

梵文經名：Vinaya kṣudraka vastu.

原頁碼：德格（甘珠）10卷，1頁封底1行－310頁封面7行。

德格（甘珠）11卷，1頁封底1行－333頁封面7行。

（4）

藏文經名：འདུལ་བ་གཞི།

中文經名：《根本說一切有部毘奈耶出家事》

梵文經名：Vinaya vastu.

原頁碼：德格（甘珠）1卷，1頁封底1行－311頁封面6行。

德格（甘珠）2卷，1頁封底1行－317頁封面7行。

德格（甘珠）3卷，1頁封底1行－293頁封面6行。

德格（甘珠）4卷，1頁封底1行－302頁封面5行。

（5）

藏文經名：འཕགས་པ་དེ་བཞིན་གཤེགས་པའི་སྙིང་པོ་ཞེས་བྱ་བ་ཐེག་པ་ཆེན་པོའི་མདོ།

中文經名：《大方廣如來藏經》
梵文經名：Ārya tathāgatagarbha nāma mahāyāna sūtra.
原頁碼：德格(甘珠），66卷，245頁封底2行－259頁封底4行。

(6)

藏文經名：རྒྱུད་ཀྱི་རྒྱལ་པོ་དཔལ་བདེ་མཆོག་ཉུང་ངུ་ཞེས་བྱ་བ།
中文經名：《怛特羅王吉祥勝樂小品》
梵文經名：Tantrarāja śrī laghusaṃvara nāma.
原頁碼：德格（甘珠）77卷，213頁封底1行－246頁封底7行。

(7)

藏文經名：འཇམ་དཔལ་ཡེ་ཤེས་སེམས་དཔའི་དོན་དམ་པའི་མཚན་ཡང་དག་པར་བརྗོད་པ།
中文經名：《佛說文殊師利一百八名梵讚》
梵文經名：Mañjuśrī jñānasattvasya paramārtha nāma saṃgīti.
原頁碼： 德格(甘珠）77卷，1頁封底1行－13頁封底7行。

(8)

藏文經名：འཕགས་པ་དམ་པའི་ཆོས་དྲན་པ་ཉེ་བར་གཞག་པ།
中文經名：《正法念處經》
梵文經名：'Phags pa dam pa'i chos dran pa nye bar gzhag pa.
原頁碼：德格（甘珠）68卷，82頁封面1行－318頁封面7行，
德格（甘珠）69卷，1頁封底1行－307頁封面5行。
德格（甘珠）70卷，1頁封底1行－312頁封面6行。
德格（甘珠）71卷，1頁封底1行－229頁封底7行。

(9)

藏文經名：འཕགས་པ་རྒྱན་སྟུག་པོ་བཀོད་པ་ཞེས་བྱ་བ་ཐེག་པ་ཆེན་པོའི་མདོ།
中文經名：《大乘密嚴經》
梵文經名：Ārya Ghanavyūha nāma mahāyāna sūtra.
原頁碼：德格（甘珠）50卷1頁封底1行－55頁封底7行。

(10)

藏文經名：འཕགས་པ་ལང་ཀར་གཤེགས་པའི་ཐེག་པ་ཆེན་པའི་མདོ།
中文經名：《大乘入楞伽經》
梵文經名：Ārya laṅkāvatāra mahāyāna sūtra.
原頁碼：德格（甘珠）49卷56頁封面1行－191頁封底7行。

(10)

藏文經名：འདུལ་བ་རྣམ་པར་འབྱེད་པ།

中文經名：《根本說一切有部毘奈耶》

梵文經名：Vinaya vibhaṅga.

原頁碼：德格（甘珠）5卷21頁封面1行－292頁封面7行。

德格（甘珠）6卷1頁封底1行－287頁封面7行。

德格（甘珠）7卷1頁封底1行－287頁封底7行。

德格（甘珠）8卷1頁封底1行－269頁封面6行。

(10)

藏語經名：དགེ་སློང་མའི་འདུལ་བ་རྣམ་པར་འབྱེད་པ།

中文經名：《根本說一切有部比丘尼毘奈耶》

梵語經名：Bhikṣuṇī vinaya vibhaṅga.

原頁碼：德格（甘珠）9卷25頁封底1行－328頁封面6行。

(11)

藏文經名：འཕགས་པ་ལང་ཀར་གཤེགས་པ་རིན་པོ་ཆེའི་མདོ་ལས་སངས་རྒྱས་ཐམས་ཅད་ཀྱི་གསུང་གི་སྙིང་པོ་ཞེས་བྱ་བའི་ལེའུ།

中文經名：《楞伽阿跋多羅寶經》

梵文經名：ārya-laṅkāvatāra-mahāyāna-sūtra

原頁碼：德格（甘珠）49卷192頁封面1行－284頁封底7行。

(12)

藏文經名：གསང་བའི་སྙིང་པོ་དེ་ཁོ་ན་ཉིད་ངེས་པ།

中文經名：《秘密心髓真性決定》

梵文經名：śrīguhyagarbhatattvanirṇayavyākhyānaṭīkā

原頁碼：德格（甘珠）98卷198頁封底1行－298頁封底7行。

(13)

藏文經名：འཕགས་པ་འཇམ་དཔལ་གྱི་སངས་རྒྱས་ཀྱི་ཞིང་གི་ཡོན་ཏན་བཀོད་པ་ཞེས་བྱ་བ་ཐེག་པ་ཆེན་པོའི་མདོ།

中文經名：《大聖文殊師利菩薩佛剎功德莊嚴經》

梵文經名：Ārya mañjuśrī buddhakṣetra guṇavyūha nāma mahāyāna sūtra.

原頁碼：德格（甘珠）41卷248頁封底1行－297頁封面3行。

(14)

藏文經名：འཕགས་པ་འདུས་པ་ཆེན་པོ་རིན་པོ་ཆེ་ཏོག་གི་གཟུངས་ཞེས་བྱ་བ་ཐེག་པ་ཆེན་པོའི་མདོ།

中文經名：《寶星陀羅尼經》

梵文經名：Ārya mahāsannipāta ratnaketu dhāraṇī nāma mahāyāna sūtra.

原頁碼：德格（甘珠）56卷187頁封底3行－277頁封底7行。

(15)

藏文經名：ཡང་དག་པར་སྦྱོར་བ་ཞེས་བྱ་བའི་རྒྱུད་ཆེན་པོ།

中文經名：《正相合大怛特羅》

梵文經名：Saṃpūṭa nāma mahātantra.

原頁碼：德格（甘珠）79卷73頁封底1行－158頁封底7行.

(16)

藏文經名：རྣམ་པར་སྣང་མཛད་ཆེན་པོ་མངོན་པར་རྫོགས་པར་བྱང་ཆུབ་པ་རྣམ་པར་སྤྲུལ་བ་བྱིན་གྱིས་རློབ་པ་ཤིན་ཏུ་རྒྱས་པ་མདོ་སྡེའི་དབང་པོ་རྒྱལ་པོ་ཞེས་བྱ་བའི་ཆོས་ཀྱི་རྣམ་གྲངས།

中文經名：《大毗盧遮那佛說要略念誦經》

梵文經名：Mahāvairocanābhisambodhivikurvatī adhiṣṭānavepulya sūtra indrarājā nāma dharmapayārya.

原頁碼：德格（甘珠）86卷151頁封底2行－260頁封面7行.

(17)

藏語經名： འཕགས་པ་ལག་ན་རྡོ་རྗེ་དབང་བསྐུར་བའི་རྒྱུད་ཆེན་པོ།

中文經名：《聖金剛手灌頂大怛特羅》

梵文經名：Ārya vajrapāṇi abhiṣeka mahātantra.

原頁碼：德格（甘珠）87卷1頁封底1行－156頁封底7行。

(18)

藏文經名：དེ་བཞིན་གཤེགས་པ་ཐམས་ཅད་ཀྱི་སྐུ་གསུང་ཐུགས་ཀྱི་གསང་ཆེན་གསང་བ་འདུས་པ་ཞེས་བྱ་བ་བརྟག་པའི་རྒྱལ་པོ་ཆེན་པོ།

中文經名：《佛說一切如來金剛三業最上秘密大教王經》

梵文經名：Sarvatathāgata kāya vāk citta rahasyo guhyasamāja nāma mahā kalparāja.

原頁碼： 德格（甘珠）81卷90頁封面1行－148頁封面6行。

(18)

藏文經名：ཀྱེའི་རྡོ་རྗེ་ཞེས་བྱ་བ་རྒྱུད་ཀྱི་རྒྱལ་པོ།

中文經名：《佛說大悲空智金剛大教王儀軌經》

梵文經名：Hevajratantrarāja nāma.

原頁碼：德格（甘珠）80卷1頁封底1行－13頁封底5行。或13頁封底5行－30頁封面3行。

(19)

藏文經名：ཆེད་དུ་བརྗོད་པའི་ཚོམས།

中文經名：《因緣品》

梵文經名：Udānavarga.

原頁碼：德格（甘珠）72卷209頁封面1行－253頁封面7行。

(20)

藏文經名：རྒྱལ་པོ་ལ་གཏམ་བྱ་བ་རིན་པོ་ཆེའི་ཕྲེང་བ།

中文經名：《寶鬘論》

梵文經名：Rājaparikathāratnāvali.

原頁碼：德格（丹珠）172卷107頁封面－126頁封面。

(21)

藏文經名：མཆོག་གི་དང་པོའི་སངས་རྒྱས་ལས་ཕྱུང་བ་རྒྱུད་ཀྱི་རྒྱལ་པོ་དཔལ་དུས་ཀྱི་འཁོར་ལོ་ཞེས་བྱ་བ།

中文經名：《時輪根本續》

梵文經名：Paramādibuddhoddhrita śrī kālacakra nāma tantrarājā.

原頁碼：德格（甘珠）77卷22頁封底1行－128頁封底7行.

(22)

藏文經名：འཕགས་པ་ཆོས་ཐམས་ཅད་ཀྱི་རང་བཞིན་མཉམ་པ་ཉིད་རྣམ་པར་སྤྲོས་པ་ཏིང་ངེ་འཛིན་གྱི་རྒྱལ་པོ་
ཞེས་བྱ་བ་ཐེག་པ་ཆེན་པོའི་མདོ།

中文經名：《月燈三昧經》

梵文經名：Ārya sarvadharmasvabhāva samatīvipañcita samādhirāja nāma mahāyāna sūtra.

原頁碼：德格（甘珠）55卷1頁封底1行－170頁封底7行.

(23)

藏文經名：འཕགས་པ་འཇམ་དཔལ་གྱི་རྩ་བའི་རྒྱུད།

中文經名：《大方廣菩薩藏文殊師利根本儀軌經》

梵文經名：Ārya mañjuśrīmūlatantra.

原頁碼：德格（甘珠）88卷105頁封面1行－351頁封面6行。

(24)

藏文經名：འཕགས་པ་ཡབ་དང་སྲས་མཇལ་བ་ཞེས་བྱ་བ་ཐེག་པ་ཆེན་པོའི་མདོ།

中文經名：《父子合集經》

梵文經名：ārya-pitāputra-samāgamana-nāma-mahāyāna-sūtra

原頁碼：德格（甘珠）42卷1頁封底1行－168頁封面7行。

(25)

藏文經名：སངས་རྒྱས་ཕལ་པོ་ཆེ་ཞེས་བྱ་བ་ཤིན་ཏུ་རྒྱས་པ་ཆེན་པོའི་མདོ།

中文經名：《普賢菩薩行願讚》

梵文經名：Buddha avataṃsaka nāma mahāvaipūlya sutra.

原頁碼：德格（甘珠）35卷1頁封底1行－393頁封面5行。
德格（甘珠）36卷1頁封底1行－396頁封面6行。
德格（甘珠）37卷1頁封底1行－396頁封面7行。
德格（甘珠）38卷1頁封底1行－363頁封面6行。

(26)

藏文經名：འཕགས་པ་སངས་རྒྱས་ཐམས་ཅད་ཀྱི་ཡུལ་ལ་འཇུག་པའི་ཡེ་ཤེས་སྣང་བའི་རྒྱན་ཅེས་བྱ་བ་ཐེག་པ་ཆེན་པོའི་མདོ།
中文經名：《佛說大乘入諸佛境界智光明莊嚴經》
梵文經名：Ārya sarvabuddha viṣayāvatāra jñānālokālaṃkāra nāma mahāyāna sūtra
原頁碼：德格（甘珠）47卷276頁封面1行－305頁封面7行。

(27)

藏文經名：འཕགས་པ་ཤེས་རབ་ཀྱི་ཕ་རོལ་ཏུ་ཕྱིན་པ་བརྒྱད་སྟོང་པ།
中文經名：《般若八千頌》
梵文經名：Ārya aṣṭasāhasrikā prajñāpāramitā.
原頁碼：德格（甘珠）33卷1頁封底1行－286頁封面6行。

(28)

藏文經名：འཕགས་པ་ཤེས་རབ་ཀྱི་ཕ་རོལ་ཏུ་ཕྱིན་པ་ཁྲི་བརྒྱད་སྟོང་པ་ཞེས་བྱ་བ་ཐེག་པ་ཆེན་པོའི་མདོ།
中文經名：《聖大般若波羅蜜多一萬八千頌經》
梵文經名：Ārya aṣṭādaśasāhasrikā prajñāpāramitā nāma mahāyāna sutra.
原頁碼：德格（甘珠）29卷1頁封底1行－300頁封面7行。
德格（甘珠）30卷1頁封底1行－304頁封面7行。
德格（甘珠）31卷1頁封底1行－206頁封面7行。

(29)

藏文經名：ཤེས་རབ་ཀྱི་ཕ་རོལ་ཏུ་ཕྱིན་པ་སྟོང་ཕྲག་བརྒྱ་པ།
中文經名：《大般若波羅蜜多經》
梵文經名：atasāhasrikā prajñāpāramitā.
原頁碼：德格（甘珠）14卷1頁封底1行－394頁封面7行。
德格（甘珠）15卷1頁封底1行－402頁封面7行。
德格（甘珠）16卷1頁封底1行－394頁封面4行。
德格（甘珠）17卷1頁封底1行－381頁封面7行。
德格（甘珠）18卷1頁封底1行－395頁封面5行。
德格（甘珠）19卷1頁封底1行－382頁封面7行。

德格（甘珠）20卷1頁封底1行－398頁封面7行。
德格（甘珠）21卷1頁封底1行－399頁封面7行。
德格（甘珠）22卷1頁封底1行－384頁封面7行。
德格（甘珠）23卷1頁封底1行－387頁封面7行。
德格（甘珠）24卷1頁封底1行－411頁封面7行。
德格（甘珠）25卷1頁封底1行－395頁封面6行。

(30)

藏文經名：འཕགས་པ་སྙིང་རྗེ་ཆེན་པོའི་པད་མ་དཀར་པོ་ཞེས་བྱ་བ་ཐེག་པ་ཆེན་པོའི་མདོ།
文經名：《大悲華經》
梵文經名：Ārya Mahākaruṇāpuṇḍarīka nāma mahāyāna sūtra.
原頁碼：德格（甘珠）50卷，56頁封面1行－228頁封底7行。

(31)

藏文經名：འཕགས་པ་ཤིན་ཏུ་རྒྱས་པ་ཆེན་པོའི་སྡེ་ཉི་མའི་སྙིང་པོ་ཞེས་བྱ་བའི་མདོ།
中文經名：《大方等大集經》
梵文經名：Ārya sūryagarbha nāma mahāvaipulya sūtra.
原頁碼：德格（甘珠）66卷91頁封底1行－245頁封底1行。

(32)

藏文經名：དགོངས་པ་ལུང་བསྟན་པ་ཞེས་བྱ་བའི་རྒྱུད།
中文經名：《密意解釋怛特羅》
梵文經名：Sandhi vyākaraṇa nāma tantra.
原頁碼：德格（甘珠）81卷158頁封面1行－207頁封底7行。

(33)

藏文經名：འདུལ་བ་གཞུང་བླ་མ། ཡང་ན། འདུལ་བ་གཞུང་དམ་པ།
漢文經名：《律上分》
梵文經名：Vinayottaragrantha.
原頁碼：德格（甘珠）12卷1頁封底1行－92頁封面7行。
德格（甘珠）12卷92頁封底1行－302頁封面7行。
德格（甘珠）13卷1頁封底1行－313頁封面5行。

(33)

藏文經名：དཔལ་དེ་བཞིན་གཤེགས་པ་ཐམས་ཅད་ཀྱི་གསང་བ་རྣལ་འབྱོར་ཆེན་པོ་རྣམ་པར་རྒྱལ་བ་ཞེས་བྱ་བ་
མཉམ་པ་ཉིད་གཉིས་སུ་མེད་པའི་རྒྱུད་ཀྱི་རྒྱལ་པོ་རྡོ་རྗེ་དཔལ་མཆོག་ཆེན་པོ་བརྟག་པ་དང་པོ།
中文經名：《吉祥金剛心莊嚴怛特羅》

梵文經名：Śrī sarvatathāgata guhyatantra yoga mahārāja advayasamatā vijaya nāma vajra śrī paramamahākalpa ādi.
原頁碼：德格（甘珠）82卷103頁封面3行－331頁封面5行。

(34)
藏文經名：རྣལ་འབྱོར་མའི་ཀུན་ཏུ་སྤྱོད་པ།
中文經名：《瑜珈母普行》
梵文經名：Yoginīsañcārya.
原頁碼：德格（甘珠），79卷34頁封面1行－44頁封底5行。

(35)
藏文經名：འཕགས་པ་འདུལ་བ་རྣམ་པར་གཏན་ལ་དབབ་པ་ཉེ་བར་འཁོར་གྱིས་ཞུས་པ་ཞེས་བྱ་བ་ཐེག་པ་ཆེན་པོའི་མདོ།
中文經名：《大寶積經》（優波離會）
梵文經名：Ārya vinayaviniścaya upāli paripṛcchā nāma mahāyāna sūtra.
原頁碼：德格（甘珠）43卷115頁封面1行－131頁封面7行。

(36)
藏文經名：འཕགས་པ་སོར་མོའི་ཕྲེང་བ་ལ་ཕན་པ་ཞེས་བྱ་བ་ཐེག་པ་ཆེན་པོའི་མདོ།
中文經名：《央倔魔羅經》
梵文經名：Ārya aṅgulimālīya nāma mahāyāna sūtra.
原頁碼：德格（甘珠）62卷126頁封面1行－206頁封底7行。

(37)
藏文經名：འཕགས་པ་མྱ་ངན་མེད་ཀྱིས་བྱིན་པ་ལུང་བསྟན་པ་ཞེས་བྱ་བ་ཐེག་པ་ཆེན་པོའི་མདོ།
中文經名：《佛說阿闍貰王女阿術達菩薩經》
梵文經名：Ārya aśokadatta vyākaraṇa nāma mahāyāna sūtra.
原頁碼：德格（甘珠）43卷225頁封底3行－240頁封底7行。

(38)
藏文經名：སོ་སོར་ཐར་པའི་མདོ།
中文經名：《別解脫經》
梵文經名：Prātimokṣa sūtra.
原頁碼：德格（甘珠）5卷1頁封底1行－20頁封底7行。

(39)
藏文經名：འཕགས་པ་དེ་བཞིན་གཤེགས་པའི་ཡེ་ཤེས་ཀྱི་ཕྱག་རྒྱའི་ཏིང་ངེ་འཛིན་ཅེས་བྱ་བ་ཐེག་པ་ཆེན་པོའི་མདོ།
中文經名：《佛說首楞嚴三昧經》
梵文經名：Ārya tathāgata jñāna mudrā samādhi nāma mahāyāna sutra.

原頁碼：德格（甘珠）55卷230頁封底4行－253頁封底5行。

(40)

藏文經名：འཕགས་པ་ཐེག་པ་ཆེན་པོའི་མན་ངག་ཅེས་བྱ་བ་ཐེག་པ་ཆེན་པོའི་མདོ།

中文經名：《大方等大集經》

梵文經名：Ārya mahāyānopadeśa nāma mahāyāna sutra.

原頁碼：德格（甘珠）59卷260頁封底1行－307頁封面7行。

(41)

藏文經名：ཐབས་མཁས་པ་ཆེན་པོ་སངས་རྒྱས་དྲིན་ལན་བསབ་པའི་མདོ།

中文經名：《大方便佛報恩經》

梵文經名：Sanskrit

原頁碼：德格（甘珠）76卷86頁封面2行－198頁封底7行。

(42)

藏文經名：འཕགས་པ་ཡོངས་སུ་མྱ་ངན་ལས་འདས་པ་ཆེན་པོའི་མདོ།

中文經名：《大般涅槃經》

梵文經名：Ārya mahāparinirvāṇa mahāsūtra.

原頁碼：德格（甘珠）52卷1頁封底1行－343頁封面6行。
　　　　德格（甘珠）53卷1頁封底1行－339頁封面7行。

(43)

藏文經名：འཕགས་པ་རྒྱ་ཆེར་རོལ་པ་ཞེས་བྱ་བ་ཐེག་པ་ཆེན་པོའི་མདོ།

中文經名：《方廣大莊嚴經》

梵文經名：Ārya lalitavistara nāma mahāyāna sutra.

原頁碼：德格（甘珠）46卷1頁封底1行－216頁封底7行。

(44)

藏文經名：འཕགས་པ་སངས་རྒྱས་ཐམས་ཅད་ཀྱི་གསང་ཆེན་ཐབས་ལ་མཁས་པ་བྱང་ཆུབ་སེམས་དཔའ་ཡེ་ཤེས་
དམ་པས་ཞུས་པའི་ལེའུ་ཞེས་བྱ་བ་ཐེག་པ་ཆེན་པོའི་མདོ།

中文經名：《大寶積經（大乘方便會）》

梵文經名：Ārya sarvabuddha mahārahasyopāyakauśalya jñānottara bodhisattva paripṛcchā parivarta nāma mahāyāna sūtra.

原頁碼： 德格（甘珠）44卷30頁封面1行－70頁封底7行。

(45)

藏文經名：བསླབ་པ་གསུམ་གྱི་མདོ།

中文經名：《三學經》

梵文經名：Śikṣātraya nāma sutra.
原頁碼：德格（甘珠）68卷55頁封底6行－56頁封面4行。

(46)

藏文經名：དཀོན་བརྩེགས་ལས། འཕགས་པ་དེ་བཞིན་གཤེགས་པའི་གསང་བ་བསམ་གྱིས་མི་ཁྱབ་པ་བསྟན་པ་ཞེས་བྱ་བ་ཐེག་པ་ཆེན་པོའི་མདོ།
中文經名：《大寶積經・密跡金剛力士會》
梵文經名：Ārya tathāgata acintya guhya nirdeśa nāma mahāyāna sutra.
原頁碼：德格（甘珠）39卷100頁封面1行－203頁封面7行。

(47)

藏文經名：འཕགས་པ་དགེ་བའི་རྩ་བ་ཡོངས་སུ་འཛིན་པ་ཞེས་བྱ་བ་ཐེག་པ་ཆེན་པོའི་མདོ།
中文經名：《佛說華手經》
梵文經名：Ārya kuśalamūlasaṃparigraha nāma mahāyāna sūtra.
原頁碼：德格（甘珠）48卷1頁封底1行－22頁封底7行。

(48)

藏文經名：འཕགས་པ་ཆོས་ཐམས་ཅད་འབྱུང་བ་མེད་པར་བསྟན་པ་ཞེས་བྱ་བ་ཐེག་པ་ཆེན་པོའི་མདོ།
中文經名：《諸法本無經 / 諸法無行經》
梵文經名：Ārya sarvadharmāpravṛtti sūtra nāma mahāyāna sūtra.
原頁碼：德格（甘珠）60卷267頁封面1行－296頁封面6行。

(49)

藏文經名：འཕགས་པ་ནམ་མཁའ་མཛོད་ཀྱིས་ཞུས་པ་ཞེས་བྱ་བ་ཐེག་པ་ཆེན་པོའི་མདོ།
中文經名：《大集大虛空藏菩薩所問經 》
梵文經名：Ārya gaganagañja paripṛcchā nāma mahāyāna sūtra.
原頁碼：德格（甘珠）57卷243頁封面1行－330頁封面7行。

(50)

藏文經名：འཕགས་པ་མི་འམ་ཅིའི་རྒྱལ་པོ་སྡོང་པོས་ཞུས་པ་ཞེས་བྱ་བ་ཐེག་པ་ཆེན་པོའི་མདོ།
中文經名：《大樹緊那羅王所問經》
梵文經名：Ārya druma kiṃnararāja paripṛcchā nāma mahāyāna sutra.
原頁碼：德格（甘珠）58卷258頁封面1行－319頁封面7行。

(51)

藏文經名：འཕགས་པ་ཀླུའི་རྒྱལ་པོ་མ་དྲོས་པས་ཞུས་པ་ཞེས་བྱ་བ་ཐེག་པ་ཆེན་པོའི་མདོ།
中文經名：《弘道廣顯三昧經》
梵文經名：Ārya anavataptanāgarāja paripṛcchā nāma mahāyāna sūtra.
原頁碼：德格（甘珠）58卷206頁封面1行－253頁封底7行。

(52)

藏文經名：འཕགས་པ་བློ་གྲོས་རྒྱ་མཚོས་ཞུས་པ་ཞེས་བྱ་བ་ཐེག་པ་ཆེན་པོའི་མདོ།

中文經名：《海意菩薩所問淨印法門經》

梵文經名：Ārya sāgaramati paripṛcchā nāma mahāyāna sūtra.

原頁碼：德格（甘珠）58卷1頁封底1行－11頁封底7行。

(53)

藏文經名：བྱང་ཆུབ་སེམས་དཔའི་སྤྱོད་ཡུལ་གྱི་ཐབས་ཀྱིས་རྣམ་པར་འཕྲུལ་པ་བསྟན་པའི་མདོ།

中文經名：《佛說菩薩行方便境界神通變化經》

梵文經名：Ārya bodhisattva gocara upāyaviṣaya vikurvaṇa nirdeśa nāma mahāyāna sūtra.

原頁碼：德格（甘珠）57卷82頁封面3行－141頁封底7行。

(54)

藏文經名：འཕགས་པ་དྲི་མ་མེད་པར་གྲགས་པས་བསྟན་པ་ཞེས་བྱ་བ་ཐེག་པ་ཆེན་པོའི་མདོ།

中文經名：《維摩詰所說經》

梵文經名：Ārya vimalakīrti nirdeśa nāma mahāyāna sūtra.

原頁碼：德格（甘珠）60卷175頁封面1行－239頁封底7行。

(55)

藏文經名：དེ་བཞིན་གཤེགས་པའི་སྙིང་རྗེ་ཆེན་པོ་ངེས་པར་བསྟན་པར་ཞེས་བྱ་བ་ཐེག་པ་ཆེན་པོའི་མདོ།

中文經名：《大哀經 》

梵文經名：Ārya tathāgata mahākaruṇā nirdeśa nāma mahāyāna sūtra.

原頁碼：德格（甘珠）57卷142頁封面1行－242頁封底7行。

(56)

藏文經名：དེ་བཞིན་གཤེགས་པ་ཐམས་ཅད་ཀྱི་ཐུགས་གསང་བའི་ཡེ་ཤེས་དོན་གྱི་སྙིང་པོ་རྡོ་རྗེ་བཀོད་པའི་རྒྱུད་རྣལ་
འབྱོར་གྲུབ་པའི་ལུང་ཀུན་འདུས་རིག་པའི་མདོ་ཐེག་པ་ཆེན་པོ་མངོན་པར་རྟོགས་པ་ཆོས་ཀྱི་རྣམ་གྲངས་
རྣམ་པར་བཀོད་པ་ཞེས་བྱ་བའི་མདོ།

中文經名：《一切善逝之心密之智慧義之精華金剛莊嚴之續》

梵文經名：Sarvatathāgata citta jñāna guhyārtha garbha vyūha vajra tantra siddhi yogāgama samāja sarvavidyāsūtra mahāyānābhisamaya dharmaparyāya vivyūha nāma sutra.

原頁碼：德格（甘珠）97卷86頁封底1行－290頁封面7行。

(57)

藏文經名：འཕགས་པ་བྱང་ཆུབ་སེམས་དཔའི་སྤྱོད་ཡུལ་གྱི་ཐབས་ཀྱི་ཡུལ་ལ་རྣམ་པར་འཕྲུལ་པ་བསྟན་པ་ཞེས་བྱ་བ་ཐེག་པ་ཆེན་པོའི་མདོ།

中文經名：《大薩遮尼幹子所說經》

梵文經名：Ārya bodhisattvagocaropāya viṣaya vikurvāṇa nirdeśa nāma mahāyāna sutra.

原頁碼：德格（甘珠）57卷82頁封面3行－141頁封底7行。

（58）

藏文經名：འཕགས་པ་དགོངས་པ་ངེས་པར་འགྲེལ་པ་ཞེས་བྱ་བ་ཐེག་པ་ཆེན་པོའི་མདོ།

中文經名：《解深密經》

梵文經名：Ārya Sandhinirmocana nāma mahāyāna sūtra.

原頁碼：德格（甘珠）49卷，1頁封底1行－55頁封底7行。

（59）

藏文經名：དཔལ་བདེ་མཆོག་འབྱུང་བ་ཞེས་བྱ་བའི་རྒྱུད་ཀྱི་རྒྱལ་པོ་ཆེན་པོ།

中文經名：《勝樂戒生》

梵文經名：Śrī mahāsaṃvarodaya tantra rāja nāma.

原頁碼：德格（甘珠）78卷265頁封面1行－311頁封面6行。

（60）

藏文經名：དཔལ་རྡོ་རྗེ་སྙིང་པོ་རྒྱན་གྱི་རྒྱུད་ཅེས་བྱ་བ།

中文經名：《吉祥金剛心莊嚴怛特羅》

梵文經名：Śrī vajrahṛdaya alaṃkāra tantra nāma.

原頁碼：德格（甘珠）82卷，36頁封面1行－58頁封底3行。

（61）

藏文經名：འཕགས་པ་དཔུང་བཟང་གིས་ཞུས་པ་ཞེས་བྱ་བའི་རྒྱུད།

中文經名：《蘇婆呼童子請問經》

梵文經名：Ārya subāhu paripṛcchā nāma tantra.

原頁碼：德格（甘珠）96卷，118頁封面1行－140頁封底7行。

（62）

藏文經名：དཔལ་གསང་བ་ཐམས་ཅད་གཅོད་པའི་རྒྱུད་ཀྱི་རྒྱལ་པོ།

中文經名：《吉祥一切秘密斷怛特羅王》

梵文經名：Śrī Guhyasarvacchinda tantrarāja.

原頁碼：德格（甘珠）79卷，187頁封面2行－195頁封底7行。

（63）

藏文經名：འདུས་པ་ཆེན་པོ་ལས་སའི་སྙིང་པོའི་འཁོར་ལོ་བཅུ་པ་ཞེས་བྱ་བ་ཐེག་པ་ཆེན་པོའི་མདོ།

中文經名：《大乘大集地藏十輪經》

梵文經名：Daśacakra kṣitigarbha nāma mahāyāna sūtra.

原頁碼：德格（甘珠）65卷，100頁封面1行－241頁封底4行。

（64）

藏文經名：རྒྱུད་ཀྱི་རྒྱལ་པོ་ཆེན་པོ་དཔལ་རྡོ་རྗེ་མཁའ་འགྲོ་ཞེས་བྱ་བ།

中文經名：《秘密大瑜伽怛特羅頂詰釋》

梵文經名：Śrī vajraḍāka nāma mahātantrarāja.

原頁碼：德格（甘珠）78卷， 1頁封底1行－125頁封面7行。

(65)

藏文經名：རྡོ་རྗེ་ཕུར་པ་རྩ་བའི་རྒྱུད་ཀྱི་དུམ་བུ།

中文經名：《金剛橛根本續小品》

梵文經名：Vajrakīlaya mūlatantra khaṇḍa.

原頁碼：德格（甘珠）81卷， 43頁封底7行－45頁封底6行。

(66)

藏文經名：རྣལ་འབྱོར་ཆེན་པོའི་རྒྱུད་དཔལ་རྡོ་རྗེ་ཕྲེང་བ་མངོན་པར་བརྗོད་པ་རྒྱུད་ཐམས་ཅད་ཀྱི་སྙིང་པོ་
གསང་བ་རྣམ་པར་ཕྱེ་བ་ཞེས་བྱ་བ།

中文經名：《現誦大瑜伽怛特羅吉祥金剛鬘一切怛特羅心髓秘密分別》

梵文經名：Śrī vajramālābhidhāna mahāyogatantra sarvatantrahṛdaya rahasya vibhaṅga iti.

原頁碼：德格（甘珠）, 81卷，208頁封面1行－277頁封底3行。

(67)

藏文經名：གསང་བ་རྣལ་འབྱོར་ཆེན་པོའི་རྒྱུད་རྡོ་རྗེ་རྩེ་མོ།

中文經名：《秘密大瑜伽怛特羅金剛頂》

梵文經名：Vajra śikhara mahā guhya yoga tantra.

原頁碼：德格（甘珠）, 84卷， 142頁封底1行－274頁封面5行。

(68)

藏文經名：འཕགས་པ་མཁའ་འགྲོ་མ་རྡོ་རྗེ་གུར་ཞེས་བྱ་བའི་རྒྱུད་ཀྱི་རྒྱལ་པོ་ཆེན་པོའི་བརྟག་པ།

中文經名：《空行母金剛帳續王品》

梵文經名：Ārya ḍākinī vajrapañjara mahātantrarāja kalpa nāma.

原頁碼：德格(甘珠）80卷30頁封面4行－65頁封底7行。

(69)

藏文經名：དམ་པའི་ཆོས་པད་མ་དཀར་པོ་ཞེས་བྱ་བ་ཐེག་པ་ཆེན་པོའི་མདོ།

中文經名：《妙法蓮華經》

梵文經名：Saddharmapuṇḍarīka nāma mahāyāna sūtra.

原頁碼：德格(甘珠）51卷 1頁封底1行－180頁封底7行。

(70)

藏文經名：འཕགས་པ་སྙིང་རྗེ་པད་མ་དཀར་པོ་ཞེས་བྱ་བ་ཐེག་པ་ཆེན་པོའི་མདོ།

中文經名：《悲華經》
梵文經名：Ārya Karuṇāpuṇḍarīka nāma mahāyāna sūtra.
原頁碼：德格（甘珠），50卷，129頁封面1行－297頁封面7行。

(71)

藏文經名：དཔལ་འཁོར་ལོ་སྡོམ་པའི་དབང་གི་བྱ་བ་མདོར་བསྡུས་པ་ཞེས་བྱ་བ།
中文經名：《勝樂灌頂之儀軌總攝》。
梵文經名：Śrīcakrasaṃvaraṣekaprakriyopadeśa nāma.
原頁碼：德格（甘珠）21卷219頁封底3行－222頁封底5行。

(72)

藏文經名：ཡེ་ཤེས་གྲུབ་པ་ཞེས་བྱ་བའི་སྒྲུབ་པའི་ཐབས།
中文經名：《密宗修習智成之儀軌》
梵文經名：Jñānasiddhi nāma sādhanopāyikā.
原頁碼：德格（甘珠）51卷36頁封底7行－60頁封底6行.

《丹珠爾論說部》

(1)

藏文經名：ཆོས་མངོན་པའི་མཛོད་ཀྱི་བཤད་པ།
中文經名：《阿毘達磨俱舍論》
梵文名：Abhidharmakośabhāṣya.
原頁碼：德格（丹珠）140卷，26頁封面1行－258頁封面7行。
德格（丹珠）141卷，1頁封底1行－95頁封面7行。

(2)

藏文經名：བྱང་ཆུབ་སེམས་ཀྱི་འགྲེལ་པ་ཞེས་བྱ་བ།སློབ་དཔོན་ཀླུ་སྒྲུབ།
中文經名：《菩提心釋》龍樹菩薩。
梵文經名：Bodhicittavivaraṇa nāma.
原頁碼：德格（丹珠）35卷38頁封面5行－42頁封底5行。

(3)

藏文經名：བདེན་གཉིས་རྣམ་པར་འབྱེད་པའི་དཀའ་འགྲེལ། སློབ་དཔོན་ཞི་བ་འཚོ།
中文經名：《二諦分別難語釋》
梵文經名：Satyadvaya vibhaṅga vṛtti.
原頁碼：德格（丹珠）107卷，3頁封底3行－15頁封底1行。

(4)
藏文經名：བྱང་ཆུབ་ཀྱི་སྤྱོད་པ་ལ་འཇུག་པའི་དཀའ་འགྲེལ།
中文經名：《入菩提行難語釋》
梵文經名：Bodhicaryāvatārapañjikā.
原頁碼：德格（丹珠）105卷41頁封底1行－288頁封面7行。
(5)
藏文經名：ཚད་མ་རྣམ་འགྲེལ་གྱི་ཚིག་ལེའུར་བྱས་པ།
中文經名：《釋量論》
梵文經名：Pramāṇavārttikakārikā.
原頁碼：德格（丹珠）174卷，頁封底93行－頁封面151行。
(6)
藏文經名：ཐེག་པ་ཆེན་པོ་རྒྱུད་བླ་མའི་བསྟན་བཅོས་རྣམ་པར་བཤད་པ།
中文經名：《寶性論》
梵文經名：Mahāyānottaratantraśāstravyākhyā.
原頁碼：德格（丹珠）123卷，74頁封底1行－129頁封面7行。
(7)
藏文經名：ས་ལུ་ལྗང་པ་ཞེས་བྱ་བ་ཐེག་པ་ཆེན་པོའི་མདོའི་རྒྱ་ཆེར་བཤད་པ།
中文經名：《佛說稻稈經》
梵文經名：Ārya śālistambaka nāma mahāyānasūtraṭīkā.
原頁碼：德格（丹珠）113卷，20頁封底－55頁封底。
(8)
藏文經名：རྒྱུད་ཀྱི་རྒྱལ་པོ་དཔལ་གདན་བཞི་པ་ཞེས་བྱ་བའི་དཀྱིལ་འཁོར་གྱི་ཆོ་ག་སྙིང་པོ་མདོར་
བསགས་པ་ཞེས་བྱ་བ། སློབ་དཔོན་འཕགས་པ་ལྷ།
中文經名：《怛特羅王吉祥四座曼茶羅儀軌心髓集》
梵文經名：Śrīcatuḥpīṭhatantrarāja nāma maṇḍalopāyikāvidhisārasamuccayanāma.
原頁碼：德格（丹珠）25卷113頁封面4行－138頁封面1行。
(9)
藏文經名：ཐེག་པ་ཆེན་པོ་བསྡུས་པ།ཐོགས་མེད།
中文經名：《攝大乘論》無著
梵文經名：Mahāyānasaṃgraha.
原頁碼：德格（丹珠）134卷1頁封底1行－43頁封面7行。
(10)

藏文經名：བསླབ་པ་ཀུན་ལས་བཏུས་པ་ཞི་བ་ལྷ།

中文經名：《學處集要》 寂天論師

梵文經名：Śikṣāsamuccaya.

原頁碼：德格（丹珠）111卷3頁封面－194頁封底。

(11)

藏文經名：ཚད་མ་ཀུན་ལས་བཏུས་པ་ཞེས་བྱ་བའི་རབ་ཏུ་བྱེད་པ།

中文經名：《集量論》

梵文經名：Pramāṇasamuccaya.

原頁碼：德格（丹珠）174卷1頁封底－13頁封面。

(12)

藏文經名：བསྟན་བཅོས་བཞི་བརྒྱ་པ་ཞེས་བྱ་བའི་ཚིག་ལེའུར་བྱས་པ། སློབ་དཔོན་ཨར་ཡ་དེ་བས།

中文經名：《中觀四百輪 》阿闍黎聖天

梵文經名：Catuḥśatakaśāstra nāma kārikā.

原頁碼：德格（丹珠）97卷1頁封底－18頁封面。

(13)

藏文經名：དབུ་མ་རྩ་བའི་ཚིག་ལེའུར་བྱས་པ་ཤེས་རབ། སློབ་དཔོན་ཀླུ་སྒྲུབ།

中文經名：《根本中觀頌般若》龍樹菩薩

梵文經名：Prajñā nāma mūlamadhyamakakārikā.

原頁碼：德格（丹珠）96卷1頁封底－17頁封面。

(14)

藏文經名：འཕགས་པ་འདུས་པ་ཆེན་པོ་རིན་པོ་ཆེ་ཏོག་གི་གཟུངས་ཞེས་བྱ་བ་ཐེག་པ་ཆེན་པོའི་མདོ།

中文經名：《寶星陀羅尼經》

梵文經名：Ārya mahāsannipāta ratnaketu dhāraṇī nāma mahāyāna sūtra.

原頁碼：德格（甘珠）56卷187頁封底3行－277頁封底7行。

(15)

藏文經名：ཡང་དག་པར་སྦྱོར་བ་ཞེས་བྱ་བའི་རྒྱུད་ཆེན་པོ།

中文經名：《正相合大怛特羅》

梵文經名：Saṃpūṭa nāma mahātantra.

原頁碼：德格（甘珠）79卷73頁封底1行－158頁封底7行.

(16)

藏文經名：རྣམ་པར་སྣང་མཛད་ཆེན་པོ་མངོན་པར་རྫོགས་པར་བྱང་ཆུབ་པ་རྣམ་པར་སྤྲུལ་པ་བྱིན་གྱིས་རློབ་པ་ ཤིན་ཏུ་རྒྱས་པ་མདོ་སྡེའི་དབང་པོ་རྒྱལ་པོ་ཞེས་བྱ་བའི་
ཆོས་ཀྱི་རྣམ་གྲངས།

中文經名：《大毘盧遮那成佛神變加持經》
梵文經名：Mahāvairocanābhisambodhivikurvatī adhiṣṭānavepulya sūtra indrarājā nāma dharmapayārya.
原頁碼：德格（甘珠）86卷151頁封底2行－260頁封面7行.
(17)
藏文經名：དེ་བཞིན་གཤེགས་པ་ཐམས་ཅད་ཀྱི་སྐུ་གསུང་ཐུགས་ཀྱི་གསང་ཆེན་གསང་བ་འདུས་པ་ཞེས་བྱ་བ་བརྟག་པའི་རྒྱལ་པོ་ཆེན་པོ།
中文經名：《佛說一切如來金剛三業最上秘密大教王經》
梵文經名：Sarvatathāgata kāya vāk citta rahasyo guhyasamāja nāma mahā kalparāja.
原頁碼：德格（甘珠）81卷90頁封面1行－148頁封面6行。
(18)
藏文經名：བྱང་ཆུབ་སེམས་དཔའི་སྤྱོད་པ་ལ་འཇུག་པ།ཞི་བ་ལྷ།
中文經名：《入菩薩行論》寂天論師
梵文經名：Bodhicaryāvatāra.
原頁碼：德格（丹珠）105卷1頁封底1行－40頁封面7行。
(19)
藏文經名：སྒྲུབ་པའི་སྤྱོད་པ་ལ་འཇུག་པ། ཡེ་ཤེས་རྡོ་རྗེས།
中文經名：《成就行入》智慧金剛
梵文經名：Sādhanacaryāvatāra.
原頁碼： 德格（丹珠）36卷95頁封面6行－115頁封面4行。
(20)
藏文經名：བདེན་པ་གཉིས་ལ་འཇུག་པ།ཇོ་བོ་རྗེ།
中文經名：《入二諦》阿底峽
梵文經名：Satyadvayāvatāra.
原頁碼：德格（丹珠）109卷72頁封面－73頁封面。
(21)
藏文經名：ཐེག་པ་ཆེན་པོ་རྒྱུད་བླ་མའི་བསྟན་བཅོས།འཕགས་པ་ཐོགས་མེད།
中文經名：《寶性論》聖者無著
梵文經名：Mahāyānottaratantraśāstra.
原頁碼：德格（丹珠）123卷54頁封底－73頁封面。
(22)
藏文經名：ཤེས་རབ་བརྒྱ་པ་ཞེས་བྱ་བའི་རབ་ཏུ་བྱེད་པ། ཀླུ་སྒྲུབ།

中文經名：《般若百頌論》龍樹菩薩

梵文經名：Prajñāśataka nāma prakaraṇa.

原頁碼：德格（丹珠）205卷99頁封底1行－103頁封面7行。

(23)

藏文經名：ལུགས་ཀྱི་བསྟན་བཅོས་ཤེས་རབ་སྡོང་པོ། ཀླུ་སྒྲུབ།

中文經名：《修身書智慧樹》龍樹菩薩

梵文經名：Nītiśāstraprajñādaṇḍa.

原頁碼：德格（丹珠）203卷,103頁封面－113頁封面.

(24)

藏文經名：འཕགས་པ་ཤེས་རབ་ཀྱི་ཕ་རོལ་ཏུ་ཕྱིན་པ་བརྒྱད་སྟོང་པའི་བཤད་པ་མངོན་པར་རྟོགས་པའི་རྒྱན་གྱི་སྣང་བ་ཞེས་བྱ་བ། སེང་གེ་བཟང་པོ།

中文經名：《聖般若波羅蜜多八千頌解脫現觀嚴明》獅子賢

梵文經名：Āryāṣṭasāhasrikāprajñāpāramitāvyākhyānābhisamayālaṃkārāloka nāma.

原頁碼：德格（丹珠）85卷1頁封底1行－341頁封面7行。

(25)

藏文經名：མི་ཟད་པའི་གཏེར་མཛོད་མན་ངག་གི་གླུ་ཞེས་བྱ་བ། ས་ར་ཧ།

中文經名：《無盡寶藏優波提舍歌》薩拉哈

梵文經名：Dohakoṣopadeśagīti nāma.

原頁碼：德格（丹珠）52卷28頁封底6行－33頁封底4行。

(26)

藏文經名：དབུ་མ་ལ་འཇུག་པའི་ཚིག་ལེའུར་བྱས་པ། ཟླ་བ་གྲགས་པ།

中文經名：《入中論》月稱

梵文經名：Madhyamakāvatāra nāma.

原頁碼：德格（丹珠）102卷201頁封底－219頁封面。

(26)

藏文經名：ཙ་ན་ཀའི་རྒྱལ་པོའི་ལུགས་ཀྱི་བསྟན་བཅོས། ཙ་ན་ཀ།།

中文經名：《國王修身論》

梵文經名：Cāṇakyarājanītiśāstra.

原頁碼：德格（丹珠）203卷127頁封底6行－137頁封底6行。

(27)

藏文經名：བྱང་ཆུབ་ལམ་གྱི་སྒྲོན་མ། ཇོ་བོ་རྗེ།

中文經名：《菩提道燈論》阿底峽

梵文經名：Bodhipathapradīpa.
原頁碼：德格（丹珠）111卷238頁封面－241頁封面。
(28)
藏文經名：བཤེས་པའི་སྤྲིང་ཡིག ཀླུ་སྒྲུབ།
中文經名：《勸戒親友書》龍樹菩薩
梵文經名： Suhṛllekha.
原頁碼：德格（丹珠）173卷40封底頁－46封底頁。
(29)
藏文經名：དངོས་པོའི་གནས་ལུགས་བསྒོམ་པ། བདེ་བའི་རྡོ་རྗེ།
中文經名：《物寶性修行》
梵文經名：Mūlaprakṛtisthabhāvanā nāma.
原頁碼：德格（丹珠）52卷206頁封底1行－211頁封底4行。
(30)
藏文經名：ཤེས་རབ་ཀྱི་ཕ་རོལ་ཏུ་ཕྱིན་པའི་མན་ངག་གི་བསྟན་བཅོས་མངོན་པར་རྟོགས་པའི་རྒྱན་
ཞེས་བྱ་བའི་ཚིག་ལེའུར་བྱས་པ། ཐོགས་མེད།
中文經名：《現觀莊嚴論頌》無著
梵文經名： Abhisamayālaṃkāra nāma prajñāpāramitopadeśaśāstrakārikā.
原頁碼：德格（丹珠）80卷1封底頁－13封面頁。
(31)
藏文經名：ཐེག་པ་ཆེན་པོ་མདོ་སྡེའི་རྒྱན་ཞེས་བྱ་བའི་ཚིག་ལེའུར་བྱས་པ། ཐོགས་མེད།
中文經名：《經莊嚴論》無著
梵文經名：Mahāyānasūtrālaṃkārakārikā.
原頁碼：德格（丹珠）123卷1頁封底1行－39頁封面4行。
(32)
藏文經名：སེམས་ཀྱི་རྡོ་རྗེའི་བསྟོད་པ། ཀླུ་སྒྲུབ།
中文經名：《金剛心讚》龍樹菩薩
梵文經名：Cittavajrastava.
原頁碼：德格（丹珠）1卷69頁封底5行－70頁封面2行。
(33)
藏文經名：སྦྱོར་བ་བཞིའི་ལྷ་ལ་བསྟོད་པ་ཞེས་བྱ་བ།
中文經名：《四瑜伽天讚》
梵文經名：Yogacaturdevastotra nāma.

原頁碼：德格（丹珠）1卷246頁封底1行－249頁封面5行。

(34)

藏文經名：འདུལ་བའི་མདོ།ཡོན་ཏན་འོད།

中文經名：《律經》

梵文經名：Vinayasūtra.

原頁碼：德格（丹珠）159卷b頁封底－100頁封面。

(35)

藏文經名：བསྡུས་པའི་རྒྱུད་ཀྱི་རྒྱལ་པོ་དུས་ཀྱི་འཁོར་ལོའི་འགྲེལ་བཤད་རྩ་བའི་རྒྱུད་ཀྱི་རྗེས་སུ་འཇུག་པ་སྟོང་ཕྲག་བཅུ་གཉིས་པ་དྲི་མ་མེད་པའི་འོད་ཅེས་བྱ་བ།

中文經名：《時輪根本續之義解》

梵文經名：Vimalaprabhā nāma mūlatantrānusāriṇī dvādaśasāhasrikā laghukālacakratantrarāja ṭīkā.

原頁碼：德格（丹珠）12卷1頁封底1行－297頁封面7行。

(36)

藏文經名：དཀོན་མཆོག་གསུམ་གྱི་བསྟོད་པ།

中文經名：《三寶讚》

梵文經名：Triratnastotra.

原頁碼：德格（丹珠）1卷104頁封底4行－105頁封面1行。

(37)

藏文經名：ཡན་ལག་བརྒྱད་པའི་སྙིང་པོ་བསྡུས་པ།

中文經名：《八支心髓集》

梵文經名：Aṣṭāṅgahṛdayasaṃhitā.

原頁碼：德格（丹珠）198卷44頁封底1行－335頁封面7行。

(38)

藏文經名：དབུ་མའི་སྙིང་པོའི་འགྲེལ་པ་རྟོག་གེ་འབར་བ།

中文經名：《中觀心注思思擇炎》

梵文經名：Madhyamakahṛdayavṛttitarkajvālā.

原頁碼：德格（丹珠）98卷, 40頁封底7行－329頁封底4行。

(39)

藏文經名：འཕགས་པ་གཞི་ཐམས་ཅད་ཡོད་པར་སྨྲ་བའི་དགེ་ཚུལ་གྱི་ཚིག་ལེའུར་བྱས་པ། སློབ་དཔོན་ཀླུ་སྒྲུབ།

中文經名：《聖根本說一切有部沙彌頌》 龍樹菩薩

梵文經名：Āryamūlasarvāstivādiśrāmaṇerakārikā.

原頁碼：德格(丹珠）166卷，63頁，封面6行－74頁封面5行。

(40)

藏文經名：རྒྱུད་ཐམས་ཅད་ཀྱི་གླེང་གཞི་དང་གསང་ཆེན་དཔལ་ཀུན་ཏུ་ཁ་སྦྱོར་ལས་བྱུང་བའི་རྒྱ་ཆེར་བཤད་པ་

རིན་པོ་ཆེའི་ཕྲེང་བ་ཞེས་བྱ་བ་དཔའ་བོ་རྡོ་རྗེས།

中文經名：《一切怛特羅序品秘密吉祥相合所出釋寶鬘》

梵文經名：Sarvatantrasya nidānamahāguhyaśrīsampuṭa nāma tantrarājaṭīkāratnamālā nāma.

原頁碼：德格（丹珠）8,卷，1頁封底1行－111頁封面2行。

(41)

藏文經名：ཆོས་མངོན་པའི་མཛོད་ཀྱི་ཚིག་ལེའུར་བྱས་པ།

中文經名：《俱舍論釋》

梵文經名：Abhidharmakośakārikā.

原頁碼：德格（丹珠）140卷， 1頁封底1行－25頁封面7行。

(42)

藏文經名：དོ་ཧ་མཛོད་ཀྱི་གླུ་ས་ར་ཧ

中文經名：《道歌集》薩羅哈

梵文經名：Dohakoṣagīti.

原頁碼：德格（丹珠）51卷 70頁封底5行－77頁封面3行。

(43)

藏文經名：རྡོ་རྗེ་གོས་སྔོན་པོ་ཅན་གྱི་ཆུ་གཏོར་བཞུགས།

中文經名：《金剛手青衣的水食子》

梵文經名：Nīlāmbaradharavajrapāṇibalividhi.

原頁碼：德格(丹珠）,73卷 241頁封底2行－242頁封面7行。

其他西藏佛教的典籍

(1)

藏文名：༡༩༧༣ལོར་ལ་དྭགས་སུ་ཐུབ་བསྟན་ཚེ་རིང་གི་པར་བསྐྲུན་བྱས་པའི་ཕྱག་དཔེའི་ཤོག་གྲངས་༣པའི་ཡིག་ཕྲེང་༤ནང་དུ་གོང་གི་དེ་གསལ། དཔའ་མར་མེ་མཛད་

ཡེ་ཤེས་ཀྱི་མཛད་པའི་བྱང་ཆུབ་ལམ་གྱི་རིམ་པ་ཞེས་བྱ་བ་བཞུགས་སོ།

中文名：1973年，拉達克土登策仁印行，《菩薩道次第論》3頁4行。

(2)

藏文名：སྒམ་པོ་པ།༼ ༡༩༧༤ལོར།ནས། ༡༩༨༥༽ དཀར་རྙིང་གི་སྐྱེས་ཆེན་དུ་མའི་ཕྱག་རྫོགས་ཀྱི་གདམས་ངག་གནད་བསྡུས་ཉེར་མཁོ་རིན་པོ་ཆེའི་གཏེར་མཛོད་ནང་དུ་

སེམས་ཀྱི་མཚན་ཉིད་གབ་པ་མངོན་དུ་ཕྱུང་བ། པོད་༥པའི་ཤོག་གྲངས་༡ནས་ཤོག་གྲངས་༡༤ནང་དུ་གསལ། རྒྱ་གར་ཊ་ཧྲེས་གླིང་བཀའ་བརྒྱུད་གསུང་རབས་ཉམས་གསོ་ཁང་

ནས།

中文名：岡波巴，(1978到1985年)《噶舉和寧瑪諸多大士必要的口訣簡要寶藏》之《心之本性隱義現前之口訣》5卷1頁到18頁，印度達大吉嶺噶舉振興會出版。

(3)

藏文名：སྒོད་ཚང་སྣ་ཚོགས་རང་གྲོལ། ༡༩༧༩ལོར། ངེས་དོན་གྱི་ལྟ་སྒོམ་ཉམས་སུ་ལེན་ཚུལ་ཇི་ལྟ་བར་སྟོན་པ་རྡོ་རྗེའི་རྡོ་འཛིན། པོད་༣པའི་ཤོག་གྲངས་༤༩༣ནས་༥༤༧བར། རྒྱ་གར་སྒང་ཏོག་གི་མགོན་པོ་ཚེ་བརྟན།

中文名：古倉那措然卓《講了義的見修實行方式金剛者》3卷493頁到547頁，1979年，印度甘拓的貢布次丹印行。

(4)

藏文名：གཙང་སྨྱོན་ཧེ་རུ་ཀ་རུས་པའི་རྒྱན་ཅན། ༡༩༨༡ རྣལ་འབྱོར་གྱི་དབང་ཕྱུག་ཆེན་པོ་མི་ལ་རས་པའི་རྣམ་མགུར། ཟི་ལིང་མཚོ་སྔོན་མི་རིགས་དཔེ་སྐྲུན་ཁང་།

中文名：藏虐嘿魯迦・乳貝柬堅；1981年《大自在瑜伽密勒日巴的傳記和道歌》，青海民族出版社。

(5)

藏文名：ཐོ་འཕྲིན་ལས་རྣམ་རྒྱལ། ༡༩༨༣ལོར། 'འབྲི་གུང་བཀའ་བརྒྱུད་ཀྱི་ཆོས་སྤྱོད་རབ་གསལ་ནང་དུ་དམ་ཆོས་དགོངས་པ་གཅིག་པའི་གཞུང་། ཤོག་གྲངས་༣༩༦ཡིག་ཐིག་༢ནས་ཤོག་གྲངས་༤༡༠ཡིག་ཐིག་༤ བརྩོན་འགྲུས་སེང་གེ་ཞུ་དག་པ། རྒྱ་གར་བྱང་ཕྱོགས་བི་རི་ནས།

中文名：洛・赤烈南傑（1983年）綱要在《直貢噶舉法行極明》中，《正法一意》396頁2行到410頁4行，校對者；尊珠辛格，北印度比爾。

(6)

藏文名：དྷམ་སུཏྲ། ༼༡༩༨༣༽ལྷན་ཐབས་དེ་འབྲི་གུང་བཀའ་བརྒྱུད་ཀྱི་ཆོས་སྤྱོད་རབ་གསལ་ནང་དུ་གསལ། ཤོག་གྲངས།༤༡༠ཡིག་ཐིག་།༥ ཤོག་གྲངས།༤༢༥ཡིག་ཐིག་།༤བརྩོན་འགྲུས་སེང་གེས་ཞུ་དག་མཛད། རྒྱ་གར་བྱང་ཕྱོགས་བི་རི་ནས།

中文名：達瑪蘇雅（1983年）綱要在《直貢噶舉法行極明》之內，410頁5行到425頁4行，校對者；尊珠辛格，北印度比爾。

(7)

藏文名：སྒམ་པོ་པ། ངེས་དོན་ཕྱག་རྒྱ་ཆེན་པོའི་ཁྲིད་མཛོད་ནང་དུ་ཕྱག་རྒྱ་ཆེན་པོ་གསལ་བྱེད་ཀྱི་མན་ངག་དེ་གསལ། པོད་༤པའི་ཤོག་གྲངས་༨༥རྒྱབ་ཤོག་ནས་༢འབྲི་རྒྱབ་བར། ༡༩༩༧ལོར་རྒྱ་གར་ཌེ་ལི་རྣམ་པར་རྒྱལ་བ་དཔལ་ཞྭ་དམར་བའི་ཆོས་སྡེས།

中文名：岡波巴《了義大手印教法》中；《大手印顯明口訣》4卷85頁B2行。1997年印度德里吉祥大寶紅帽尊者法組出版。

(8)

藏文名：ཀློང་ཆེན་རབ་འབྱམས། ༡༩༩༩ལོར། ཀློང་ཆེན་མཛོད་བདུན་ནང་གི་ཡིད་བཞིན་རིན་པོ་ཆེའི་མཛོད།པོད་༡ནས་པོད་༢། དཔལ་ཡུལ་རྫོང་ཨ་འཛོམ་ཆོས་སྒར་ནས།

中文名：隆欽然將（1999年）《龍欽七寶藏》中：《如意藏》1卷 或2卷，在白玉縣阿宗印本。

(9)

藏文名：ཀློང་ཆེན་རབ་འབྱམས། ༡༩༩༩ལོར། ཀློང་ཆེན་མཛོད་བདུན་ནང་གི་མན་ངག་རིན་པོ་ཆེའི་མཛོད། པོད་༣། དཔལ་ཡུལ་རྫོང་ཨ་འཛོམ་ཆོས་སྒར་ནས།
中文名：隆欽然將（1999年）《龍欽七寶藏》中：《訣竅藏》。3卷，在白玉縣阿宗印本。

(10)

藏文名：རིག་འཛིན་ཆོས་གྲགས། ༡༩༩༩ལོར། ཀུན་མཁྱེན་རིག་པ་འཛིན་པ་ཆེན་པོ་ཆོས་ཀྱི་གྲགས་པའི་གསུང་འབུམ་ནང་གི་ཐེག་ཆེན་བསྟན་པའི་སྙིང་པོའི་ཁྲིད་ཡིག་བསྟན་པའི་ཡང་སྙིང་ངམ་ནོར་ཕྲེང་མཛེས་རྒྱན།

པོད་༣ཤོག་གྲངས། ༤༧༩ནས་ཤོག་གྲངས་༦༧༠བར། རྒྱ་གར་ཀུ་ལང་འབྲི་གུང་བྱང་ཆུབ་གླིང་།
中文名：仁津卻扎（1999年）《遍知・仁津卻扎文集》中《大乘教法精要的精華講課》或《珍寶美飾》3卷479頁到670頁，印度Kulhan直貢強久林。

(11)

藏文名：རིག་འཛིན་ཆོས་གྲགས། ༢༠༠༧ ལོ། (བསྟན་དགོངས་ཕྱོགས་སྒྲིག) དགོངས་གཅིག་དཀའ་འགྲེལ་མུན་སེལ་སྒྲོན་མེ། ། དེབ་༦ཤོག་གྲངས་༣༨༤མདུན་ཤོག་ཡིག་ཕྲེང་༤ ༣༤༦ནས་༤༡༨བར།
中文名：仁津卻扎（2007年）《教義與一意文集》中：《正法一意難釋・除暗明燈》，6集384頁封面4行，346頁到418頁。

(12)

藏文名：ཞབས་དཀར་ཚོགས་དྲུག་རང་གྲོལ། ༢༠༠༢ལོར། ཚོགས་དྲུག་རང་གྲོལ་གསུང་འབུམ་ནང་དུ་དག་སྣང་སྒྱུ་མའི་གླེགས་བམ། པོད་༨ ཟི་ལིང་མཚོ་སྔོན་མི་རིགས་དཔེ་སྐྲུན་ཁང
中文名：夏嘎措主然卓：（2002年）《措主然卓文集》中《淨相變化經卷》8卷，四川民族出版社。

(13)

藏文名：༢༠༠༢ལོར་རྒྱ་གར་ཌེ་ར་ཏུན་འབྲི་གུང་བཀའ་བརྒྱུད་གདན་ས་བྱང་ཆུབ་གླིང་ནས་པར་བསྐྲུན་བྱས། སྤྱན་སྔ་ཤེས་རབ་འབྱུང་གནས་གསུང་འབུམ། ཤོག་གྲངས་༣༢༥་མདུན་ཤོག་ཡིག་ཕྲེང་༥
中文名：《敬安・謝拉炯內文集》；　　　2002年，印度德拉敦直貢噶舉主寺強久林出版，325頁封面5行.

(14)

藏語名：ཨ་མགོན་རིན་པོ་ཆེ་(༢༠༠༤)སྒམ་པོ་པའི་རྣམ་ཐར་འབྲི་གུང་བཀའ་བརྒྱུད་ཆོས་མཛོད་ཆེན་མོ་པོད་

༡༣ཤོག་གྲངས་༤༢༡ – ༤༩༥ ལྷ་ས་ནས།
漢語名：阿貢仁波切（2004年）《直貢大法藏》中：《岡波巴傳》在13卷421頁-495頁，拉薩。

(15)

藏語名：འབྲི་གུང་དཀོན་མཆོག་རྒྱ་མཚོས། ༢༠༠༩ལོར། འབྲི་གུང་ཆོས་འབྱུང་། ཤོག་གྲངས་༢༧༤ཡིག་ཕྲེང་༢༠

པེ་ཅིན་མི་རིགས་དཔེ་སྐྲུན་ཁང་གིས་བསྐྲུན་ཞིང་འགྲེམས་སྤེལ་བྱས།

漢語名：直貢昆秋加措，2004年，《直貢教史》 316頁30行。北京民族出版社出版。

(16)

藏文名：མཁན་པོ་ཀུན་འཕེལ། ༢༠༠༧ལོར། ༼བསྟན་དགོངས་ཕྱོགས་སྒྲིག༽ ནང་གི་དམ་པའི་ཆོས་དགོངས་པ་གཅིག་པའི་གསལ་བྱེད་ཆོས་རྗེ་རིན་པོ་ཆེའི་ཞལ་གྱི་བདུད་རྩི་དྲི་མ་མེད་པའི་སྙིང་པོ་སོགས་ཆོས་ཚན་ལྔ་བཞུགས་སོ་ནང་དུ། དགོངས་གཅིག་གསལ་བྱེད་ལུང་རིགས་སྙིང་པོའི་གཏེར་ཞེས་བྱ་བ་བཞུགས་སོ། དེབ་༧པའི་ཤོག་གྲངས་༡༧༥ནས་༣༠༨བར། མཁན་པོ་ཉི་མ་རྒྱལ་མཚན་དང་མཁན་པོ་བསམ་གྲུབ་ཀྱིས་ཞུ་དག་མཛད། རྡུ་གར་དེ་ར་ཏུན། བཀའ་བརྒྱུད་མཐོ་སློབ་ནས།

中文名：堪布昆巴：2007年，《教義與一意文集》中：《正法一意顯明法尊仁波切無垢精華語甘露等五合集》之《闡明一意教理精華之寶藏》7集175頁到308頁，校對者；堪布尼瑪蔣稱和堪布桑珠，印度德拉敦，噶舉佛學院出版。

(17)

藏文名：རིན་ཆེན་བྱང་ཆུབ། ༢༠༠༧ལོ། ༼བསྟན་དགོངས་ཕྱོགས་སྒྲིག༽ དམ་ཆོས་དགོངས་པ་གཅིག་པའི་རྣམ……བཤད་རིན་པོ་ཆེའི་གཏེར་མཛོད། པོད།༤ མཁན་པོ་ཉི་མ་རྒྱལ་མཚན་དང་མཁན་པོ་བསམ་གྲུབ་གཉིས་ནས་ཞུ་དག་བྱས། རྡུ་གར་དེ་ར་ཏུན། བཀའ་བརྒྱུད་མཐོ་སློབ་ཁང་ནས།

中文名：仁欽強秋：（2007年）《教義與一意文集》中：《正法一意注解寶藏》，4集，校對者；堪布尼瑪蔣稱和堪布桑珠，印度德拉敦，噶舉佛學院出版。

(18)

藏文名：ཀུན་དགའ་རིན་ཆེན། ༢༠༠༧ལོར། ༼བསྟན་དགོངས་ཕྱོགས་སྒྲིག༽ དགོངས་པ་གཅིག་པའི་ཁོག་དབུབ་དང་གསལ་བྱེད་སོགས་བཞུགས་སོ། ནང་དུ། དགོངས་པ་གཅིག་པའི་དྲི་ལན་འོད་སྟོང་ལྡན་པ་ཞེས་བྱ་བ་བཞུགས་སོ། དེབ་༥ཤོག་གྲངས་༤༣ནས་ཤོག་གྲངས་༥༡་བར། མཁན་པོ་ཉི་མ་རྒྱལ་མཚན་དང་མཁན་པོ་བསམ་གྲུབ་ཀྱིས་ཞུ་དག་མཛད། རྡུ་གར་དེ་ར་ཏུན། བཀའ་བརྒྱུད་མཐོ་སློབ་ནས།

中文名：貢噶仁欽：2007年《教義與一意文集》中：《正法一意綱要和顯明等》之《一意的回答光輝燦爛》，5集43頁到51頁，校對者；堪布尼瑪蔣稱和堪布桑珠，印度德拉敦，噶舉佛學院出版。

(19)

藏文名：རིག་འཛིན་ཆོས་གྲགས། 2007ལོ། ༼བསྟན་དགོངས་ཕྱོགས་སྒྲིག༽ དམ་པའི་ཆོས་དགོངས་པ་གཅིག་པའི་རྣམ་བཤད་ཉི་མའི་སྣང་བ། དེབ་༦ཤོག་གྲངས་༣༤༥ནང་དུ། མཁན་པོ་ཉི་མ་རྒྱལ་མཚན་དང་མཁན་པོ་བསམ་གྲུབ་གཉིས་ནས་ཞུ་དག་བྱས། རྡུ་གར་དེ་ར་ཏུན། བཀའ་བརྒྱུད་མཐོ་སློབ་ཁང་ནས།

中文名：仁津卻扎（2007年）《教義與一意文集》中：《正法一意・日光釋》，6集345頁，校對者；堪布尼瑪蔣稱和堪布桑珠，印度德拉敦，噶舉佛學院出版。

(20)

藏文名：རིན་ཆེན་བྱང་ཆུབ། ༢༠༠༧ལོ། ༼བསྟན་དགོངས་ཕྱོགས་སྒྲིག༽ ནང་གི་དམ་པའི་ཆོས་དགོངས་པ་གཅིག་ པའི་གསལ་བྱེད་ཆོས་རྗེ་རིན་པོ་ཆེའི་ཞལ་གྱི་བདུད་རྩི་དྲི་མ་མེད་པའི་སྙིང་པོ་སོགས་ཆོས་ཚན་ལྔ་བཞུགས་སོ་ནང་དུ། དམ་ཆོས་དགོངས་པ་གཅིག་པའི་ཁོག་དབུབ་བསྡུས་དོན་ནོར་བུའི་འོད་ཟེར་ཞེས་བྱ་བ་བཞུགས་སོ། དེབ་༧པའི་ཤོག་གྲངས་༡༥༥ནས་ཤོག་གྲངས་༡༧༤ མཁན་པོ་ཉི་མ་རྒྱལ་མཚན་དང་མཁན་པོ་བསམ་གྲུབ་གཉིས་ནས་ཞུ་དག་བྱས། རྡུ་གར་དེ་ར་ཏུན། བཀའ་བརྒྱུད་མཐོ་སློབ་ཁང་ནས།

中文名：仁欽強秋：（2007年）《正法一意顯明法尊仁波切無垢精華語甘露等五合集》之《正法一意綱要・要義寶光》，7集，155頁到174頁，校對者；堪布尼瑪蔣稱和堪布桑珠，印度德拉敦，噶舉佛學院出版。

(21)

藏文名：ཞྭ་དམར་ཆོས་གྲགས། ༢༠༠༧ལོ། ༼བསྟན་དགོངས་ཕྱོགས་སྒྲིག༽ དགོངས་པ་གཅིག་པའི་ཁོག་དབུབ་དང་གསལ་བྱེད་སོགས་བཞུགས་སོ་ནང་དུ་དམ་ཆོས་དགོངས་པ་གཅིག་པའི་གསལ་བྱེད། དེབ་༥པའི་ཤོག་གྲངས་༨༨ནས་ཤོག་གྲངས་༢༩༤བར། མཁན་པོ་ཉི་མ་རྒྱལ་མཚན་དང་མཁན་པོ་བསམ་གྲུབ་གཉིས་ནས་ཞུ་དག་བྱས། རྒྱ་གར་དེ་ར་དྷུན། བཀའ་བརྒྱུད་མཐོ་སློབ་ཁང་ནས།

中文名：夏瑪卻扎：（2007年）《教義與一意文集》中：《正法一意綱要和闡明》等中：《正法一意闡明》5集，88頁到294頁，校對者；堪布尼瑪蔣稱和堪布桑珠，印度德拉敦，噶舉佛學院出版。

(22)

藏文名：༢༠༠༩ལོར་ཝ་ར་ཎ་སིར་བཀའ་བརྒྱུད་ཉམས་གསོ་ཚོགས་པས་པར་བསྐྲུན་བྱས། སྤྱན་སྔ་རྡོ་རྗེ་ཤེས་རབ། དགོངས་པ་གཅིག་པའི་འགྲེལ་ཆེན་སྣང་མཛད་ཡེ་ཤེས་སྒྲོན་མེ། དེབ་སྟོད་ཆ། བར་ཆ། སྨད་ཆ།

中文名：2009年在瓦拉那西噶舉振興會出版。敬安・多傑謝拉，《一意廣釋・顯智明燈》上、中、下集。

(23)

藏文名：མར་པ། ༢༠༠༩ལོར། དཔལ་མངའ་བདག་སྒྲ་སྒྱུར་མར་པ་ལོ་ཙྪ་ཆོས་ཀྱི་བློ་གྲོས་ཀྱི་གསུང་འབུམ་ནང་གི་ཏོ་ཧ་རྡོ་རྗེའི་མགུར་པོད་༡ཤོག་གྲངས་༢༢༡ནས་ཤོག་གྲངས་༢༢༨འབྲི་གུང་སྐྱབས་མགོན་འཕྲིན་ལས་ལྷུན་གྲུབ་ནས་ཞུ་དག་མཛད། རྒྱ་གར་དེ་ར་དྷུན་འབྲི་གུང་བཀའ་བརྒྱུད་བྱང་ཆུབ་གླིང་ནས།

中文名：瑪爾巴：（2009年）《吉祥譯師瑪爾巴文集》中，《朵哈金剛道歌集》1卷221頁到228頁，校對者：直貢法王赤烈倫珠，印度德拉敦，直貢噶舉派強久林出版，

(24)

藏文名：ཁྲོ་ཕུ་ལོ་ཙྪ་བ། ༢༠༡༣ལོར། ཁྲོ་ཕུ་ལོ་ཙྪ་བ་བྱམས་པ་དཔལ་གྱི་རང་རྣམ། ཡང་ན། པཎ་གྲུབ་གསུམ་གྱི་རྣམ་ཐར་དཔག་བསམ་འཁྲི་ཤིང་། པར་སློག་TBRCཨ་རི་ནས།

中文名：措普譯師（2013年）《措普譯師・強巴白自傳》或《博學成就的傳記・如意樹》在美國TBRC複印。

(25)

藏文名：རྡོ་རྗེ་ཤེས་རབ། ༢༠༡༥ལོར། དགོངས་པ་གཅིག་པའི་འགྲེལ་ཆེན། སྣང་མཛད་ཡེ་ཤེས་སྒྲོན་མེ། འཇར་མེན་ནི་མུ་ཉིག་མགར་ཆེན་ཞབས་ཞུ་ཚོགས་པ་ནས།

中文名:多傑謝拉，（2015年）《一意廣釋・顯智明燈》，德國慕尼噶千基金會。

(26)

藏文名：འཇིག་རྟེན་གསུམ་མགོན། ༢༠༡༧ལོར་ ཁམས་གསུམ་ཆོས་ཀྱི་རྒྱལ་པོ་ཐུབ་དབང་རཏྣ་ཤྲཱིའི་ཕྱི་ཡི་བཀའ་འབུམ་ནོར་བུའི་བང་མཛོད་བཞུགས་སོ། དེབ། ༡ནས་༦བར། རྒྱ་གར་དེ་ར་དྷུན། རྒྱལ་སྤྱིའི་འབྲི་གུང་བཀའ་བརྒྱུད་སྤྱི་ཁྱབ་ལྷན་ཁང་ནས།

中文名：吉天頌恭：2017年《三界法王能仁自在惹那師利的外法寶藏》1到6函，印度德拉敦，國際直貢噶舉總會出版。

(27)

藏文名：༢༠༠༩ལོར། འབྲི་གུང་ཆོས་མཛོད། དམ་ཆོས་དགོངས་པ་གཅིག་པའི་ཁོག་དབུབ་བསྡུས་དོན་ནོར་བུའི་འོད་ ཟེར་ཞེས་བྱ་བ་བཞུགས་སོ། པོད་༣༧ཤོག་གྲངས་༡

ལྷ་ས།
中文名：2004年《直貢法藏》中：《正法一意綱要・要義寶光》37卷1頁到25頁，拉薩。

(28)

藏文名：མཚོ་སྔོན་མི་རིགས་དཔེ་བསྐྲུན་ཁང་། མི་ལ་རས་པའི་མགུར་འབུམ། ཤོགས་གྲངས།༧༡༢ཡིག་

中文名：青海民族出版社，《密勒日巴道歌》

書中人名梵藏中文對照

藏（梵）文名	中文名	年代
ཇོ་བོ་རྗེ་དཔལ་ལྡན་ཨ་ཏི་ཤ། Atiśa Dīpaṃkara Śrījñāna	覺沃傑：阿底峽	980 – 1054
འཇིག་རྟེན་མགོན་པོ།	吉天貢波（吉天頌恭）	1143 – 1217
ཁྲོ་ཕུ་ལོ་ཙཱ་བ་བྱམས་པ་དཔལ།	措普譯師・強巴白	1172? – 1236?
ཁྲོ་ཕུ་ལོ་ཙཱ་བ་བྱམས་པ་དཔལ།	措普譯師・強巴白	1172? – 1236?
སྤྱན་སྔ་ཤེས་རབ་འབྱུང་གནས།	敬安・謝拉炯內	1187 – 1241
སྤྱན་སྔ་རྡོ་རྗེ་ཤེས་རབ།	敬安・多傑謝拉	12世紀
སྤྱན་སྔ་རིན་ཆེན་བྱང་ཆུ	敬安・仁欽強秋	12 – 13世紀
ཞྭ་དམར་ཆོས་ཀྱི་གྲགས་པ།	（第四世）夏瑪・卻吉札巴	1453 – 1524
རྒྱལ་དབང་ཀུན་དགའ་རིན་ཆེན། ·	（第十六任直貢法王）嘉旺・貢嘎仁欽	1475 – 1527
རིན་ཆེན་ཕུན་ཚོགས།	（第十七任直貢法王）仁欽彭措	1509 – 1557
ཀུན་མཁྱེན་རིག་འཛིན་ཆོས་གྲགས།	（第二十四任直貢法王）遍知・仁津卻札	1595 – 1659
སློ་འཕྲིན་ལས་རྣམ་རྒྱལ།	洛・赤烈南傑	1625 – 1691
རྒོད་ཚང་སྣ་ཚོགས་རང་གྲོལ།	果倉・那措讓卓	十七世紀?
རྫོགས་ཆེན་དོན་གྲུབ་སྐལ་བཟང་།	佐欽・敦珠格桑	1734 – 1788
སྐྱབས་མགོན་ཆུང་ཚང་སྐུ་ཕྲེང་གསུམ་པ་ཆོས་ཀྱི་ཉི་མ།	(第二十八任直貢法王／第三世)瓊贊法王・卻吉尼瑪	1755 – 1792
རྫ་དཔལ་སྤྲུལ་ཨོ་རྒྱན་འཇིགས་མེད་ཆོས་ཀྱི་དབང་པོ།	札巴楚・烏金吉美卻吉旺波	1808 – 1887
ཨོ་རྒྱན་བསྟན་འཛིན་ནོར་བུ།	烏金滇津諾布	1841 – 1990?
མཁན་པོ་ཀུན་བཟང་དཔལ་ལྡན།	堪布昆桑巴滇	1872 – 1943
བོད་སྤྲུལ་མདོ་སྔགས་བསྟན་པའི་ཉི་མ།	培朱・董阿滇貝尼瑪	1898 – 1959
ཡོངས་འཛིན་ཨ་དབྱངས་ཐུབ་བསྟན་ཕུན་ཚོགས།	永珍・安陽土登彭措	1988 – 1966

正法一意 四部彙編

宣　　講　直貢覺巴．吉天頌恭
彙　　編　敬安．仁欽強秋
釋　　論　佐欽堪布．昆桑巴滇
編　　校　第三世巴麥欽哲仁波切
主　　譯　洛本．噶才尼瑪

責任編輯　徐藍萍
版　　權　吳亭儀、江欣瑜
行銷業務　黃崇華、賴正祐、郭盈均、華華
總 編 輯　徐藍萍
總 經 理　彭之琬
事業群總經理　黃淑貞
發 行 人　何飛鵬
法律顧問　元禾法律事務所王子文律師
出　　版　商周出版　台北市 104 民生東路二段 141 號 9 樓
電話：(02) 25007008　傳真：(02)25007759
E-mail：ct-bwp@cite.com.tw　Blog：http://bwp25007008.pixnet.net/blog
發　　行　英屬蓋曼群島商家庭傳媒股份有限公司城邦分公司
台北市中山區民生東路二段 141 號 2 樓
書虫客服服務專線：02-25007718　02-25007719
24 小時傳真服務：02-25001990　02-25001991
服務時間：週一至週五 9:30-12:00　13:30-17:00
劃撥帳號：19863813　戶名：書虫股份有限公司
讀者服務信箱 E-mail：service@readingclub.com.tw
香港發行所　城邦（香港）出版集團有限公司　香港灣仔駱克道 193 號東超商業中心 1 樓
E-mail: hkcite@biznetvigator.com　電話：(852)25086231　傳真：(852)25789337
馬新發行所　城邦（馬新）出版集團 Cite (M) Sdn Bhd
41, Jalan Radin Anum, Bandar Baru Sri Petaling, 57000 Kuala Lumpur, Malaysia.
Tel：(603)90563833　Fax：(603)90576622　Email：services@cite.my

封面設計　李東記
印　　刷　卡樂彩色製版印刷有限公司
總 經 銷　聯合發行股份有限公司　新北市 231 新店區寶橋路 235 巷 6 弄 6 號 2 樓
電話：(02) 2917-8022　傳真：(02) 2911-0053

■2022 年 9 月 22 日初版　　Printed in Taiwan

定價 480 元

城邦讀書花園
www.cite.com.tw

線上版回函卡

ISBN 978-626-318-427-5

國家圖書館出版品預行編目 (CIP) 資料

正法一意 四部彙編 / 直貢覺巴．吉天頌恭 宣講；敬安．仁欽強秋 彙編；佐欽堪布．昆桑巴滇 釋論；第三世巴麥欽哲仁波切 編校；洛本．噶才尼瑪 主譯 .. -- 初版 . -- 臺北市：商周出版：英屬蓋曼群島商家庭傳媒股份有限公司城邦分公司發行 , 2022.09
面；　公分
中藏對照
ISBN 978-626-318-427-5（平裝）

1.CST: 藏傳佛教 2.CST: 佛教修持

226.9663　　111014644